U0919811

3EXCEL

傲立中国 远销全球

Only China exported to the world

烤漆房

中国汽车维修后市场知名品牌专用产品。路虎、林肯、奔驰、宝马等34家车厂品牌指定或推荐产品。

科技创新 创意无限
CREATIVE AND TECHNOLOGICAL INNOVATION

便捷式空间管理专家
SPACE-SAVING MANAGEMENT EXPERT

便利快捷 ■ 合理空间优化 ■ 坚固耐用 ■ 提升工作效率

Convenient and efficient ■ Reasonable space optimization
Sturdy and durable ■ Improve work efficiency

ISO9001-2000

Workshop layout planning / Tool cabinets / Tool trolleys / Workbenches / Tire trolleys
维修车间工具柜设计规划/工具柜/工具车/工作台/轮胎快修专用工具车

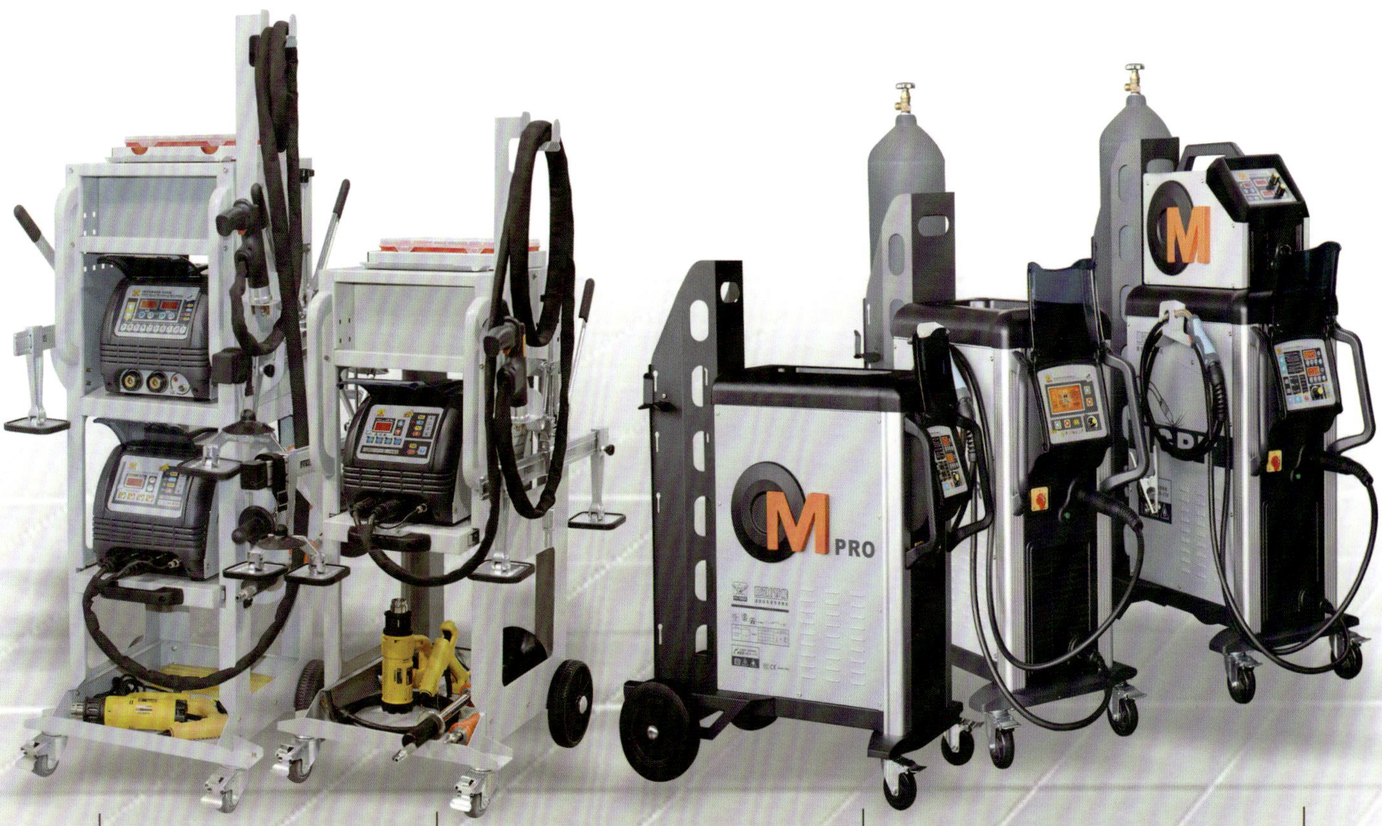

致力为**汽车行业**提供**高技术服务**
成为**全球领先**的**汽车后市场**服务商

深圳市康士柏实业有限公司成立近20年，总部位于深圳，在德国、上海、佛山、广西等地设有分支机构。

康士柏是率先加入世界机动车检测委员会(CITA)的会员，中国汽车保修设备行业协会常务理事单位，中国汽车维修行业协会会员单位，中国计量协会会员，全国机动车运行安全技术检测设备标准化技术委员会通讯会员，国家高新技术企业，深圳市科技经济一体化定点服务单位，设备出口全球并取得欧盟计量认证。

产品包括汽车综合性能检测线、汽车安全性能检测线、汽车环保检测线、汽车维修企业专用检测系列、汽车教学检测系列、汽车制造厂整车下线检测系列、汽车竣工检测线、康士柏赛霸系列动力检测系统及汽保用品等。

活动动态

整站整线

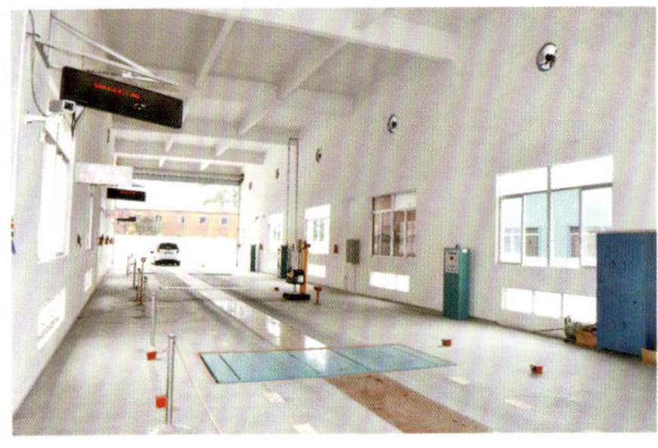

综合性能检测线

安全性能检测线

工况排放检测线

特种车辆检测线

新车下线检测线

赛霸马力机

COSBER WSE

—— The NEW GENERATION of EFFECTIVE Workshop Equipment

We provide high quality workshop equipment with a future-orientated Software Solution to satisfy our customers' comprehensive demands and maximize their profit in multiple ways.

With smart design,easy operation,high-tech applications and elite team work,We are committed to creating a one-stop, all-round, efficient service.

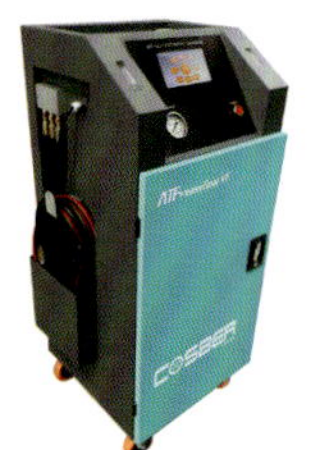

ATF-easyGear
VE

AC-easyCool
VE R1234yf

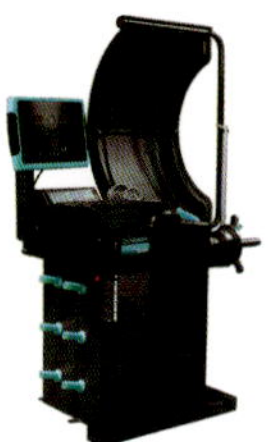

Tyre Changer
C-TMM328

Wheel Balancer
C-WMM20

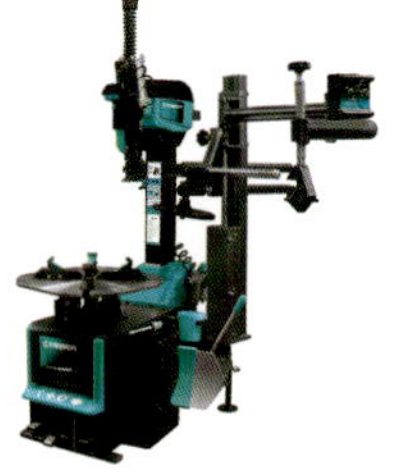

3D Wheel Aligner
C-A3D20

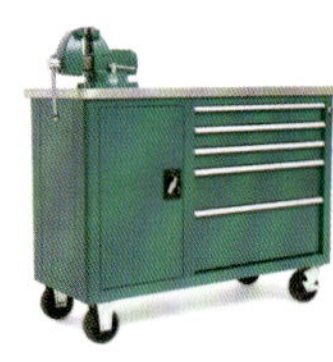

Tool Cabinet
C-WT20

深圳总部中心：深圳市南山区中山园路1001号TCL国际E城F1栋10楼

佛山子公司：佛山市南海区穗盐路颜边工业区1号

德国子公司：Bretonisher Ring 12. 85630 Monich-Grasbrunn Germany

+86 755-2572 7015　　+86 755-2572 7016　　www.cosber.com

Memeber of International Motor Vehicle Inspection Committee

中国汽保设备
采购年鉴（2017）

China Supplies for Auto Service 2017

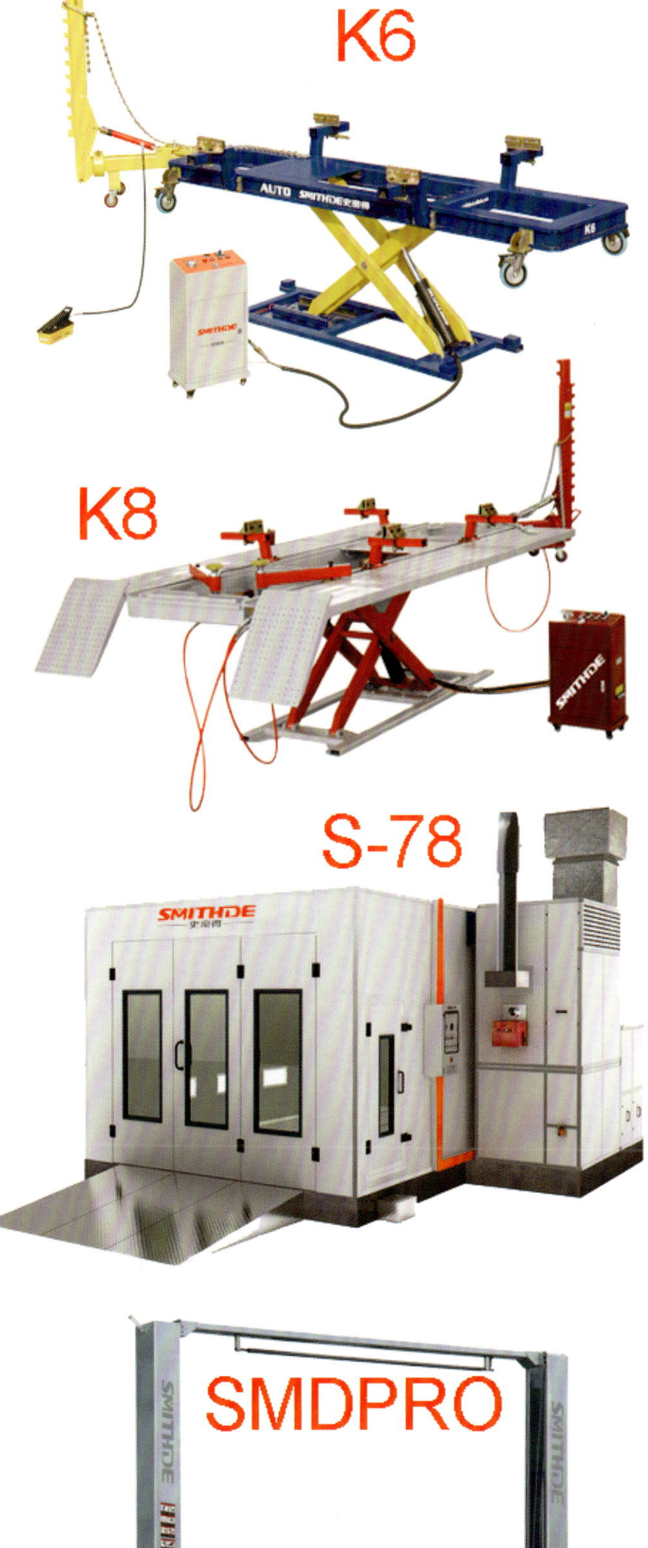

中国汽保设备采购年鉴（2017）

《汽车维修与保养》杂志社　编

China Supplies for Auto Service 2017

汽车诊断

Vehicle Diagnosis

检测分析

Testers & Analyzers

钣金烤漆

Metal Sheet & Spray Booth

轮胎设备

Tire Equipment

举升设备

Lifting Equipment

维修工具

Tools for Repair

养护清洗

Maintenance & Cleaning

保养用品

Car Care Products

人民交通出版社股份有限公司
China Communications Press Co.,Ltd.

内 容 提 要

本书收录了中国汽车保修设备行业具有代表性企业的技术、产品和市场信息，包括汽车诊断、检测分析、钣金烤漆、轮胎设备、举升设备、维修工具、养护清洗、保养用品、教学教具和其他后市场相关产品。书中还收录了年度报告、政策解析、海外市场分析、业内活动等重要的行业年度资讯，是国内外广大汽车后市场从业人员全面了解中国汽车后市场，特别是中国汽车保修设备行业新技术、新产品的重要参考资料。

本书可作为行业内专业人士学习交流用书，也可作为汽车爱好者的参考用书。

图书在版编目（CIP）数据

中国汽保设备采购年鉴. 2017 /《汽车维修与保养》杂志社编. — 北京：人民交通出版社股份有限公司，2018.3

ISBN 978-7-114-14562-9

Ⅰ. ①中… Ⅱ. ①汽… Ⅲ. ①汽车—车辆保养—设备—采购—中国—2017—年鉴②汽车—车辆维修设备—采购—中国—2017—年鉴 Ⅳ. ①F724.76-54

中国版本图书馆CIP数据核字(2018)第030423号

书　　名： 中国汽保设备采购年鉴（2017）
著 作 者：《汽车维修与保养》杂志社
责任编辑： 戴慧莉
出版发行： 人民交通出版社股份有限公司
地　　址：（100011）北京市朝阳区安定门外外馆斜街 3 号
网　　址： http://www.ccpress.com.cn
销售电话：（010）59757973
总 经 销： 人民交通出版社股份有限公司发行部
经　　销： 各地新华书店
印　　刷： 北京联合互通彩色印刷有限公司
开　　本： 880×1230　1/16
印　　张： 27
字　　数： 714千
版　　次： 2018年3月　第1版
印　　次： 2018年3月　第1次印刷
书　　号： ISBN 978-7-114-14562-9
定　　价： 150.00元
（有印刷、装订质量问题的图书由本公司负责调换）

编委会名单

前　　言

经过三十多年的发展，经过几代汽保人的不懈努力，中国汽车保修设备行业无论是在企业规模上，还是在产品种类和数量方面，都堪称世界翘楚。目前，中国汽保行业持续快速发展，产业结构不断优化，技术革新不断涌现，出口规模不断扩大。中国汽保行业已经进入以创新发展为主题，以提质增效为中心，以新一代信息技术与制造业深度融合为主线，以智能制造为主攻方向，以促进产业转型升级为发展动力，实现汽保行业由大变强的新的历史发展阶段！

出版一本能够充分反映中国汽车保修设备行业技术、产品、市场现状的年鉴，不断提高中国汽车保修设备制造业在中国乃至世界范围内的影响，全面增强行业的市场影响力和竞争力，是广大业内人士长期以来的呼声和夙愿，《中国汽保设备采购年鉴(2017)》可谓生逢其时！

《中国汽保设备采购年鉴(2017)》收录了汽车诊断、检测分析、钣金烤漆、轮胎设备、举升设备、维修工具、养护清洗、保养用品、教学教具、环保设备、油漆、机床等100多家中国汽车保修设备行业主流企业及其代表性产品、技术和市场信息，是面向国内外汽车后市场及专业人士，宣传推广中国汽车保修设备行业的权威渠道和媒介，是全面了解中国汽车保修设备行业企业、技术、产品、市场以及年度政策、行业成就、重大活动等重要参考资料。

《汽车维修与保养》自1998年创刊之日起，杂志便专注于中国汽车售后市场的健康发展与技术进步。二十多年来，《汽车维修与保养》杂志已经发展成为集中国汽车后市场技术、产品、市场、资讯于一体的综合性媒体平台。《中国汽保设备采购年鉴(2017)》的顺利出版，充分利用了《汽车维修与保养》杂志作为后市场专业媒体的资源优势和积淀，充分彰显了《汽车维修与保养》杂志作为行业媒体的义务感和责任感。

《中国汽保设备采购年鉴(2017)》的顺利面世，离不开中国汽车后市场特别是中国汽车保修设备行业、企业领导、专家及广大业内人士的倾情支持。感谢积极加入年鉴的企业，你们的加入使年鉴内容更具有权威性和代表性；感谢为年鉴内容和形式出谋划策的业内领导、专家和读者们，你们的参与使年鉴的内容更丰富、可读性更强。最后，还要感谢为年鉴的顺利出版付出辛勤劳动的杂志社和出版社的专业编辑们，所谓“千淘万漉虽辛苦，吹尽黄沙始到金”！

年鉴在手，尽览汽保天下！

《汽车维修与保养》杂志社

2018年1月

目　录

行 业 热 点

Industry Hot Spot

2016中国汽车后市场连锁发展论坛精彩观点集锦

AC汽车

汽车后市场不同发展阶段的迁移，意味着整个价值链正在发生重组：线下的价值将重新得到认可，但互联网带来的工具革命将加速整个行业的信息化进程。随着供应链、人才、信息基础设施的完善，线下服务门店进入连锁快速发展期。由AC汽车与法兰克福展览(上海)联合举办的"美国固铂轮胎·2016中国汽车后市场连锁发展论坛"于2016年12月29日与Automechanika Shanghai 2016同期在上海盛大开幕。本次论坛围绕"连锁"这一主题，从行业发展、行业布局、如何高效盈利等多个方面进行阐述，聚集汽车后市场全产业链从业人士。在行业转型和突破的关键期，让我们一起聆听他们对行业发展的深刻洞察！

下一步汽修行业将如何发展?

中国汽车维修行业协会副会长张京伟

2014年9月，交通运输部等十部委联合印发了《关于促进汽车维修业转型升级 提升服务质量的指导意见》，作为汽车维修行业近期和今后发展的重要文件，它为汽车维修行业转型升级指明了发展方向：提出鼓励连锁经营、规模化发展、专业化维修、品牌化发展、绿色维修等；同时也为汽车维修行业公平竞争创造了良好的条件：提出了加强建设，营造良好行业环境，建立实施汽车维修技术信息公开等建议。

谈汽车维修连锁企业的发展

AC汽车联合创始人兼主编陈海生

汽车维修连锁企业要想发展，首先要帮助独立售后，打消消费者在主机厂体系之外的疑虑，建立独立售后市场信任关系。有些人说中国的汽车维修连锁做不起来，但大部分人还是持乐观态度的，就投资行业来说，2016年投资线下维修连锁的资本比2015年有所增加，而且投入的单笔资金很大。未来10年，是汽车后市场供应链信息化的黄金十年，只有供应链发展起来，才能更好地支撑维修连锁发展。

"保险公司+优质连锁终端"对行业格局的影响

平安产险总部车意理赔部经理陆刚

保险公司和优质终端连锁合作是因为有共同的目标——提升客户价值。汽车维修行业的现状是行业竞争激烈、行业营业收入低、获客留客成本高、行业面临洗牌。而保险公司也发生了一些变化，如小额案件、单方事故案件量变少，自费修车客户增加等。用户对修车的服务要求及成本要求变高导致保险公司对集采喷漆、维护券需求增加；对专修服务体系提出了更高要求，故保险公司建立一系列的认证标准。保险公司携自身优势与优质终端连锁结合，可以聚焦客户资源，打造真正有影响力的车主维修连锁终端品牌。这种模式可以建立维修企业培训体系并助力企业提升信息化管理水平；引入新技术；建立认证体系，改善国内汽车后市场标准缺乏的乱象；共同完善配件供应链体系，提高采购能力，降低采购成本。"保险公司+优质终端"可以让客户、连锁终端、保险公司都放心。

门店是电商与客户连接的重要工具

车享平台CEO、车享家董事长兼CEO夏军

汽车后市场是做服务，不是做商品，不是"模式"经济。用户对于服务的需求有：专业、性价比、一致性、周到、便捷。门店是汽车服务的重要载体也是电商与用户连接的重要工具。车享家以打造成汽车

服务行业的“海底捞”为目标。车享家的经营模式是基于终端门店，与C端的用户建立链接，而后，用C端的力量来反向驱动，对整个供应链进行重构。只有把基础业务做好，才能让业务实现足够转化的可能。所以，做汽车后市场“互联网+”还是要将店与店结合，先做透、做深、做开放，然后做轻，这是一个打造超级用户服务，成就新一代汽车+互联网时代服务的2.0模式，实现战略价值的方法。

品牌商如何帮门店提升盈利能力？

美国固铂轮胎中国区总经理金之钦

根据目前销售情况判断，2016年中国轿车销售至少超过2 300万辆，稳居世界第一宝座，汽车市场的繁荣意味着后市场的蓬勃发展。随着供应链、人才、信息基础设施的完善，行业的参与者应该积极探索产业未来发展的方向与机遇。让优质终端发声，帮助行业理性、持续、健康发展，美国固铂轮胎非常荣幸能够为行业发展贡献力量。自2006年进入中国市场以来，美国固铂轮胎始终深耕渠道建设和布局，致力于与渠道伙伴共赢，现有超过3 000家零售店网点覆盖全国。本着“体验式营销”的理念，固铂超级体验中心自2014年起在中国主要城市落地并已形成环抱式布局，通过品牌化、一体化的综合汽车维修保养体验店，吸引消费者主动了解轮胎这个低参与度的汽配品类，在产品、规模和专业化程度上成为行业标杆。同时，固铂通过嘉车坊、替换中心、店招店等合作模式以及持续的门店技能培训、创新有利的渠道政策等，建设和稳固与渠道伙伴多方共赢的局面，最终实现与市场共赢。

线上平台深入线下连锁会更高效吗？

汽车超人战略副总裁周鹏飞

汽车超人作为互联网公司不仅是单纯的线上平台，还是汽车服务企业，会着力搭建线下服务体系，通过互联网的手段解决线下“痛点”。做线下的连锁企业，“痛点”有高额的人工成本和房租、供应链不健全、员工培训难、降价活动利润低等问题。而线上的互联网可以利用共享体制来实现人才共享，线上的培训可以针对各个车系的占比来培养相应数量的人才，并通过大数据来分析用户的实际需求，建立用户评价体系，利用互联网和信息化针对每个“痛点”逐一击破。汽车超人线上的优势一个是供应链、一个是导流，线上营销转化和线下施工服务达到优势互补，共生共赢。线上离不开线下，线下有了线上会更加高效。不管是线上还是线下，最终的目的是构建汽车后市场行业的信用体系、打造产业链的闭环。

细数汽车服务连锁企业信息化的坑

驱动新媒体有限公司董事长兼CEO李明友

“未来是传统行业利用互联网技术在云端用人工智能的方式处理大数据。”这句话被称为对未来定义的30字真言，也就是说未来不再是互联网行业和互联网企业的天下，未来是善用互联网的传统企业的天下。互联网本身只是工具和设施，而真正要变成商业价值，它需要传统行业的介入才能实现。传统企业之所以复制力不强，是因为我们过于依赖每个人的个性特点，但是先进的互联网工具可以减少我们对人的依赖。未来的汽车连锁企业，有四大核心竞争要素：第一个是品牌管理，第二个是SaaS系统，第三个是供应链，第四个是教育培训体系。汽车服务连锁企业信息化的坑有八个，分别是外包坑、价格坑、招标坑、管理坑、重功能不重体验、系统部署不安全、系统功能繁多和忘记初衷。归根结底，我们认为汽车连锁企业信息化的正确方向是尽可能选择标准化SaaS系统，一套标准化系统才会将行业的智慧集于一身。只有连接客户，才能构建新的营销获客体验场景，构建新的服务体验场景，才能获客、留客。只要单店盈利能力是可复制的，那么连锁就会迅速扩张和成长，最后才会成为连锁企业的赢家。第三次技术革命是互联网技术革命，前20年是技术研发的革命，未来30年是技术应用的革命，是“用好互联网技术”公司的天下。互联网不仅仅是工具，它是全然不同的经营方式，它的经营模式从以我为中心变成以客户为中心，以业绩为出发点变成以利他为出发点，这是底层思维逻辑的改变。

2016中国汽车维修保养大会精彩观点集锦

汽车服务世界

2016年11月30日，由汽车服务世界与法兰克福展览(上海)有限公司联合举办的2016(第二届)中国汽车维修保养大会与Automechanika Shanghai 2016同期在上海隆重举行。本次峰会针对2016全球维修市场、保险业与维修业、专项项目、供应链、模式等问题展开交流，以探讨维修保养服务的现状与未来。本文整理部分与会嘉宾观点与广大读者分享。

汽车后市场机遇与挑战并存

中国汽车维修行业协会常务副秘书长王逢玲

汽车后市场飞跃发展，给我们带来了极大的机遇和挑战。近几年，国家出台一系列政策来支持汽车后市场的发展，为其发展打下了坚实的基础，也是推动行业发展的利好条件。现在很多行业同仁抓住了时机，汽车后市场涌现出各种不同形态的好模式，希望大家在实践中不断地探索创新，走出中国汽车后市场一条崭新的道路。

汽车后市场需回归本质

汽车服务世界创始人胡军波

竞争维度从纵向一维转为纵横多维：汽车后市场做“轻”的阶段已经慢慢过去了，现阶段大家已经开始重新变“重”了。

汽车后市场回归本质的节奏与路径：行业分为两个维度，一是纵向专业的维度，二是生态能力的维度，对于线下企业来说，回归本质的路径应该是把自己的技术和管理做好。

非连锁店将让步连锁店

罗兰贝格汽车行业中心项目经理袁文博

4S店渠道受到来自于主机厂发展新模式、独立后市场扩张以及电商渠道兴起等的挑战。主机厂主要采用建立附属独立连锁店的渠道布局，配以场外销售配件的方式。现阶段，非连锁独立后市场店逐步丢失市场分额，独立后市场连锁店发展迅猛，尤其在快修快保领域，它们相对4S店提供有价格优势的配件和更便捷的服务，相对非连锁店提供更好的服务和可信度。电商作为独立后市场的一个新渠道，具备配件分销和服务提供的功能，B2B和B2C模式都在发展中。

论事故车维修连锁本土化实施

Fix Auto副总裁Carl Brabander

技术和对保险公司的依赖是中国汽车后市场面临的巨大挑战。保险公司最需要的就是标准统一。事故车维修连锁的本土化实施应该将运营数据转化为绩效指标，为客户管理网络，为顾客提供完全透明化的维修、一致的结果、有效管理的网络。

品牌化如何避免价格旋涡

上海追得贸易发展有限公司董事长刘凤喜

从精耕到做强需要满足“五大要素”：项目专业化、消费阶层化、渠道精细化、经营职业化、竞争品牌化、品牌区域化。精耕项目，项目专业化：集中公司所有资源和能力于自己擅长的核心业务，通过专注于某一点，带动公司的成长。精耕品牌，品牌化：精准定位+有效差异，在一个或某些细分领域上形成品牌与口碑，避免陷入“价格竞争旋涡”。

如何以用户思维为导向

苏州奥通总经理张宏明

把用户的心理和需求理解到极致，要理解极致的核心就是不断地创造惊喜，惊喜就是超越现有的服务。未来我们的产品会越来越不赚钱，服务会越来越赚钱，因为人工智能时代已经到来了；未来常规化服务越来越便宜，个性化服务会越来越昂贵；信息也会越来越不值钱，专业会越来越值钱。

汽车后市场未来发展趋势

阿里巴巴汽车事业部总经理王立成

互联网趋势：汽车后市场电商潜力巨大，目前此领域市场比较分散；连锁店趋势：线下连锁店是未来汽车维修保养领域的趋势，发展空间巨大。

如何将线上线下整合一体化

途虎养车网COO胡晓东

市场迫切需要有品牌的、质量可信的独立服务商优化资源配置，填补市场缺口。

途虎养车线上线下整合的一体化模式。供应链体系–采购：途虎养车产品均采购自一线渠道，100%正品保证，与国内外众多领先品牌达成合作，厂商直供；供应链体系–仓储：途虎养车拥有汽车后市场最大自有仓储体系，在全国20个城市建立28大分仓，基本完成全国重点销售区域的仓储和配送布局；供应链体系–物流：途虎自营物流体系，保障商品完好快速到达，自有车队，一日两送，当天下单，当天安装；服务体系：全面领先行业的线上平台，专业客服团队，提供全面售前售后服务，超过10 000家合作门店覆盖全国。

以不变应万变的心态做汽配

康众汽配总裁商宝国

最好的营销是与他人不同；好的团队才是胜利的根基所在；要想不被时代和行业淘汰，一定要积极拥抱互联网；行业之中，愿意合作才能走得更远。

平台商圈构建新型价值网

刘备修车网CEO张环宇

价格、品质、交货期是商品作为市场载体价值属性的三个支点，任何一个支点的改变都会带来价值的改变。平台不是制造企业，不生产产品；平台不是贸易企业，不销售产品，但可以建立一个质优、价平、交货快捷的商圈。

关于"汽车维修技术信息公开"的相关要点

《汽车维修与保养》杂志编辑部

一、汽车维修技术信息的定义

汽车维修技术信息：是指汽车在使用过程中，为维持或恢复汽车出厂时的技术状况和工作能力，延长汽车使用寿命，确保汽车符合安全、环保使用要求所进行的汽车诊断、检测、维修作业必需的技术信息资料的总称。

二、汽车维修技术信息公开的时间

（1）各汽车生产者应在2015年12月31日前，向交通运输部备案其汽车维修技术信息公开的有关信息。

（2）关于新车型：汽车生产者自2016年1月1日起，对于取得CCC认证的乘用车和客车，要在车型上市之日起6个月内公开维修技术信息；自2017年1月1日起，对于取得CCC认证的货车和半挂牵引车，要在车型上市之日起6个月内公开维修技术信息。

（3）关于老车型：汽车生产者要在2017年1月1日前，公开2008年7月1日后取得CCC认证并上市销售的乘用车和客车的维修技术信息，同时公开2015年1月1日后取得CCC认证并上市销售的货车和半挂牵引车的维修技术信息。

（4）各车型的维修技术信息应当自该车型上市之日起10年内保持公开状态；超过10年的，汽车生产者可以将相关车型信息存档，但应公布相关车型信息的索取方式。

三、汽车维修技术信息公开目录

（1）车辆识别代号（VIN）的编码规则或其他有效的将具体车辆与所属车型进行关联、识别的方法。

（2）汽车维修手册，应包括但不限于动力总成及排放控制系统、底盘系统、电气系统车身及附件的以下信息：

①车辆维护信息，包括车辆定期维护项目、检查内容、维护作业和维护间隔设置依据、方法，以及润滑油、冷却液等油液的规格参数，此条款信息应按照规定方式，由汽车生产者免费向消费者提供；

②总成及零部件的拆装方法、技术规范及图示说明，零部件检测方法及鉴别判断的信息；

③电路接线图，包括接线图、器件位置、插接件型号规格等；

④各电子控制系统（含OBD系统）故障码表（包括通用故障码和汽车生产者自定义故障码）、代码定义、故障诊断及排除的方法和步骤；用于检测和故障诊断的相关参数信息（即指能够在诊断仪器上显示的各项数据参数及含义、故障出现时的冻结帧、数据参数值的合理范围等）；

⑤排放控制系统信息，包括排放控制系统的安装位置示意图、装配图和维修技术要求，排气后处理系统关键零部件的型号、生产厂家及更换时间等信息；

⑥车身尺寸图，如车身及车架的基本尺寸及定位基准；钣金和涂装作业所需的技术信息；

⑦车轮定位参数的标准范围及调整方法；

⑧在零部件更换或维修后，需进行匹配、基本设置等操作所必需的信息（如电动车窗、天窗、节气门、加速踏板、制动踏板等零部件的重新匹配设置所需的信息）；

⑨维修操作安全注意事项及其他必要说明等。

（3）零部件目录，包括汽车生产者提供的用于售后服务的原厂零部件的名称、商标和编号，零部件变更、升级、换代信息，以及为方便确定具体车型车款所适用零部件必需的信息。

（4）适用具体车型电子控制系统的软、硬件版本识别号（不包含软件本身）。

（5）除本办法规定可以免于公开的内容外，对车辆电子控制系统需要重新编程的信息（即需要进行重新编程的认定条件及基本操作，但不包含程序软件本身内容）。

(6)专用诊断、检测、维修工具和设备及其相关软件信息(如型号、规格、软件版本等),及其相关购买渠道信息。

(7)车辆认证信息,主要是CCC认证证书信息,如车型型号、规格和参数以及零部件供应商信息。

(8)技术服务通告,包括由实践经验得到的,针对某类故障,通常影响某一车型或车辆批次问题的解决方案以及在授权维修网络内可进行免费维修的通告等。

(9)汽车召回信息和缺陷消除措施等。

(10)上述各项信息的所有后续修订和补充。

(11)国家法律、法规要求公开的其他有关信息。

(12)若某车型不具备上述某种特定功能系统或零部件,则免于公开有关信息。

四、可以免于公开的汽车维修技术信息

(1)涉及车辆防盗控制系统(含汽车钥匙芯片)编程、设置等操作的信息。但经汽车生产者授权、可以开展汽车防盗控制系统维修的经营者除外。

(2)用于防止车辆动力总成及排放控制系统原程序、原标定数据以及车载诊断系统(OBD)原始数据记录被擦写、篡改的相关系统底层控制和操作的信息。

(3)涉及汽车生产者及零部件供应商的商业秘密,影响其依法运用知识产权规则的有关信息。

(4)受国家法律法规保护的其他有关信息。

五、汽车维修技术信息公开的方式

(1)汽车生产者自主直接公开。

(2)汽车生产者委托第三方平台公开。

六、汽车维修技术信息的定价

汽车生产者可以依法对维修技术信息自主定价,价格应公平、合理。汽车生产者的有关价格行为应遵守《价格法》规定。汽车生产者可以对汽车维修经营者、消费者实行有偿服务,对不同访问权限的信息用户设定相应收费标准,但不得根据用户检索、使用车型信息的数量另行收费。值得注意的是,上文中提到,各车型的车辆维护技术信息应免费公开。

七、汽车维修技术信息公开的监督管理

交通运输部负责汽车维修技术信息公开的指导、协调和监督管理。环保、商务、工商、质检、认证认可、知识产权、保险等有关部门分别在各自职责范围内负责相关监督管理工作。省级交通运输主管部门受交通运输部委托,可以就本行政区内的汽车生产者履行维修技术信息公开义务情况进行监督管理。存在下列行为之一的,由交通运输部或者省级交通运输主管部门责令改正:

(1)未制订汽车维修技术信息公开工作规范的;

(2)未及时备案、如期更新汽车生产者有关信息的;

(3)未按照规定目录和要求有效公开维修技术信息的;

(4)未按照规定方式、途径公开维修技术信息,或信息公开系统功能和服务能力达不到规定要求的;

(5)违反《汽车维修技术信息公开实施管理办法》规定的其他行为。

整改不合格的,由交通运输部依法予以通报、罚款等处罚,并抄送国家认监委,由国家认监委指定的认证机构依据相关规定做出处理。交通运输部会同国家认监委建立违规企业、车型抄送处置制度。

八、其他需要说明的问题

(1)可以申请免除网上公布的情况:截至2016年12月31日前,单一车型累计销售量未达到1 000辆(不含)的乘用车,以及单一车型累计销售量未达到200辆(不含)的客车、货车、半挂牵引车,可以向交通运输部申请不上网公开相关车型维修技术信息,但应以纸质文件、数据光盘等媒介形式公开,并以公众便于知晓的方式公布索取方式。对于上述免于上网公开的乘用车车型累计销售量达到1 000辆的,或者免于上网公开的客车、货车、半挂牵引车车型累计销售量达到200辆的,有关车型的维修技术信息应转至网上公开。

(2)CCC认证:CCC(China Compulsory Certification)认证的全称为“强制性产品认证制度”,它是中国政府为保护消费者人身安全和国家安全、加强产品质量管理、依照法律法规实施的一种产品合

格评定制度，自2002年开始实施。凡列入强制性产品认证目录内的产品，必须经国家指定的认证机构认证合格，取得相关证书并加施认证标志后，方能出厂、进口、销售和在经营服务场所使用，而汽车产品在CCC认证目录之中。

（3）汽车生产者需承担的责任：汽车生产者应对所公开信息的真实性、准确性、完整性负责。对因汽车生产者所公开的维修技术信息不当或存在错误造成维修不当、质量问题的，汽车生产者应承担法律责任。

（4）信息公开系统需要具备的功能要点：①具备中文版；②具备用户注册、信息索引、查询及在线打印、在线支付等功能；③明示、标记修改或调整过的维修技术信息项目或内容；④提供汽车生产者和信息提供者的联系地址、电话、邮箱等联系方式；⑤具备用户投诉、建议等交互式服务功能。

听“汽车维修技术信息公开”落地之音

——专访中车云商(北京)信息技术有限公司总经理吴友生

高中伟

一、发达国家的汽车维修技术信息公开情况

记者：中国汽车维修行业起步较晚，汽车维修技术信息公开也相对滞后，所以发达国家在此方面的一些做法值得我们借鉴，请您介绍一下发达国家汽车维修技术信息公开的情况。

吴友生：我谈一谈美国、欧洲、日本的汽车维修技术信息公开情况。

我认为美国的汽车维修技术信息公开最值得中国借鉴。美国的《清洁空气法》于1990年修正完成，规定1994年以后生产的汽车，要安装OBDII诊断系统，同时要公开与排放相关的维修诊断数据。从那之后，美国汽车维修协会开始游说国会立法单位，希望立“车主维修权利法”，在推动立法的过程中，公开汽车维修技术信息是必要条件之一。2001年，汽车维修协会与汽车制造商协会达成协议，双方以自愿的方式公开汽车维修技术信息，也就是说，在美国汽车维修技术信息被真正公开是从2001年开始的。源于汽车维修技术信息公开，美国的汽车维修企业从“Mitchell汽车维修数据库”这样的数据平台受益很多。

欧盟在BER（Block Exemption Regulation，汽车行业“集体豁免条例”）法规中明确了公开汽车维修技术信息的规定，并且对需要公开的内容也有详细的描述。我国的《汽车维修技术信息公开实施管理办法》借鉴了BER的很多内容。BER于1985年首次出台，1995年二次修正后出台，2002年，欧盟推出了升级后的BER。欧洲在2004年左右公开了汽车维修技术信息，到现在为止，执行得很好。

与欧盟以及美国相同，中国在排放法规中对于汽车维修技术信息的公开也有要求，但不同的是，类似于欧Ⅴ、欧Ⅵ这样的标准，欧盟和美国称其为技术法规，而在中国叫作强制性标准。技术法规带有罚责，有具体的管理机构行使管控职责，更容易“落地”。而强制性标准的性质则不同，如果其中的内容被法规引用，就有具体的机构监管，如果没有被法规引用，往往“形同虚设”。我国在汽车的国Ⅲ排放标准里就写到，要公开与汽车排放有关的维修资料，但因为没有被法规引用，所以并没有“落地”实施。

我也曾了解过日本在汽车维修技术信息公开方面的情况，日本拥有相似于“反不正当竞争法”的法规，其中对汽车维修技术信息公开有所规定。日本的特点是行业协会很强势，所以汽车生产企业的维修资料都是通过行业协会公开的。

二、第三方平台在汽车维修技术信息公开中的优势

记者：《汽车维修技术信息公开实施管理办法》中提到，汽车生产者自行组织或委托第三方机构进行信息公开，在您看来，委托第三方机构进行信息公开有哪些好处？

吴友生：国内的汽车生产企业，多数没有自己的汽车维修技术信息系统，如果他们自主开发这样的信息系统，将面临巨大的资金投入和大量的工作。

首先，按照《汽车维修技术信息公开实施管理办法》的规定，用于公开汽车维修技术信息的平台系统需要包含前台、后台、数据库、支付系统等。前台为用户提供可以进行查询操作的界面；后台具有数据管理功能；数据库可以把图形和文字存储下来。这样的系统，开发费用在100万元左右，而且除了前期开发，后期的维护工作也很繁重。

其次，国内汽车生产企业(不包含合资企业)的汽车维修技术资料多是PDF和Word格式，这样的格式不便于浏览、不易于查询、容易被下载和盗版，不适合放在网络上。如果要将这些资料处理“合格”，工作量非常之大，因为一个车型的维修手册，基本在4 000~10 000页之间。

现在在交通运输部备案的汽车生产企业有数百家，除去二三十家拥有自己汽车维修技术信息系统的合资品牌，如果剩下的企业全部自己开发系统、处理数据，会造成极大的社会资源浪费。此外，对于维修企业来说，如果查询和购买不同品牌的汽车维修技术资料时，需要登录不同的网站，也是一件烦锁的事。在这种情况下，第三方平台的出现是最合理的解决方案：可以用一份投入为众多汽车生产企业解决问题，也可以方便用户查找资料。

记者：作为目前全国最大的汽车维修技术信息公开第三方平台，中车云商网具有哪些优势？

吴友生：为了搭建第三方汽车维修技术信息公开平台，中标集团从2016年年初开始筹划，设立了汽车事业部。目前，中标集团汽车事业部已组建成立“中车云商（北京）信息技术有限公司”，负责汽车维修技术信息公开平台——中国云商网(网址：http://iautocloud.com.cn/)的运营。

行业优势：第一，中标集团与交通运输部长期合作，《汽车维修技术信息公开实施管理办法》立法过程中标集团深度参与。第二，中标集团一直从事汽车召回相关工作，长年与汽车生产企业打交道，渠道畅通，与企业关系融洽，合作起来更加顺畅。

团队优势：目前中车云商（北京）信息技术有限公司拥有60人的IT+汽车技术专业团队，而且部分专家曾参与中国汽车召回、汽车三包制度以及汽车维修技术信息公开等汽车后市场相关法规制度的设计和制定，熟悉法规和政策精神。中车云商的IT团队具有丰富的IT开发经验，成员平均拥有8年以上数据处理与系统开发工作经验，长期参与汽车、交通等相关领域的项目；数据团队熟悉汽车维修和配件系统，核心成员曾接受过美国Mitchell汽车维修信息公司的专业培训，参与过Mitchell和中车在线维修信息系统开发工作。

记者：2015年9月，《汽车维修技术信息公开实施管理办法》公布，截至目前，汽车维修技术信息公开已经到了落地实施阶段，请您介绍一下中车云商网的工作进程以及用户所关心的汽车维修技术信息定价情况。

吴友生：据我所知，国内与中车云商网同类型的第三方平台大概还有五六家，与每家合作的汽车生产企业都在5家以内。目前，中车云商网已与32家汽车生产企业签约，达成合作关系，还有一些企业在洽谈之中。与中车云商网签约的汽车生产企业包括：上汽通用、通用五菱、长安马自达、铃木汽车、双龙、吉利、奇瑞、比亚迪等。

说到工作进程，与中车云商网合作的企业，没有品牌车型是于2016年1月1日拿到CCC认证证书的，2016年上半年拿到CCC证书的也极少，所以大部分可公开的维修技术信息还应该是老车型的，公布时间会在2017年1月1日以前。所以，我们现在的数据处理工作是新车型优先，将新老车型数据一同处理，在2016年年底之前完成全部已有数据的处理工作。

关于汽车维修技术信息的定价情况，现在绝大部分车企都没有确定最终的定价方案。2015年，我们进行过调研，美国的收费标准是每个品牌每年3 000~5 000美元，欧洲的收费标准是每个品牌每年

3 000~10 000欧元。我们对国内企业的建议是，定价不要超过每年5 000元人民币。

三、汽车维修技术信息公开的深远影响

记者： 汽车维修技术信息公开的落地实施将对中国汽车后市场产生哪些积极的影响？

吴友生： 汽车维修技术信息公开的落地实施是一个很好的开端。第一，可以助推中国汽车维修行业的发展；第二，汽车维修技术信息公开一段时间后，大家会发现，汽车售后行业的很多从业者，即使有了资料也不一定能修好车，我们更应该重视人才的培养和员工的培训；第三，汽车维修技术信息方面的收益可以成为汽车生产企业的又一个盈利点，在卖车利润下降的背景下，可以让企业思考，还有哪些模块可以为企业创造收入；第四，维修技术信息公开能让资料传播得更广，会有更多人来检验资料的正确性、准确性，从而能够发现资料本身存在的问题；第五，维修技术信息公开对汽车后市场中除汽车维修以外的其他领域也会有促进作用，维修诊断工具及设备制造商、零部件制造商可以积极运用维修技术信息进行研发、生产。

四、汽车维修技术信息公开后有待完善的问题

记者： 所有的法规都不是“天生”完善，而是需要实际落地后的检验和日后的修定，在您看来，关于“汽车维修技术信息公开”还有哪些方面需要完善？

吴友生： 我们欣喜地看到《汽车维修技术信息公开实施管理办法》公布、进入实施阶段，但后续我们还有很多工作要做。

(1) 法规规定公开的信息不够完善，比如配件价格和工时费没有被要求公开，而这两项对于维修配件业来说是最核心的东西。另外，对于发达国家要求公开的诊断协议、数据流、培训资料等，《汽车维修技术信息公开实施管理办法》中也没有强制要求。

(2) 法规的落地并不容易，我所说的落地是指维修技术信息公开之后维修技术人员是否能够真正地使用。举一个例子，我曾浏览过某车企用于自主公开汽车维修技术信息的网页，他们所公开的维修技术信息没有目录，无法检索，如果想要找到某个目标数据，特别困难。

(3) 汽车维修技术信息公开本来是一件好事，但对于很多合资车企，外方称，他们拥有汽车维修技术信息的知识产权，如果要将其在中国公开，中方需要付给外方几百万元甚至上千万元的费用。我认为，面对这种情形，国家应该出面，为中方增加话语权。

我呼吁，针对《汽车维修技术信息公开实施管理办法》的实施，相关部门要加强监管工作，包括对信息定价的监管、对第三方平台的支持等。

美国汽车行业发现之旅

阚有波

2016年6月27日至7月20日，安莱(北京)汽车技术研究院携手中国汽车后市场联合会11个省市的优秀代表，共计38人，赴美与位于加州的汽车职业教育机构、汽车设备行业协会、优秀的维修企业和拥有近百年历史的汽车化工品家族企业等进行深度交流。本文从美国汽车维修企业及行业现状、美国汽车职业院校概况和优势、美国优秀汽车化工品企业等方面，与广大读者分享此次美国之行的交流成果。

一、中美汽车维修企业及行业现状对比分析

1.中美汽车维修行业对比分析

在美国，我们考察了全美最大的丰田主机厂维修店，单店有20多个业务接待人员，数量较多，业务能力强，专业素养高。他们无论是从对产品的了解深度，还是对行业的理解力及各种专业话术方面都体现着专业两字。与国内的汽车4S店销售顾问相比，美国的

销售人员更像服务型顾问，而不是简单的业务员。

从市场份额上来讲，美国的主机厂维修店市场份额约占30%，而美国综合维修厂市场份额占到70%左右。这就意味着，独立的汽车售后维修是美国汽车维修产业的主体力量。

根据美国一个具有影响力的汽车职业培训机构的数据分析(图1)，可以看到中美两国之间汽车维修行业的对比。2014年美国有2.52亿辆机动车，中国有1.45亿辆机动车；但是美国的汽车平均寿命是11.5年，中国的汽车平均寿命4.5年；全美有大约26万家汽车保养与维修企业，而中国有44万家；美国有1.78万家主机厂维修店，而中国4S店的数量达到2.3万家；美国汽车后市场增长率是4%，而中国是19%，中国汽车后市场潜力巨大，中国独立的汽车维修企业发展空间也是巨大的。

	美国	中国
保有量（2014）	252M	145M
汽车平均寿命	11.5	4.5
后市场价值	US$256B	US$116B
预测增长率	4%	19%
维修企业	261 776	440 000
重机厂维修店	17 832	23 000
经销商市场份额	30%	70%

增长机会
· 训练有素的技术人员
· 消费者信任
· 市场营销

（数据来源：美国环球技术学院UTI总裁团）

图1 中美两国之间汽车维修行业的对比

在中国，随着汽车使用年限的延长，综合维修厂的市场机会逐渐增多，当汽车平均寿命达到5年时，车主受消费心理的影响会倾向于选择综合维修厂，也就是说汽车独立综合维修厂在汽车使用年限达到5年时会迎来很大的市场机会。

美国的汽车维修产业给我们的启发是：汽车数量多不代表汽车维修企业多，汽车保有量与汽车维修企业数量并不成正比。所以，在美国会经常看到消费者排队等待修车服务的情景。对比中美维修现状来看，中国的汽车维修企业会从现在的总量44万家逐渐减少，核心原因是业务下滑和无市场竞争力的投机者减少，一开始盲目进入维修行业的企业，在市场优胜劣汰过程中会因无核心竞争力而慢慢退出行业。我认为，中国有一部分维修厂看得到却抓不住行业机会，大部分因利润持续下滑而投资失败的维修厂会在2018年年底大批退出行业。

在美国，我们看到很多经营三四十年的维修厂，其面积不大，工人不多，待修车辆相比维修厂规模来讲是很多的（图2），这些特点和中国的部分汽车维修企业形成了对比。

图2 美国的汽车维修厂

美国汽车修理市场相对成熟和稳定，维修厂的品牌效应会对客户信任的建立产生积极影响。但是，在中国的很多维修厂，更多的都是老板魅力和人脉拓展能力，或是个别修理工的专业技能，极少部分是因为突出某个品牌才导致的客户聚集，真正凭借企业自身品牌形象实现客户黏度的较少。

2.中美汽车维修行业人士对创业理解的对比分析

当我介绍中国汽车维修行业的创业潮，并问美国当地维修企业老板和维修技师们想不想再创业或是去创业时，维修企业老板表示：现在的企业已经持续经营40年了，找不到再去创业的理由。维修技师们则认为：我有修车的本事，创业的事情留给老板。

我以从业22年的角度对中国的汽修行业新生和中坚力量给予一些中肯的建议：创业的热情很可贵，但是创业的无知很可怕，创业的本质是专业，而专业的核心是创新，拥有和具备创新的才能与单纯的精通维修技能是两个概念。所以，只有了解了这些，才是对待创业的正确态度和该有的敬畏之心。

我一直很反感“所有人都跑去创业”。创新需要缜密的思维模式，对事情的深度看法，一般需要五个过程，分别是听说、了解、理解、深入的知道背后的逻辑、创新创造。这个过程需要时间的积累和不断的思考。中国人的思维灵活，具备创新的素质，但根都扎不深，基础打得不牢固，这里所说的基础包括基础知识、零件性能判定、诊断能力、维修前的车辆诊断等。

一个好的维修企业，无论是新开的还是经营了几十年的，都需要具备开维修厂的硬件条件和专业

软实力，并让企业的每一名成员术业有专攻。美国修理工的专业、老板的敬业及设备，与中国相比，其实没有竞争优势，但是在美国的车间里，我们看到专业的设备工具使用手册等相关书籍，工作中随时被使用，有效地增加了维修企业每台设备的使用效率和频次，这是现在很多中国汽车维修企业所不具备的。

二、美国汽车职业院校概况和优势

很多人都认同美国的教育好，其汽车维修技师的技术是怎么练成的呢？我们走访了美国环球技术学院UTI（图3、图4）。它是美国最大的汽车维修职业教育机构，能够把汽车维修理念落实到课程设置及实操的各个环节。

图3　美国环球技术学院UTI的课堂一景

图4　美国环球技术学院UTI的教学设备

在中国我了解并接触过约330所汽车职业院校，我看到很多学校的教学设备和资源使用率低，甚至设备闲置和报废，教出来的学生总是不尽如人意。在国内我听说过很多的教学模式，比如：双元制教育、上午理论和下午实训、理实一体化、半工半读。这些模式下学生毕业后的高就业率伴随着高淘汰率，说明毕业生进入企业的实操能力弱，不能达到企业的用人要求，理论和行业实际相脱离。这个问题如果不解决，我认为这些模式是不值得推广的。

总结美国环球技术学院UTI课程和实训特点如下：

（1）老师和学生角色设置清晰，责任心都很强。老师教学气氛自由，但内容严谨，用汽车维修手册当作教材实用性极强。学生在理论和实操课上无玩手机的现象，仅此一点，就与国内有很大区别。

（2）美国的ASE体系完善且强大，主要体现在教学体系和颁发合格证件，学员定期重新考核的能力持续提升方面。在美国汽车维修企业的展示区有ASE颁发的证书，上面清晰地记录着每个学员某一个科目的通过时间和证书有效期。与中国相比，美国的培训考证重质量而非形式。

在这个内容上我与UTI的总裁团做了深度沟通，他们非常关注中国有没有类似的认证证书。可喜的是，由安莱（北京）汽车技术研究院发起的中国汽车诊断师大赛已成为国家186号文件的优秀成果，我们也在结合行业现状制订相应的标准化考核和颁发证件内容，与美国ASE的模块化考核异曲同工，获得了UTI总裁团的极大肯定和支持。

（3）专业岗位必须持证上岗，而且必须两年再深造学习，这是非常可取的。终身学习是美国推崇的一种方法。在中国上学和参加培训多半是为了毕业之后找到好工作，而美国人更看重通过学习获得了哪些技能。

（4）培训组织专门有课程研发总监，直接与各个企业对接和进行课程开发，保证了培训体系和机构与时俱进的可持续发展性。

三、美国汽车养护产品及代表性生产企业

汽车的发展离不开汽车化学，客观地说汽车化学是汽车行驶的技术保障，这里面提到最多的就是机油、防冻液、制动油、自动变速器油、汽车漆料、汽车美容产品。从19世纪20年代开始汽车批量生产以后，汽车化学品就一直伴随着汽车的成长。

我们考察了3家汽车相关化学品企业：康菲石油、创立于1909年美国贝尔旗下的BELL PERFORMANCE

公司和有96年历史的家族企业GOODWIN CO.公司。在美国市场占有率极高的GOODWIN CO.公司，我们看到了1924年的贴标签设备以及当时的包装，在中国市场耳熟能详的MOTHER品牌、美光品牌、牛魔王品牌都是出自于这家公司（图5）。

图5　作者走访GOODWIN CO.公司

一个汽车化学品家族企业可以做到96年历史，这是什么样的力量？我们很多企业都在为生产什么样的产品而发愁，为产品是不是有市场而恐惧，为企业是不是可以盈利而担心。但是，当我看到这个家族企业的时候，我在心里油然而生的是敬意和崇拜。任何一个公司如果能够做到96年还如此良性发展都是一件了不起的事情。

GOODWIN CO. 总裁 MR. DON与安莱研究院签署了合作协议，授权安莱（北京）汽车技术研究院作为GOODWIN CO.在中国市场的推广和技术支持机构。在签约的时候，作为研究院院长我体会到3件事情。

（1）合作必须是因为彼此的认可：他们到目前在国内都没有找到合适的合作伙伴，但一直在寻找中等待。我们研究院也很少作为某一款产品或厂家的代言人，这也更加重了此次合作的分量。

（2）联合在国内建立实验室，将GOODWIN CO.的产品在国内做适应性实验。尽管GOODWIN CO.的产品来自于美国且市场占有率高，但我认为没做过系统实验的事情属于销售层面，做过系统实验合格后才能成为研究院认可的产品。

（3）在中国设立“旗舰店”，帮助中国进行“外科保健式”养护，减少车主真正的花费，增加企业真正的利润。

了解美国相关企业和产品，惭愧之心不绝。中国很多企业生命周期极短，不停地在创业和开设新品牌，核心竞争力是“信息不透明条件下的投机赚钱”，盲目的“创业大潮”必将导致一大批“僵尸企业”。当没有专业基础的时候，创业就是“挖墙脚”，就是“自相残杀”。当没有创新的时候，我们可以形容一些事情是“企业内部汉奸”——这增加的不是企业数量，而是企业内耗。

美国之行只是开始，之所以有这种想法，不是因为吹吹牛，也不是因为商业机会，而是因为对方的很多企业让我发自内心地感觉到了“敬意”，只有抱着尊重之心才可以更好地走“汽车行业发现之旅”。

在这里面也允许我感谢帮助我们此次成行的朋友（图6）。

图6　中美汽修行业的同仁

他们是：美国洛杉矶市长袁国宝（音译），美国加利福尼亚州原州经济参谋、中美战略机构主席Dr. Demos，美国GOODWIN CO.总裁Don Goodwin，美国拉斯维加斯市长BARLOW，美国旧金山海外信贷公司LEWIS，美国环球技术学院财务总监吴微，美国圣塔巴巴拉（音译）原市长Albert，美国贝尔实验室的化学品公司总裁团，中国黄亮先生，安莱（北京）汽车技术研究院中美战略发展部曹娜，以及所有同行的30名中国各地的汽车维修企业家。

2017年上半年中国汽车市场电商专题分析

易观智库

汽车后市场电商是指通过互联网/移动互联网技术和手段完成汽车使用过程中的各种服务和需求，包括配件产品的流通与销售、汽车维修维护美容、保险、停车加油等，提高汽车后服务效率，降低产品流通成本，实现各项业务的在线化、便捷化和扁平化。本报告研究的区域主要包括：中国大陆，不包括中国港澳台地区。

一、中国汽车后市场电商行业发展现状

1.中国汽车销量增速放缓，汽车产业发展重点从前端销售向后端服务转移

中国汽车产销量已经连续八年位居世界第一，经济发达地区的汽车保有量已经达到一定规模并呈现相对饱和状态。汽车销售重点开始向三四五线城市转移。与此同时，整个汽车产业发展重点开始由前生产端销售逐渐向后端服务转移，汽车后市场将成为产业链竞争的重点。图1所示为2007—2016年中国汽车产销规模统计。

图1 2007—2016年中国汽车产销规模统计

2.车主准车主规模不断提高，私家车保有量不断提高，汽车生活生态圈不断丰富

近年来，中国机动车保有量和机动车驾驶人数量双双快速发展，车主、准车主数量和汽车市场规模的快速增长，使得汽车生活生态圈的参与主体不断增加，由此产生的维修维护、车品配件、停车加油、保险金融等服务需求更加多样化。图2所示为2012—2017年上半年中国机动车保有量情况，图3所示为2011—2017年上半年中国机动车驾驶人数量变化。

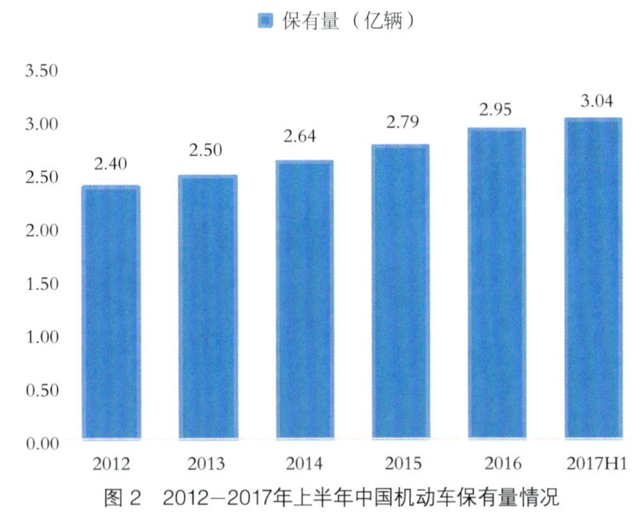

图2 2012—2017年上半年中国机动车保有量情况

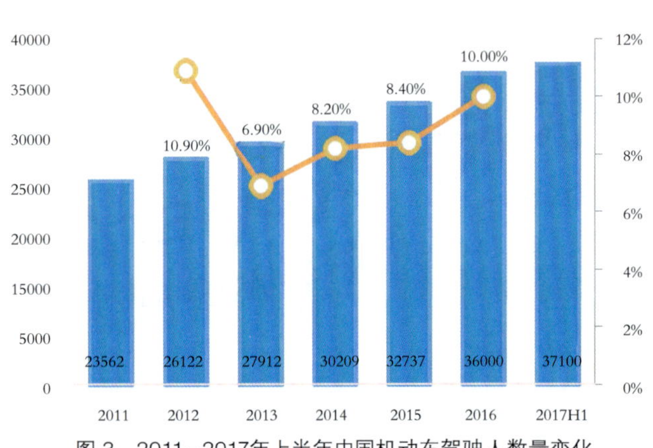

图3 2011—2017年上半年中国机动车驾驶人数量变化

3.车主用户线上解决汽车生活服务需求的习惯基本形成，驾驶学习、违章查缴等服务逐渐互联网化

图4所示为2017年1—7月车主用户线上解决汽车生活服务数据统计。

4.政策体系逐步完善，汽车后市场竞争更加开放，推动互联网化进程不断加速

（1）2014年9月《关于促进汽车维修业转型升级提升服务质量的指导意见》出台。鼓励以信息技术、移动互联网为载体的模式创新，推动汽车维修业基本完成从规模扩张型向质量效益型的转变，为用户提供更加诚信透明、经济优质、便捷周到、满意度高的汽车维修和汽车消费服务。

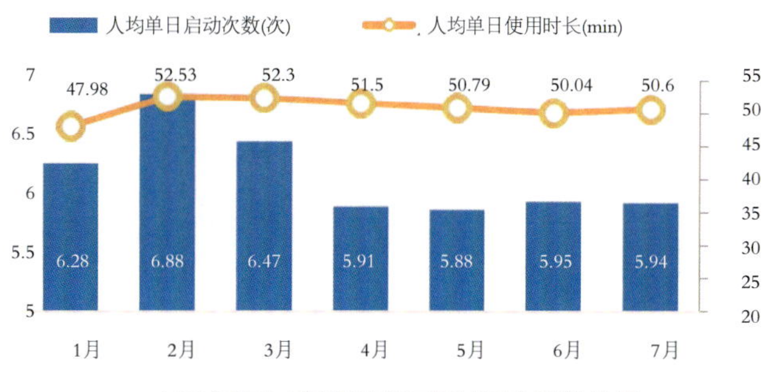

a）2017年1–7月驾驶学习领域用户黏性分析

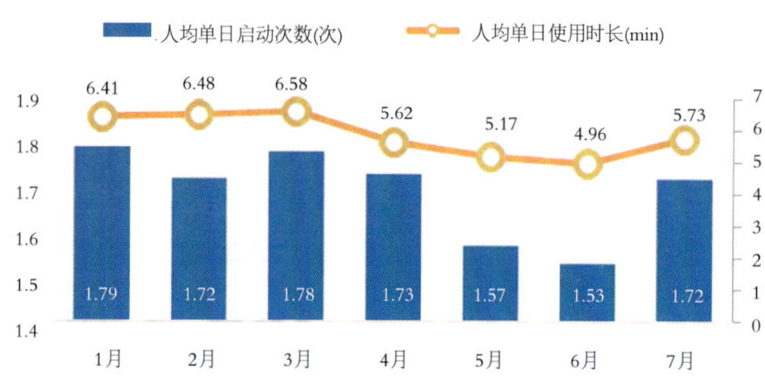

b）2017年1–7月汽车违章领域用户黏性分析

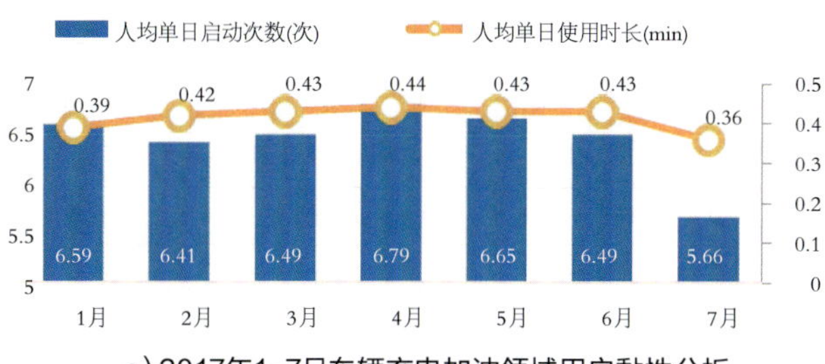

c）2017年1–7月车辆充电加油领域用户黏性分析

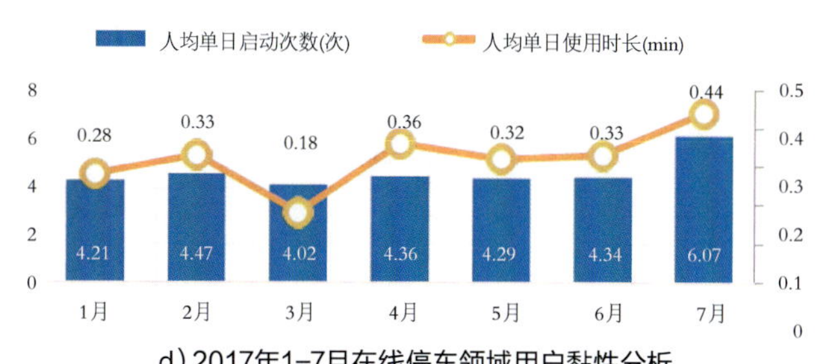

d）2017年1–7月在线停车领域用户黏性分析

图4　2017年1–7月车主用户线上解决汽车生活服务数据统计

（2）2015 年9月《汽车零部件的统一编码与标识》标准出台，规范并统一各类汽车零部件的编码与标识，提高汽车零部件管理的信息化水平，实现可追踪性与可追溯性。标准的出台为汽车配件生产、流通、维修，后市场的电子商务、移动互联网、质量保障体系、云服务平台的建立提供有力支撑。

（3）2015年9月《汽车维修技术信息公开管理实施办法》出台。办法规定，汽车生产者应向维修经营者、消费者及相关经营者提供、公开所销售汽车的维修技术信息，旨在打破汽车维修领域的垄断，确保市场公平竞争，提升汽车维修质量，保障消费者合法权益。

（4）2016年3月《关于汽车业的反垄断指南》出台。预防和制止汽车业垄断行为，降低行政执法和经营者合规成本，推进科学、有效的反垄断监管，保护公平竞争，维护消费者利益和社会公共利益，促进汽车业健康发展。

（5）2017年5月《汽车销售管理办法》出台。打破品牌授权销售单一体制，推进多样化销售模式；突出加强消费者权益保护，充分尊重消费者知情权和选择权；促进建立新型市场主题关系，引导规范汽车供应商与经销商交易行为；加快政府管理方式，强化事中事后监管职能。

5.汽车后市场逐渐融合新零售理念，线上线下相融合，数据支持产品调配、金融服务实现技术升级

图5所示为2017年中国汽车后市场电商产业生态图谱。

6.互联网进入下半场，汽车后市场电商发展将更加依赖数据资源，提高行业效率，降低成本和风险

汽车后市场电商各个领域处于不同的发展阶段，以汽配用品电商发展最为成熟。但分析认为，互联网进入下半场，细分市场基本完成了初期用户规模积累阶段，从野蛮式地快速增长进入到精细化运营阶段。未来行业的发展将会更多借助企业的数据资源，为用户提供更加个性化的服务方案，通过数据来提高效率降低风险，逐步实现企业综合竞争力的不断提高。图6所示为2017年中国汽车后市场电商市场AMC模型(AMC：资产管理公司)。

7.汽车后市场产业链长，汽配产品高价低质、服务体验差等现象难解决，行业透明度有待进一步提高

汽车后市场不同于其他快消品市场，产业链更长，涉及的厂商、经销商和服务企业等数量更多，在产业链上存在大量的资金流、信息流和产品物流等数

图 5　2017年中国汽车后市场电商产业生态图谱

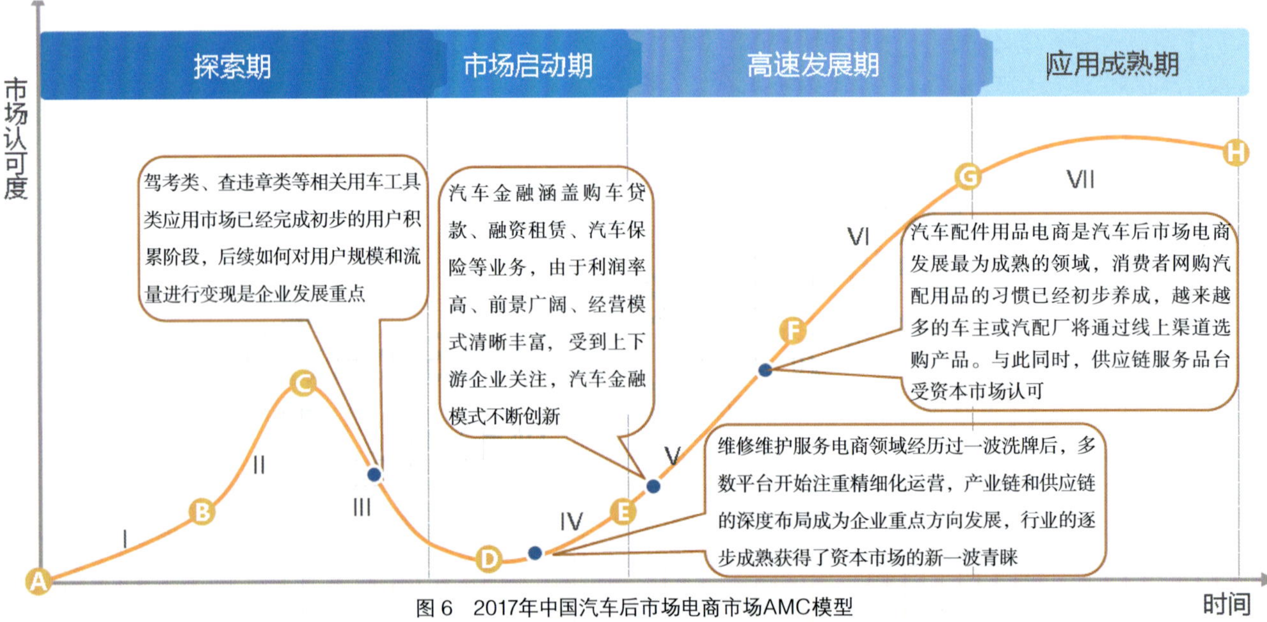

图 6　2017年中国汽车后市场电商市场AMC模型

据，行业复杂度和管理难度更高。

传统的汽车后市场配件产品从厂商到终端消费者会经过多层流通，在流通过程中会产生产品信息遗漏和缺失的现象，导致在终端销售和服务的过程中难以追溯产品信息，从而很难保证产品的正品率，影响车主消费者的服务体验。

主要问题在于，原厂配件有质保但价格高，配件溯源和价格不透明引质疑；非原厂配件价格低但无质保，掺杂假冒伪劣配件扰乱市场；配件信息缺失，不齐全，采购流程复杂效率低，服务体验差。图7所示为我国汽配供应链现状。

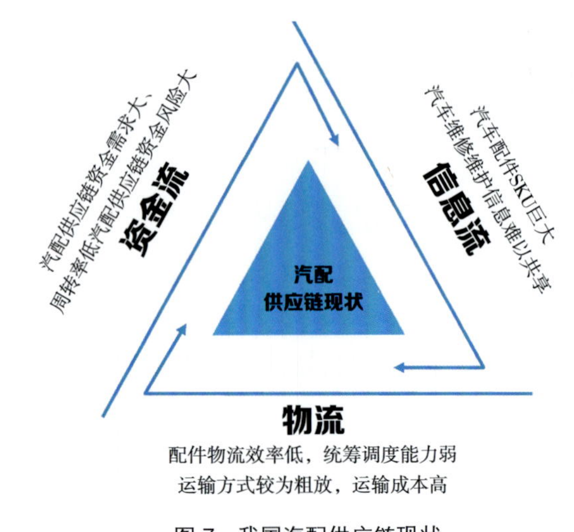

图 7　我国汽配供应链现状

8.汽配电商价值在于优化经销环节，提升交易效率，使产品服务和价格透明化

图8所示为我国汽配电商交易服务的现状。

图 8　我国汽配电商交易服务的现状

9.维修保养服务电商模式相对成熟，线上选购和线下服务有机结合，统一服务标准，提高用户体验

经过多年的发展，汽车后市场维修维护服务电商已经形成相对成熟的商业模式，企业能够有效将用户线上产品和服务的需求进行物流调度和门店分配，实现线上线下共同发展的状态。而维修维护电商企业快速发展的同时，也在不断规范统一线下门店的服务标准，提高用户体验和用户满意度。图 9 所示为线上线下服务的有机结合。

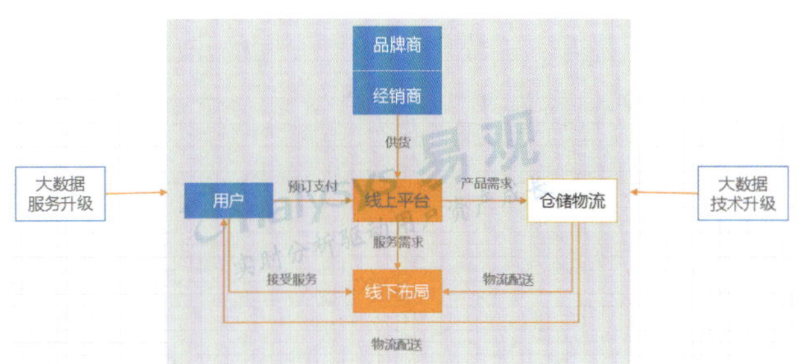

图 9　线上线下服务的有机结合

10.汽车维修维护渠道更加多样化，维修维护服务平台快速完善业务布局

随着互联网和移动互联网技术在汽车后市场的渗透不断提高，车主消费者拥有了更多的养车可选渠道，汽车后市场的服务企业快速发展，不断完善业务布局，互联网逐渐成为车主消费者养车的重要工具。图10所示为车主可选的服务渠道和部分维修维护服务平台。

图 10　车主可选的服务渠道和部分维修维护服务平台

11.汽车保险与汽车后市场服务结合能够有效提高车险企业用户黏性和活跃度，完善车主汽车生活数据资源，进行多项服务延伸

近年来，传统汽车保险服务企业不断在汽车后市场中进行业务延伸和布局，一方面能够有效提高车险企业的用户黏性和活跃度，改善车险服务刚需但低频的现状；另一方面能够有效获取车主用户在汽车生活中的多项数据资源，完善企业内部的汽车大数据资源，提高企业数据服务能力，推出更加定制化的服务项目。与此同时，数据的完善能够帮助企业提高风控能力，进行更多汽车金融、理财等服务项目，降低风险，提高收益。图11所示为汽车保险汽车售后服务相结合。

图11　汽车保险汽车售后服务相结合

12.互联网车险市场痛点诸多，互联网巨头企业积极布局车险市场，推动车险互联网化进程

中国车险市场的互联网化程度相对较低，互联网车险市场存在诸多痛点和发展阻碍。随着阿里、腾讯等互联网巨头企业的入局，将会基于平台所掌握的数据资源带来更多基于用户画像的创新性产品和服务，有望能够推动车险市场互联网化进程。

（1）痛点：线下网点缺失，线下服务能力弱；增值服务有限，仅靠价格优势吸引用户；低频属性，渠道

成本高，盈利问题难突破。

（2）优势：车险费用低于传统车险服务企业；移动端服务体验佳；互联网基因使得服务更具灵活性。

二、中国汽车后市场电商典型企业分析

（1）投融资进入漏斗底端，融资规模和融资轮次不断提高，新创业者的机会越来越少，表1中列出了2017年汽车后市场投融资概览。

表1　2017年汽车后市场投融资概览

领域	企业	时间	轮次	金额
汽配供应链	巴图鲁	6月	C轮	1亿 美元
	康众汽配	7月	B轮	5000万 美元
维修维护	和谐汽车	6月	战略投资	2.8亿 人民币
	车发发	2月	A轮	1亿人民币
	集群车保	6月	A+轮	5000万人民币
	牛咖斯	3月	IPO	—
	府上养车	1月	IPO	—
	翼车配	3月	A轮	未透露
	汽车超人	4月	定增	27亿人民币
	乐车邦	5月	B轮	3亿人民币
	车点点	1月	B轮	7500万人民币
车险	最惠保	2月	B轮	亿元人民币
	路比车险	3月	A轮	千万美元

（2）细分领域用户规模相对稳定，用户对平台的选择和偏好基本确定。

汽车后市场服务经过多年的发展，行业格局已经相对稳定，用户长期使用某款养车类APP之后便很少会再去更换，车主用户对平台的忠诚度相对较高，而平台服务的完善也使得用户无需同时安装多款APP即可满足汽车生活中的养车用车等一站式服务需求。图12所示为2017年6月车后服务领域移动端活跃用户TOP5，图13所示为2017年6月汽车工具领域移动端活跃用户TOP5。

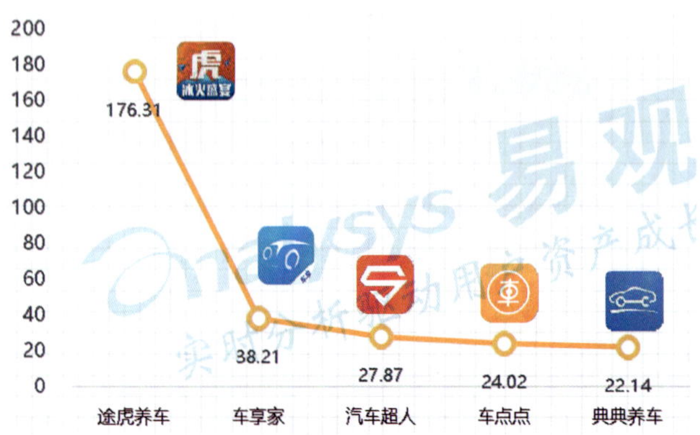

图12　2017年6月车后服务领域移动端活跃用户TOP5（单位：万人）

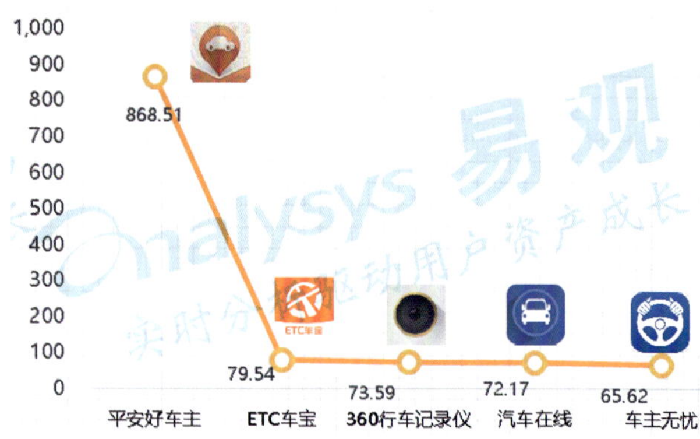

图13　2017年6月汽车工具领域移动端活跃用户TOP5（单位：万人）

（3）细分领域头部企业逐渐显现，汽车后市场互联网化发展进入新阶段。

图14所示为2016年中国汽车后市场互联网化市场实力矩阵，现针对图14进行以下说明。

纵轴定量维度：厂商现有资源的综合表现，包括市场现状，平台用户基础及其品牌建设能力等。针对目前的中国汽车后市场来说，包括供应链能力、商户资源、资本实力、品牌与声望、用户和团队规模等均为评价厂商现有资源能力的重要指标。

横轴定性维度：厂商运营能力的综合表现，主要指厂商的业务独特性。针对汽车后市场来说，技术实力、产品创新能力、模式创新能力和经营管理能力等是评价厂商运营能力的重要指标。

模型说明：实力矩阵是用以描述产业发展趋势和格局的研究模型。该模型综合了厂商的市场实际表现以及厂商的创新能力，从而确定主要厂商的竞争地位，并分析未来各个厂商的演进路线。

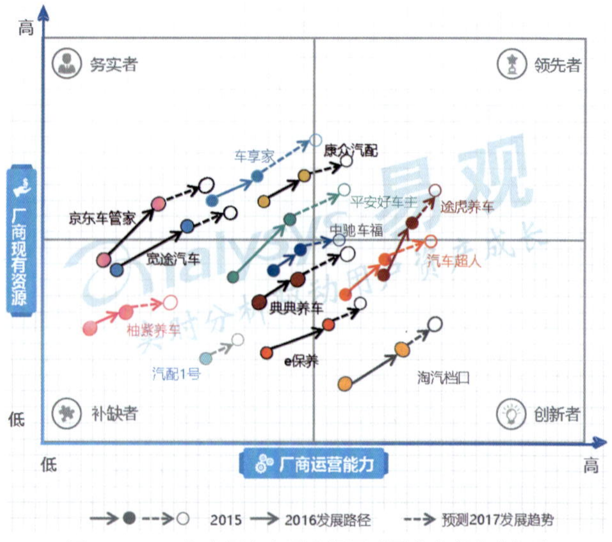

图14　2016年中国汽车后市场互联网化市场实力矩阵

（4）线上线下相结合，康众汽配S2B新零售模式整合上游汽配资源，服务下游汽修厂（图15）。

康众汽配以直营门店布局B2B汽配供应链市场，逐渐扩充平台SKU和线下服务范围，通过授权代理模式进行渠道下沉，同时将连锁企业标准化服务在代理门店延伸，以满足不同区域扩张需求。

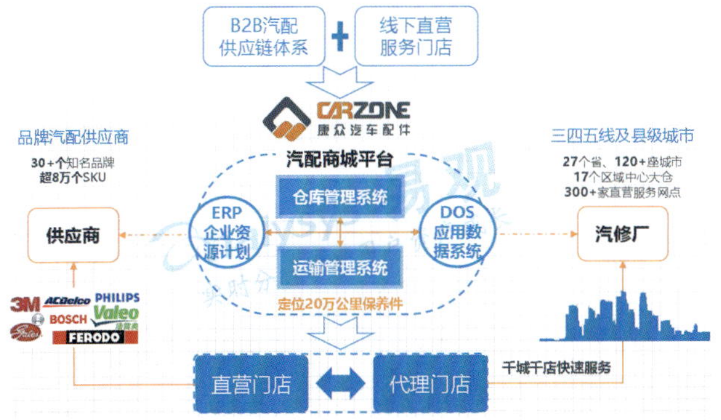

图15 康众汽配的新零售模式

（5）产业链布局完善，途虎养车深入线下服务资源，统一服务标准，着重提高用户体验和用户满意度。图16所示为途虎运营模式。

图16 途虎运营模式

（6）依托平安产险保险服务优势，平安好车主实现保单理赔业务全面互联网化，产品创新优化提升用户服务效率。图17所示为平安险及平安好车主概况介绍。

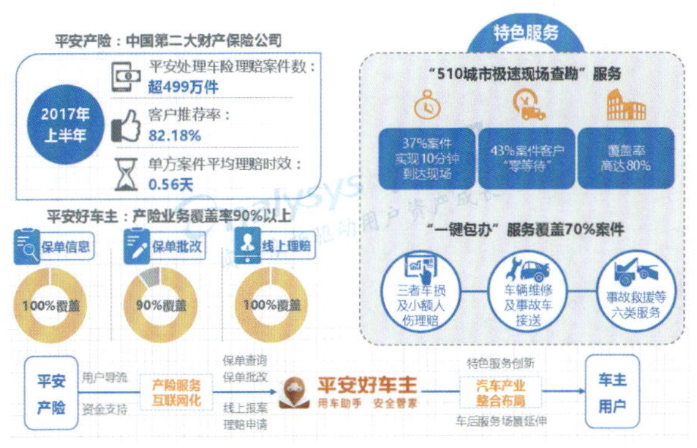

图17 平安好车主实现保单理赔业务全面互联网化

（7）平安好车主从车险服务切入汽车后市场，综合性汽车生活服务平台走向成熟，用户服务趋于完善。

平安好车主从车险服务出发布局汽车后市场，截至2017年6月已经实现大幅的用户增长和完善的业务布局，平安好车主打造的综合性汽车生活服务平台将逐步走向成熟，为用户提供更加全面和完善的汽车生活服务（图18）。

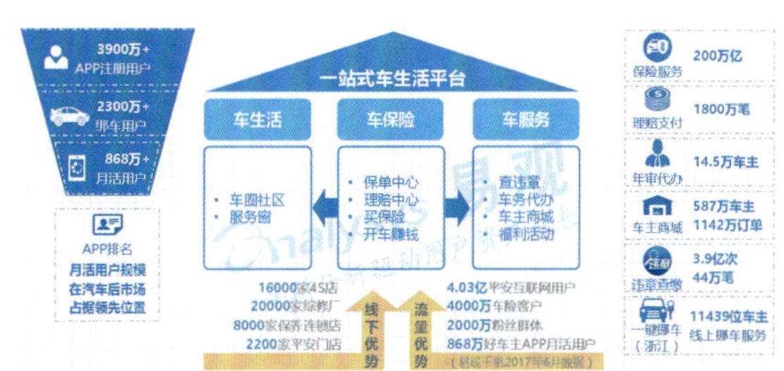

图18 平安好车主的优势

三、中国汽车后市场电商行业发展趋势

汽车后市场电商逐渐拥抱新零售模式，以用户体验为导向，产品和服务不断升级。

2017年汽车后市场电商走势如图19所示。

图19 2017年汽车后市场电商走势

线上平台服务不断完善，车主服务项目逐渐健全，移动化便捷化程度进一步提高；线下服务布局不断扩张，标准逐渐统一和规范，线上线下相互融合和补充；供应链系统建设和组建完善，提高产品调度和流通效率，降低成本提高收益；数据不断积累，推动行业技术和服务升级，提高用户体验和满意度；用户画像更加全面和丰富，C2B定制化和个性化产品和服务逐渐取代B2C生产模式；保险服务进一步与车后服务市场相打通，并延伸至车主金融服务和理财市场。

2017年汽车后市场热点问题解读

——专访北京祥龙博瑞汽车服务(集团)有限公司总工程师魏俊强

冀亚欣

一、政策问题对汽车后市场的影响

记者：2017年，汽车行业在政策及监管方面又有了一些新的变化，在过去的半年多时间里，哪些新法规的实施和哪些方面监管趋于严格对汽车后市场行业产生了重要的影响？

魏俊强：2017年对汽车后市场影响较大的管理办法有两个，一个是《汽车销售管理办法》(以下简称新《办法》)的出台，取消了一直延续的厂商品牌授权备案制，减少了行政审批的要求，允许授权模式与非授权模式并存。这使得以往汽车流通领域的4S店单一模式从政策层面终结，汽车流通市场更加开放，市场导向作用更加明显。新《办法》的出台为"北京亚运村汽车交易市场"这样的大卖场正名，为用户提供了方便。过去用户想要买车需要去多家店面进行比较，但由于每个主机厂采取打折、送精品等不同的销售政策，且指导价相同的汽车在不同的4S店里销售政策和打折力度不同，所以使用户感觉比较混乱，无法做系统的比较。新《办法》出台后，市场的竞争就充分体现出来了，许多车辆相继进行调价，用户能够更加清楚全面地了解各品牌车辆的价格以及其他各种信息。另一个是《汽车维修技术信息公开实施管理办法》的推行，可以这样评价：其进展不是很快。因为汽车售后市场在下滑，市场中的老企业都是4S店，有充分的技术信息支持，不需要要求公开范畴内的信息，而需要更多资料信息支持的新建企业比较少，再加上信息价位较高，宣传力度缺乏，大家不知道如何使用，所以目前的状况是，《汽车维修技术信息公开实施管理办法》中所要示公开的信息在行业中被使用的情况还非常少。

此外，保险公司政策调整对汽车维修厂的影响也仍在延续，政策变化使得很多车主选择尽量不出险，像钣金喷漆等500元以下作业项目走保险的车辆比例下滑速度很快，将近70%的车主都不通过走保险去进行修理，因此，钣金喷漆类的维修整体下滑约25%。近几年，如绿色维修等环保政策的推行，使许多不合格的喷漆房被关掉，甚至不正规不合格的维修厂也被关掉。

二、I/M制度的现状及未来

记者：您如何评价建立汽车电子健康档案及以I/M制度实施的现状和未来发展方向？对于这两方面您有哪些行之有效的建议？

魏俊强：政府推动汽车电子健康档案的建立由来已久，在大数据时代，汽车电子健康档案的建立有利于4S店使用客户数据，但是需要使用数据的单位还有很多，例如公安部门、主机厂和集团管理处等。各部门采集内容相同，但采集方式不同，因此增大了4S店的工作难度，所以，建立汽车电子健康档案很难有真实性、实时性。对于汽车健康档案的建立，应该有一种更先进的手段，统一采集的标准、方式、内容等。如今修理厂、检测站和I/M检测方是三个完全不一样的系统，它们最后统计出的数据无法比较，建立汽车电子档案的意义受到威胁，4S店很难去实践此档案。其实汽车上都有OBD系统，这实际是一种环保开放型系统，相关部门可以着手提供一个平台，使得车辆随时都可输出几项必要的汽车健康信息，既不影响车主也方便相关部门采集信息。

I/M制度已有15年的历史，其概念、理念有所突破，但它理想化程度较高，实施步骤和标准不统一，造成各方利益、目的不统一，具体实施起来难度较大。专业检测厂只是满足环保、交通、公安等各类管理部门的需要，没有统一的基础检查项目，检测方法和结果不统一，修理厂无法使用。汽车维修企业由于没有统一的治理专业规范，治理方法千奇百怪，只是为应付检测结果。实施I/M制度的核心是要统一标准，研究车辆排放治理规范，立法分清责任，对违规行为实施制裁。总而言之，I/M制度本身的构想很好，但是目前其实践性还有待提高。

三、汽车配件市场的变化

记者：在汽车配件方面，如今的市场状况有明显变化，体现在哪些方面？

魏俊强：汽车维修售后市场下滑，所以汽车配件市场发展整体有所下滑。许多企业包括一些主机厂，为了能够应对这种下滑，主动去调节配件价格，例如奔驰、宝马等一些高端品牌，其配件价格下降幅度在30%以上。2017年上半年，整个汽车售后服务市场下滑的力度达到10%~15%，其原因分为两个方面，一方面由于现在车辆整体质量有所提高，导致车辆维修的数量和频率在下降；另一方面由于汽车保有量的提高使得车辆的使用率降低，有的家庭可能买了两辆车或三辆车，这就导致每辆车的平均使用率在缩小。因此，虽然保有量在增加，但是维修维护的需求反而下降，对于配件市场的需求也相应下降。

在汽车配件领域，很明显的一点变化是，原来的配件商只在系统内供给，如今为了消化库存开始拓展配件安装服务。例如博世、AC德科等，现在正在布局自己的修理厂和维护体系。也就是说，汽配商正利用网络及其自建设体系在向销售服务领域拓展。

四、车主变化对汽车售后的影响

记者：随着中国汽车社会市场的发展，汽车后市场中消费者的心态和行为也发生了一些变化，这些变化对汽车售后领域产生了哪些影响？

魏俊强：近两年，尤其是进入2017年，汽车售后领域消费者最大的变化是大家对法规越来越重视。过去大家对法规认识比较少，90%的汽车消费者维权意识比较差，认为在哪儿买的车就应该在哪儿做维护。而新法规规定只要在合格企业内进行维护，主机厂就应该提供“三包”服务，在这样的背景下，我们清楚地看到，车主对相关法律的理解及认知程度大大提高。尤其是对于“三包”车辆，消费者的维权意识更加准确清楚，能够把握好自己的权利。汽车售后“三包”服务满意度也相应提高，只要车辆符合要求，4S店就会“三包”。因为汽车售后服务领域中的企业都在提高自身的服务质量，通过给客户超值服务、打折或送礼品等各种方式，不断提高客户满意度，因此，汽车维修方面的投诉也越来越少。

另一方面，车主对维修作业过程的关注程度也在悄然发生着变化。以前车主不知道车是如何进行修理的，现在类似魏工养车这样的专业维护店出现，它们所提供的开放式服务能够让用户更加清楚地了解修理过程。最近，4S店也开始做开放式服务，例如奥迪等品牌，修车过程邀请客户参与，双方共同促进市场中服务的公开透明。以前有些不良的4S店会利用不开放性去胡乱加价，不但坑了主机厂还欺骗了车主，但现在4S店正在不断向市场公开自己的服务流程，许多主机厂也加强了索赔管理，需要有录像、录音及检测数据等足够的材料支撑才能索赔。因此，整个市场也向更加严谨、规范的方向发展。

五、汽车后市场企业发展中的核心要点

记者：未来，汽车后市场企业发展的核心要点是什么？哪些类型的企业可以在市场竞争中胜出？

魏俊强：汽车后市场企业发展的核心应该包括以下两个方面。

第一个方面是管理的发展，包括资金、物料和人员等的管理。只有管理提升，运营才能可控。如今企业要想做好管理，需要进行基于互联网大数据下的分析。现在市场利润值越来越低，大型连锁式或集团性质的企业如果只在一线城市开展业务，无法做到面面俱到，所以，今后汽车后市场企业需要向二三线城市发展。下沉式发展的模式基本上是在二三线城市建设多家门店，扩充人员，这就需要有一套现代化的管理系统，虽然目前行业整体还处于摸索当中，但很多店都在进行着各种尝试。

第二个方面是要重视资金链。通常，修理厂的负债率不低于60%，有的可能达到80%~90%。一旦资金链断裂，整个企业就无法运转，所以，现代企业需要有现

金流，只靠投资行不通。例如有些互联网企业，没有盈利，只靠前期不断投钱，没有资金运转、没有现金流的产生，因此根本坚持不下去。博世为什么做维修，就是要来钱快，只要配件运转七八次，资金就可运转。

未来，汽车维修领域中一定会存在的有三大类企业是4S店、综合性大卖场售后服务店和社区车辆便民服务站。未来的4S店会更规范，只要主机厂需要售后服务，4S店就会存在。汽车维修企业产生的本质是汽车产品售后服务需求的产生，这一点到什么时候都不会变。今后，一些经销商集团会将很多品牌的车放到一起卖，二手车甚至自行车等也可以在里边卖，交易过程也可以在网上进行，既降低了运营成本，同时也可以给用户提供更多的选择，未来可以承载这一部分车辆售后服务的企业也会是汽车维修领域的胜出者。今后，随着电动汽车等的发展，车辆集中的位置会建起社区车辆便民服务站，与上门服务不同，这种服务站可以利用充电点等位置为车辆提供简单的作业服务。但是目前，社区配套水平不够，物业环节没有完全打通等仍然制约着社区车辆便民服务站，今后此种形式一旦发展起来，它会有很强的便利性，例如配件可以随时送达，车主晚上也可以约单。

2017年汽车市场面临的挑战及新形势下4S店的发展前景

苏　晖

2017年，中国汽车市场高速发展、快速变化，无论市场如何变化调整，对于汽车后市场企业而言，市场创新、营销创新、服务创新，以客户为核心都是生存发展、抓住机遇迎接挑战的关键。2017年新《汽车销售管理办法》（以下简称新《办法》）的正式出台，也必将对国内汽车市场产生重大影响，值得关注。

一、汽车市场面临的问题和困难

从汽车销售市场和后市场总体情况看，目前我们面临5方面的问题和困难。

（1）汽车行业受宏观经济影响严重。中国经济面临中长期的结构性矛盾，供给侧越来越不适应市场需求变化，必须重大调整和改革。

（2）汽车行业受一系列中央的、地方的汽车市场方面政策法规影响。这些法规中，有的是调控性的政策法规，有的是鼓励创新发展的政策法规。目前，大多汽车新政没有“落地”，一旦“落地”影响是巨大的。

（3）汽车电商、汽车互联网所带来的重大冲击和影响。此类影响越来越大，对于汽车市场有些方面来说，这种影响是颠覆性的。

（4）金融市场和汽车金融重新受宠。汽车金融正在全国范围形成普遍开花的状态，国内外巨额投资狂热进入汽车市场和汽车后市场。

（5）全国性的新车、二手车、配件、用品、汽车维修等市场，经营困难、效益困难、销售困难甚至经营亏损，不得不考虑生存问题、转型问题，甚至是退出市场的问题。

总结：2015年汽车市场面临的一大困难是股市将汽车市场需求的资金大范围、大力度的需求转移，对汽车销售市场、需求市场产生重大冲击和影响。2016年从实际情况看，再次出现房地产投资将汽车市场的资金需求转移，对汽车消费市场形成新一轮的重大冲击和影响。2017年综合情况极为复杂，表现为宏观经济影响大于其他方面对汽车市场的影响。而以新《办法》为代表的一批汽车新政，也必将对汽车市场、汽车营销产生重大影响。

二、配件市场依旧难题待破

配件流通渠道是否能完全开发，是一个老生常谈的话题。之前出台的《关于征求促进汽车维修业转型升级　提升服务质量的指导意见》《关于汽车业的反垄断指南》等文件针对配件流通渠道都制订了利好性的规定，但近几年来并没有得到有效执行。举个最显而易见的例子，“供应商不得限制配件生产商的销售对象，有关知识产权法律法规另有规定的除外”，那么问题来了，多方知识产权的产品应该如何界定，目前在我国法律方面依旧是一片空白。

“同质配件”这一概念也在行业内一度热炒，但不少业内人士认为这一概念终究是个伪命题。所谓“同质”的门槛究竟由谁来制订？谁又有资格来制订？这又要牵扯到整个配件流通市场话语权的问题。各种“同质配件”“认证配件”背后往往有人保、平安等保险巨头的背书，原因何在？在整个汽车售后维修领域，最大的买单者正是这些保险公司，率先占得配件认证的先机，必将有利于理赔成本的降低。

笔者在与几家德系汽车配件企业的交流过程中发现，他们对于中国一系列新政策的实施并不十分感兴趣。看似新政为主机厂和配件企业营造了一个相对公平的竞争环境，但这两者的话语权并不对等。毫无疑问，在整个汽车产业的价值链中，主机厂占据着独一无二的核心地位。也就是说，主机厂或许只需要以口头暗示的形式警告配件企业不得对外销售，否则将失去来自主机厂的订单即可。对于配件企业来说，既然通过OEM渠道也能赚钱，通过IAM渠道也能赚钱，又何必要得罪地位强势的主机厂？

其实，配件流通渠道的开放更像是一把双刃剑，既然4S店可以外采配件，那么原厂件也可以外销，对于非原厂配件而言，一方面渠道有所扩展，另一方面却要在原有渠道中直面原厂件的竞争。但无论怎样，在市场环境更加公平的前提下，配件产品的价格终将有所下降，最终会让车主获益。

三、新《办法》实施后汽车行业面临的挑战

（1）新《办法》虽然意义重大，改革力度很大，但不是引领市场发展的全部因素。在市场经济条件下，从本质上说决定市场销量和销售的主要因素还是需求和供给关系，新《办法》并不直接影响市场的供求，但从长期来看，新《办法》能够有效激发汽车市场的活力，有利于促进汽车消费，也有助于汽车市场长期保持健康可持续的发展。

（2）宏观经济的变化和困难对汽车市场影响巨大，这也是新《办法》无法解决的，业内企业必须积极应对，迎接挑战。

（3）授权和非授权并存，意味着市场的放开，即市场准入门槛降低，也意味着更多的投资商、经销商进入汽车销售和汽车后市场各个领域，竞争将更加激烈。

（4）新《办法》中，对于汽车电商和互联网仅为支持态度，没有详细的说明和规定，这明确表态当前仅为汽车电商和互联网的观察探索期，什么时期出台相应法规未定，我们当前只能参与，没有更多的法规支持，因此在这方面的转型升级仍在探索之中，目标不明确。

（5）由于汽车市场更加开放，必将促进汽车市场布局、格局发生更大的变化，对现有的布局和格局以及传统的市场模式，必将产生重大的冲击和影响。

（6）在新《办法》的实施过程中，汽车行业在如何应对、如何创新、如何创造具有影响力的品牌方面会遇到更大的挑战，需要政府部门和行业组织加强调研，指导引导。

（7）汽车市场除需要面临新《办法》实施和其他汽车新政落地后的挑战之外，还要面对市场经济新业态、新模式快速发展变化带来的新挑战。

四、行业调整期，4S店该何去何从

现阶段市场变化对4S店产生的影响不言而喻，笔者就自身感受和近期走访市场发现的问题，从工作实际出发，给当前正在运营的汽车4S店一些工作建议，供业内朋友们参考。

1.盘活流动资金

对于资金周转率较高的汽车4S店来说，已经凸显出了从来没有的紧迫感和压力。

建议：现有的汽车4S店，在目前的环境下，要不惜一切代价，盘活流动资金。4S店要将原有的追求单台营销利润的概念，转变为单台利润可取化的概念。同时，要加速整车的快进快出和售后客单价管控，盘活资金、收拢资金、及时还贷，保留充足的资金流，在保障企业发展的同时，进行其他关联业务的拓展，而不是盲目的支配和消耗资金流。

2.合理控制发展规模

从目前的形势看，汽车4S店的发展已经随着中国汽车行业的发展趋于平稳，逐步显现成熟态势。当前的汽车4S店投资者，在现有的经济环境下，在企业发展到一定的时期，要尽量控制扩张速度，在资金流能保障的情况下，手上有五六家不同汽车品牌4S店即可，切不可贪多。能够管理好五六家店，对于投资者来说，其利润回报足可以回馈付出。如果盲目扩张，必然带动成本的投入，加大资金流的需求，变流动资金为固定成本，变利润为亏空，最终将走上血本无归的道路。

3.借助主机厂政策返利和担保发车

目前对于4S店来说，紧随主机厂的政策尤为重要，在不能保证银行系统资金流的情况下，依靠主机厂的政策返利和担保发车，依然还能保证汽车4S店的存活。汽车4S店要积极研究和执行主机厂的商务政策，紧跟主机厂广告宣传、促销和营销活动的步伐，借助主机厂强大的资金流来盘活自己。

4.强化内部基础管理

越是在市场出现波动和危机时，4S店越要加强内部基础管理。从最基本的劳动纪律管理和现场5S管理抓起，再到核心的运营管理和成本管理等，都要引起专卖店管理层的关注。

5.留住核心管理人员

目前，汽车行业已经出现了管理人员“青黄不接”的情况，很多区域的汽车4S店，一将难求。行业的复杂性和不规范性，以及区域收入差异、成长环境艰难和就业压力等因素，促使很多管理人员转行或者流失，造成汽车4S店经营管理出现问题。这一点在4S店中体现得越来越突出。使门店能够在良性循环的情况下，尽力发挥人力资源的效能，从而加速和保障专卖店的正常运营是4S店的当务之急。

6.整合后台管理部门

对于规模较大的4S店，建议在现有机制下，对后台管理部门进行资源整合。把后勤非业务部、精品部、广宣业务部、企管业务部、关联业务部等进行集中整合，形成大的综合管理部门。整合后台管理部门还要做到：优化部门职能；优化业务人员；减少管理人员；减少非业务人员；将人员下放到一线业务部门，从事涉及业务能力提升的具体工作，并付诸于同等于一线业务人员的绩效。

7.做好保有客户和满意客户的关系维护

当前，汽车4S店面对着日益严峻的客户流失现象，这已经是不可挽回的局面。面对流失客户，服务工作的重点不是关注不满意的客户和流失客户，而应该是重点关注已有的保有客户和满意客户，通过管控和服务好保有客户和满意客户，来消除流失的加剧才是问题的关键。越去抓流失可能流失反而会加剧，治标不治本，等于不治疗。所以，不妨换个思路，从重视保有客户的满意度上去控制客户流失。

8.深化网点建设

在目前阶段，不提倡4S店扩大发展和再次建设标准4S店，以避免高的投入和资本占用，但是，对于二级网点的建设，还是鼓励专卖店深耕渠道建设。目前，随着经济的发展，县乡级城市在快速发展，其市场需求增长日益明显。从近期的市场数据中可以明显看出，县乡级城市汽车的市场保有量占比明显增加，这就可以鼓励4S店渠道下沉。投资者可以持品牌授权和当地的县乡网点合作经营，或者直接进行二级授权经营。对于县乡级城市的4S店经营者来说，融资和借贷环境相较于地级市以上城市更为宽松一些，即使不向商业银行借贷，还有农业银行等民间资本的注入，虽然资金流有限，但是用来支持一部分的市场运作还是可以的。汽车4S店的投资者完全可以在区域内多建立和合作二级网点，来运作和吸纳二级经销商的资金，进行本店的经营运作。

9.做好危机应对

企业经营管理时刻都有风险，危机存在不可避免，尤其对于汽车4S店来说，高投入、高产出和高风险是时刻并存的。面对危机，汽车4S店要能够及时优化内外部的资源，及时把固定资产和流动资金进行整合，变成现金流，在优先解决生存问题的基础上，再去强化内外部的管理，并依托内部规范的管理，强化内功，收缩资本，加大整车销售流转和服务产值资金收拢，确保在危机产生时，能够有效应对。

10.在新《办法》的政策支持下，适当考虑多品牌经营

新《办法》已有明确的政策支持说明，鼓励经销商多品牌经营，在建店标准及经营方面都有改革性的政策规定。因此，经销商不一定要考虑再建4S店这种老路，可以考虑建2S店或整合资源，加盟汽车交易市场、汽车园区、汽车综合展厅等，从而降低成本增强竞争能力。

11.拥抱互联网

由于汽车电商和互联网高速发展、快速变化，已经形成影响汽车行业不可抗拒的发展趋势之一。对于4S店来说，要么自己闯出一条新路，做强做大；要么拥抱互联网，以传统的经营优势结合互联网营销，做到线上线下有效结合，形成自己的优势，形成自己的特色，取得汽车市场竞争优势。

12.想清楚转什么型升什么级

新形势下，汽车市场格局在变化，竞争格局在变化，用户的购买行为和需求在变化。新《办法》已经出台，一系列汽车新政将落地，必会影响巨大。4S店等汽车营销模式必将转型升级，否则没有出路。然而，首先要想明白转什么型升什么级，再去实施。

13.重视汽车金融

国家出台了一系列金融政策，汽车金融也已经成为当今汽车市场的热点。无论科技如何发达，无论汽车互联网如何发展，但有一点可以肯定，即汽车金融在汽车市场中占了非常大的比重。一定要深刻领会相关政策规定，从而结合实际寻求多方合作。

14.关注汽车市场中的供求关系

值得关注的是，尽管新《办法》等新政策影响巨大，但从市场经济出发，从国情出发，从汽车市场的发展变化出发，起根本性作用的依然是市场中的供求关系。供求关系决定了厂商之间的关系及新《办法》落地实施的影响力。

15.了解新的汽车营销模式和业态

从国情出发，国内汽车市场一定会是多种营销模式并存，而且长期存在。在新《办法》没有出台以前，国内汽车市场已经出现了一批新的汽车营销模式和业态，在新《办法》等新政的推动下，在国内巨大的创新能力推动下，在激烈的市场竞争推动下，国内汽车营销新模式一定会大量出现，并通过竞争产生主流模式。

五、4S店多品牌维修的前景

众所知周，售后业务已经成为4S店的主要利润来源，在政策放开的情况下，扩大自己的维修业务范围和规模，无疑将是4S店获取更多利润的好方法。然而，要想做好综合维修也绝非易事。首先，各大汽车品牌之间存在着巨大差异，对技术服务的要求也不尽相同。过去在授权体系下，4S店的售后服务可以得到厂家全方位的支持和指导，如今强制授权取消，特别是对于一些小规模的经销商，其服务能力及信誉度能否得到保障，不禁让人心生疑问。此外，配件供应也是一大难题，这对于大型4S店集团或许并不是问题，但单一4S店往往只会储备单一品牌的配件产品，将无法满足综合维修业务的需求。面对汽车行业如此大规模的SKU，在对于下一秒将要进厂车辆的品牌、型号、故障原因等一无所知情况下，维修企业不仅仅要把车修好，更应该解决配件供应效率和成本问题，从而实现盈利，这可以说是现如今所有汽车维修企业都需要面临的难题。

综合维修早已成为一块兵家必争之地，除了本土维修企业外，外资配件商、主机厂、经销商集团都已经开始在中国汽车后市场布局。这其中，外资配件企业有博世、海拉、米其林等，主机厂有上汽车享家、上汽通用的车工坊、福特等，这些“不差钱”的玩家都在烧钱培育市场。同样，我们也看到了4S集团对于售后业务的重视：和谐汽车的“大售后”，广汇汽车搭建售后电商平台“汇养车”，庞大入局上门维护……在竞争主体多元、竞争模式更加多样的趋势下，未来市场将由谁来主导还有待观望。

六、汽车市场的新动向、新信息

（1）上汽大众、一汽大众在2016年已开始调整汽车销售市场战略，明确了在国内建设1 000~2 000家汽车售后服务直营店，不仅将会影响到4S店的布局，而且也会影响到有形市场的应对。

（2）2016年11月，大众“3体”4S店在北京正式开业运营(即一汽大众、上汽大众、进口大众，3个品牌合为一体店)，这个信号明确告知市场，汽车制造商的营销调整将会出现一系列的大动作、新动态。

（3）2016年10月，苏宁易购在北京联想桥和旧宫的两家实体门店正式售卖汽车；同时国美也声称不止卖家电，还要卖汽车，其旗下1 700家门店中，大部分门店实现改造，形成综合卖场模式；京东也于2017年3月初宣布要在全国再开10 000家实体店，也将涉及卖车。电商的这些动作必将对汽车销售市场产生重大影响。

（4）联动云放出豪言：未来3~5年在汽车后市场投资1 000亿元人民币。联动云公司成立于2016年，总部位于中国深圳，隶属于联动云出行集团，是一个致力于打造最快捷、最实惠维保服务的品牌。联动云车服首店于2017年4月15日在成都正式开业。2017年，联动云在全国100个城市，开设100家门店，投资100亿元人民币。未来3~5年计划投资1 000亿元人民币，革新汽车后市场布局，打造中国汽车服务全产业链最大平台。

（5）2017年5月1日，日本最大二手车交易商Gulliver格利福落户武汉，有望让日本二手车成交“速度”的神话在武汉上演。为何选择落户武汉？格利福武汉负责人表示，在开拓中国市场之前，曾花了半年时间做市场调研，北京、上海、广州等地因汽车“限牌”政策影响，没有考虑在内，其次，一线城市的二手车市场相对规范、成熟，相比之下，武汉交通便利、汽车交易活跃，潜力最大。相关负责人称，如果在武汉“试水”顺利，3年内将在武汉开设20家店，目标是在全国开设500家店。

七、国内汽车市场发展变化趋势分析

（1）2017年汽车产销总量有望达到3 000万辆。

（2）新《办法》落地，汽车产业中的汽车销售市场及汽车后市场必将出现大调整、大变化、大改革、大发展。

（3）26 000家4S店仍然是汽车销售市场的主流之一，4S店总量的增加会放缓。

（4）新的汽车营销模式，新的汽车流通方式、形式一定会有更大更快的发展，市场竞争将加剧。

（5）在汽车新政落地的情况下，二手车市场在2017年有更大的发展和变化。二手车总量有可能突破1 500万辆。大型二手车经营集团将会出现，二手车电商带来的冲击和影响会越来越大。

（6）在新《办法》的推动下，汽车配件市场将发生巨大的调整变化，配件的市场结构和格局也将发生重大的调整和变化。一批大型汽配经销商集团将会出现，汽车配件电商和互联网会高速发展，大型配件电商也必将产生。

（7）随着维修信息放开、新《办法》的推动，汽车维修维护市场中将会出现大型和超大型的汽车维修集团，汽车维修市场的新格局将会出现，汽车维修行业将提高到一个新的水平和高度。

（8）汽车后市场将全面从后台走向前台，变得越来越重要，甚至变成影响汽车销售市场的最重要的因素之一，现代化的高水平售后集团正在形成。

（9）在新能源汽车领域，必将出现改革性、创新性的汽车营销服务模式，新能源汽车市场将高水平发展，并成为汽车市场的主流之一。

（10）汽车电商和互联网竞争更加激烈，在2017—2018年将开动国内特有的汽车电商淘汰赛，强者更强、大者更大，在各种投资资本的支持下，超级汽车电商集团有可能形成。

（11）与汽车相关的政策、规定、法规还将不断出台，从而大大改善目前的市场环境和消费环境，形成难得的市场机遇。

（12）宏观经济的影响越来越大，值得高度关注与重视，业内企业应积极研究探讨对应的措施和办法，迎接挑战。

只有整合和创新才能生存发展，这是一个跨界的时代，每一个行业都在整合，都在交叉，都在相互渗透，如何竞争、如何生存？必须有新的思维、新的理念，未来的竞争，不再是产品的竞争，不再是渠道的竞争，而是资源整合的竞争，是终端消费者的竞争。谁能够持有资源，持有消费用户，才能保证利益，才能立于不败之地。人生比努力更重要的是选择，不是因为有了市场才去开拓，而是因为去开拓才有了市场。汽车产业未来五年将出现颠覆式的变革。

汽车零部件产业运营及发展特征分析

吴东风

汽车零部件行业与汽车制造、维修密切相关，在汽车后市场中占据重要位置。要解决好其发展问题，必须深入研究其运营规律和自有特质，通过对其自有规律的把握，调整行业策略，使其持续、健康、有序发展。

一、汽车零部件行业的基本特征

汽车零部件是构成汽车整体的各单元，也是服务于汽车的产品。零件指不能拆分的单个组件；部件指实现某个动作（或功能）的零件组合。部件可以是一个零件，也可以是多个零件的组合体。

1.汽车零部件制造业的产业链结构

汽车零部件工业的上游包括钢铁、塑料、橡胶等原料生产行业，下游主要针对主机厂配套市场和售后服务市场。汽车零部件行业上下游关联产业较多，特别是上游，零部件行业的发展可以有效带动此类行业的发展，因此汽车零部件产业在我国国民经济中占有重要的战略地位。从其下游来说，汽车零部件工业是汽车产业的重要组成部分，没有强大的零部件工业做基础，我国就不会拥有独立完整和具备国际竞争力的汽车工业。

2.汽车零部件制造业的产业链增值空间

从上游行业来看，汽车零部件生产原材料价格主要由钢铁、石油、天然橡胶等大宗商品的市场价格决定。近年来，由于受到铁矿石、石油、天然橡胶等资源类商品价格频繁波动的影响，钢材、橡胶、塑料等化工材料价格亦出现大幅波动，对国内汽车零部件行业生产经营的稳定性产生了一定影响。

从下游行业来看，受益于国内外整车行业的发展和消费市场的扩大，国内汽车零部件行业呈现出良好的发展趋势。国内汽车零部件供应商的下游客户主要为国内外整车厂商及其零部件配套供应商，客户集中度较高，因此零部件企业在与下游客户的谈判中往往处于相对弱势的地位。但对于部分在某一细分市场领域内具有领先优势的零部件供应商，其市场地位和技术优势将有助于提升其市场话语权和议价能力，因此具备一定向下游转移成本的能力。

3.汽车零部件制造业的发展

汽车零部件制造行业成本受制于上游行业和自身管理水平，而下游的汽车生产商所需零部件主要来自于固定供应商，汽车零部件最大的买家是汽配经销商，汽配经销商也是汽车零部件销售的主渠道。汽车零部件的利润空间取决于零部件行业的竞争结构，零部件企业的行业地位及其与下游行业的议价能力。

在国际上相对成熟的汽车市场中，50%～60%的利润是在其服务领域产生的，中国在21世纪前十几年的时间里经济得到巨大发展，汽车产业随之受益，而在其后，一个巨大的“汽车后市场”正在进入快速成长期，汽车零部件产业前景广阔。

二、同质配件概念的提出及其意义

最近10年，中国汽车零部件市场一直处于深刻变革之中，鱼龙混杂的市场中流通的零部件可分为几类：原厂件同质件及杂牌件，甚至还存在假冒伪劣零部件。过去，原厂件仅向汽车厂商和4S店供应，汽车厂商试图通过原厂渠道确保配件质量，在一定程度上形成了原厂件的垄断。其实，所谓原厂件并不是汽车生产厂商直接加工和生产的，而是汽车零部件配套厂商生产的。绝大多数原厂件都是由主机厂采取招标采购方式确定生产商的，主机厂从配件质量、价格、物流及生产供应能力等多重因素考虑，如此一来，中标企业所生产的零部件即成为原厂件，因此称其为“原厂配套件”更为确切。汽车零部件配套厂商生产的零部件一旦中标成为原厂件，其“身价”倍增，远远超过其他汽车零部件生产企业生产的同类、同质零部件价格。主机厂还对原厂件予以严格控制，原厂件生产厂商不可以让带有主机厂商标的零部件在市场中流通，因此出现同一个生

产厂商生产的同一类配件，贴上主机厂商标的原厂件和使用生产厂商自己商标的零部件价格差异巨大的怪象，不利于公平竞争和市场资源配置。

政府行业管理部门极力扭转汽车零部件市场乱象，对市场加以必要的引导。2014年9月，交通运输部等10部委联合颁布《关于促进汽车维修业转型升级　提升服务质量的指导意见》，文件中第一次从政府层面提出“同质配件”概念，并将同质配件作为鼓励性项目予以支持，其目的是打破汽车零部件的垄断，平抑价格虚高的原厂件，让消费者从中受益，同时有利于汽车维修技术信息公开，提升汽车维修业整体服务质量。交通运输部等部委在出台行业发展指导意见后，又颁布了《汽车维修技术信息公开实施管理办法》，从反垄断的角度对汽车零部件及其相关技术服务提出了规范性要求，后市场格局为之发生改变，受政策导向，同质配件和非主机厂系统以外的维修服务被更多人关注。

目前，同质配件、杂牌件以及还存在的假冒伪劣零部件主要由“汽配城+社会维修厂”模式向全社会提供服务和供应，保险公司和汽车维修业推动的配件同质化还仅仅是表面同质化，在实质使用效果及同质配件的认证认可方面还没有获得主机厂和原厂件生产厂家及社会公众的一致认同，还有许多工作需要做。汽配城高度碎片化的体系，完全无法像期望中那样利用互联网整合，尤其是参差不齐的零部件质量(连机油质量都无法控制)，不是仅仅披一件同质化的外衣就可以解决的。

经过反垄断变革，消费者将成为最大获益者，原厂件会变得更便宜。而同质配件的推进和普及，特别是做到让百姓放心使用同质配件，必须建立相应的机制，确保实实在在的同质，需要做第三方认证，且需要有较为完善的运行和监管机制。同质配件与原厂件应该各具优势，通过市场配置资源，由市场和消费者自主选择。

三、汽车零部件行业环境分析

1.行业政策法律环境分析

中国汽车维修行业协会汽车配件工作专业委员会为贯彻落实交通运输部等10部委的指导意见，2014年便开始着手同质配件的规范认证准备工作。另外，商务部《汽车销售管理办法》的修订和实施将对汽车市场产生影响，随着新办法出台，将会对汽车厂家、经销商等相关企业在汽车及其零部件的销售、渠道的建设以及提供服务等方面带来不同程度的影响。 我国一系列关于新能源汽车产业的鼓励政策出台，将刺激新能源类汽车零部件需求量的快速增长，新能源类零部件企业将得到快速发展。

2.行业经济环境分析

从宏观经济层面来看，近几年来我国经济增速放缓，主要经济指标依然疲弱，2015年中国GDP增速破七，跌至十几年来最低点6.9%，再加上交通、能源、环境等限制因素的制约力加强，汽车及其零部件行业宏观环境不容乐观。今后的一段时间内，宏观经济还会继续处于调整结构、提升效率，逐步适应“新常态”的过程。在这种背景之下，汽车行业整体性的机会将越来越少，行业获得整体超额收益机会的概率也在降低，必须谋求零部件核心技术的创新与发展才能发掘新的市场机会。

3.行业社会环境分析

随着我国居民生活水平提高，汽车已经成为一种必不可少的代步工具。虽然近些年国家宏观经济条件和调控力度出现变化，但乘用车市场消费刚性需求依旧存在，在各类因素影响下我们并没有看到汽车消费需求的削减趋势，今后一段时期乘用车消费仍会处于平稳上升态势。汽车产业的市场仍未达到饱和，而其扩容所带来的将是汽车零部件产业的进一步增长。

4.行业技术环境分析

在整车性能、燃油经济性以及安全性能要求的推动之下，传统汽车零部件配套成型工艺已经相当成熟，不过当今世界汽车零部件发展趋势有一些新的动向，向着更加轻量环保节能的方向进发，比如汽车构造的铝化趋势。美国、欧洲、日本越来越关注汽车用铝带来的轻量化效应，结构设计优化以及成型工艺是铝化的主要瓶颈，未来仍然有待突破。国内铝化方面，短期传统铝铸件普及将是国内铝化的主要方向，而塑形成型件将是中长期发展趋势。其他汽车零部件的相关改进也在进程之中。

我国在汽车产业中的研发投入逐年增长，推动着技术水平的提高。汽车零部件方面，先进发动机，AT、AMT、CVT、DCT变速器等领域的自主研发能力逐步增强。

四、中国汽车零部件行业发展现状

网络技术的普及和应用对众多传统产业产生了深远影响，尤其是在国务院提出“互联网+”这一概念之后。在汽车零部件领域，“互联网+零部件”也正在走热。汽车零部件企业正致力于将互联网电商渠道与传统渠道融合起来。

1.整体市场状况

根据国家统计局的数据，近年来我国汽车零部件市场成交额上升较缓慢，2014年时甚至出现轻微下滑态势，而汽车市场成交额也上升不明显。二者都是受到我国整体经济增速放缓的影响。

2.企业盈利分析

2015年，国内汽车行业同比低迷。整车产销增速继续趋缓，业绩下降；而汽车零部件企业在营业收入增速缓慢的情况下，仍能保持销售额上涨，稍好于整车企业。但是，近年来汽车零部件行业净利润持续下滑的风险必须加以重视和防范。

3.外贸出口情况

相比2009年至2011年，2012年至今全球经济陷入低速增长，这也导致中国汽车零部件出口额在2012年以后增速下降明显。2012年我国汽车零部件出口金额为553.22亿美元，同比增长5.99%；2013年我国汽车零部件出口金额为598.21亿美元，同比增长8.13%；2014年我国汽车零部件出口金额为646.17亿美元，同比增长8.02%；2015年受全球经济颓势影响，汽车零部件出口数量有所下降，2015年我国汽车零部件出口金额为619亿美元，同比下降0.4%。

根据商务部等部门于2009年底发布的《关于促进我国汽车产品外销持续健康发展的意见》，到2015年我国汽车和零部件外销规模年均增长约20%；到2020年计划实现我国汽车及零部件外销额占世界汽车产品贸易总额10%的战略目标。因此，从长远来看，我国汽车及零部件外销还有很大的成长空间。

五、全球汽车及零部件行业发展趋势

全球为应对能源问题、环境问题驱动改善汽车燃油经济性，汽车发动机系的配件有待创新升级，更趋节能。目前，全球范围内交通部门能源消耗约占一次性能源整体消耗量的28%，石化能源占交通部门能源消耗的94%；为了应对全球石化能源紧张、环境问题突出带来的挑战，各国纷纷制订了改善交通部门燃油经济性的规划，汽车配件产业也势必进行大范围整合。

1.产业转移不断加速

当前，中国、印度等新兴汽车市场已成为世界上市场容量最大、最具增长性的汽车消费市场，同时这些国家劳动力资源丰富、劳动力成本较低、劳动力素质不断提高。随着国际汽车及零部件行业竞争日趋激烈，为了开拓新兴市场，有效降低生产成本，汽车及零部件企业开始加速向中国、印度、东南亚等国家和地区进行产业转移。

2.汽车零部件采购全球化

在全球经济一体化的背景下，面对竞争日益激烈的市场环境，世界各大汽车公司和零部件供应商在专注于自身核心业务和优势业务的同时，进一步减少汽车零部件的自制率，转而采用全球采购的策略，在世界范围内采购有优势的汽车零部件产品。目前，国际采购商对于中国采购日趋理性和实际，通过选择和培养潜在核心供应商、加大自身物流整合、加强与外资在国内工厂沟通以提高后者对于出口的积极性、分散采购目的地、与其他新兴市场进行对比决定采购地点等方式来推进中国采购的进程。据分析，尽管国际采购商对于中国采购日趋谨慎，但未来十年内，出口和国际化仍将是中国本土零部件生产商的主旋律。

3.系统化开发、模块化制造、集成化供货

汽车零部件系统的集成化、模块化是通过全新的设计和工艺，将以往由多个零部件分别实现的功能，集成在一个模块组件中，以实现由单个模块组件代替多个零部件的技术手段。汽车零部件系统集

成化、模块化具有很多优势。首先，与单个零部件相比，集成化、模块化组件的重量更轻，有利于整机的轻量化，从而达到节能减排的目的；其次，集成化、模块化组件所占的空间更小，能够优化整机的空间布局，从而改善整机性能；最后，与单个零部件相比，集成化、模块化组件减少了安装工序，提高了装配的效率。汽车零部件系统的集成化、模块化已成为汽车零部件行业，尤其是乘用车零部件行业一个重要的趋势。整车企业在产品开发上使用平台战略，系统化开发、模块化制造、集成化供货逐渐成为汽车零部件行业的发展趋势。与此同时，汽车零部件产业集群化发展特征越来越明显。

4.汽车零部件新技术发展

汽车零部件新技术发展呈现以下几个主要趋势：开发深度不断加深；通用化和标准化程度提高；电子化和智能化水平提高；整车及零部件轻量化成为未来发展趋势；清洁环保技术成为未来产业竞争制高点。其中最突出的就是节能环保新技术的应用，随着全社会对环境问题的日益重视，节能环保技术将成为汽车及零部件行业未来的技术趋势。以燃料电池汽车、混合动力汽车为代表的新能源汽车正在加速发展，汽车零部件的轻量化设计、电子化和智能化设计以及汽车零部件再制造技术等正逐步得到应用。根据相关统计，2015年累计生产新能源汽车37.90万辆，同比增长4倍。

六、国内汽车零部件行业新动向

受美国等发达经济体的带动，新兴市场经济增速略有回升，这虽然有利于国内汽车及其零部件出口，但同时也存在诸多不确定因素：如中东地区、东欧部分国家政局的不稳定，非洲、南美等市场政策的变化都会对中国汽车及其零部件出口造成不利影响。中国汽车零部件出口商在面临市场竞争的同时，还需要进一步完善产品布局、提升产品质量，建立稳定的营销体系，打造中国品牌，提升市场竞争力。

1.产销渠道与模式的更新

目前，我国国内汽车生产商所需的零部件绝大部分都有固定的供应商，汽车零部件最大的买家是汽车零部件经销商，所占比例超过了80%，我国汽车零部件经销商又多集中于汽配城中，据统计，汽车维修所用的零部件60%来自于汽配城。

近年来，汽车零部件行业进行渠道拓展，开始试水电商，从传统的汽车门户网站到各个汽车垂直网站，从B2B的阿里巴巴、慧聪等到B2C的京东、天猫，从自建的客户导流网站到专业的服务提供网站等。目前，国内汽车后市场电商模式大致可分为四类：商城电商类、C2B用户定制类、B2C+O2O模式以及B2B2C+O2O模式。其中，前两类电商模式都需要消费者具备相应的车辆或维护知识。汽车零部件不同于其他商品，零部件型号或是相应信息的错误便会导致相对严重的后果。电商在去中介化（B2C）、费用透明化(零部件及服务费用透明)和用户体验改善等方面发挥了很大作用，且能创造车主、零部件厂商和维修企业三方共赢的局面。

2.供应链数据云端整合

目前，国内汽车零部件供应服务平台比较多，通过使用互联网云ERP（企业资源计划）系统替换零部件汽修商原有的ERP系统，之后再将每一家的经营数据进行整合，形成数据联动，供应链的上下游之间可以共享库存，从而减小各方的库存压力。汽车零部件企业未来应通过数据决策，把决策准确度上升一个数量级，比如对一家汽车零部件经销商而言，它可以查看到自己覆盖的业务范围、能接待哪些品牌的车辆；整车厂在生产出一辆车后，可以知道在哪儿有卖相应配件的经销商、经销商有无库存、配件价格如何、在哪个修理厂可以修这辆车等。平台与供应链上的各个合作伙伴合作，在云供应链平台引入云仓储、云分销、云汽修产品。平台系统能帮助生产厂家建立渠道数据体系，改变渠道管理难的现状；同时厂家还能通过平台把产品和服务直接推向C端用户，从而实现终端渗透。对于经销商，平台可以解决上下游库存共享的问题；另外，平台还能帮助经销商建立线上分销渠道，从而实现渠道多样化，提高经销商的交易效率。

2017年上半年国内外车企及相关企业并购盘点

《汽车维修与保养》杂志编辑部

车企销量的变化，映射着车市的动荡起伏，另一方面也引导车企及相关企业在战略规划上作出调整。随着智能化、电气化、网联化、共享化在汽车领域的深入，相关企业已经嗅到了机遇，车市竞争也日趋激烈，削减开支、增加市场份额并减少税费支出成为各企业战略中的一部分，而兼并和收购则不失为有效的途径。车市的每一次并购，都意味着行业的格局将发生变化，回顾2017年上半年，车市并购案频频，以下为列出的八大并购案，以供谈资。

一、高田破产均胜电子成“接盘侠”

高田集团于当地时间2017年6月26日在日本申请破产保护，并表示宁波均胜电子有限公司控股的美国百利得安全系统有限公司(KSS)收购高田主要业务。对于致力于智能驾驶、工业自动化以及机器人、新能源汽车动力控制和转向盘总成开发的均胜电子来说，接手高田可以进一步巩固其在汽车安全产品市场中的地位，为其自动驾驶安全计划作铺垫。

二、吉利收购宝腾、路特斯

2017年6月23日，浙江吉利控股集团(下称“吉利控股”)与马来西亚DRB-HICOM集团(下称“DRB”)在吉隆坡正式签署收购协议。本次收购完成后，吉利集团将拥有吉利汽车、领克、沃尔沃、伦敦出租车、宝腾和路特斯六个汽车品牌，覆盖中低端品牌、豪华品牌、超豪华品牌，战线扩张至欧洲、东南亚。

三、保时捷控股并购PTV集团

保时捷汽车控股公司以3亿多欧元收购PTV集团。在车联网、大数据等全球重大趋势变革之际，保时捷SE深信PTV集团提供的软件与未来出行的发展蓝图尤为契合。保时捷SE看中以未来为导向的科技公司的发展潜能，对PTV集团的投资将助力于帮助规划和优化世界范围内的人和货物的移动。

四、李尔收购安通林汽车座椅业务　实现产品多元化

作为全球领先的汽车座椅及电气系统制造商，李尔于2017年4月28日宣布，公司已完成对安通林汽车座椅业务的收购。安通林座椅业务涉及适时座椅装配、座椅架构及装置、座套，与欧洲大型汽车制造商建立了良好的业务合作关系。本次收购将进一步增强李尔的座椅业务，实现产品多元化，使用户享受更好的总体价值，并提供额外提升市场份额的机遇。

五、三星电子完成哈曼国际并购案　进军汽车电子领域

三星电子2017年3月11日称公司已完成对美国汽车技术制造商——哈曼国际的并购案，使三星电子迈入了汽车电子市场。三星在收购中，完成了智能语音交互从软件到硬件的布局。同时三星还投资了nuTonomy，这是一家专注开发无人驾驶汽车软件的初创企业，将这些收购联结起来看就会发现，三星其实是在进行产业链的布局，最终指向新能源智能汽车的研发制造工作。

六、英特尔153亿美元收购Mobileye 为自动驾驶提供解决方案

2017年3月13日，美国芯片巨头英特尔和以色列Mobileye联合发布声明，双方已签订最终收购协议。声明中指出，此次收购将结合双方公司的一流技术，包括英特尔的高性能计算和连接技术以及Mobileye的计算机视觉技术，进而寻找到自动驾驶技术的解决方案。Mobileye是全球最大的高级驾驶辅助系统供应商，英特尔收购Mobileye是芯片企业对自动驾驶汽车的一项重大投资。

七、金马股份116亿元收购众泰　另募重金加码新能源汽车

金马股份公告称，2017年6月7日起，金马股份股票简称正式变更为众泰汽车，众泰汽车成功上市。金融领域专家指出，这场交易令众泰汽车轻松实现了身价暴涨，同时利用众泰汽车的整车业务尤其是新能源汽车概念，在资本市场做一个更大的融资平台，获得了更多的直接融资渠道。

八、PSA收购Ambassador品牌　在印度市场重塑形象

2017年2月10日，Ambassador品牌汽车生产商印度斯坦汽车公司母公司CK Birla集团最终通过该协议，将Ambassador品牌给PSA。据报道，初期合作双方将对合资企业进行70亿卢比的投资。PSA将在泰米尔纳德邦建立工厂，工厂建成后年产能约为10万辆。然而，此次收购Ambassador，PSA志在重创其在印度的形象。

第三次技术革命下的汽车后市场蜕变

路明辉

一、迎接第三次技术革命

和我熟悉的人都说我是修车人里做互联网的，互联网人里修车的。我想站在互联网的视角和大家分享我对汽修行业所处环境的一些看法，以及互联网可能会对汽修行业产生的影响。

20年前，全世界互联网从业者不足5万人。10多年前，我刚开始做8848汽车技术网的时候，全国通过互联网学习的汽车行业从业者可能不到1万人。但是今天，全世界使用互联网的人口已超过20亿人，在8848汽车技术网注册的技师已经接近15万人，网络在这十几年中的发展速度令全世界震撼。十几年前，互联网行业的前辈们说，将来会有一个新的世界诞生，这个世界会被人们称为虚拟世界，在这个世界里所有的人都会通过网络发生关联。今天，这个新的世界真的诞生了，它是一个新的经济体，一个超过20亿人参与的强大经济体，是世界经济发展的新基础。自此，随着万物互联进程的推进，汽车后市场也发生了腥风血雨的变革，这种变革是凌厉的、是野蛮的、是不可逆转的。

人类近代史上发生了三次重要的技术革命，第一次技术革命释放了人的体力，第二次技术革命释放了人的距离，这次由互联网推动的技术革命将会释放人的大脑，并将给汽车后市场中的每个人带来巨大的发展空间。在汽车后市场中，以现在为分隔线，之前的20年基本上是汽车主机厂以及汽车后市场供应链上各家公司纯技术与扩张的竞争、发展，而未来的30年，基本上是技术创新与服务创新在汽车后市场领域的应用。互联网主导的服务，技术会应用到方方面面，包括汽车后市场在内的社会各行各业都因此而面临挑战与冲击。

二、重新认识“互联网+”

最近一直有人问我，你是如何看待汽车行业“互联网+”的？阿里进军汽车后市场，各种汽车服务平台层出不穷，腾讯的“i保养”似乎无处不在，听说Facebook也涉足汽车后市场，这些互联网公司有没有边界？我认同马云的观点：互联网没有边界，就像电没有边界一样。一百多年以前，不能说哪些行业可以用电，哪些行业不能用电，电是没有边界的。互联网可以让我们的一些想法快速得以实现，可以让很多信息快速传播、推广，于是各类汽车服务网络平台层出不穷。另一方面，社会整体经济环境的变迁和庞大的汽车后市场容量所勾画出的行业未来美好画面，促使大量资本涌入汽车后市场。然而遗憾的是，汽车领域“互联网+”的大多数参与者希望借助互联网的东风重整旗鼓大赚一笔，却没人仔细思考资本的逐利本质！平台要赚钱，车主要省钱，供应商要利

润，线下加盟店要生存，难道互联网真的可以复制、粘贴，不断重复印刷人民币和美元、欧元么？互联网是一种技术，是一种思想，是一种未来。无论世界如何改变，我们需要的是不忘初衷，我们不能迷失，我们时刻需要知道自己要做的是什么。

有人说互联网经济或者汽车网络平台是虚拟经济，我并不认同，我认为互联网经济是“未来”经济。很多人说“互联网在冲击各行各业”“电子商务打击、摧毁或者冲击了传统商业”，而我认为，“互联网+”没有冲击传统商业，更没有打击传统行业，互联网和电子商务只是把握了互联网的技术、互联网的思想，知道未来的经济将完全基于互联网。如今汽车行业受到的互联网冲击仅仅是个开始，因为汽车领域的互联网平台迄今为止并没有找到可以落地的、科学有效的系统化发展模式，行业洗牌并组建全新商业秩序的过程将会在未来5~10年完成。我们要认清互联网只是技术媒介，只是工具，但基于互联网创造出汽车产业适应未来的商业模式也是必然的。

就汽车行业而言，真正冲击行业各个领域、冲击就业、冲击传统思想、冲击传统经营模式的是我们昨天的思想，是对未来的无知、是对未来的不拥抱，所以可能阻碍发展的真正桎梏是我们对昨天的依赖。世界的变化远远超乎人们想象，未来的30年将是汽车后市场“天翻地覆”的30年。

我想提醒大家，也许在我们还没有意识到互联网技术革命将会对汽车后市场，以至于整个人类社会带来多么大冲击的时候，很多我们昨天还做得非常好的事情，很多我们认知中最佳的就业机会等，都会被颠覆和改变。未来，汽车后市场将会失去很多就业机会，同时也将诞生很多新的就业机会。

三、未来，是创新的竞争

人类第一次技术革命带来的结果是第一次世界大战，第二次技术革命造成了第二次世界大战，第三次技术革命是人类思想的解放、智慧的开发，会带来“第三次世界大战”。什么是“第三次世界大战”？在中国，这种战争已经开始，是互联网线上和实体经济线下的战争。面对第三次技术革命，汽车行业要解决技术问题、发展问题，要解决优胜劣汰和持续发展规则秩序的问题。

在未来，中国超过2.6亿车主的用车、养车习惯会随着互联网技术革命而发生颠覆性的变化。举个例子，从维修技术角度看，大数据的实时在线，将会颠覆汽车维修技术领域绝大多数人的诊断概念，云诊断技术的强大运算处理能力，会让很多我们过去引以为自豪的故障分析处理技能相形见绌，这将影响中国100多万汽车维修技术人员和所有维修企业。车辆数据的在线，将会彻底变革维修服务的概念。德国工业4.0、中国制造2025……每个国家都在为自己的年轻人、在为自己的未来创新。未来世界的竞争是创新的竞争，是年轻人的竞争。无论从技术学习角度、服务角度还是经营管理角度，我们都要创新，只有结合自身情况，融入互联网万物互联的时代，我们才有未来。

马云说，未来的30年每个人都有机会，在我看来，我们每个人都必须为自己的未来思考，想清楚自己将来需要的是什么，要做的是什么？每个汽车维修技术人员都懂技术，想象一下，面对特斯拉，我们曾经掌握的技术，还有多大用处？

四、大企业大平台

回顾过去几十年，创业需要钱、需要资源、需要各种各样的关系，而未来只要合理利用技术、数据和创新，人人将拥有机会。今后汽车后市场网络形态中可能出现标签更加明显的大企业大平台，然而在汽车后市场中，如果想要做得更好，必须担当社会责任，必须为这个行业创造基础设施、提供资源。行业中的很多大企业大平台在这几年讲得最多的是生态资源，我听到的关于生态资源的说法是大家希望利用生态资源，把自己做得越来越强大，自己可以赚到钱，把别人都“搞死”。而我认为，未来的大企业大平台要为自己的生态担当责任，帮助生态内的人活得更好，只有生态越好，大企业大平台才会活得越好。以上这些才是未来汽车后市场领域互联网大企业大平台要认真考虑和去做的。

五、关于未来的五个新

2016年杭州云栖大会上，我听到了马云所阐述的

"未来的五个新"——新零售、新制造、新金融、新技术、新能源。这五个新的发展将会深刻地影响到中国、影响到世界、影响到我们所有人的未来。对此我做过深刻的思考，这里仅仅和大家分享新零售、新技术以及新能源可能对汽车后市场产生的深远影响。

1.我们的坚持

互联网技术发展催生的是一个信息检索时代，大数据的实时在线让我们所处的行业变得不再墨守常规。十多年以前，我们刚开始做8848汽车技术网的时候，在我们把技术通过网络分享给大家的时候，我在绝大多数人眼里是一个不务正业、异想天开的人。其实那时我们的想法很简单，就是建立汽车行业自己的技术平台，把技术资讯共享给国内外同行，直到2007年我们才意识到，未来的汽车行业将会被互联网影响，从而发生天翻地覆的变化，汽车行业技术服务信息的公开、透明、分享将会成为主流，于是催生了8848汽车学苑，专业提供汽车文献信息资源。2009年，我们意识到也许这样一直做下去，坚持下去，我们的行业会发生巨大变化。多年前，我在全国做过多次培训，在不同场合与不同的朋友们谈论过互联网发展对汽车维修技术领域的深远影响以及巨大推动作用，我相信那时候绝大部分人根本不认同我的观点。

2.新零售带来的商业模式变革

今天很多人痛恨淘宝、痛恨电子商务，然而不论大家是否愿意，不论维修行业是否愿意，电子商务都已经发展起来了。其实纯电商时代很快会结束，未来的10年、20年，将不再有电子商务这一说法，而只有新零售的说法。线上线下和物流必须结合在一起，才能诞生真正的新零售，线下企业必须走到线上去，线上企业必须走到线下来。畅想一下，在这样的背景下汽车维修领域将会怎样？维修企业走到线上，线上的汽车平台通过结盟走到线下和优秀的模块化维修企业或者品牌专修服务企业合作。维修企业的本质是什么？不仅仅是技术精准和赚钱更快，更重要的是真正解决车主的需求，让车辆没有故障，将线上平台的优势仓储价格资源通过店内技术服务得以增值，提供给车主。让汽车后市场整个供应链上的企业库存降到零并不是妄想，线上汽车养护平台结合线下修理企业，加上新零售催生的新物流在不久的未来可能实现这样的事情。

在很多城市，很多传统维修企业不论大小都受到了电商或者互联网的巨大冲击，究其原因，我个人认为是他们没有把握未来的技术，只看到昨天，没有看到未来。如何适应互联网新技术？如何与互联网公司进行合作？如何与现代物流进行合作？如何利用好大数据？首先必须接受新零售带来商业模式变革的事实。以传统维修模式为主的维修行业必定会受到冲击，即使还没有被冲击，企业的生命力也不会太长。

3.新技术带动的变革和创新

如今大多数人用的是智能手机，装备的传感器数量足以和巡航导弹相比较。移动互联网出现以后，也许原来以PC为主的芯片将会变为移动芯片，传统操作系统变为移动操作系统，原来的机器制造将会变成人工智能，原来机器"吃"的是电，未来机器"吃"的是数据。这种类似的改变同样发生在汽车行业，原来汽车"吃"的是燃料，未来汽车会被植入人工智能系统，通过网络终端实现实时在线互联，同样"吃"的是数据。

大数据给了汽修行业参与者各种创新的机会和空间乃至平台，新技术挑战的是行业中的每个人，5年前你会想到滴滴快车能够颠覆出租车行业吗？会想到共享经济能够催生妈的厨房等一大批类似企业吗？在未来，万物互联、移动互联、大数据在线以及云计算的发展，对维修行业的影响也同样不可预见。"互联网+"模式的维修变革，在今天仅仅是开始，技术推动下这一变革将会持续并不可逆转地进行。

4.汽车领域的大数据

未来新技术发展会基于新能源，这个新能源不是太阳能、不是风能，而是数据，按照王坚博士（阿里巴巴集团首席技术官）所讲，数据是人类第一次自己创造了能源、创造了资源。别人穿过的衣服，你再穿就会不值钱，而他人用过的数据，你再用会更值钱，数据是越用越值钱的东西。在汽车维修技术领域数据是什么？是车辆各个系统运行状态的历史记录，是数据流，是大众奥迪的通道匹配值，是控制模块的编码、参数等。这些数据在线后将会催生的是什么?是云诊断,有了云诊断修理厂不再需要耗资几十万添置各类专用诊断电脑,只需一个接口、一个网络、一台可以联网的设备即可实现对车辆故障的诊断,检测的结果也不必依靠技术人员费时费力去分析。海量数据在线共享,通过云计算让车辆运行状态数据在线,通过和其他在线数据比较后便可直接得出结论。对于一些疑难故障,通过云诊断的开放平台,分布在各地技术诊断中心的行业专家可以协助判断确定故障,你所需要的只是操作。再想大胆一点,互联网汽车可能会是未来的主导,智能网络加上人工智能以及云计算、云诊断,在驾驶舱内,车辆故障结论直接显示给驾驶员,甚至连接虚拟云端打印机,直接将检修流程和检修计划制作成任务委托书,连接配件销售终端自动下单实现配件配送,车主一个确认,车辆便可以自动识别到附近最适合维修这辆车、好评最多、最靠谱的维修店铺,并根据车主手机日程时间安排实现预约。

5.改变,从现在开始

新零售、新制造、新金融、新技术、新能源这五个新将会冲击很多行业,包括我们所从事的汽车后市场领域的方方面面。把握则胜,这并不是危言耸听的警示,从现在开始,我们应该把即将到来的冲击当作改变自己的机遇。

六、未来,智慧驱动

过去是知识驱动科技革命,我想未来不仅仅有知识驱动,更会有智慧驱动、数据驱动。马云说:过去100年,知识驱动技术发展,人类的眼睛是向外看的,因此我们到了月亮、看到了火星,希望知道自己要什么。但是未来的30年,将会是智慧驱动,智慧驱动是内向驱动,向内看,人类只有学会向内看,才能明白什么是我们不要的东西。过去的100年,人类知道想要什么,未来的100年,人类必须知道不要什么,只有知道什么是不要的才能懂得什么是必须要坚持的。我们每个人,每个企业,都应该给自己做一个定位,只有定位清晰,才不会迷失。

人类创造了计算机,计算机比人高效,因为计算机不会累,没有情绪,不会发脾气,只要加了数据计算机会越来越聪明,但是计算机不可能统治人类。过去机器是人类的工具,未来机器是人类的合作伙伴,我们要学会与机器合作,人类社会的海量信息,包括维修行业所需要的各类信息,绝大部分已经实现了数据在线,并且这一趋势仍在继续,海量数据还在不断产生。在未来更多的数据会被处理运用,并实现数据在线,维修领域经验的作用正在被不可思议地弱化,12年前的芯片级维修技能正在被今天的软件数据维修取代,今天的数据维修将会被未来的人工智能、云诊断以及分布式诊断中心取代。

当机器比人聪明的时候,我们也不要沮丧,相比于机器我们的优势是对文化的把握和对愿景的思考,想象力是人类巨大的资本,与机器不同,我们知道自己在做什么,我们对自己有清晰坚定的定位。

七、分享与融和

我曾经和朋友开玩笑说过,别人读书的时候我在当学徒修车,20年前别人在当学徒修车的时候,我做的是机械自动化远程控制,15年前别人还在修车的时候,我开始做互联网,当汽车维修同行们张口闭口“互联网+”的时候,我已经在互联网汽车技术信息领域深耕了10多年。未来并不可怕,只要你去把握,恐惧来自于对未来的无知,在万物互联的世界,我们作为身在其中的个体,无法将有限的生命全部用在学习新技术上,21世纪是信息检索的时代,我们需要的是检索知识;在万物互联的今天,需要的是分享和融和。

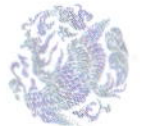

事故车维修

Collision Repair

事故车维修认证直推势不可挡

——DRP产业峰会在广州成功举办

文二霞

2016年7月21日，由Automan大师钣喷主办，中国汽车维修行业协会事故车工委和北京·雅森国际协办的DRP产业峰会在广州召开。协会领导、行业专家、保险公司代表、供应商和维修企业代表等300余人与会。该会围绕费改后汽车维修行业的挑战与机会，针对事故车维修领域标准与透明维修进行了深入的沟通与分享。

一、行业政策和发展方向

中国汽车维修行业协会副秘书长王逢玲在会上分享了行业政策，并宣布了中国汽车维修行业协会和美国汽车维修行业协会、加拿大汽车维修行业协会分别签订战略合作伙伴关系的消息。继全国维修工作会议后，交通运输部运输服务司针对指导意见及交通运输部维修工作会议的精神落实了14项工作指标。“我们要落实维修配件的可追溯体系，建立全国统一的汽车维修救援品牌，设立全国统一的救援号码来解决实际问题”，王逢玲针对国务院发布的44号文件（关于推动全国品牌建设的指导意见）发表了见解，力求加快维修业的转型升级和发展，共同创造民族自主品牌，整合行业的资源，适应汽车工业技术的需要。

二、全球钣喷行业DRP的发展

DRP（认证维修计划）是英文Direct Repair Program的缩写。大师钣喷CEO柳青介绍了多年来国外汽车后市场运营体制以及北美钣喷行业现状、钣喷行业的要求、规模等。Fix Auto 全球钣喷维修连锁副总裁Carl Brabander分享了国外钣喷连锁企业发展历程、加盟商运营的实际经验、发展保险渠道和保险公司合作的经验、公司对未来的布局规划与目标战略等内容。

三、保险公司对DRP的实施

中国人保财险总公司理赔事业部第三方理赔资源处处长王虎分享了保险公司推进DRP透明维修的历程、保险后市场当前的情况及保险公司定损工具的“前世今生”等内容。王虎认为未来通过DRP平台，使保险公司、维修企业和配件商互联互通，达到共生互融的目的。在互联网时代要实施平台战略，人保财险的定损平台对接了配件电商平台、维修企业合作平台、损余物资拍卖平台和再制造交易平台，这些平台和维修企业、配件商、拍卖机构等互联互通，与汽车后市场高度地融合。

四、DRP将推动维修企业经营规范化

大师钣喷品牌运营总监王健勇表示，费改之后给4S店造成的冲击远大于传统修理厂，现在4S店钣喷的业务和费改之前相较下滑约30%。DRP实施的一个重要环节是线下维修企业施工的标准化、维修数据的透明和维修质量的保障。“我们要做专业钣喷的品牌连锁，打造多点经营的区域标杆。大师钣喷的准入门槛非常高，二类以上的维修企业、一千平方米的营业面积是必需条件。”惠保执行副总裁、惠保云汽服公司 CEO郭鲁宁认为，DRP的关键是连接保险公司和维修企业，契约精神是建立合作关系并使DRP生存的基础。

五、从DRP看国内事故车后市场生态

CCC集团高级副总裁中国区总经理侯恪认为，DRP未来会占到成熟市场、车险理赔渠道的60%；集中定损、现场定损分别会下降到10%和15%；自助定损占10%~15%。DRP可有效规范保险公司、维修企业、零配件企业、保单持有人之间的四角关系：维修企业使用保险公司授权的系统进行查勘定损；在这个基础

上保险公司向维修企业开放查勘定损权；维修企业在系统的保证情况下向保险公司在配件辅料、工时等各个关键环节进行系统化地让利，让自己签署的合约能够得到落实；保险公司向维修企业推送自己的维修人员；保险公司有选择地向维修企业进行一定的返利；零配件的供应商利用DRP作为载体，把物流、供应链信息实时地向保险公司和维修企业进行展示，在这个平台上进行电子交易。

此外，美国NSF配件认证机构代表虞舜旭介绍了配件认证在流通和使用领域的应用。与会的各大集团、公司的管理层人员也都积极分享经验，提供了大量有价值的信息。

DRP本质是保险公司与维修企业的合约协议

文二霞

事故车维修行业DRP的发展离不开保险公司的标准制订和推动执行。中国人民财产保险股份有限公司（以下简称“人保财险”），是“世界500强”中国人民保险集团股份有限公司（PICC）的核心成员和标志性主业，一直以网点多、效率高、服务好而备受业内关注。在DRP峰会上，中国人保财险总公司理赔事业部第三方理赔资源处处长王虎分享了保险公司定损工具的发展、DRP的本质、保险公司对DRP的使用方式与步骤、保险公司与维修企业的合作模式等重要内容。

一、保险公司的定损工具

DRP与理赔紧紧相关。据王虎介绍，人保财险最早用的是单机版的定损系统，其在20世纪90年代末和21世纪初是很好的定损工具。随着互联网的发展，人保财险采用了第二代的网络版定损工具，后来开发了自主产权的定损工具，与现在比较高端的定损工具很接近。在互联网时代，人保财险开始采用一站式服务的移动平板电脑定损以及移动可视化的远程定损工具。“一个好的定损工具需要充分运用信息科技创新功能，使汽车维修后市场的上、下游配件名称标准，编码统一，属性明确。未来的定损工具必定会从智慧到智能，损失和维修过程实现可视化，客户在家里就知道车辆定损结果、维修进度、何时提车等。”

二、DRP的本质

对于保险公司而言，什么叫DRP？王虎认为，DRP简而言之是一个定损工具，但又不仅仅是一个定损工具，而是通过一定的规则、维修资源、入围门槛、协议约束，授权企业参与事故定损的工具。DRP即维修企业直修方案，其本质是保险公司与维修企业的一份合约协议，该协议要求维修企业遵守特定的维修标准来换取保险公司的推荐维修，即保险公司通过向合作维修企业提供送修资源，并在风险可控的前提下向其开放定损权限(理赔授权)的方式，换取维修企业合规且透明的定损、维修价格折、维修质量及客户服务水平的保证。

DRP具有风险警示的功能，包括风险识别引擎、风险评估、风险警示、内部的逻辑规则等，不是通过人制，而是通过机制来实施。不是所有的企业都能纳入到人保财险的DRP系统，维修企业要具备相匹配的资质，另外维修质量、客户的评价、是否有保险欺诈行为、市场口碑等都很重要。保险公司通过系统规则，提高入围门槛，通过互信机制，强化合作维修企业风险管控、增加客户评价权重、实施一票否决的方式，吸引自觉自律的维修企业授权合作，实现理赔工具与维修企业对接。

三、后市场生态的改变为DRP的推广带来商机

2012年人保财险开始研究DRP，那时使用DRP系统时机还不太成熟，现在政策和汽车后市场的变化为DRP带来无限商机，DRP系统恰逢其时。第一，随着车险商业费改，车险NCD系数（无赔款优待系数）备受关注。王虎说：“我们担心的风险是少数维修企业可能会做一些欺诈车主、保险公司的事情，现在保费和出险次

数挂钩，以车辆为道具的欺诈行为将会降低。”第二，维修企业直赔逐步在放开。以前保监会是不允许直赔的，主要原因是保险欺诈风险太高。根据现在的税务新政、营改增后，保险客户出险不是保险公司定损后去维修企业修车，而是保险公司从维修企业采购维修服务。通过信任和约束，保险公司将会把事故车维修的费用直接赔付给授权使用DRP的维修企业。第三，合作共赢是主旋律。人保财险在和维修企业的合作中，一直希望新的合作模式诞生。王虎表示，二者是合作共赢的关系，不仅能够改善维修行业的经营效益，而且把原来与保险公司理赔博弈的维修企业，通过DRP转化为价值的共同创造者。汽车行业正在自我净化，以诚信为本的维修企业越来越多，为DRP的快速应用奠定了基础。

四、创新应用的合作模式

DRP应需求而生，未来的DRP和保险公司互通互联，保案信息同时存在于保险公司和DRP系统，客户报案后，车辆直接送到离出险地最近的维修企业，维修企业直接确定损失，保险公司审核确定后，维修费用直赔到维修企业，车主遇到交通事故后不需要多次等待，车辆从出险到维修完毕，所有的环节都一站式完成。保险公司需要维修企业能按照双方的协议来操作，增加彼此互信，减少彼此博弈，实施赔案授权，扩大维修合作范围，释放理赔额度。王虎认为，DRP的推出本身就是一个实验，目前人保财险与CCCIS公司合作在北京做DRP试点。通过DRP，客户担心的问题、保险公司担心的问题都能够解决。

最后，王虎谈到：“做人民满意的保险公司是人保财险客户至上的理念，人保财险将和维修企业合作共赢，共同来解决车主用户的痛点，挠准车主用户的痒点，满足车主用户的甜点，从而达成客户从满意到感谢、再到感激的转变。”

国内钣喷行业DRP实施正当时

文二霞

Automan大师钣喷2012年进入中国，为客户提供高质量的事故车维修，以诚待客，以信开市，打造强大的后市场消费品牌。2014年大师钣喷走上了加盟连锁的道路，2015年3月第一家加盟店开业，2015年8月开启校企合作，2016年推动钣喷行业DRP在国内的发展。作为保险公司服务的延伸，大师钣喷进入中国后一直定位为保险公司的配套供应商，两年来加盟发展迅速，在全国18个省市建立了62家加盟店。DRP产业峰会期间，《汽车维修与保养》杂志社记者专访了大师钣喷CEO柳青，重点介绍了DRP在国外的发展情况、如何在国内落地等重磅内容。

一、国外钣喷行业DRP的发展

DRP基于车主、保险公司、钣喷中心。在北美，事故车在维修企业定损后两个小时以内，保险公司没有任何异议，维修企业可以进行直接维修，整个过程非常高效。在欧美，DRP出现在20世纪70年代，在90年代得到长足发展，比如英国DRP的发展有整40年，在不同的阶段，不同的10年当中DRP的发展都是不一样的，80年代主要制订考核体系和维修企业签约，90年代规定使用同质配件和指定油漆品牌，到2000年以后出现了连锁品牌和保险公司合作的局面，保险公司更加注重整个维修的周期，包括使用更多的定制化的油漆涂料。到了2010年，近10年保险公司更加注重客户黏度，与全国性的连锁品牌进行合作。所以，在整个40年的过程中，英国的事故维修单位从3万家减少到3千家，留下的都是精华。

北美一家保险公司ICBC在市场上占有绝对的市场份额，它推出DRP以后，拿出的理论指标，一是单车维修产值，二是原厂配件占比，三是维修和更换配件的比例，四是维修的周期和时效性，五是客户满意度。有了考核体系，更多的是执行和审计，保险公司会做陌生拜

访，对于诚实可信提供稳定服务质量的维修企业，在DRP中的授权会不断上升，对于弄虚作假、夸大维修的企业会被剔除DRP，在国外信用成本非常高。在过去的几十年当中，欧美市场维修企业都在急剧地减少，整个行业在不断地洗牌，资本的进入推动着品牌的整合。

二、国内钣喷行业实施DRP的可行性

目前在中国有没有实施DRP的土壤？柳青认为现在是非常好的时机。第一，保险费率的改革，保险公司注重赔付端这一块；第二，营改增的税收改革，保险公司可能把一些没有资质的不规范单位拒在DRP的框架之外，给更多的维修企业创造好的条件；第三，移动互联为沟通及数据的交换提供方便，给DRP创造了发展的条件；第四，零整比的推出，原厂配件的价格昂贵让保险公司在车辆维修上引导使用同质配件来降低赔付。综合上述四条，中国实施DRP具有可行性。

实施DRP需要线下的标准。大师钣喷第一步是建立相对统一的线下维修标准；第二步是打造一个开放的维修生态，在这个生态上面有定损软件、水性漆、干磨设备等；第三步是和保险公司实行DRP的战略合作。柳青说："在开展大师钣喷加盟连锁项目的时候，我们本着开放合作、协同共赢的心态，一开始和国内的技术和管理培训领先者TwinWay来合作，选择其优质会员和加强培训能力，今年我们也正式和Fix Auto合作，学习其与保险公司进行DRP的机制以及全球的战略合作，一起推动中国汽车后市场的发展。这条路我们会一直走下去，不单是在增加加盟店的数量方面，接下来我们还会办大师大学，为加盟店提供一流的管理人才。"

三、依靠大数据打造透明维修

这是一个数据时代，打造大数据非常重要。透明维修不是在维修企业当中安装摄像头，而是依靠大数据。保险公司做风险控制也是依赖大数据，风险控制做得好，DRP在中国就能强劲发展，但如果风险控制做不好，就很危险。柳青认为，在中国通过保险公司发起DRP，由整个利益相关者来共同推动，包括车主、钣喷中心、保险公司、保险代理、配件供应商和油漆供应商等。车主需要优质的服务，保险公司需要网络的覆盖，钣喷中心需要稳定的推送资源。保险代理在中国会有一个爆发式的增长，能第一时间了解承保的客户，这也会非常有效地降低保险赔付。

"汽车后市场现在进入一个模式时代。各方都在寻找当地优秀的维修资源，怎样打造线下标准化？怎样成为保险公司的配套？这是需要深刻思考的问题"。大师钣喷除了面对保险公司，更多是面对维修企业。大师钣喷和保险公司对接，为加盟店提供终身质保，把数据指标呈现给保险公司，做到透明维修，通过使用高效的设备及人员精确的培训来降低维修企业的经营成本，同时提高效率、加强竞争力和增加收益。大师钣喷为车主提供综合的售后服务，提倡N+1的模式。第一种是4S集团售后板块整合+大师钣喷工厂店；第二种是传统维修企业的转型升级；第三种是连锁企业包括美容装璜等，和大师钣喷结合众筹店。

中国事故车产业面临提升与重组

张淑珍

DRP维修在国外成熟的维修市场已实施多年，大师钣喷希望将成功范例带入中国，在DRP产业峰会上，特别邀请到全球事故车维修唯一连锁品牌Fix Auto公司全球市场副总裁Carl Brabander。《汽车维修与保养》杂志社记者就Fix Auto公司、中国事故车产业、品牌优势等话题与Carl先生进行了一次深入的交流。

记者：Fix Auto近些年在全球范围内业务发展的状况如何？

Carl Brabander： Fix Auto自1992年在加拿大成立以来，目前已发展成为一个全球性维修网络集团，在全球包括加拿大、美国、英国、法国、土耳其在内的5个国家，已拥有430多家维修厂。我们认为，在南非、澳大利亚以及中国市场，事故车维修行业正面临着整合、重组的现状。对于Fix Auto来讲，探索并挖掘新市场意味着，寻找并发现独立、综合性维修企业的经营者。他们希望在运营、销售、以及品牌方面得到支持，促进其业务向前发展，使他们在未来市场竞争中处于有利地位。

记者： 谈谈您对中国事故车维修市场的认识和了解。

Carl Brabander： 单纯从数量来说，中国的事故车维修市场非常巨大。跟世界其他国家一样，它面临着急迫的改革提升，需要进一步整合重组。我们在确定市场规模的时候，首先看重的是质量，而不是数量。我们寻找的维修厂是那些做好准备向前发展、愿意拥抱改变的进取型企业。对未来没有充分准备的企业势必在发展中遇到困境。作为长期性发展战略，在竞争中生存下来的企业，需要一整套可拓展的解决方案，而这正是Fix Auto能够为合作者提供的。

记者： 在开拓国际市场中，Fix Auto有哪些优势与本地竞争对手相抗衡？

Carl Brabander： 与其他竞争者不同，Fix Auto是建立在合作伙伴基础上的商业模式。与我们合作的企业，它不只是我们的加盟者，或者说是我们的成员，我们更愿意把他们看作是战略伙伴，这正是我们所具有的一种业务关系。我们为维修厂进行区域保护；与他们共同努力，建立消费者信任的强大品牌；我们开发提供的工具和程序可以帮助他们提高业绩。

同时，Fix Auto能掌控自己的维修网络，并与保险公司有一套成熟有效的合作模式，可适应保险公司的新变化，并对他们变化性的新需求产生及时反应。总的来说，我们为加盟企业提供支持、改进效率，同时也提供一套拥抱改变、驱动发展的新理念。

记者： 用实例说明，Fix Auto 如何将国际化经验与当地实践完美结合？

Carl Brabander： Fix Auto的格言是全球性思维，区域性行动。这意味着，我们将平衡“从全球获取知识与工具，并以此来满足具体区域性市场需求”这两方面的关系。值得骄傲的是，我们已拥有国际性供应链合作伙伴，他们为Fix Auto在全球的成长扮演了重要角色。同时，我们还将继续发展与当地国家或区域性保险承保方已有的合作关系。Fix Auto将为其合作网络提供更广泛的支持，帮助他们确立品牌意识、获得品牌认知。这就是说，在不远的将来我们会看到，我们区域性维修网络在卓越运营方面将获得成功。

另外，不久我们将推出一套平台管理体系，为加盟商提供完整的后端支持方案。其中行业领先的业绩管理工具将帮助维修厂获取更大的成果与成功。这正是Fix Auto在尝试实施的一种真实模式，是适应区域性实际情况较为灵活的方法。这样的思维与尝试使我们建立起了全球性的事故车维修网络。

记者： 国际品牌及企业进入中国事故车维修市场，将为中国市场带来什么样的变化？

Carl Brabander： 对于Fix Auto来说，进入中国市场意味着，为维修厂适应将来的重组与变革、改变消费需求方面，带来了事故车维修成熟的运营管理经验以及先进实用的维修工具。在我们看来，就在当前这个时候，中国市场已呈现出巨大商机，而整个市场还需要提升与整合。Fix Auto已做好充分准备，将引领这次行业变革，并将自己定位于“为面临整合的维修厂提供最终解决方案”的合作者。对我们来说，做这样一件事情，的确令人兴奋不已。

记者： 如何处理Fix Auto在中国市场面临的挑战？

Carl Brabander： 进入任何新的市场、适应新区域的变化永远都存在着一系列的挑战。Fix Auto的幸运之处在于，无论在哪里，总能在当地找到合格而伟大的区域性运营团队的支持，在中国也不例外。Fix Auto在中国的执行团队最了解中国市场的真实情况，他们将帮助Fix Auto推动其品牌及网络向前发展。在我们看来，Fix Auto为进取型事故车维修厂提供最终解决方案。中国运营团队对中国事故车维修行业有深刻的认知和理解，这对我们来说就是非常宝贵的经验和财富。

CCC积极推动DRP扎根中国汽车后市场

文二霞

CCCIS Information Service Inc.（简称“CCC”）成立于1980年，总部位于美国芝加哥，是全球汽车后市场领先的数据、系统和咨询服务商，长期致力于为保险公司、汽修企业、配件供应商、车主等提供高效、智能化的理赔、维修、配件管理平台及解决方案。CCC自2010年进入中国后，积极参与DRP在保险及汽车后市场的推动，建设更适合中国土壤的DRP方案。作为全球事故车后市场的生态系统专家，CCC集团高级副总裁暨中国区总经理侯恪在DRP峰会上，从立足于成熟汽车后市场的角度，全面分析了国外DRP的操作流程及成功要素。

一、CCC：专注车险理赔，推动DRP发展

记者：CCC主要专注哪些业务？关于DRP，目前CCC做了哪些方面的工作？

侯恪：CCC集团本身并不是财险或维修企业，但我们为美国整个后市场生态圈的各个参与方，即保险公司、维修企业、零配件企业及车主提供全流程解决方案。我们在过去35年一直专注地做一件事情，就是围绕事故车后市场生态系统的信息化建设。目前，全美前25名大的保险公司中有20家是CCC的客户，市场份额高达70%以上，全美所有的大型MSO(连锁汽修企业)以及所有的大型零配件经销集团都是CCC的客户。

我们于2010年进入中国，在发展的前两年专注在汽车保险理赔及维修方案的本地化，目前国内前10名的财产险公司已有半数在使用CCC系统进行车险理赔的作业。由于DRP生态的建立是以保险公司向维修企业授权为起点的，因此以保险业务为基础，近期CCC已经完成了DRP平台和解决方案的研发、部署以及全国试点和上线的准备，目前正积极地推动保险公司、大型汽修连锁企业及大型的配件供应商对接，打通整个事故车维修的产业链，建立DRP的生态。

二、DRP的关键：行之有效、高效透明、风险管控能力强

记者：从CCC经历的国外成熟市场的情况来看，一个比较好的DRP流程在车主出险以后应怎样操作？

侯恪：成熟市场的车险理赔过程是很便捷的，服务水准、透明度、知情权都很高，各个运营主体在生态链中都享有合理的利润。车主报案后，保险公司会根据出险情况，判断是否符合DRP的条件，对于合规的案件则通过客服中心进行案件导流，保险公司会即时将定损单在线发送给特约维修企业。维修企业在车主还未到店时，就对车主的保单信息、事故及碰撞情况有了一定的了解，并且会为车主准备代步车。车主到店后，维修企业根据车辆损失情况确认定损单。当维修企业完成定损单后，系统会进行自动风险审核并上传至保险公司。在整个定损过程中，无需再等待保险公司人员到场，而是由维修企业非常主动地配合车主完成整个定损和维修过程。同时，在每个关键的维修环节，CCC通过DRP平台将维修的进度主动推送给车主，在维修结束以后会邀请车主参与满意度调查。

在DRP生态中，保险公司得以放开大量的前端工作，可以专注于后端的审核工作以及对于各项KPI(关键绩效指标)的管理。维修企业得到充分的信任与授权后，则可以更专注于客户服务。同时，配件供应商可以借助一个优秀的平台，将配件价格以及物流信息第一时间展示给维修企业及保险公司，并在定损过程中直接实现配件订单的下单和后续配给。整个环节中，车主则会有更高的参与度和满意度。

三、最好的选择：时效、成本、供应链的综合策略

记者：如何让车主、维修企业、保险公司及零配件供应商在一个有效率的生态上活跃起来？

俟恪：经营维修企业最好的配件选择并不是仅仅取决于价格，而是在时效、成本、物流等综合因素考量下的最终策略。我们有一套完善的策略来帮助维修企业和保险公司选择最适合的配件。在成熟市场非原厂件的使用率远比国内高，而且在高标准的品控体系下大量使用各类拆车件、循环再制造件。由于非原厂件的品质、价格、到货期、物流情况都比较动态，制造商、贸易商对于这些配件的信息透明度都有很高的要求。一套完善的配件系统推荐策略，能够帮助保险公司、维修企业和配件供应商更透明、高效的合作。

DRP重新定义了保险、维修企业、配件供应商和车主之间的四角关系。保险公司可降低成本、减少欺诈、提高客户满意度；维修企业可以长期获取保险公司的资源倾斜，从而更专注地提供优质服务；配件供应商可以减少中间环节，有一个更加透明和紧密的生态；车主可以获得更便利及更好的服务质量。

DRP成功的要素：一是保险公司的领导与驱动作用；二是维修企业的积极参与，在系统的保证下，采用最佳的维修策略；三是配件供应商在保证物流基础上，实时、透明地展示零配件价格。

认证将提升事故车维修整体水平

张淑珍

保险公司推动维修厂实行DRP认证直赔，主要目的之一是降低保险赔付率。而降低保险赔付率的重要手段就是使用认证副厂件。如何认证副厂件品质、确认副厂件产品的来源？如何保证事故车的维修质量，让消费者以合理价格得到高品质服务？这需要建立一套强大的认证管理体系，帮助保险公司控制理赔成本、监督维修质量，同时有助于维修厂实现高品质维修。来自美国的认证机构NSF与平安财险达成了战略合作，推进认证副厂件与品质维修在国内的应用和发展。在DRP峰会上，《汽车维修与保养》杂志社记者就NSF的认证体系以及在中国的业务发展、NSF在中国认证体系中的作用等，与美国NSF负责人Bob Frayer做了交流。

记者：简单介绍一下NSF在汽车领域的认证应用情况。

Bob Frayer：NSF是全球ISO9001及TS16949标准最大认证机构之一。NSF具体定位是汽车零部件制造商、原厂设备汽车制造企业)(OEM)的认证机构。在与制造商长久的合作历程中，NSF在生产企业、零部件制造、经销商及维修企业等领域内所做工作也广受赞誉。目前，NSF是美国汽车后市场零部件以及汽车服务提供商中领先的认证机构，并已在加拿大、澳大利亚、韩国开展了认证项目，最近NSF也开始在中国进行项目认证。

记者：谈谈NSF在全球，尤其是中国市场的业务发展情况。

Bob Frayer：对于NSF来说，高品质的零部件认证固然是我们认证项目的基础，但是为了达到高品质的维修，我们也需要对经销商及维修厂进行认证。这一做法在世界上各个国家都适用。虽然NSF认证模式是在美国开发的，但是模式的实施与执行可以针对具体不同的国家。例如，我们在澳大利亚的检测就是由澳大利亚当地机构完成的。在中国我们也希望使用中国当地的审计审核、当地的测试机构支持我们在中国所做的工作。

记者：与其他认证机构，如美国CAPA零部件认证机构相比，NSF认证有哪些特点？

Bob Frayer：NSF零部件认证项目是美国国家标准学会认可的，他们以OES原厂经销商使用的维修部件为标准，衡量、检验所有后市场零部件产品是否符合OES原厂维修部件的质量标准。认证机构进行的零部件检验测试以及制造商设施

的审计、审查，就是为了在原厂维修部件与被检测的后市场零部件之间，建立“同品同质”的关系。各个认证机构的研究方法可能不同，但是他们的意图和目的都大致相同。NSF独特之处在于它对ISO9001承诺的要求以及对供应链体系一整套的要求和综合性研究。NSF是唯一一家除了认证汽车零部件外，还对汽车零部件分销商、汽车维修企业进行认证的机构。

记者：NSF与平安保险达成了什么样的合作关系？

Bob Frayer：NSF非常高兴与中国平安保险公司开始共同进行一项汽车认证项目。我们关注的共同点非常相似，就是零部件的供应链体系，包括零部件制造商、零部件产品、零部件分销商以及维修厂。我们共同的愿望是，为打造世界级的产品质量建立一个完善的执行团队。

记者：NSF在中国认证体系中的作用是什么？

Bob Frayer：NSF为美国市场开发了一系列世界级的认证标准，得到了美国本土以外，如澳大利亚等国家的广泛接受，并为这些国家的市场带来了很大的价值。NSF的认证方法都是以品质体系为基础的。我们认为，持续生产高品质部件、提供始终如一的高品质服务，中国需要一套强大的质量管理体系。同时，我们有各种理由相信，这些相同的标准将为中国事故车维修带来巨大的价值。

记者：建立中国的认证体系，NSF将如何作为？

Bob Frayer：NSF将与平安公司、中国政府以及其他利益相关方密切合作，共同开发认证标准和步骤，以确保在中国成功实施。这里有两点必须明确：一是只有我们大家必须为同一个终极目标密切合作，我们的努力才可能成功。二是为消费者以合理价格得到高品质维修，而中国市场如此之大，我认为不可能仅有一家认证机构就能解决所有确保成功的项目。

海 外 视 野

Overseas Insight

美国汽车后市场发展借鉴

Karen Fierst

近年来，中国乘用车的销售增长非常惊人，远超于美国、德国、日本。但对比起来，美国汽车行业已经拥有100多年历史，中国汽车行业只有12~15年的历史。在美国每千人里有780个人拥有汽车，而中国汽车的千人拥有量是70辆。这说明，未来中国汽车行业依然拥有巨大的发展潜力，而美国汽车后市场的发展情况也许可以供中国借鉴。

一、美国的汽车使用

25年前，在我刚刚踏入汽车后市场研究领域时，美国的平均车龄为8~8.5年。现在美国的汽车保有量是2.652亿辆。每辆车每年的平均行驶里程达到11 244英里（约合18 000km），平均车龄为11.5年。

二、美国的二手车

目前在中国，如果购买二手车，是一件很冒险的事，因为中国尚没有规范的二手车认证体系。但是在美国，已经建立了相关机制，有专门的机构对二手车进行认证和评估，经过认证和评估的二手车会在指定地点进行销售，并提供一定年限的质保。从很多年前开始，甚至延续至今，对于中国人来说买一辆二手车是很尴尬的事情，但美国人觉得买一辆二手车作为自己的第一辆车是很正常的，而且现在在美国道路上行驶的车辆有22%是二手车。

三、美国的汽车维修服务

在美国，没有4S店的概念，针对所卖出的车辆，经销商会提供大维护、小维护和常规的维修服务，但是这些服务并不是一定要由专门的维修店提供，只有39%的汽车经销商拥有维修店。在美国，有70%的汽车维修作业在独立维修店完成。在所有的汽车维修业务中，有80%是车主委托维修店进行维修，20%是维修店提供配件，车主自行维修，也就是所谓的DIY。

美国汽车经销商所拥有的维修店在2006年达到峰值，在2012年又一次达到低谷。这些数据说明，在美国，经销商所提供的汽车维修量非常少，并且呈下降趋势。

在美国，存在很多事故车维修多店运营集团，他们的维修店可能遍布全国各州各地，其中包括Boyd Gerber、Caliber、CARSTAR、FIX Auto World等。

四、美国的汽车维修培训

美国汽车行业的业内合作，最受重视的是对维修技师的培训。早在20世纪80年代早期，如果一辆汽车发生事故送到维修店后没人会修，就会引起业内各方的共同关注。基于这种关注，当时在市场中出现了几家为汽车维修从业者提供专业培训的机构。下面向大家介绍4家在美国与汽车维修技术培训相关的机构：I-CAR（事故车维修行业内部会议组织机构），非盈利汽车维修培训机构；CREF（碰撞修复教育基金会）；ASE（美国汽车维修资格认证协会），它在美国的名声很大，主要职责之一是组织维修技师考试和对他们进行认证；NATEF（国家汽车技术教育基金会），它的主要职责之一是对行业技校的相关课程进行认证，而参加过这些课程培训的技师也会拿到相应的认证证书。在美国，还有由企业捐助成立的事故车维修教育基金会，所有基金均用于技师的培养。

五、美国的汽车维修数据库

对于美国汽车维修行业来说，很重要的另外一方面是汽车维修数据库。于20世纪50年代问世的“米切尔汽车维修手册”就写明了维修某个车型的某种故障需要用到哪些零件，该用何种方法。这种数据支持演变至今，我们所看到的是，维修技术人员手里拿着类似于iPad的东西站在故障车辆前面，拍下所需照片，系统便会自动识别，提示维修这辆车所需的零部件和方法。图1所示是美国三大汽车维修数据库提供商的LOGO，这些提供商提供很多服务和软件，涵盖门店管理、评估数据等方面。计算机化对汽车维修行业产生了巨大的影响，与此同时，保险公司也成为了主要的获益方，他们通过互联网和计算机技术，可以精准对事故车进行评估。

图1 美国三大汽车维修数据库提供者的LOGO

六、美国的汽车保险

在过去的20年里，事故车保险理赔程序是：首先保险公司现场核险，然后一系列的评估、核保，最后定损。现在基于互联网技术，直接维修程序（DRP）在美国开启，这种局面导致行业里掀起另外一场合作。1994年，以促进行业间合作为目标，美国建立“事故车行业电子商务协会”，让各家保险公司使用同一个平台，各家保险公司将各自私密的信息保护起来，其他信息在平台上共享。

表1中列出了美国十大保险公司，这些保险公司在事故车理赔领域占到70%的市场份额。在中国有四家保险公司专门为事故车理赔提供保险业务，也是占到70%的份额。保险公司对事故车维修行业有着很大的影响。

表1 美国十大保险公司

序号	公 司 名 称	市场份额（%）
1	State Farm GRP	18.31
2	Berkshire Hathaway GRP(Geico)	11.43
3	Allstate Ins GRP	10.04
4	Progressive GRP	8.78
5	United Serv Automobile Assn GRP(USAA)	5.29
6	Farmers Ins GRP	5.00
7	Liberty Mutual GRP	4.98
8	Nationwide Corp GRP	3.74
9	American Family Ins GRP	1.85
10	Travelers GRP	1.69

七、美国的汽修行业规范

在中国，很多人关心汽车维修行业的规范问题。在美国，国家层面针对汽车维修和保养也没有统一规定，但每一家汽车维修店都必须符合“美国环保局”“健康安全标准”以及《劳动法》的规定，并且各州针对汽车维修领域，有各自不同的规定。

在美国，所有车企都希望对维修店进行认证，进行认证的内容包括维修资质、维修设备、疑难故障维修能力等。这种认证的费用很昂贵，在3万~10万美元之间，这还不包括每年定期核查的费用。所以可以想像，一家维修店若想通过多家车企认证是多么困难的事情。针对这种情况，一家叫NSF(美国汽车领域认证机构)的公司设立了一个独立第三方事故车维修店认证程序。

八、美国的汽车零部件体系

关于汽车零部件，美国汽车后市场中有原厂件、可替代件、可回收件、再制造件。25年前我踏入汽车后市场的研究领域时，原厂件所占市场份额在80%~85%。在2015年第四季度，原厂件的市场份额在65%左右。由此可见，在25年里，这个数字下降了20%左右。LKQ是北美一家可回收和再制造汽车零部件的厂商，在该领域内占有60%的市场份额。从图2可以看出，各种零部件在不同的时间里，在美国市场中所占的份额。

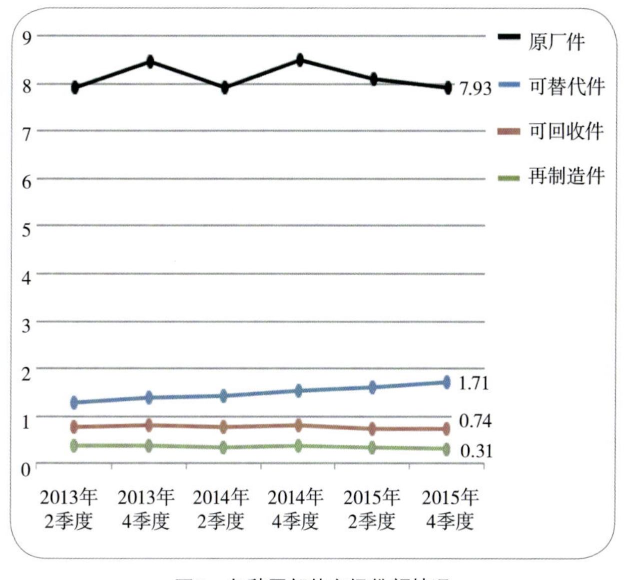

图2 各种零部件市场份额情况

在美国，从2000年至2014年，保险公司对可替代件的利用率越来越高，为什么会有这样的趋势？有四个原因：第一可以减少保险理赔的成本；第二提高了主机厂回收零部件的可用性；第三提升了汽车后市场的零部件质量；第四为市场提供了更多可选择的产品。

美国的汽车维修拥有认证体系，汽车后市场的零部件领域同样拥有认证体系。在美国NSF和CAPA（美国汽车后市场零部件协会）是两家可以提供汽车零部件认证的机构，零部件生产商可以自愿到这两家进行认证。

日本汽车后市场变局下的整车厂应对之道

朱四明

中国现有汽车维修店48万家，总产值8 000亿元，单店平均年产值不到200万元。德国和美国汽车维修店的平均年产值为1 000万元，日本不到500万元。但是，值得一提的是，在德国、美国、日本和中国，每辆车每年花在维修和维护（不含保险）上面的钱都在5 000元左右。也就是说单车产值相近，但是每个国家维修店的单店产值却相差很多。中国汽车的平均车龄是4岁多，美国汽车的平均车龄是11岁，德国和日本是8岁多。我相信，无论在哪个国家，随着车龄的变化，汽车后市场中都会呈现出一定的规律，而其他国家的发展规律值得中国借鉴。

世界各国的汽车后市场大概可以归结为两种模式：一种是像日本一样的纵向整合模式，整车厂出面把二手车、配件、汽车维修、甚至保险等全部整合起来。另一种是像美国一样的横向切割模式，在每一个汽车后市场的细分领域，都有不同的大型集团。很多人问，中国的汽车后市场该怎样走？我认为中国总体来讲像美国市场，但是如果整车厂很努力，仍然可以把市场份额保持在可观的水平上。下面，我将向大家介绍日本的汽车后市场和变局下整车厂的应对之道。

一、日本汽车行业的发展历史

如图1所示，我们把日本汽车行业的发展分为四个阶段：第一个阶段是高速增长期，此阶段汽车销售量、保有量都呈现两位数的增长；第二个阶段是稳步增长前期，汽车销售和保有量呈现一位数增长；第三个阶段是稳步增长后期，汽车销售量不再增长，汽车保有量增长；第四个阶段是成熟期，汽车销售量和保有量都不再增长。

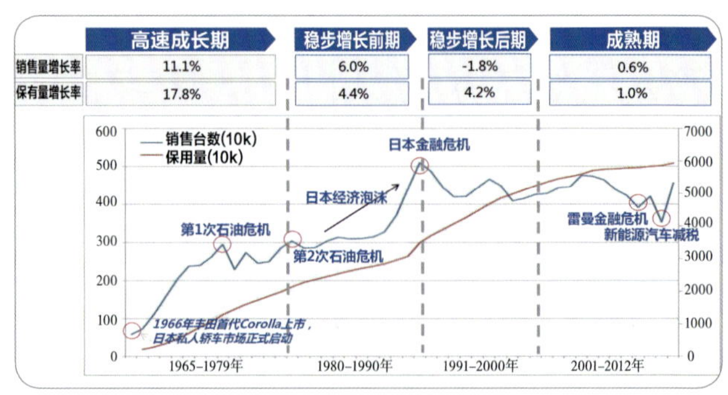

图1　日本乘用车的发展历史

二、日本汽车零部件的需求情况

在日本的汽车后市场中，根据更换场景的不同，我们将汽车零部件分为：车检零部件、维修零部件、小修零部件、外装内装部件和功能部件。如图2所示，不同的车辆，对于不同种类的零部件，车主会有所偏向地选择纯正品（来自整车厂）或后装品（来自独立第三方企业）。需要说明的是，日本的车检与中国不同，在日本，检测机构会根据车检结果强制车主更换一些零部件，而且费用金额很大。这部分零部件供给的机会是所有后市场参与者都可以获取的，也是大家竞争激烈的一个领域。如图2所示，整车厂在旧车零部件方面处于劣势，为了弥补这方面的不足，第二纯正品出现。例如，丰田与电装、爱信精机组建JMS品牌，销售有品质保证，且价格有竞争力的第二纯正品。

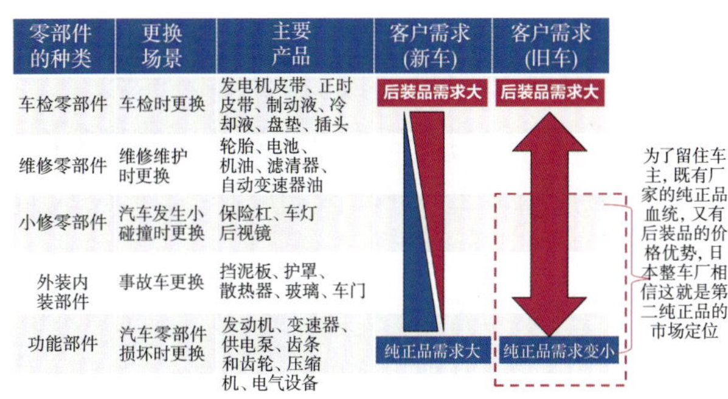

图2　日本车主对零部件的选择情况

三、日本整车厂以第二品牌全面介入汽车后市场

在日本，整车厂开始全面介入汽车后市场是在汽车行业发展进程中的第三个阶段，因为前两个阶段汽车销售情况还很乐观。并且，整车厂在全面介入汽车后市场时肯定要先抓牢配件环节。整车厂的后市场销售渠道凭借品牌效应得以立足，并能够有效遏制独立第三方企业的发展。表1列出了日本汽车后市场中，整车厂和独立第三方企业在不同时期的表现。

整车厂全面介入汽车后市场出于两方面原因：一是想有效留住体系内客户，随着车龄增加，用户对纯正品的需求逐渐减少，如果整车厂不能及时应对，势必将失去很多客户。二是应对独立第三方企业的竞争，1974年在日本，Autobacs成立了第1家一站式服务销售店，开辟出由第三方厂商销售后市场汽车用品的道路。

为保持在汽车后市场中的优势地位，整车厂在加大对现有网络支持的同时，建立了第二品牌渠道，销售第二纯正品。图3所示为以丰田为例的整车厂在汽车后市场中的应对策略。为了与DLR(日本的主机厂经销商，相似于中国的4S店)区分，JMS主要针对高龄车和低端车，并涵盖所有日本国产车型。

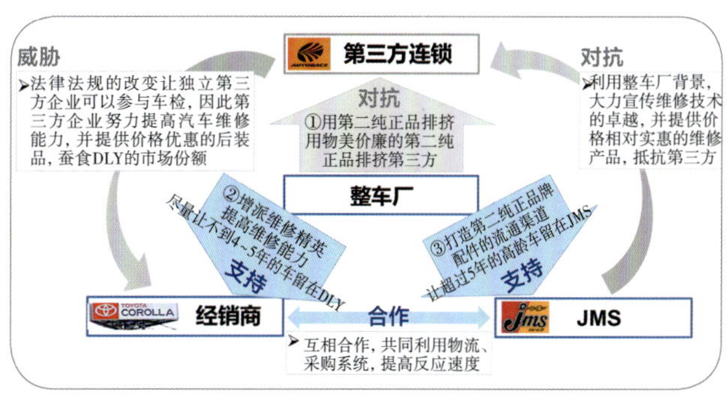

图3　丰田在汽车后市场中的应对策略

四、日本整车厂第二品牌的优势

为了留住车主，第二纯正品出现，它既有整车厂纯正品的血统，又有后装品的价格优势。另外，在汽车后市场中，第二纯正品还可以得到以下支持。第一是配件与整车匹配的数据库支持。我们都知道，配件与整车的匹配是非常头疼的一件事，即使是同一个车型，不同年款配件的编号也不同。由于与“整车厂”的血缘关系，整车厂可以将零部件与整车的匹

表1　日本整车厂和独立第三方企业在不同时期的市场表现

汽车行业发展阶段	整车厂和经销商	独立第三方企业	汽车行业关键绩效指标
高速增长期 (1979年之前)	主要以新车销售为主：汽车保有量不大，汽车后市场还没有形成规模	以Autobacs(一站式能够买到轮胎，机油，电池，装饰件，空调，并提供相关服务的汽车售后服务品牌)为代表的独立第三方企业开始雨后春笋般出现	•新车销售数 •汽车保有量
稳步增长前期 (1980–1990年)	新车市场火爆发展，新车销售台数和汽车保有量高速增长	受新车市场火爆发展的影响，汽车后市场的发展也得到推动，Autobacs已拥有300家店，形成一定规模	•新车销售数 •汽车保有量 •独立汽车售后企业开店数量
稳步增长后期 (1991–2000年)	•经济开始下滑，新车销售台数开始下滑，但是汽车保有量还在增加 •光靠新车销售不足以支撑整车厂的进一步发展，整车厂开始重视汽车的售后服务	•汽车后市场进入优胜劣汰期，市场集中度开始攀升，集中在拥有价格优势的Autobacs、Yellow Hat等大型公司上 •相关法律出台，整车厂与独立第三方企业之间围绕汽车用户展开争夺战	•新车销售数 •汽车保有量 •独立汽车售后企业开店数量 •第二纯正品牌开店数量
成熟期 (2001年之后)	•伴随人口的负增长，新车销量负增长，后市场规模也开始稳定，在末期出现递减 •JMS(丰田成立的第二品牌)等整车厂的后市场品牌凭借产品性能高的优势立足汽车后市场，并稳健发展	车龄超过10年的汽车保有比例开始增多，汽车后市场的产品单价开始下跌，独立汽车售后企业的店铺数量开始下降，非盈利店铺开始增多，独立汽车售后企业为了增强自身实力，开始削减非盈利店铺，增加维修人员，抗衡整车厂的第二纯正品牌带来的竞争	•新车销售数 •汽车保有量 •独立汽车售后企业开店数量 •第二纯正品牌开店数量

配数据提供给第二品牌，并定期更新。第二是服务方面的标准作业流程及通用工具，这里所说的工具主要是诊断仪，以JMS为例，可以得到包括电装和博世在内的诊断仪。第三是维修信息数据库的支持。第四是培训支持，丰田总部有一个专门针对JMS体系的培训中心，拥有60名培训教师和各种各样的培训室，还有实习的柜台、实习的维修工位。第二纯正品具有以下特点。

品质：具有纯正品厂商的开发与生产品质；

价格：在不同的产品当中找到共通使用品质，取最大公约数，降低成本（采购成本，生产成本，管理成本）；

通用性：集约管理，提高共通性，比如JMS的产品，除了丰田的车，其他厂商的车型也能够使用。

汽车保险

Auto Insurance

费改对保险公司及汽车后市场格局的影响

方仲友

目前，中国乘用车保有量达1.7亿辆，家用车保有量突破1.2亿辆。随着汽车保有量的不断增加，包括保险行业在内的中国汽车后市场也获得了飞速发展。2013年，中国汽车保险市场已经在世界上排名第二。然而，中国车险“大而不强”，有规模无效益成为其最大短板。

一、商业车险改革的方向

中国保监会启动了商业车险产品费率管理制度的改革创新，加速与国际接轨，2015年6月1日之前在国内6个省市进行试点，2015年年底又推出了12个地区，通过试点，我们可以看到，商业车险改革的走向。中国保监会已明确2016年6月30日以前完成商业车险产品费率管理制度改革的全国推广。中国保监会下属的“中保信”，具有一个大而标准的数据库。在这个数据库的助力下，试点地区达到了好的改革效果，即达到了国家、行业、社会、车主预期的改革效果，形成了新旧产品与费率体系改革的平稳过渡，行业实现了稳增长、有效益、促管理、提能力的效果。商业车险改革的意义主要体现在以下方面：①深化以客户为轴心的服务理念，夯实以可持续发展为根本；②激发车险行业内部市场活力，转变竞争模式、减少违规现象，重视客户体验；③有利于发挥社会管理功能，对不同风险的车主厘定不同的费率，促进道路交通安全。

二、商业车险改革的主要内容

商业车险改革是从法律、逻辑和保险原理上进行梳理、调整和完善，尽可能避免条款表述上的歧义；调整原条款中保额确定方式并明确实施代位追偿，使保险人与被保险人之间的权利义务更加匹配。改革主要围绕以下方面：第一，改革将引导保险公司为消费者提供质优价廉的产品和服务，激励保险公司与汽车后市场产业深度结合，为客户提供更多市场化、多样化服务，满足消费者的差异化需求。第二，改革后实行车型定价，即车险价格将能够通过不同车型保费的差异反映车型的易维修性及维修成本，也将反映出该车系拥有的客户群意愿和市场接受程度。第三，市场化费率形成机制，逐步扩大保险公司费率厘定自主权，最终形成高度市场化的费率形成机制，有利于同质配件加速进入汽车维修市场，同时将促进同质配件的标准认证与规范及知情使用。

三、商业车险改革对各方的影响

1.商业车险改革对保险公司的影响

（1）导入车型定价，测算并引入车系系数，对接零整比和车系出险率/损失率，并逐步扩大汽车品牌/车型、车系的系数差异。未来保险业的车型系数一定会进行大规模的调整。

（2）逐步扩大保险公司自主定价权，除行业统一的交通违法系数与无赔款优待系数外，增设公司自定的自主核保系数与渠道系数。把定价权交给保险公司，把选择权交给保户。

2.商业车险改革对汽车后市场的影响

（1）伴随监管机构对产品定价权的逐步放开，保险公司能够通过给予投保人与被保险人在承保时的保费优惠，鼓励其使用同质配件，降低维修行业整体成本，提升经营效率。

（2）保险公司能够通过差异化的车系系数精确体现车辆风险与维修成本，引导消费者购买易维修性更强的车辆，逐步推动零整比回归正常水平，推动维修市场更加透明、公开。通过自主核保系数实现差异化的保费，还将使保险公司承担的车辆风险与保费价格更加匹配，避免改革前低维修成本车辆补贴高维修成本车辆的情况。

（3）改革后的市场竞争将日益激烈，促使保险公司更加关注传统保险服务以外的增值服务，以体现差异化的竞争手段。保险公司对后市场提供服务的种类与质量将不断提升。保险业的深度参与将促进汽车后市场服务水平与效率的提升，有助汽车后市场的转型。

四、商业车险改革对汽车后市场发展的推动作用

第一，车险业不断深度参与汽车后市场发展。我国的车险业参与汽车后市场发展虽起步较晚，但是发展很快，近年来取得了长足进步。2014年《关于促进汽车维修业转型升级 提升服务质量的指导意见》中，鼓励保险公司用市场信息公开同名和消费者口碑推动机动车维修市场诚信建设，建立机动车维修企业服务质量“黑名单”制度，对出险车辆维修优先选择诚信企业。

第二，从2014年开始，中国保险行业协会同中国汽车维修行业协会首次发布部分车型零部件价值之和与整车销售价格的比值（零整比），零整比的发布提高了汽车配件价格信息的透明度，保护消费者的知情权和选择权，能够有效引导汽车生产企业提高车辆的易维修性。

总之，改革助推汽车后市场产业发展。伴随“互联网+”时代的到来，以“互联网+保险+汽车后市场”为核心的三方信息共享平台将被搭建。目前，中国保监会对UBI（基于驾驶行为的保险）产品在研究和认证，该产品还没有到商用的阶段。UBI产品受互联网属性的影响，与之相结合的保险产品与服务业会呈现网络化、平台化特征。

事故车理赔与维修服务连锁的融合

朱伟华

一、保险公司需要何种汽修连锁？

第一，保险公司需要不赚钱的汽修连锁企业。为什么？因为汽修企业不赚钱，保险公司才能赚钱。但是一家企业不赚钱怎样生存呢？针对这个问题，“乐视”给出了答案，它打造“平台+内容+终端+应用”的完整生态系统，在这个生态里只要有一个环节赚钱，这个生态就是成功的。一家汽修连锁企业成为一个“生态”中的一员，只要生态成功，企业便可生存。如今汽车后市场中存在三大力量：保险公司、主机厂和互联网公司，它们组建了各自的生态系统，汽修连锁企业由于在供应链方面处于弱势需要加入其中某个生态系统，而加入何种生态是需要考虑的。

第二，保险公司需要具有“操作系统”的汽修连锁企业。我们所说的操作系统其实就是连接能力，比如“沃尔玛”，它具有典型的共享连接，共享了用户和上游经销商的能力，这也最终促使沃尔玛成为零售领域霸王的关键。对于汽修连锁企业来说，连接能力决定了企业的价值，这种连接能力不是线下有多少门店，而是客户的引流。

二、连锁企业为什么要加入后市场生态链？

汽车后市场中的三大力量：保险公司、主机厂和互联网公司，其都有各自的生态圈，而汽修企业如果不选择加入其中某一个阵营就会成为孤立的小岛，步履维艰。“有壹手”有三方投资人：平安、联想和集市广汇，平安是保险公司，联想是互联网公司，集市广汇是有主机厂背景的4S店。成为三种生态的交集是“有壹手”的幸运。

作为连锁企业，成为汽车后市场生态中的一员很关键，如果没有供应链，或者是认为有供应链，但是供应链是不堪一击的，则无法独立生存。美国的很多保险公司和PE（私募股权）的资本会在汽车后市场中做并购，但并购的前提是把汽修企业纳入到某一个生态里面。

其实在汽车后市场中，互联网对保险的渗透非常好，保险公司是天生的线上公司，并且与互联网是相连的，它们都是基于信息的供应商。但是在汽车后市场中，保险公司与互联网公司连接线下时需要有操作系统的公司，像“有壹手”这种公司，帮别人开店、帮别人运营，就是当一家汽修企业在线下没有操作系统时，“有壹手”可以给它装一个。

三、谁将掌控后市场生态链？

最近在网销案例当中，保险公司与很多公司达成合作，前提是线下要有保费，没有保费则不合作。虽然大趋势是保险公司对线下依赖度越来越低，但是当前现实依赖度还是很高。作为线下企业，长远来看还是要依托自己的服务能力和服务效果。作为具有操作系统的汽修连锁企业有两点很重要：一是给保险公司极致的体验，二是提高效率。

4S店远比独立后市场有优势。4S店会把经常出险的用户信息卖给理赔价格高的公司，把不出险的客户信息卖给代理费高的公司。只有精准识别客户，才能获得更高的用户价值。现在又出现了一种公司，比如“车通云”，是给4S店提供第三方定损服务的平台。

未来的服务模式，我认为总趋势是保险公司掌控整个生态链。小事故由“有壹手”这种公司来解决，中等事故需要专业维修，这就需要供应链的支持，如果没有供应链，保险公司没办法控制理赔成本。

保险公司需要一个竞价平台，这里面最关键的是配件的价格。比如“集百配”是一个竞价体系，现在服务4S店，未来的“集百配”应该也会为保险公司提供竞价平台，而这个竞价平台是保险公司必需的，没有竞价平台无法控制成本。我相信第三方的平台成本更低，把连接分享给很多人用，这才符合互联网的逻辑。未来的汽车后市场，救援定价、全损车定价等都是保险公司要做的事情。

现在，中国的汽车维修产能严重过剩，有很多数据说明，像美国一样成熟的汽车后市场，只有十几万家汽修企业，但中国有三四十万家，而且中国的汽车保有量比美国少，这种情况下过剩的产能肯定要去转型。如今，保险公司在做融资租赁帮助4S店卖车，保险行业最终对汽车后市场的渗透是不可阻挡的一件事，作为独立后市场来说，怎样与汽车保险体系合作和竞争，是我们需要思考的问题。

如何通过创新模式改变车主保险消费习惯

尤敏捷　郭美江　刘　扬　张之懿　何　纲　张作元　文二霞

未来，汽车保险在汽车后市场生态链中的作用会越来越大，下面探讨如何通过创新模式改变车主保险消费习惯。

刘扬：商业车险费改对汽车后市场、消费者及消费者习惯有何影响？

张作元：这次商业车险费改整体上是一次商险改革，费改只是其中一部分。目前费改最直接的影响是从原来以车因素为主的定价体系，到现在更多地体现人的因素。原来的保险产品，车的因素也并没有完整地体现出来，特别涉及一些整车的零整比，这次费改对此做了规划和调整。理赔金额和理赔次数对第二年的续保有很大影响。对保险的业态来说，商改特别是费改以后，保险产品的定价权或者产品的设计权会交还给设计公司。互联网技术和车险会结合得越来越紧密。

尤敏捷：从车主来看，商业车险费改对车主买车、开车、养车都有影响。这次商业车险费改以后，车主因保险到维修企业（无论是4S店还是独立修理厂）的次数会减少。保险公司在今年车改地区依然会以价格竞争为主。虽然这次是商业车险改革，但是目前尚在制度层面，在实物层面只完成了全国统一产品，各家公司在核保因子和渠道因子上有所区别。保险公司在渠道、服务、产品上存在差异化，目前考验保险公司的是定价。每家保险公司都要找到自己的目标客户，重新定义客户。

刘扬：互联网按比是流量转化成实际收入，但是从互联网车险来说，经过两年时间，我们仍然没有看到流量转化较好的案例。请问采取什么样的手段才能把流量转化成实际的线上C端业务？

张之懿：我们公司做了9年的保险专业代理，帮售后企业发现和服务用户。有投资人认为车险是后市场最好的入口，而且是强制性的入口，因为只要有车就需要买商业汽车保险。通常车主会选择电话车险或网络车险，而实际上我们的售后企业离车主最近，车险新渠道应该是汽车售后服务体系。

郭美江：易鑫资本是2015年1月易车网和腾讯、京东三家公司联合成立的一家纯互联网金融公司，我负责的是网络车险。什么样的流量入口转化出来的用户、保费比较多？我认为只要是精准的流量入口，任何一个流量入口都可以转化出保费和用户，而且转化率会很高。但是目前从国内来看，大的流量平台转化率比较低，原因如下：一是中国目前的人力成本比较低；二是在网络上售卖网络车险，必须让用户方便购买，但对于车险来讲，用户要录入至少40个字段，尤其是照片和行驶证信息，困难度很高。从保险业内部来看，稳定的市场赔付率越高，代表市场竞争越激烈。当一些基础问题解决以后，网上的转化率会很高。

何纲：我们在淘宝上卖了五、六年的保险，淘宝上的转化率还是很高的。对于很多企业来讲，服务的前提是出险，如果用户不出险，那么所有的保险公司面对的问题都是一样的。用户对价格很敏感，车险竞争激烈，毛利很小，导致我们做精准营销的成本太高。商业车险改革为互联网打开了门和窗。互联网最重要的是人的连接、人和车的连接、人和资源的连接。当保险公司把人的要素放大，我们看到整个行业对人的掌握和研究较弱。所以我认为，这次改革可能会为很多互联网公司提供创业机会。

刘扬：保险是需要推动的产品，汽车后市场企业中有哪些与保险业务合作的精彩案例值得分享？

张之懿：如今，很多汽车后市场服务企业的观念发生了很大变化，国内很多大的汽修连锁企业都在与保险机构合作。今年已经有企业提到能否与盛大汽车服务集团保险事业部做系统对接，比如只要车辆进入洗车机就能识别车牌，同时可以识别保险何时到期。最近又有几个连锁企业希望盛大汽车服务集团帮其建立电销中心，使电销中心成为其服务中心的同时又是其精准营销中心。线下与线上都很重要，有技术支持保险才能精准到位，同时利润才更有保障。

刘扬：单一从产品形态来说，UBI（基于驾驶行为的保险）现在还不具备大幅度推广的条件。商车费改按照中国保监会的推荐，大概需要6~8年长周期的过程。UBI保险现在及未来发展的方向有哪些？

何纲：“车挣盒子”创业的时候我们分析过整个市场形势，我们认为第三方平台存在的价值在于行业内有大量中小型公司，它们需要借助外力才能把产品做好。大公司可以自己采购设备、组建团队、独立运营，但是中小型公司需要第三方平台帮助它们做联营。“车挣盒子”合作的公司里面大部分都是中小型公司，他们的意愿、积极性、配合度特别高。在国外UBI相对成熟，即通过硬件采集数据。在国内UBI遇到的挑战是没有用户数据。“车挣盒子”一成立就做了很多努力，解决了采集数据的问题。有了数据以后，要解决数据算法问题，关系到用户筛选及定价模型。UBI的推广要解决三个问题：第一是用户筛选，第二是定价，第三是反欺诈。“车挣盒子”组建了数据团队，注重数据挖掘和数据处理。目前“车挣盒子”已与5家保险公司签约合作，开发了5款基于UBI理念的类UBI产品，因为真正的UBI是要报备的。这些类UBI产品在形态和定价方面与传统保险不同，原来很多的用户数据并没有和保险公司连接起来，在互联网与UBI对接以后，可以更好地维护用户的在线回顾、稳定性及数据丰富度。国外的UBI让我们看到了希望，我们现在是以互联网合规、应景的方式做尝试。

尤敏捷：UBI在中国肯定会有市场，但是UBI不能代替所有的车险。保险公司担忧的问题是数据和算法。UBI的数据和传统数据怎样做到平衡，这是算法的难点。在理赔当中除了反欺诈，应该给客户好的服务体验和更好的互动，给汽车后市场生态圈带来更多好处。UBI的难点在于监管，所以这方面保险公司的试点会很谨慎。我们希望中国的中小保险公司发展起来，希望中国保险行业的业态更加健康。

刘扬：保险公司关注三件事，第一销售、第二风险管控，第三投资。汽车后市场切身关注的是理赔问题，理赔下一步会有什么变化？

张作元：我们应该看到一个趋势，保险公司通过理赔端来进行控制整体业务时，会有大量的技术及第三方介入到整个理赔系统里。比如"车通云"在做4S店理赔系统，它一边连接保险公司的理赔系统，一边连接主机厂数据的导入，这样可以做到相对精准的定价。今后如果我们从定责、定损、维修三方面把数据在一个平台进行串联，整个理赔将会得到优化，客户的体验也会更好。我们应该规规矩矩做人，本本分分做事，通过技术的提升赢得效益、利润。

张之懿：未来的理赔会更开放、更透明。随着商业车险费改的推动，消费者对于整个事故车处理的观念会发生变化，随着赔付增加、保费增长，保险公司对理赔会更加主动。技术驱动、保险公司及消费者的观念发生变化对于未来的理赔都会产生影响。

Auto Parts & Supply Chain

反垄断与同质配件的定义、准入门槛界定

魏同伟

一、汽车维修政策变革的背景

1.社会需求

据有关数据显示，国内现在的汽车保有量是1.72亿辆。但是汽车服务环境还处于初级阶段，导致很多的社会问题，比如交通拥堵、大气污染、安全问题、诚信问题等，大家深受其害。所以，社会需求好的汽车服务环境。

2.车主诉求

现在的车主很理智，诉求越来越精准明确，要求车辆一定能保障安全，一定要价格透明等。

3.行业追求

“后市场”在行业中被叫了十几年，2014年由交通运输部牵头，联合国家发展改革委等十部委发布186号文件，即《关于促进汽车维修业转型升级　提升服务质量的指导意见》，第一次由国家十部委提出来“汽车后市场”的概念，定性维修行业是一个重要的民生服务业。

二、同质配件的定义

配件，业内又称零部件。作为186号文件的落地政策，2015年8月26日，交通运输部发布了关于修改《机动车维修管理规定》的决定（交通运输部令2015年第17号），并公示修改后的《规定》，首次给出了官方同质配件定义：同质配件是指产品质量等同或者高于装车零部件标准要求，且具有良好装车性能的配件。同时明确，托修方、维修经营者可以使用同质配件维修机动车。这个定义也引用了欧盟、美国相关的条款。同质配件政策非常明确，将来在中国市场流通的配件，就以原厂配件、同质配件、再造配件为主流，我们借鉴国际先进的经验及一系列欧盟的法规，包括汽车行业专属的条例和各种指南等。

欧盟法律对同质配件的定义是什么？国际上统一称质量相当配件。欧盟的相关定义是指由任何配件企业制造，并且可在任何时候证明该配件符合原机动车用于装车的配件。这种质量配件就称为质量相当的配件，在美国也有这种条款。

从欧盟相关的架构图里可以看到，其渠道与国内大致相同，但是不同的是在汽车配件方面我们形成了很长时间的垄断，大家认为要买原厂件只能到4S店，其他市场上没有原厂件。同时，非原厂件没有很好的名分，也不能进入4S店的体系。但实际上，我们很多的配件都非常好，只是渠道的原因。

三、同质配件的特点

1.统一编码

编码相对复杂，包括主机厂编码、流通领域编码及其他服务企业的编码。中国进入了国际物品编码协会，并在质检总局下属的国家物品编码中心对所有商品进行编码连接。国家标准已出台，并于2016年1月1日正式执行。现在，我们在这方面真正实现了所有配件能够统一编码，做到了制造一件一码，而不是一批一码。这个编码是以二维码的形式，国家知识产权叫汉信码。编码的标准给配件的流通造成了非常重要的影响，甚至导致后市场很大的变动。

2.全程追溯

统一编码可以实现全程追溯。同质配件的质量怎样鉴定？这个要国家指定的第三方检测认证机构检测认证，那么检测的标准是什么？后市场没有标准，导致了混乱，所以检测标准非常重要，我们也在抓紧制订中国汽车售后配件的质量标准。

3.标准制订

这个标准是谁根据什么来制订的？参照主机厂的配件标准及国际化的标准，由全行业的专家共同制订这个标准，我们会推出一系列的标准和认证。工商总

局下属的商标局给我们行业认证商标（工艺品牌），比如“放心汽配”“放心汽修”。

一般是在配件的整个使用周期当中都能查到编码，而且通过编码查到配件的全程。我们与工信部正在抓紧培训相关企业进入同质配件体系。将来编码是附在配件本体和包装上面，我们会把相关的信息都录进去，真正地实现全程追溯，实现质量保证。

四、关于反垄断

反垄断指南中配件部分是我们参与多次讨论制订的。公开征求意见稿已经结束，现在处于制订细则的阶段。主管部门是国务院反垄断委员会，起草单位是国家发改委。

后市场为什么这么乱？最重要的是垄断造成的。据我了解，很多规模较大的汽车生产企业已经解除了原来的供应商合同，个别的国产车企持观望态度。反垄断指南非常重要，将来不管是生产企业、服务企业，通过指南可以知道相关方面是否形成了垄断，是否受到了垄断的侵害，可以进行投诉，保护企业发展。反垄断指南一出台，引起社会广泛关注，也对我们行业产生新的影响。

反垄断指南的定位与目的很清楚，明确预期，合规引导，即平衡整车生产企业、配件生产企业、渠道经销商、汽车维修企业之间的关系。整个后市场产业链进入一种新格局的平衡，能保证给更公平、公开的环境，能够促进整个汽车行业健康发展。

五、概念的界定

关于配件方面，按用途、品牌、供应渠道和质量标准分类，包括双标件、同质配件、售后配件，这几个定义是否合理？在征求意见当中已经有各方反应，想把双标件、售后件做一个规划，应用到同质配件当中。我们吸取了很多的建议，大家可以在反垄断指南当中，看哪些定义能对自己的企业有促进作用。

总的来说，反垄断指南对后市场的影响有以下几方面：

（1）无正当理由，不能限制配件制造商加贴标识。无正当理由，不得限制配件制造商、维修商外采、外销配件。这个大家一定要注意，将来市场上流通的不仅是品牌配件，原厂配件也一定会流通，并且会占很大的市场，所以，在用配件、生产配件、配件流通的企业一定要关注这方面信息。

（2）维修技术信息公开已经执行了，关键是合理的地点、方式和价格，这在国际上是一样的。现在很多的数据公司在对接主机厂。

（3）不得对保修责任附加不合理条件，这对消费者、企业来说都是有益的。

（4）确立同质配件的市场地位，打破原厂配件渠道和价格垄断，对综合修理厂开放。维修技术信息壁垒被打破，消费者、配件生产企业、保险行业等都受益。

六、同质配件助力保险行业费率改革

保险与后市场怎样结合起来？做配件或者做维修的企业都离不开保险。在美国保险对维修企业起主导作用，在中国保险将来也会朝这个方向发展。现在保险行业也在转型升级，同质配件完全助力保险行业的转型升级，为后市场的生态链带来机遇，同时保险的改革也会助力汽车后市场的发展。

我们推广同质配件，让更多的企业知道它的重要性，让消费者和各个环节尽快地使用到同质配件。我们的物流体系、仓库及试点现在已经快速扩展到多个省市，制造企业、维修企业及广大消费者都非常欢迎。同质配件给汽车后市场新时代带来新的变革，希望所有的同仁们共同推动同质配件，共同做好反垄断工作。

扶持终端，打造反向OEM供应链闭环

肖　军

一、了解终端需求

淘汽档口于2014年1月成立，一年之中与20余万家修理厂建立了合作关系。我们进行调研的时候，感受到修理厂到底需要什么，我们就给他们什么。我们低价、快速物流、保真，快速建设淘汽后台，积攒实力。

2015年2月，淘汽正式推出"淘汽云修"这一连锁品牌。我们对连锁的理解不太一样，在淘汽云修公布后进行了半年的系统准备和试点摸索，于2015年7月7日正式开始全国推广淘汽云修的品牌，截至2016年4月28日全国加盟淘汽云修的门店有3 000家。

在互联网汽车创业团队里面，我们是最深研究修理厂需求的，因为行业的核心在于终端。在这个理念下，我们一直研究修理厂的需求，包括夫妻店、路边轮胎店等，研究他们到底需要的是什么？他们生存就有其生存的道理，也许是做了很多年有用户群、地理条件便利等。但是今天他们在这个市场快速变化的过程中要变更好，就需要有人帮他们提升。很多连锁机构一直在强调标准化，这些当然需要，但是我们认为有点难。

淘汽云修的营销系统有300个团队，每个月升级1~2个数据完善的淘汽云修系统，无论是大店、小店、中间店，只要想用系统管理业务、ERP、客户、店员，还有未来不知道要管理的内容及新业务，我们的系统都会尽力地满足，而且加入淘汽云修，进店培训是免费的，我们还会上门培训如何使用系统。我们花了大量的精力去了解各种修理厂对系统使用的需求。修理厂最欠缺的是营销，他们不知道做什么样的活动能够影响到周围的客户。

我们尽可能给每个门店提供他们需要的帮助，对不同门店的培训会有所不同，所以我们的培训体系分成很多的形式，既有区域优化、专家巡回演讲培训，也有店面指导培训、远程视频培训等。所有的修理厂都会面临技术的快速解决和提升，我们线上有多达几百名的各种领域的专家，可以实时在线帮助解决问题。我们同步开发的系统超过17个，其中包括5月上线的为所有云修门店提供的二手车拍卖系统，即所有的维修店从5月开始，只要加以培训和下载系统，可以同步开始二手车的生意。此外，淘汽云修也在规划钣喷中心。

二、以新的模式做钣喷中心

每个门店都希望自己有钣喷业务，可以争取到很多的客户及保险，否则客户会流失。当我们走访了大量的淘汽云修门店并研究钣喷中心以后，发现人员流动非常大、技工水平有待提高、技工难招。我们认为所有门店面临的问题不是新上什么项目而是减掉什么项目，钣喷中心是过剩的。

我们应淘汽云修门店的要求，联合油漆公司，大胆创新，以新的模式做钣喷中心。这个新模式是什么？比如我们在一个区域有多家店，他们都有油漆项目但都不赚钱，但是把这些集中到一个钣喷中心会有什么效果？达到这个中心的满负荷，同时每家店不再养自己的钣喷中心，可以做维护、美容等项目。我们与在维护、美容方面做得最好的公司一起提供解决方案，帮助其集中化。同时集中化的钣喷中心股权属于维修店，我们负责中间运营。运营更多地是进行标准化管理，只需要服务好维修店。我们开的钣喷中心就是"中央厨房"，由我们提供服务，联系油漆公司一起做人才储备和专业培训，解决低效高成本的问题。

当这样的钣喷中心数量多起来以后，我们和保险公司合作，让这些参股的维修店得到更好的回报，这就是我们钣喷中心的逻辑。哪里的维修店准备好，我们就提供支持，帮他们把钣喷中心建起来，让每一个合作对象都变得更好，这就是淘汽云修的理念。

三、淘汽档口的供应链

淘汽供应链的产生恰巧是因为我们知道门店需要什么，价格低、保真、快速送达，所以淘汽在第一天做的时候就以这几个因素为切入点，充分满足客户的需求，在最短时间内聚集我们的精华客户，现在有20多万家修理厂与我们有贸易关系。

我们有这么大的客户以后就与门店合作交流，发现他们还有更多的需求。任何一个产品如果它只是一个渠道品牌的时候，渠道推哪个就成为这个产品在这个市场决胜的关键。我们的终端到底愿意推哪些品牌的产品有共性：一是大厂产、品质好；二是利润高，价格尽可能低，且能卖得更高；三是教怎样卖。

正是基于这样的思考，淘汽开始在2015年1月份正式全面推进自有品牌淘汽云修，截止到现在，淘汽已经有了自己的产品，谁来代工？很多大的品牌愿意跟我们分享代工合作。每一次与零部件公司谈代工生产，最重要的话题是怎样补充到代工体系，怎样能不冲击原来的经销商体系。我们不用其他品牌，怎么会冲击其代工体系？所以我们不用品牌，教育代理商可以做得更好。我相信淘汽云修的产品打开市场终端，同时代理商的产品也卖得更快。我们带来的最大价值帮其服务终端。我们以各种方法、各种体系去增大终端的扶持力度。

另外，最为关键的一点是零部件公司重视的是我们有多大"量"。换算一下，淘汽今天有将近3 000家门店，目前采用淘汽产品的门店盈利占到95%，对于任何品牌有将近3 000家的修理厂在使用产品，按每家5人来算，已经有1.5万人在推产品，这对厂商来说都是不可忽视的量。现在有越来越多的厂商愿意和我们探讨，合作推出了双Logo的产品。

我们特别注重行业的基础建设。我们围绕汽车后市场门店的需求，甚至是渠道的需求，开发不同的系统去满足每个领域合作伙伴的需求。淘汽其实是一个非常开放的平台，它既有自有的体系，同时又有很多的接口与行业各专项领域的公司进行合作。现在已经有很多的连锁企业与我们合作，比如我们优化供应链，让连锁里的产品毛利率更高，利润更高。

汽配连锁如何实现高效运营与快速扩张

商宝国

一、汽车零部件的特殊属性

汽车零部件因为具有特殊属性即工业属性、复杂性和专业性，所以把它当成消费品是错误的。汽车零部件的交易与一般消费品不同，比如购买一个制动片或滤清器，需要找到与之匹配的车型、品种、原厂品牌等。

我一直认为汽车零部件的专业度影响到行业的发展，专业度靠什么支撑？要靠大量专业化的员工，还要靠我们的信息系统和数据系统，即便有数据系统也要靠专业人员来实施。有传言称互联网将改变这件事情，让其变得很轻，我并不认同。在现阶段，零部件的销售实际上就是B2B的业务，真正的交易还是在修理厂完成。针对修理厂客户端的服务是复杂的，既有零部件的配送又有支付，现在的支付宝和微信支付都不太容易解决，因为公对公的交易，还要解决售后问题及账款，甚至很多的修理厂需要账款支持，而这种账款支持也不是任何一个所谓的第三方金融就能深入进去的。更重要的是未来的零部件销售一定有逆向这个说法。国家提倡环保及再制造，零部件还要回收，需要卖方把旧件往回返，这是逆向回收。销售零部件都要做到这样的服务，所以前端会变得很重，针对修理厂服务的需求也呈现出多样性，这是客户的属性造成的。

二、汽配连锁如何高效运营？

简单化、标准化和专业性是所有连锁企业的标准特性。那么汽配连锁如何能够做到简单、专业、标准？

1.简化产品，与专业供应商合作

早期在零部件交易当中，我们经过研究去掉了很多商品，然后定义到车辆在10万千米以内必须更换的

零部件（除轮胎和机油外）。我们不做任何的贴牌，只想专业的供应商帮我们做支持、配送。我们做前端的结算、推广，把业务做得简单化。越简单越高效，我们在系统里面让配件编码、产品做得更加简单，前端学习起来就会很快，门店的运营做得更加简单高效。经营零部件的客户群体有三类：经销商、修理厂、个人。零部件有那么多的品类，不是所有人都适合做连锁，但是做品类最强的供应商相对容易实现。我相信未来在康众的平台上，在上游会有更有的产品专业供应商，我们一起来做后市场。

2.融合线上线下，投入信息系统

高效运营的体现在于信息系统。我一直不太认同电商完全能够改变行业生态的说法。很多人在做平台，但是一定要解决前端的问题，线上、线下应该融合在一起，需要有一套完整的信息系统进行管理。如果一个修理厂的店长不知道周围的车型和数量，那他是不合格的，如果我们康众的店长不知道他服务的修理厂修理哪些车型，那这样的店长也不称职。我们要知道修理厂修车数量、车型、频次等，这一定靠一套信息系统传递。信息系统很重要，做供应链一定要投入一套完整系统。汽车零部件的经营是几十万个品类的SKU（库存进出计量的单位）周转。这么多的商品都要达到一定的库存周转率，这套信息系统的复杂程度是可想而知的，目前国内还没有一套适合这个行业的系统，我们自己在做这个事情，对库存周转的追求是高效运营的体现。

3.缩短供应链，越短越好

高效运营要缩短供应链，并且供应链越短越好。我认为目前康众的供应链已经够短，供应商直接进入康众，我们直接将产品送给修理厂，我们支应和全资投入所有的门店，配合修理厂做服务。

4.统一品名，数据标准化

在汽车配件经营当中，一定要做数据标准化，把自己经营的品类做一个标准的定义。很多的修理厂对同一个汽车零部件产品的名称不一样。在我们服务的客户体系里面，尽可能用某一个品牌名称，采购就会统一，价格也会有优势，这样无论从备货、经营都会提高效率。

5.快速准确，设立专业队伍

供应链高效运转一定要有专业性，设立专业的队伍。康众有一个理念叫快速、准确、全系列。全系列是指专业度+服务。我们不研究那么多的品类，但是定义了8个产品线，每出一个新车型我们都做到位，把产品线做全。但是仅仅产品供应还不够，作为产品要加上服务，因为零部件仅是半成品，需要服务支持。

我不认为汽车配件领域会出现互联网行业所讲的“独角兽”，而是会有多家企业、N多“康众”完成供应链的事情，应该是多方合作打造这个市场。

上下游如何共建配件数据信息

李 琳 马 程 陈海生 张汉林 邓春红 陈 杨 文二霞

陈海生：行业中很多人想做配件连锁或电商，后来去做了数据，据说汽修界的网红找很多人要数据，因没有达到想要的结果，而不得已自己做数据。今天把上下游请来，大家能否一起想办法并达成共识，从自身的角度谈一下获取数据的需求是什么？难点是什么？谁能满足这些数据？

马程：我一直提供数据源，但是实际上我们的数据也要不断采集和升级。我们拿到国家的基金项目，用了3年时间到处采集汽车的VIN码做分析，耗资了上千万元。我们做得很辛苦，很多东西由于知识产权的保护，没办法去抓取，而且即使抓取过来也不一定准确。我们与各个主机厂谈要有一个统一数据库支撑的原因，让大家通过同一个渠道进去查到不同的信息。做数据是系统工程，并不是有了数据或者厂家，数据就能形成产品，还要做标准化，比如车型库、名称的匹配及不同车型年款的匹配等。这些需求是很艰难做出来的，到现在我们有些OEM数据与品牌数据对不上，我们需要整合和调整数据源。我们希望帮助大家的产品快速、准确地进入售后服务。

李琳：作为给主机厂做配件的生产商，我于2001年加入行业，一直在做主机方面，后面也做发动机件，2012年真正接触售后行业。2014年我发觉市场不好做了，最难的就是数据，我不知道产品究竟对应的是谁。为什么外面有那么多索非玛的假货？比如某一个滤器，它的年款一样、发动机编码也是一样的，但是同一款产品就有6个不同的OEM号。我们这种零部件生产商如果与做数据的企业合作的话，也许会互相解决一些问题。OEM厂在做什么，他们怎样看待我们这个市场？朱思明博士的分享我觉得很有价值。整车厂会醒过来吗？在数据方面愿意同我们做什么？也许可以挖掘一下。

陈海生：如果做配件既做电商又做经销商，而又缺乏数据疏通，可能会限制经营的项目和品种，怎样解决这个问题？

邓春红：有什么问题即刻解决，这是拿来主义。我和世界上很多大的售后企业合作，问及他们的管理，答案是要积累。作为售后服务的供应商来讲，从经销商到服务商的转型，在这几年的发展中我们聚集了一大批的客户，他们验证了我们在市场上做服务商的存在价值。在数据方面，国外的专家告诉我“要建一幢大楼还是平房，基层最重要，而且要清楚构架”。对我们来讲数据就是一个VIN码，但是作为供应商，对所有产品品牌的编码和原厂编码要靠自己挂接。万一产品不准，表示我们送出去的产品，物流全部由我们承担。我们做了一个工具，让快修店和修理厂准确查到产品和报出价格，把产品品牌和价格很快地呈现出来，让技工准确地把价格报给客户。

陈海生：有的问题只能在做的过程中不断修正，怎样应对终端遇到的问题，找谁解决问题？

陈杨：我认为数据在流通环节是“水管”，最终的用户是修理厂，而我们做的事情是让修理厂“拧开水龙头”。修理厂希望数据准确好用，什么是好用？就是我计较的是正确配件而不是数据本身。怎样推动数据本身并让配件更准确地到达？怎样更快速、更准确地报出价格？作为技师怎样准确地定位和甄别配件？作为库管怎样更准确地向供应商采购?修理厂希望做到一车、一码、一价，但是这还不够，如果要让终端门店真正有效用到数据，还需要一库、一图。一图是指配件的核心展示，在技师和库管沟通配件的时候，看到同一个件、同一个库和同一个图，才会提高效率。我们门店系统做的事情是把数据到业务的过程变得更顺畅，更强烈地反应业务需求，使数据商有更强劲的原动力改善数据链条。

陈海生：在中国市场这么复杂的情况下，要想做到一车、一码、一价、一图，能不能利用中国化的模式进行本土化改造？会达到什么样的效果？

张汉林：全球做数据，英国有Tecdoc、美国有ACA，我们在与这两家公司合作。我们有ACA支持，精适凯配要做中国标准化数据的第一。我在做这样一个合资公司的时候走了很多弯道，但是我不想放弃。我们提出在中国要找到最好的数据公司，整合全球资源，并且我们拥有强大的供应链，除了康众以外，包括17家大的供应商。我们又做了众筹公司，现在有15家投资到位，并且我们找中国50家做车险数据的经销商一起参与活动，目标是形成中国的标准化数据。

马程：这个市场足够大，不可能被一家吃掉，也不可能被瓜分。我们希望与有信心、有实力的企业一起来做，看谁能为后市场做更好的标准，这是一个很好的数据共赢，也是为市场做贡献。我们今年计划投入千万级别的资金，来做国内常见车型的OEM件的数据库。关于怎样应用，我现在考虑的不是减轻负担卖一套数据给谁用，而是如何把数据从应用层面服务。作为一家数据公司来讲，经过5～6年的积累，我们更看重应用层面。

陈海生：请问索非玛的李总对上下游合作是否有急迫性？整车厂并没有那么强的急迫性，在没有大佬参与的情况下怎样解决这个问题？

李琳：肯定是急迫的，数据是根基，有了数据就可以促进销售，我们应该把信息服务到车主。既然我们有这个能力，为什么不提供正确的数据出来，而让大家从下游到上游猜呢？英国的Tecdoc做得好，源于真正的战略合作、信息共享、市场清晰，但是在中国很难做到这一点。谁拿出信息就变成了"靶子"，就会被人瞄上，这是我一直比较困惑的事情。

陈海生：大家希望公开数据，到底怎样共建共用？上下游两端和中间谁做比较合适？三方之间有没有可能在某方面合作？数据库、VIN码库、VIN码规则库、车型库等一系列的内容怎样去做？

邓春红：我们应该得到市场的反馈，给出去越多得到的信息越多，卖得产品也就更多，关键是怎样把握价格体系和在整个生态链上管控好。对于厂家来讲，要把品牌做出去，就要把握好数据，而且要有专人做这个事，不应该通过大量的人力、物力做这个，但是没有办法的情况下必须得逐个挂接。这是机会，厂家应该赶紧做起来。5年以来我都在做这个事情，经销商不可能在这个上面把数据做准。因为经销商太忙了，所以标准化是我们该做的事情。作为服务商我们要做好基础数据，把价格体现出来，做好服务的配比时间，送到修理厂和终端用户手上。

张汉林：在美国，90%的经销商用ACA，还有一家Napa，它的数据是独立的。ACA是经销商发起来的，我这里推动了一个市场资源整合也是由经销商发起的。关于精友数据，了解保险的人都知道，它除了后市场没有进入，我们今天所谈的很多问题精友都已解决了，从数据来讲，OEM码、车型匹配没有人超过它，在它的基础上我们把后市场非OEM的内容整合进去。

陈海生：关于共进共用，我们希望这样的探讨达成一种认知和共识：第一，数据一定要成为"一把手"的事情，否则后面要走的弯路更多；第二，能够共建最好，如果不能共建怎么办？是否有大家值得借鉴的内容？第三，最好基于信任的基础上共建，怎样达成信任？经销商和厂商之间怎样达成基于信任的合作？以数据供应商的角度来讲，这个机会留给我们的时间还有多久？

马程：力洋已经开放免费平台，在网站上输入VIN码可以查询车型、维护信息、OEM件以及相关品牌服务件等信息。我们对于厂家或者定制化的客户收取人工服务费。如果只是为了做数据，这个成本很高。我们从3年前开放VIN码，今年又开放所有的常用件查询，我注重的是如何利用数据打通产业链而不仅是推荐。

张汉林：我们是一个开放的公司，现在有几大公司已经向我们购买数据了，我觉得做数据的企业应该竞争和互相增进。基础由专业公司来做，我们一起做框架和匹配，我们希望年底全开放上市。

邓春红：开始做数据时，要想定位的不是数据公司，而是非常重视数据服务的服务商。我们数据端口是开放型的，现在还没有开放到很多地方，一旦在上海成功，具有可复制性以后再发展别的区域。我们的数据端口上所有的信息是开放的，现在每天有两千多个修理厂免费在上面查询资料，而且我们的数据帮助大品牌对接，并且是以人工做的对接。

汽修连锁

Auto Service Chains

连锁门店如何实现卓越运营？

周大军

华胜汽车服务连锁集团（以下简称“华胜”）是传统的汽车维修企业，从中客维修、专业维修再到连锁领域，一步步转型升级。我们希望华胜经验可以给整个汽车维修企业提供整体服务的概念。

一、以客户为中心

什么是以客户为中心？企业经营的一切资源配置、定位等都应该以客户的需求为中心，维修企业研发的产品就是为满足客户需求的。比如华胜以客户为中心研发的产品“春季保”（华胜的一款春季检测养护套餐）执行到位，效果不错。

华胜经营哲学在门店包括：经营客户、经营品牌、经营利润、经营产品和经营组织。在集团总部，怎样匹配经营？企业最重要的是以引导团队为核心的整套组织体系。2014年华胜讲经营哲学，哲学思想只是一个指导很难落地，一般的门店、员工很难理解。2015年华胜讲经营实学，经营实学的核心是什么？是提炼的整个经营目标、年度目标的分解。

二、实现企业使命

企业的原点应该是从使命开始，所以为实现使命我们应该清楚整个集团、总部、门店、SA（服务顾问）该做什么，全面将工作职责和业务目标做匹配，所以经营实学核心就是要解决战略目标的落地问题。如果一个企业已经有了思想，剩下的就是工具，实学是一整套的方法论，要变成可用的工具如互联网工具App、表单等，把经营管理全面地标准化、数据化。

企业连锁的难点是标准化，我们对标准化的理解不是早期的基础性流程、规范，而是真正标准化经营、管理全面贯穿包括企业管理者。一个管理者要做决策，决策全部数据化，实现从经营管理的数据化到经营决策的数据驱动。

三、经营抓决策　分工要明确

华胜对经营管理的理解是经营抓决策，管理抓落地。董事长负责把握方向，总经理负责实现，就是管理流程、标准、评价指标、目标分解、计划、PPCA等。不同门店，不同区域都要做大量的决策，这就是企业业绩提升的机会点，就是方法、经营和管理。横向叫管理，纵向叫经营。

近期华胜制作企业门店运营管理的五力模型。把复杂的汽车维修门店管理全面重新梳理以后标准化提炼的五力模型。

1.拓客力

门店开拓新客能力叫拓客力，也就是新客户到店的拓客能力，“春季保”产品吸引了很多的新客户，它就是拓客力。

2.留客力

新客进店最重要的一点是留客力，与拓客力相比留客力才是关键。

3.维修力

维修力是根据客户车辆的维修需求，满足客户，为客户提供解决方案的能力和实施方案的能力，就是SA把这个单抗下来的能力和车技、前台、仓库保真、保实的交付能力。

4.管控力

管控力管控成本、费用，主要管控人力，人力资源变动费用，水电等相关业务方面的承接，固定费用财务承接，全部可以分解。有了客户、维修、单产、控制，管控力自然就到位。一个企业经营从利润口做分解，用全面的四力模型贯穿。

5.组织力

组织力是指驱动团队实现运营目标的能力。明确总部、区域、门店、门店的每个岗位职责。要有目标，涉及岗位的能力，指标的优化、指标和评价，以及一系列的组织管理工作，这就叫组织力可以体现管理力，是整个目标的执行体系。

五力模型是竞争力模型，拓客力和留客力是很表象的，管控力和组织力是难模仿的，维修力是绝对竞争力。而华胜通过当年的摸索，已经把汽车维修解决的方案变成产品，这就是华胜的经营核心。维修力是给行业开发真正做贡献的核心能力，是信息化、数据化的。华胜五力是解决内部沟通、经营管理决策分析的一致性标准，所以强调信息化概念的标准。

华胜集团是定义为中国汽修企业整体解决方案的服务商。供应链是汽修企业的源头，现在华胜全部使用内部的系统，周转率、库存优化基于信息系统在业务内是最好的，这就是华胜配件成本率低的原因。先把底层做好，再与阿里、腾讯做战略性合作，将数据打通。用专业的方式将其数据化、标准化解决，这是华胜卓越的连锁运营方式。在整个行业，基于修车行业的理解和整个信息化的技术做链接，华胜会跟有共同想法的企业家一起来做链接。

门店客户关系管理2.0模式实践

兰建军

小拇指在汽车后市场已经12年了，一直以做加盟为主，在全国有730多家门店。小拇指从快速喷漆开始做起，2015年开始增加快修模块。

小拇指的定位就像“社区店”，没有“住院部”，及时快速地处理汽车小故障。2015年开始小拇指增加了维护、制动盘修补、轮胎修补和蓄电池更换等服务项目。小拇指在做喷漆的时候，能够打开市场，主要靠技术和QSRS系统。小拇指是中国第一家向顾客提供2~3小时修复车身、提供终生质量保障的企业。当时每个门店都有独立的调色中心，能够把口碑做好，我们后台系统建立了完善的培训、督导和支持系统，那时小拇指是以技术取胜。

小拇指开始进入快修行业时，我们发现快修和喷漆是两回事，做油漆的时候故障是显性的，但是快修是隐性的，快修里面50%~60%的故障顾客根本看不到。因此在此环节，技术能力再强，在快修领域当中“使不上劲”。

一、增设服务顾问 搭建客户与技师沟通桥梁

近两年，很多维修企业特别是洗车店、美容店等都在转型，都企图通过快修扭转局势，却发现无法成功转型。究其原因，是运营过程中最重要的客户关系没有处理好。因此，小拇指从2013年开始，对客户关系的整体体系进行了全新改造。

很多顾客实际上并不懂车，顾客与技师之间没有一个很好的沟通桥梁来谈论解决方案和咨询方案。顾客与我们沟通的过程中存在极大的需求并没有被满足，特别是当顾客的车辆处于亚健康状态时，所以小拇指在技师和车主之间增加了一个岗位，这个岗位叫服务顾问。

服务顾问是以客户关系为导向，其任务是给顾客介绍清楚车辆为什么处于亚健康状态，有怎样的解决方案，然后为顾客制订好相应计划，使施工和维修维护工作尽可能完善。然而我们在做这样的投入的时候，很多门店压力很大。有人说，门店现在赚钱本身就很难，再增加一个服务顾问，成本不低，因为服务顾问必须是大学生，这样的开支门店吃得消吗？在中国，市场是很大，但是修理能力、维修能力也远远过剩。4S店、综合性修理厂空着的门店、工位、工人比比皆是，这就是行业的现实，根本不缺维修能力。如果将金钱、精力、时间继续投入在维修能力和质量能力上，那就是重复错误。党中央提出来供给侧改革，我们维修行业的供给侧根本没有体会到顾客的需求，确实需要改革。目前95%的车主对

汽车后服务市场不满意，因为修理厂根本不懂车主，在车主需求的领域中，只是投入了最后的那道工序，也就是修车这个工序，在修车之前的决策，修车之前的判断，修车之前的其他方案设计无人负责。这时顾客需要一个“熟人”，能够让顾客信赖，能够提供合理方案，永远站在顾客角度考虑问题的一个“熟人”，这个角色就是小拇指的专属顾问，且实践结果令人满意。在快修领域最需要投资和增加的，就是能够代表顾客利益的服务顾问，做大量培训，然后让其能够代表顾客的利益。

二、员工游戏化管理，鼓励员工不靠惩罚

小拇指增加了员工的游戏化管理。在客户管理中最难的是员工管理，员工不满意，客户关系管理只能是空谈，不可能变成行动。KPI（关键绩效指标Key Performance Indicator）是生产线上使用的，在服务领域KPI是行不通的，KPI考核让员工失去了真正服务顾客的热情，就会变成一味宰客。游戏化管理让员工开开心心地做他们愿意做的事情。小拇指增加了自有的服务体系，叫智慧服务体系，包括数据化驱动、个性化定制、资源共享和跨界经营。只要做对的事情，在如此庞大的汽车后市场是一定会赚钱的。

三、真正打动顾客的不是便宜而是服务

做连锁要扎扎实实做，门店有收入才是硬道理。有人说汽修行业烧钱，我不赞同。烧钱什么时候烧？顾客需要便宜的什么？我们所服务的是中国有车一族，是中国的中产阶级，他们就是中国有钱的一批人。便宜打动的是穷人，而有钱人愿意拿钱购买高于社会平均水平的服务。因此，我们需要构建的是让顾客能够放心、能够满意的服务体系。

“上门+到店”的连锁模式能否走得通

季　成

2016年4月5日，博湃给大家发了告别信，这将中国汽车后市场的上门行业推向新的话题风口。2015年，由于资本的推动，O2O汹涌澎湃，然而“博湃”事件让行业中的我们开始思考，“上门+到店”的连锁模式能否走得通？

一、维修环节与上门维护

汽车服务分为五大类：检测、维护、维修、配件和改装，其中我把前三项分得更细了一些，包括检测、常规维护、非常规维护、小修、机械维修、电器维修和钣金喷漆。

一辆车有两种状态：一种是车没有坏，另一种是车坏。没有坏又分为多种状态，即汽修行业内常说的三分修七分养。通常汽车维修的原因有三种：一是撞坏了；二是因为使用时间长，由于老化原因所形成的疲劳性损伤；三是车辆未维修导致损坏。卡拉丁作为行业新兵尤其缺乏维修力，因此更多的做检测、常规维护、非常规维护、小修方面。车辆不撞、不坏，就一定会在这四个领域里面“转悠”。我们最初做上门维护时，就并不认为上门维护是颠覆的，而认为上门维护是方式，和到店维护形成了一个创新的方式。不要把上门和到店对立起来，而到店也不是上门要转型，到店是基于消费者、基于客户为中心完成服务的必然一环。

二、打通“上门+到店”之路

2015年O2O浪潮过后，大家都在讲回归商业本质。那什么是商业本质？商业本质就是做生意，做生意就是把服务提供给消费者，消费者花钱来买服务。卡拉丁的收费是电商价格，这个价格对于消费者来说是透明的，运营成型后经过计算上门维修的投入与到店维修一样，此时的选择就是比较哪个生意更

可以赚钱。这也是我们为什么对行业和新兴的小板块依然有信心。2015年12月，卡拉丁在业务运营上已经实现了盈利。

2016年4月5日听到博湃告别的消息以后，庞大集团毅然而然地举起了传统行业上门维护的大旗，这里的原因是基于消费者习惯的改变，这个改变是一个方向，今天可能看不清楚，但是未来方向可能由年轻的消费者来决定。尽管从那时起卡拉丁订单并没有迅速地增长，但是客单价重新回升到有利润的水平，卡拉丁的营业收入增长了4倍。2015年天猫双11汽车节期间，卡拉丁销售收入286万元，完成1.78万个订单。

1.透明服务

在过去，汽车维护除了4S店以外是没有规范的，卡拉丁和所有提供上门服务的企业推动着汽车维护的规范化。卡拉丁有128项，分解成128个服务动作，利用摄像头，上门维护可以透明化。

2.本质回归

价格回归，一是总体的维护价格回归。过去4S店维修价格非常高，现在下降；二是维修技师的收入回归。在过去，行业有300万的维修技师，对于小工，他们的收入是低于社会劳动力的最低水平，希望通过上门维护高效率的服务，能够缩小技能差别，提升工人收入。

3.提升效率

过去维修门店是等待客户来，如果客户不来，就需要更长的等待时间，通过时间来集客。而卡拉丁是通过现在互联网传播口碑来集客，集客以后怎样开店？卡拉丁在北京开了6个工位店，选址以数据指导。维修行业由上门维护开始的每一个服务都是由订单驱动，有利于行业提升效率。

希望行业内的每个人在每个方面努力，去做小小的改变，我们一起推动行业的变化。卡拉丁的业务系统，能把所有的业务联系起来，让这个线越来越简单，用手机就可以完成，让门店管理者、维修技师、客户、配件供应连接到一起。让维修技师有更强的工具和自我学习能力，包括读书、探究和使用工具的能力。在卡拉丁系统里面，有1 400多款车型的常规维护图片和办法，也有1 100多款车型维护归零的方法，如果技师遇到难题，在卡拉丁一键呼叫启动专业帮助，这些都是技师自我学习的方法。卡拉丁所做的一切，其实就是希望日拱一卒推动行业的不断发展变化。

汽车后市场的第一个春天

——2017年中国汽车后市场研究报告

菁葵投资

一、本次调研背景及概况

（一）本次调研的背景和目的

国内汽车年消费量自2009年开始有了迅猛增长，2015年中国汽车保有量已经达到1.7亿辆。伴随汽车消费，汽车后市场也日益庞大。

汽车后市场有哪些力量在推波助澜？从业企业经营发展状况如何？车主的需求及变化趋势是什么？这些都是大家关心的问题。

了解具有一定规模的从业企业的现状、挑战与发展，同时也了解消费者对于汽车后市场的需求和看法，为汽车后市场企业的连锁经营发展，提供新的思路。

（二）汽车后市场的定义

基于对从业公司的访谈，并参考美国、欧洲等国对汽车后市场的定义，本次调研对汽车后市场的定义为：汽车配件及用品的经销，以及直接为这些产品的使用所提供的服务。

二、车主及后市场企业调研报告

（一）调研方法

调研方法如图1所示。

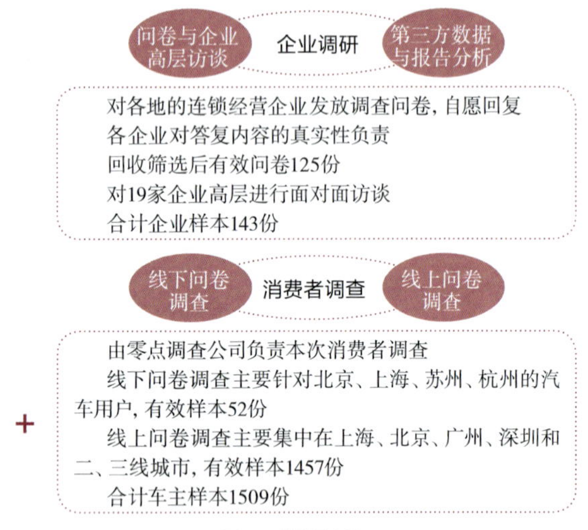

图1　调研方法

（二）2016年车主常规维保年均消费4043元

本次调研相较于2015年，车价在5万~30万的车辆比例较高，整体维护费用相对较低，为4043元（图2、图3）。

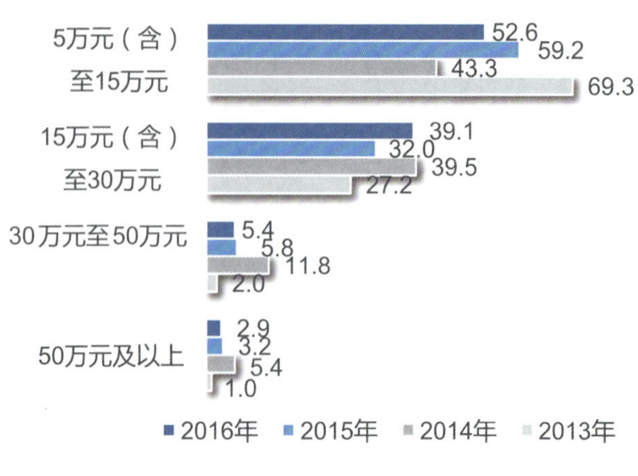

图2　2013—2016年被访者车价比例（%）

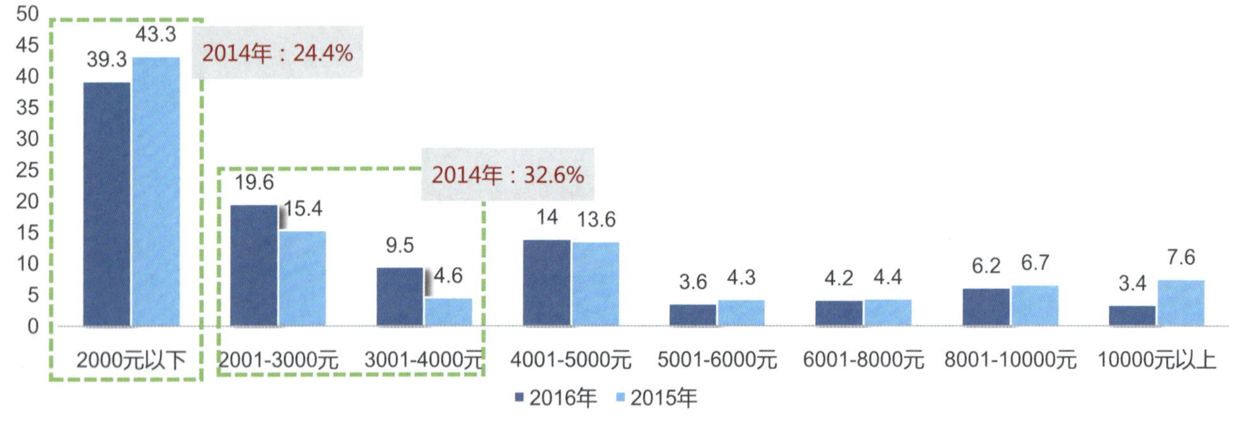

图3　不同维保费用比例（N=1509，%）

（三）随着车主相关知识越多，半年一保理念逐步扩散

2013—2016年维保频次缓慢增高，以季度维护频率车主仅占25%；半年一次维护在车主群体中受认可程度高，有61%车主选择该频次维护（图4）。

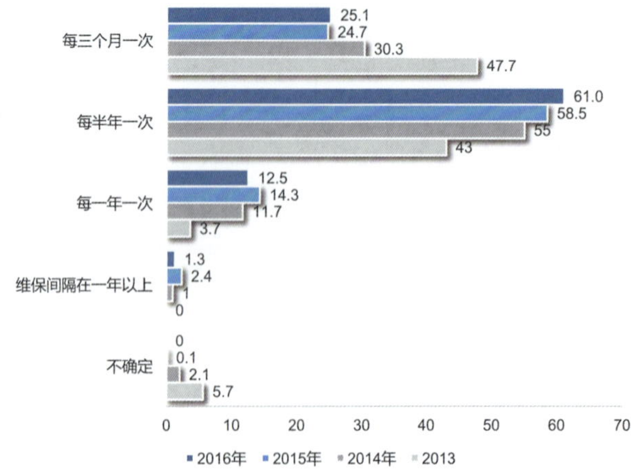

图4　2013—2016年维保频次（%）

（四）工时费关注度渐升，整体占综费10%~30%

工时费占维保费用比例主要集中在10%~30%之间，其中10%~20%区间占比高达43.7%（图5）。

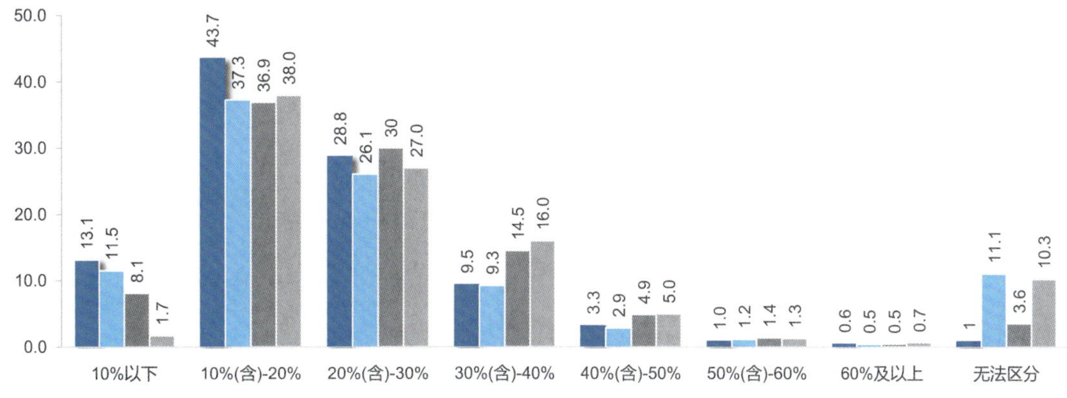

图5 2013 2016年工时费占比（%）

（五）4S店维保比重上升明显

整体来看，不同城市4S店维保渠道比重较2015年大幅提升，挤占了部分修理厂份额，尤其是深圳提升迅速（图6、图7）。

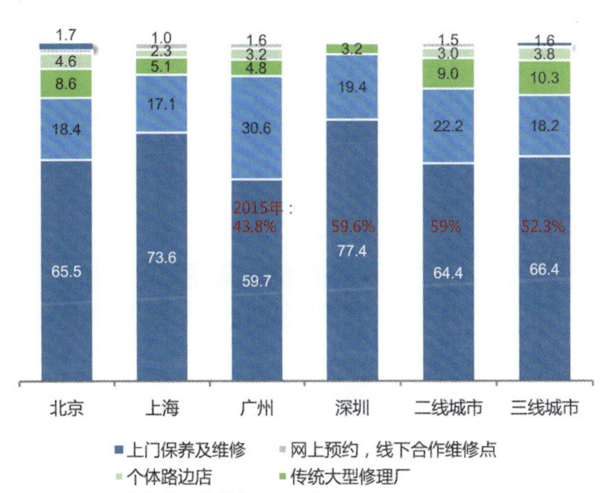

图6 不同城市维保渠道（%）

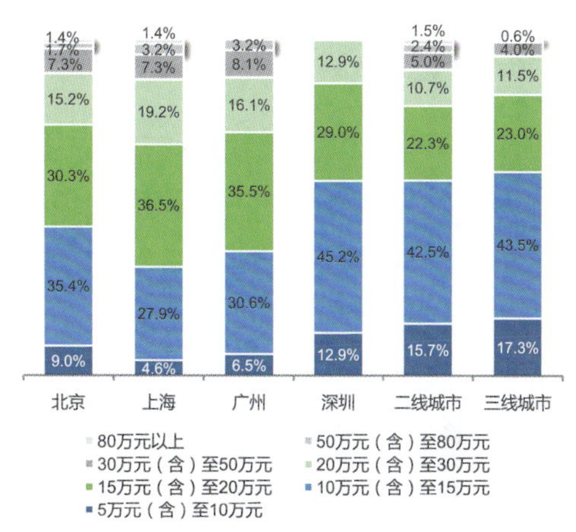

图7 不同城市车价比例（N= 1509，%）

（六）网上预约方式便捷，受车主好评度高

网上预约提高车主自行操作效率，相较于传统维保渠道，线上解决更为快捷上门维护及维修满意度下滑，相较于其他渠道维护方式和内容，消费者对于该维护方式接受程度低（图8）。

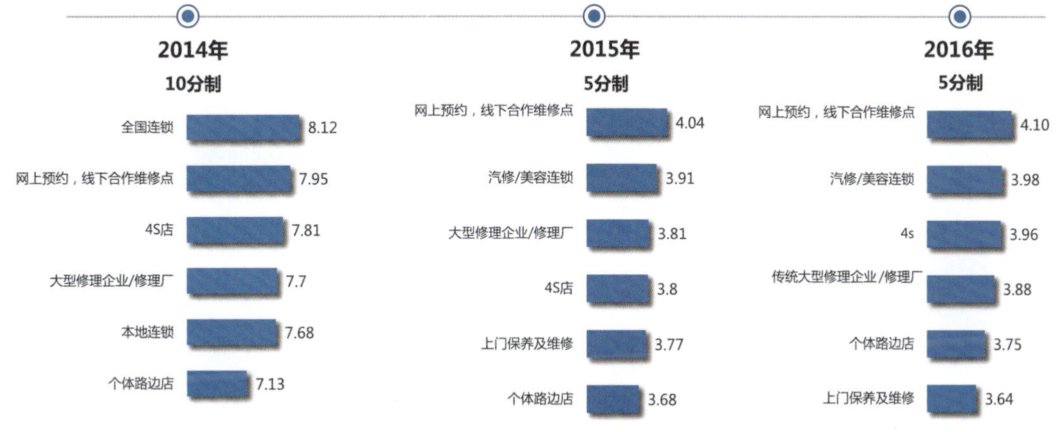

图8 维保不同渠道总体满意度

（七）电商平台零配件购买满意度较高，品牌、产品类型优势突出

零配件各渠道整体评价尚可，路边店商品种类少、且配货及时度又低于其他渠道电商平台种类数量均优于其他渠道，其他仅在价格上略有优势（图9）。

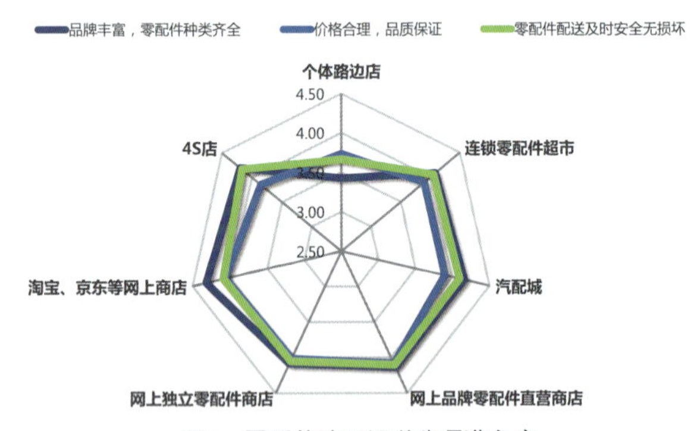

图9　零配件购买渠道分项满意度

（八）汽车用品购买比例不断攀升

汽车用品涵盖范围较广，低、高车龄车主都有可能购买该大类产品。相较而言，汽车内饰、养护、电子类购买比例最高。其次，外饰类、安全辅助类产品购买比例也有一定幅度增加（图10）。

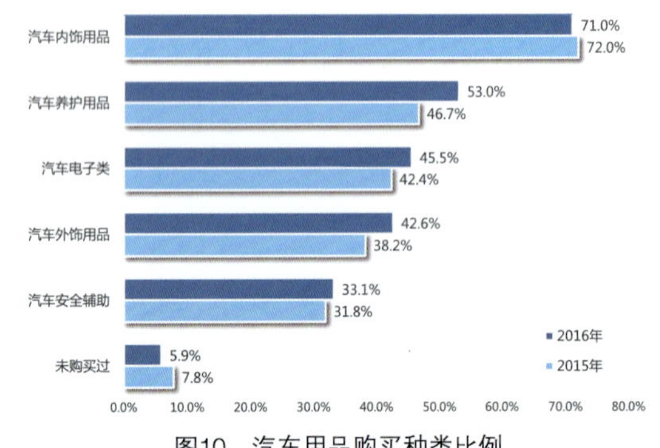

图10　汽车用品购买种类比例

（九）改装件购买渠道基本稳固

电商平台依然是大多数车主购买的渠道选择，线上平台产品说明详细、服务到位。与配件类似，车主多数选择寻找购买地师傅安装、更换（图11、图12）。

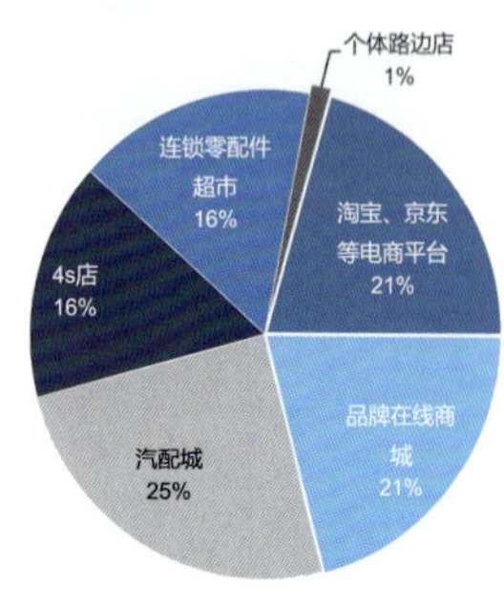

图11　改装件购买渠道比例

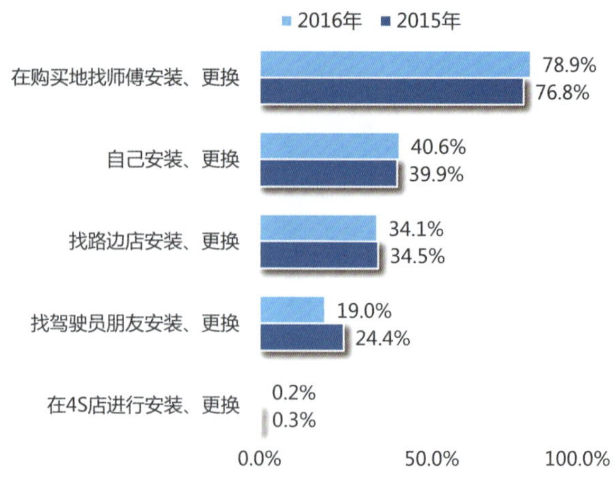

图12　改装件安装方式

（十）企业调研基本情况

企业调研基本情况如图13～图16所示。

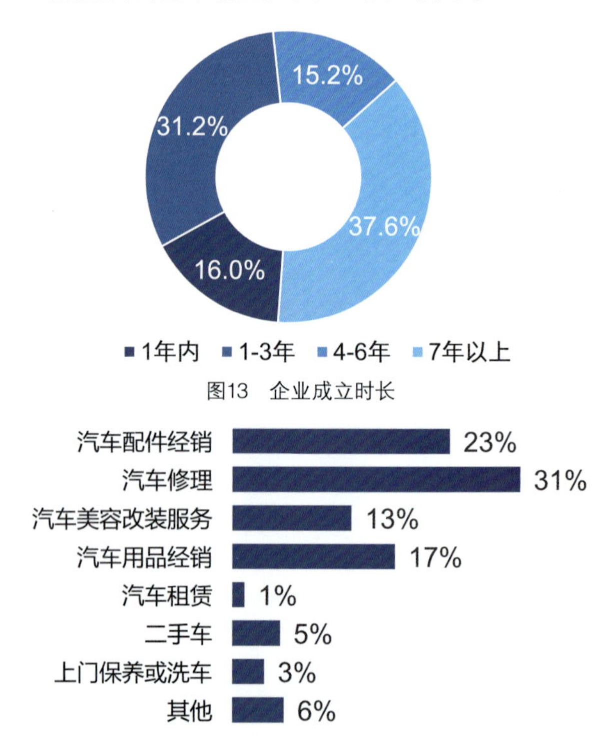

图13　企业成立时长

其他主要包括：保险公司和汽车移动互联公司

图14　受访企业主营业务（%）

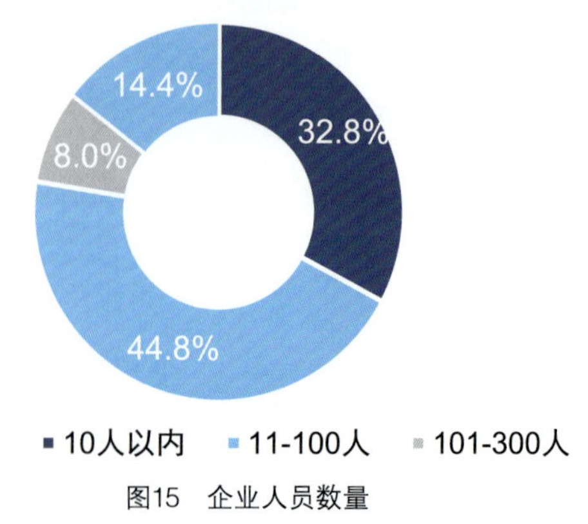

图15　企业人员数量

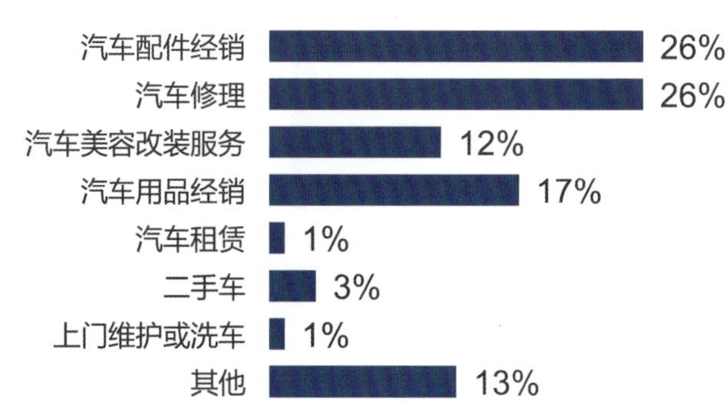

其他主要为汽车保险公司

图16　成立七年以上企业主营业务（%）

（十一）直营连锁依旧是企业连锁经营的主要方式

62%的企业目前连锁运营网点不超过5个，68%的网点为直营网点（图17、图18）。

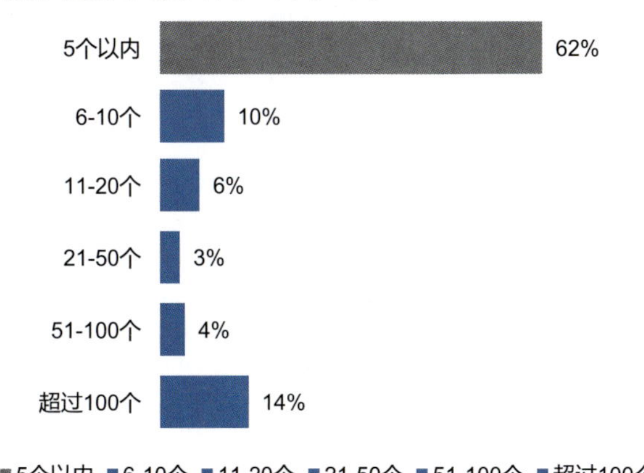

图17　企业连锁运营网点数量

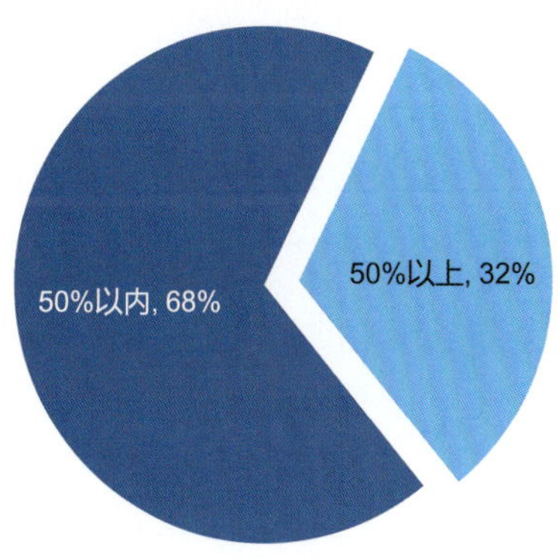

图18　加盟店占网点比例

（十二）企业销售收入

企业销售收入增长态势优于去年，大型连锁汽修店增长强劲（图19）。

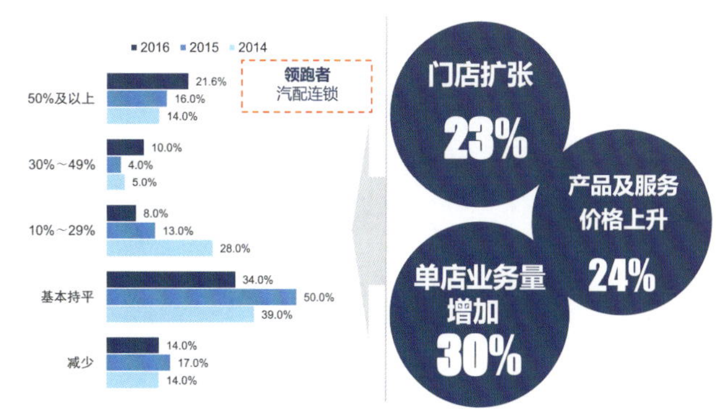

图19　企业销售收入增长（%）

三、中国汽车后市场格局总览

（一）2017，中国汽车后市场规模已然迈入万亿时代（图20）

图20　中国汽车后市场规模超过10000亿人民币

（二）中国汽车产业开始从“汽车制造汽车消费”向汽车服务转型

整车和零部件制造企业利润在逐步放缓，2015年中国汽车零部件制造业规模以上企业主营业务收入和利润分别为32,117亿元和2,464亿元，同比增长10.5%和14.6%，高于整体汽车制造业企业增幅（图21），但是整车行业毛利率为14.4%，较2014年同期下降0.2个百分点；零部件行业毛利率下滑至17.8%，较2014年同期下降1.7个百分点，整车及零部件企业利润在压缩。

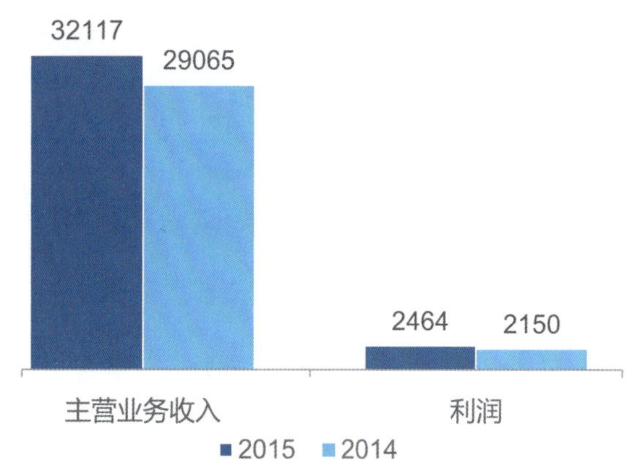

图21　2015年中国汽车零部件制造业规模以上企业营运情况

（三）汽车服务产业链各个细分市场均将提速，售后服务增长有望达到36%

2014~2017年中国汽车产业链总收入（10亿元），汽车后市场总体年均复合增长率19%（图22）。

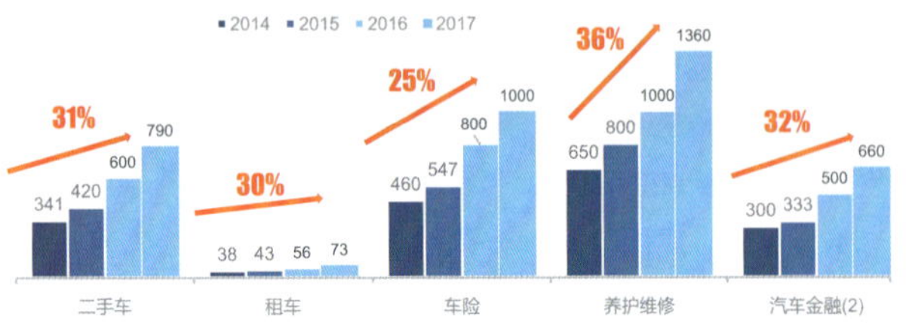

图22　中国汽车产业链总收入

养护维修增长的主要原因在于：单车车龄的上升、保有量提升、配件市场放开及刺激需求，包括汽车美容、快修维护、配件和大修以及汽车零售金融。

（四）B2B是投资的重头戏，单个企业投资额在亿元之上（图23）

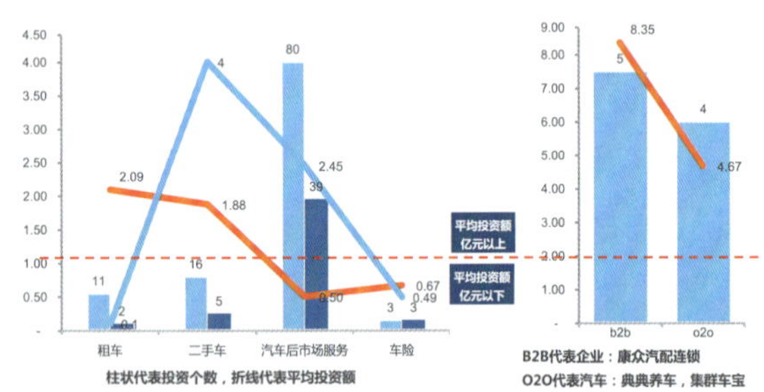

图23　2015&2016汽车后市场投资分布对比

四、中国汽车后市场格局分析

（一）4S集团顺势而为，保险公司虎视眈眈，独立售后面临挑战（图24）

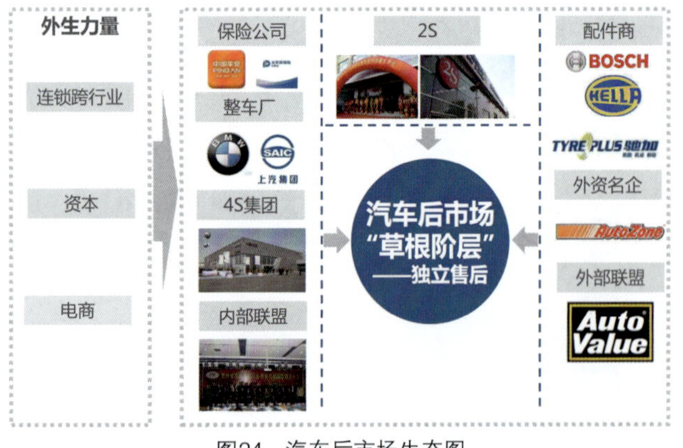

图24　汽车后市场生态图

（二）B2B成为独立售后的第一个春天，康众汽配厚积薄发

康众汽车配件有256家直营服务网点，服务范围覆盖17个省份90座城市；13个信息化区域中心仓库，1700多名专业员工；平均每月为近3万家维修企业提供10次以上服务，业务覆盖125个地级市（图25）。

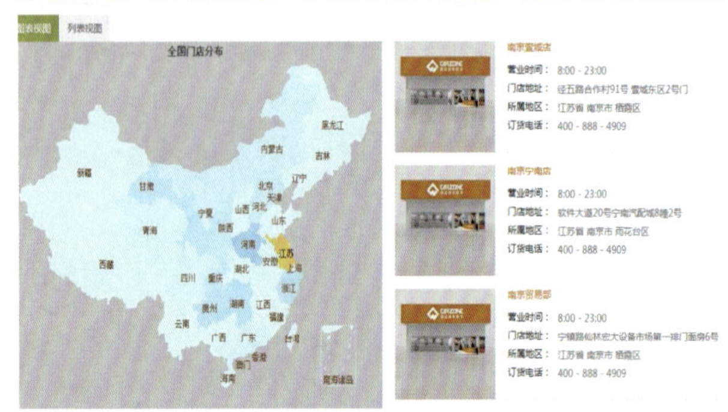

图25　康众汽配服务范围

（三）违背商业本质的上门洗车上门维护已进入了寒冬，要么变革要么死亡（表1）

表1　上门服务与到店服务对比

汽车后服务	频率区间	客单区间	上门服务	到店服务
洗车	2~3次/年	20元~30元	优势：投入小、时间灵活、不用排队 劣势：场地、天气受限、人力成本高	优势：洗车设备全、服务速度快 劣势：租金成本高、排队费时间
维护	3~4次/年	400元~600元	优势：无店面成本、给车主省时间 劣势：人力成本高、保养项目有限	优势：保养器材齐全、项目丰富 劣势：租金成本高、排队浪费时间
维修	2~3次/年	500元~800元	优势：无店面成本、给车主省时间 劣势：人力成本高、只能进行小修	优势：维修器材及配件齐全、可大修 劣势：租金成本高、排队浪费时间

五、汽车后市场未来展望与发展路径

对汽车后市场未来的5个展望：

（1）汽配B2B继续高歌猛进，汽车服务连锁仍未破局；

（2）保险公司逐步掌控汽车后市场的标准，由汽车后市场的居中人变为做局人；

（3）BAT及汽车后市场+互联网的创新，仍需上下求索；

（4）新能源汽车及自动驾驶等新技术短期内对汽车后市场影响有限；

（5）汽车后市场未来呈现运动化，社交化，娱乐化趋势。

连锁加盟，凭什么？如何选择加盟品牌

寥初航　袁旭明　徐向东　陈海生　夏　雷　刘涌杰　张开诚　刘　玺

陈海生：前几年汽修市场上加盟连锁类的企业还比较少，但是到2016年，加盟连锁的品牌越来越多地涌现，请问两位老牌加盟品牌连锁的中国区负责人怎样看待现在市场上加盟品牌涌现的现象？

寥初航：在维修市场上，越来越多的加盟连锁品牌涌现，十几年前，汽修市场不需要连锁，是因为车型少、客户关系简单、采购价格真实合理，但在今天这种情况下连锁是必然的。一个后台连锁的总部，能够帮加盟商处理原来需要处理的复杂的事情，从引流、运作、供应到门店的规划、装修提供帮助。所以，连锁品牌的兴起对整个行业的发展是十分有利的。

袁旭明：在市场经济的环境下，投资人、企业经营者都用商业的头脑来看待问题。将来在我国4S模式、综合修理厂和快修店依然会有一席之地，但是这种情况下还需要能够给客户提供满意服务的品牌。因此，市场环境给加盟连锁带来了机遇，车辆需要维护，故障需要维修，哪里值得信赖？诚信问题是汽车维修市场共同面对的问题。如果有越来越多的企业走向连锁、走向正规专业化的道路，对整个市场都是有利的。通过分析博世直营店的数据，发现数据大部分来自回头客的转介绍，客户相信品牌就会成为回头客。因此，行业涌现这么多的企业是往更专业、更高效对消费者更有利的方向努力。

陈海生：加盟品牌越来越多是好事，减少无序竞争对行业发展来讲是十分有利的。请问其他嘉宾分别看到了什么样的机会开始做加盟连锁，又有什么样的“武器”呢？

徐向东：2012年，我们成立了区域性维修联盟，本土区域维修企业共同进行配件采购、保险公司业务对接等，当时联盟的所有企业的保险业务都有所提升。由于联盟时期发现联盟集采和统一性相对较差，2013年，十几家企业参与成立了九易连锁。九易连锁的成功点就在于本土化区域资源的集合，配件完全统一，实现人员的互动。现在，连锁最难管控的就是人员配置，一旦跨区域，团队建设就成了难题。因此，区域性连锁相对地更适合发展。我们以在三、四线城市发展为主，区域性加盟大家一起管理，把原来的竞争对手变成合作伙伴，共建一些B2B项目为主的服务和产品。

夏雷：1999年我进入汽车制造行业，2008年进入后市场。我的初心是做供应链配件，希望好质量的零件帮助用户节省成本。但因恶意退货等现象问题，公司处于变革或关闭的尴尬境地，经过调研发现，信任问题是汽修行业的大问题。之后，我们开始转型做专修连锁。我们做连锁是基于两个原则：①用供应链来驱动连锁；②永远站在用户的角度思考问题，满足用户需求，而不是只顾盈利。从开始做工厂到做配件供应链然后切入专项，做专修连锁。

刘涌杰：四年前我看到两个契机：一是中国社会已经全面进入汽车时代；二是汽修同行缺乏工业精神和操作手法。这两大契机引出了三个小问题，①百顺用两年时间打造我们的工业化，汽车是一个高度工业化的产品，汽车后市场也需要高度工业化；②很多专家说汽车产业产能过剩，我不赞同，我认为供需严重不对等，即消费者的需求、期待和我们提供的质量和数量，双向匮乏；③汽车前端是工业化，后端服务领域也是工业化，百顺现在的特点是只做快保，用工业化的思维把汽车那么多的服务切出一块来，以工业化的服务做一件事。

张开诚：做连锁要具备三个条件：一是供应链的成熟度；二是维修技术的能力；三是全国店面的管理。初期这三个核心威牛都不具备，经过不断反思，威牛走上了专修道路。但是，专修一款车型无法保证门店的收入，后来定位为专修四款车型。定位以后，我们开办奔驰技术培训班解决技术问题；配件方面，我们与康众合作将供应交给康众；店面管理方面，我们自行研发一套多店面管理ERP系统，使每个单店零部

件的进销存都很清晰。通过ERP、康众供应和技术线路，我们拥有了一个专修连锁模型。现在，我们有18家门店，直营的比例是40%，加盟的是60%，主要在京津、冀、蒙一带。

寥初航：加盟总部希望有加盟商加入，加盟商希望知道加盟总部的全部经营模式。库存、客户是每个门店核心运营，我们现在的理论是长板理论而不是短板理论，短板理论是我们要不会什么就学什么。但现在复杂度增加，每个门店要做长板理论。所谓长板就是清楚门店的核心竞争力，把核心业务做强，让加盟总部提供短板解决方案，包括供应链服务、系统服务等。因此加盟总部面临4个问题：①帮助加盟商解决客户的问题；②做别人难以复制的技术；③帮助目标门店解决产品供应问题；④获取垄断资源，给予加盟商资源支持。所以，目标、加盟商都是哪些群体，加盟总部就要在哪方面补短板。

袁旭明：从2014年开始，有热词“O2O”。对维修企业及加盟连锁来说，这个词将来要改成O+O。O2O是从一个方向到另一个方向，而O+O是将两点融合在一起，简单说就是要做好本职和基础工作，同时利用规模效应、集团效应抓住最新的商机。对我们加盟连锁总部来说，希望每一家加盟商业务都有良好发展。这该怎样平衡呢？第一个“O”是能不能把车修好，修车需要配件、诊断、服务，这是基础；第二个“O”意味着一个连锁企业、连锁品牌，怎样利用自身规模效应做好采购、宣传、客户召集。我们相信，与单店相比，规模化的连锁企业会有更多的机会。把这些及时传递到加盟店，不断保持进步带给加盟连锁企业和加盟连锁总部的利益、优势。

陈海生：基于原来所处的领域或者是发现的机会开始进入汽修领域，如果要把加盟连锁品牌做得类似于像博世和驰加这样长期持续的加盟品牌，最重要的是什么？

夏雷：汽修行业加盟的核心是让它赚钱、简单赚钱、持续赚钱。如果解决了这些问题，加盟商就会愿意加盟，我们可以反向要求加盟商对其员工进行培训并改造设备让其配合标准化管理。另外，最好为加盟商制订投资概念，让他们了解投资与盈利比例。只有让加盟商盈利，才能进行反向要求。所以说，要做长期持续加盟品牌，最终要的就是盈利。

张开诚：非常赞同夏总观点，略微不同的是，怎样让加盟商相信加盟我们可以更多盈利。现在我们在部分城市做盈利模型，一个门店600m²有15名员工，月营收60万元。我们的概念不是将店做大，而是要效率和投资的回报率。我们将打造的盈利模型展示给加盟商学习、观看，教他们怎样实施并监督他们。这样我们才能把这个品牌打造下去。

陈海生：请各位用一句话总结各自加盟连锁品牌的核心竞争力是什么？

徐向东：九易汽车连锁核心竞争力就是两年多市场运作形成的区域性垄断地位。

袁旭明：博世车联的核心竞争力是国际品牌、本土推进。

寥初航：驰加的核心竞争力是建立以轮胎、维护为核心的营利能力，来作为总部的建设目标。

夏雷：耐乐快修的核心竞争力就是垄断，我们的目标是只要进入城市就要垄断80%。

刘涌杰：百顺快保连锁的核心竞争力是真连锁才加盟，实现全托管完整复制。

张开诚：威牛的核心竞争力就两个字——专注。专注维修几种车型。

陈海生：总结一下大家的观点：①连锁企业都想在某个项目、某个区域或是某项技能上达到垄断，垄断是所有商业追求的本质；②做加盟的时候，要设立合理的门槛；③每一家连锁企业的初衷都不同，在产品、供应链、技术上的能力也各有不同，在发展中会逐渐细分领域和客户群体，找到自身的核心竞争力。当加盟品牌快速找到核心竞争力的时候，中国汽车后市场，从维修服务连锁到供应链连锁，再到上游，会发展得更快。让我们一起朝着这个共同的目标努力。

汽车服务新模式

New Service Models

整车厂在汽车售后市场的格局与布局

夏　军

在整个汽车业及行业创新、转型升级的过程中，上海汽车集团股份有限公司（以下简称上汽）一直在探索，怎样去利用好互联网这个工具？于是，上汽在两年的品牌孵化基础上，正式发布后市场的独立品牌——车享家。作为整车厂背景在该项业务上的创新，希望可以给让大家有所借鉴。

现如今汽车后市场之所以火热，一部分原因是这个行业内存在着大量的服务提供商，大概有48万家企业，再加上一些没有注册在案的企业，就这个数字来看已经是严重过剩，而且在这基础上还有为数不少的新行业跨界进入，对这块蛋糕虎视眈眈。在这样的市场竞争环境下，上汽作为整车厂背景，走的是截然不同的方向。其核心是在线上、线下建立真正的、融为一体的连接，我们主要考量的是两个方面的连接。

一、车主生活的连接

用户从购车开始，其整个用车生命周期会处于不同的用车阶段，自然会产生各种各样的基于人、车、生活的需求。那么，不管是“互联网+”还是“+互联网”，都是通过技术和工具来建立对用户不同需求的连接。

车享家在运作了半年多的时间以后，就发现有60%以上的用户不仅关注基础的快速修理、维护、美容、洗车等业务，其实还在关注整车、二手车和一些与车辆服务相关的业务。所以，我们通过互联网与用户建立在线化的连接以后，就可以给用户提供一站式的解决方案。

车享家就是基于基础业务，利用移动互联网，由用户的需求驱动，来实现对用户一站式业务的协同和服务。同时，也是用户的需求来驱动整个价值链的解构和重构，通过对业务的布局，实现对用户整个用车生命周期的服务和满足，不断加深对整个价值链数据化运营的闭环。但需要注意的是，不光要解决线上产品的面子工程，更要解决整个服务链的质效、服务品质的把控，这是本质和关键。

二、人与人的连接

这个行业要做好，不光是用户与品牌进行连接，更重要的是让用户与员工、与车享人建立情感连接，即人与人之间的连接，这是核心。所以，我们的品牌代言人就是一线技师，这也是需要着力建立的连接关系。

对于汽车后市场的App来说，大部分只能解决线上，所谓每一次对服务的反馈，也只能基于单店给出评价，无法与服务的技师产生直接的关系和实现一个真正的服务评价。车享家的App不仅把每家门店每一个技师的姓名、头像展现给用户，也能够让用户实时、直接地对服务的技师来做评价，甚至打赏。通过这样的一种连接以后，员工的绩效最终是用户说了算，其实也是驱使每一个员工在每一次服务当中都让用户满意。同样的，我们也有一个员工在线的App，它与用户端的评价、反馈、打赏是实时连接的。每一次服务后，员工在该App端立即可以看到评价、绩效，一目了然。让车主与一线的员工、技师建立一种关系，产生情感连接，从而真正实现人与人之间的连接。

三、未来愿景

车享家去年建立了100家直营店，2016年要做到1 000家，无论在业务体系内还是在市场上，投资人、媒体都对我们有很大质疑。第一个质疑，凭什么能在一年时间做出一千家直营店？第二个质疑，从最狭义的快速修理维护业务来看，现在的业务要在比较理想的周期内实现盈亏平衡面临巨大挑战，能够承受那么大的亏损吗？在过去，确实没有人做过这件事，而且这些问题都是实际存在的。但是，办法总比困难多，有了移动互联网这个工具，是能够实现后来居上、弯道超车的。在打造中国汽车后市场领导品牌这件事情上，我认为完全有可能用五年时间达成堪比欧美汽车消费的成熟市场。

整个体系在具体操作上有很多短板，我们现在的体会不是困难很多怎么办，而是办法很多来不及做。车享家是一个开放的平台，与国内外汽车配件供应商、汽车修理的服务商通力合作，希望成为中国汽车服务市场的行业标杆。车享家要通过线上、线下完全融为一体的做法，利用好上汽专业品牌的背景资源，能够为用户提供一站式的汽车服务体验，达到两个连接，最终实现广大车主在数字化时代的汽车生活新享受。

F2B电商模式能否改变供应链格局

蒋仁海

巨江电源是为数不多的从汽车配件企业转型进入后市场的企业，算是后市场的新兵。在不断的探索中我有三个感受，第一个是后市场很大、很热，但也很乱，并且其中有机会；第二个是做资本的比很多做后市场的人更懂后市场；第三个是就目前情况来看，线下更重要。

一、来自互联网行业的冲击

现在后市场实体行业面临着转型升级，而原来的互联网行业比如京东、淘宝都对我们没有影响，但自2014年开始资本疯狂注入汽车后市场，互联网企业做市场的时候，对我们产生了巨大的冲击。其提供的产品几乎是零利润，净利润肯定是亏损的。但在这种巨大的冲击中，我发现了两个问题：第一个问题是经过互联网企业看似凶猛的冲击后，其效果并不是很好；第二个问题是互联网企业满足不了修理厂的需求。这两点让我感觉互联网行业想要将后市场实体行业颠覆是很困难的，但这也给了我很大的启发，这将是个巨大的机会。

二、品牌成立契机

巨江电源作为实体工厂，在全国有600家经销商、80 000家修理厂，通过十几年的努力已经建立了深度信任。那么这种信任感能不能利用起来，能不能转变一下呢？所以，在危机和机会面前，我们在2015年8月成立了快准车服，使我对后市场有了更深的认识。

第一，国内品牌商话语权不足。美国有的品牌商有几千家连锁店，其强大的影响力使国内的品牌商话语权严重不足。而在家电行业中，渠道商和品牌商、厂家已经找到了平衡，一个做服务、一个做研发、一个做品牌，各赚各的钱，各做各的事。

第二，区域发展极度不平衡。产品在一线城市竞争非常充分，但是在四、五线城市有一个特点，好货、真货不多，品种全、价格合理的也不多，但很多修理厂实际需要就地化服务。

快准车服现在做的只是初期探索，目标是成为一个垂直B2B的平台，将经销商转变成服务商，然后给修理厂做服务、配送。接下来希望在一个区域内做成规模体系较大，引进一些优秀的投资。

三、重视信息数据

常规来看，信息数据是非常重要的一环。快准车服ERP、电脑端、手机端更多的是提供数据服务，这其中数据的积累比订单的增加更为重要，在数据越来越集中的情况下，服务商能够提供更好的服务。快准车服的服务商每一个人都是老板，我认为只有老板才有可能为了自己生意长远的发展，做到过年都不放假，因为他们的客户有需求，便会尽己所能来解决客户最迫切的需求。

快准车服在安徽、浙江有两个总仓，供应商把货送到总仓，总仓送到服务商，由服务商统一送到修理厂 。目前这个平台有几大优势：第一个是系统，第二个是产品库，第三个是技术支持。技术支持目前更多地是给服务商提供技术支持，现在我们正在建立一个平台，是希望给修理厂技术支持。而且快准车服会有一个半小时送达的时间限定，一个服务站设点的位置，需要半小时内其覆盖范围都送得到，并能提供7×24小时的配送，其优势显而易见。

传统经销商的SKU（Stock Keeping Unit，库存量

单位）一般在100～200辆之间，其库存、进货周期是靠记忆力解决的，对信息化管理的要求强度不是很高。但快准车服面临最大的难点则是将它从一个简单的产品转变为几万SKU的大规模数据体系。为了解决这个难点，快准商学院应运而生，商学院分线上线下两部分，基本上通过半个月的实战和封闭培训，能够初步地让服务站做到快速准确地将产品找出并进入流程，目前整个体系已初见雏形。

快准车服2016年建设的100家服务站，整个模式及管理团队都建设起来，利用4～6年时间，在中国车辆保有量5 000～10 000的县级市建立这样的服务站，为修理厂提供性价比高、质量好的配件，以及更好的服务。

做生意不要考虑能赚多少钱，只要心中坚信能将整个网络体系建立起来，当能够在一个地区、一个城市有一定数量的服务站，满足修理厂的需求时，我相信其产生的价值不仅仅是产品的利润，附加的品牌效应也定会使投资人获利良多。

品牌与产品跨界，重建消费者连接

梁　威

任何企业，无论规模大小，其不容忽视的一点就是消费者。这里涉及一个奇怪的词——消费者连接。移动互联网时代，要思考怎样重新建立与消费者的连接，怎样与消费者持续地互动，然后形成真正的品牌忠诚度，去实现核心价值。

一、通过产品跨界与消费者连接

Under Armour是一个体育运动装备品牌，在2015年进行全面的数字化转型，以7亿美金收购了两家运动社区的App，通过数字化社区连接1.3亿运动健身的人群，以此为基础研究智能化产品。未来数年内，它的所有产品或多或少都要整合部分智能功能。消费者将智能化的衣服穿上，可以感知皮肤状况、运动状态，结合运动社区的App，那么就能了解到消费习惯、使用场景等一系列信息。

而我国知名乳业品牌蒙牛推出的精选牧场纯牛奶可视化追溯系统，在瓶身上打造一瓶一码的牛奶，消费者扫描二维码就可实时看到千里之外的牧场、工厂，足不出户在线见证牛奶生产的点点滴滴。

以上两个案例预示着一种发展趋势，即随着产品智能化的普及，这将成为企业和消费者之间的交互手段，未来的智能家居、车联网、智能家电等，每个产品就是一个智能体，它可以与用户对话，产品与产品之间能够互相交流，能够收集消费者使用习惯。

二、通过品牌跨界与消费者连接

2014年，可口可乐与美国的希捷航空推出个性定制化的可乐。他们在机场内设置售卖机，让乘客分享给好友定制的可乐瓶罐，这款可乐可以用来当登机牌使用。这种独特价值的个性化定制，吸引了大量消费者参与。

此外，知名运动品牌彪马和宝马旗下的MINI跨界合作，这两大品牌虽各具特色，但都崇尚生活乐趣。MINI运用彪马运动鞋空气网孔等技术设计MINI新车型座椅，并在车体外部印上彪马著名的美洲豹Logo。而彪马公司则专门设计了一款以MINI为原型的系列运动鞋在全球高价销售，这种模式使双方互惠互利，博得满堂彩。

现在，渠道跨界很火，但是要针对不同客户群进行区分，通过合作使得需求互补，弥补以前品牌公司只能满足某一个特定场景的需求。通过跨界合作，就可以围绕同一个客户在不同场景、不同时间的需求来传递需求。未来，通过跨界也会产生更新奇的想法，产生更多变的化学反应。

三、社交圈需要得到重视

互联网可以将一群人聚集在一起建立社交圈，

在里面找到志同道合的人，找到自己的生活方式，并通过核心会员的模式，在各地建立蜂窝进行裂变。社交圈是非常有效的与消费者互动的手段，会使消费者产生信任感、参与感、归属感，并且这是靠打广告无法实现的。当然，社交圈也要不断地制造话题，寻找新的刺激点。对于企业来讲，则需要搭建一个平台，深度的社交圈需要深度的服务。现在，很多情况下突出的都是企业的品牌，这种会让会员感觉到被动、厌倦，并且是不被服务的。

四、网红也是一种品牌

网红也可以成为我们与消费者之间的连接方式。网红是什么？其本身就是一种品牌，是互联网去中心化的表现，是草根的崛起。企业可以利用网红高流量、低成本并且转化率较高的优势，产生性价比极高的宣传效应。此外，品牌与网红之间要互动，品牌要找与符合品牌形象的网红并包装，同时网红也需要一个平台来发展。企业要建立从话题发掘、包装网红、传播和最后商业转换的孵化机制，才能保证网红生生不息。因为网红有非常鲜明的个性化标签，这意味着其生命力是短暂的。

企业与客户的连接方式不断发生变化，把连接转化成实实在在的订单、库存管理和流量，同时对后台提出非常高的要求，要有非常强的管理体系。有三点建议：①不做低水平重复的事情，将资源、客户共享，向专业服务化方面努力，投资者形成集团联手；②建立全渠道服务体系和自有产品渠道，服务业获利困难，竞争力体现在服务方面，要构思搭建一个全渠道的服务体系；③系统是极其重要的一环，没有系统这个愿景终将无法实现。

车辆养护理念下的服务机会

翟鸿江

2015年，CTP中国在独立售后渠道的业绩比2014年翻了整整3倍。2016年，独立售后部门1~3月已经完成了2015年1~6月的总业绩。从数字上来判断，我们非常看好独立售后市场，并认为2016年将是汽车后市场养护项目年。

一、需求决定市场 环境指引方向

从车主需求来看，中国有十个省采用的是乙醇汽油，还有一个省是甲醇汽油，整个用油环境与车辆是不匹配的，会产生一系列汽车养护的问题。现在车辆多有配备启停系统，其好处是可以节油，弊病则是会产生积炭问题。除此之外，需求产生的原因不胜枚举。从业内情况来看，AC汽车曾有一篇文章浏览量超过3.2万次，内容是综合性修理厂开始做洗车业务，美容店做快修快保，两者看谁“跑得快”。极高的浏览量证明了AC汽车的影响力越来越大，也突出了这个话题能够引起大家的关心和共鸣。但我认为综合性修理厂不应该做洗车和美容，因为中间还有一条常规维护和精细化养护的鸿沟。而美容店有技术壁垒，难以实现直接上升到综合性修理厂的层面。这也解释了为什么说行业处于阶段性爆发的前期、成长期，却没有达到真正的爆发期。所以，大多数企业转型的时候选择了常规维护和精细化养护的模式，相对高的频率和毛利让其有资本进行成长。

修理厂和连锁店如何选择一个好的项目呢？由于前期产品线不宜过多，并通过多年的总结门店可以分成两类，一类是偏专业化，另一类是偏标准化。一个连锁经营的店面无论要开多少家，都需要标准化、可复制的项目，以便于启动和扩张。不管是标准化还是专业化，最终还是有一个要求，即什么项目的提供方能达到标准化。第一个是用户需求解决方案的标准化，因为用户需求是多样化的，针对不同需求应该是有不同的标准化解决方案；第二个是培训员工销售话术的标准化；第三个是操作流程标准化；第四个是员

工奖励标准化。作为品牌商要做的工作是提前做好标准化，等到客户需求时使用。除了标准化还有一点则是市场管控，如果市场管控不好，那么一个好的项目肯定不会做长久。所以，其核心要点就是标准化做得好和快，并且市场管控久。

二、养护项目应以客户为重

经常有人批评养护项目是否过度消费，或养护项目做得多会影响客户的满意度。由于有的企业只关注B端，忽略了C端的需求，最终依赖的是B端能力，这是典型的懒惰。还有的企业则是直接侧重C端，忽视了B端长期持续的利益需求。那么，车主为什么会产生不信任？无非是提供方的方案并不是解决这个车辆问题的最好方法，如果是最好的方法，车主也会考虑价格是不是偏高。这意味着我们要从三个方面把握：第一是商品力足够好；第二是帮助B端将车主需求解决；第三是对整个市场的环境掌握，尤其是线上价格管控好，才能够持续地将生意做下去。

CTP于2015年推出了德式精养，是CTP公司未来倾力打造的汽车服务品牌。CTP养护项目合作模式的基础是客户把握能力，以目标车主核心需求为出发点的标准化服务方案，提高客户的满意度。这个项目的使命是持续性解决车主的信任问题。只有把车主的信任问题嫁接起来转移到门店，门店才能持续获利。但为了不轻易被其他企业模仿，CTP德式精养有四个标准：第一是产品和项目必须100%来自德国；第二是所有项目必须100%可体验；第三是施工流程、养护流程的标准化，并且可以7天无理由退款，提升客户的把握能力；第四是与4S店标准相同的专业化方案。

CTP目前合作的4S店超过4 000家，在体验中心里车主可以达到七分养三分修，驻足五分钟，车况全清楚。在体验区我们设置了4台电视将车辆的养护状况进行展示，使养护项目能够看到、体验到。秉承着严谨、专注、极致的理念，力争使车主达到完全满意。

未来5年CTP有这样的愿景：以县区为单位打造500m²以上的德式精养旗舰店1 000家；与连锁店和大型优质终端合作建立2 000家德式精养店中店；向全国优质终端提供德式精养项目，不超过7 000家，全国服务门店总数永远不超过10 000家。作为一个德国服务品牌在中国的优质终端，不想做多，但要做精。希望我们的团队能给客户带来更优质体验的门店。

独立售后野蛮生长，4S体系如何打造有竞争力的创新售后服务

赵　焕　杨　非　樊有力　申屠彬彬　车跃文　林金文　杨潍赫

赵焕：近年来，在创业者的热情和资本的推动之下，后市场领域产生了许多新的商业模式。无论是温和还是野蛮的改良者，都给汽车后市场带来了冲击。就连售后这块“蛋糕”也有越来越多的人来瓜分。请问这些新鲜独立的体系对当前的业务有没有冲击？

杨非：第一点，冲击还是会有的。“野蛮生长”这几个字就是对原来的4S店进行了否定，但是这个后市场恰恰是野蛮生长，因为它是短期投机的类型，形成了不专业或者是没有发展前景的业态。后市场维修企业的综合修理是违反市场规律的，专业化分工才是最重要的。零部件企业应该是连锁体系，集成化或者专业细分的。

第二点，投资都集中在维修企业，忽视了零部件企业。在维修行业中配件是龙头，是流通业，并且可以形成连锁，布局应先把配件做好再做维修。

第三点，经销商跨地域、跨品牌的业态形成以后，就有可能整合成维修、连锁独立的后市场主体。如果形成一个流通的配件龙头企业，那么谁来承担主

体？这个问题很难解决。主机厂与经销商集团推出第二品牌只是时间问题，以第二品牌为龙头占据强势，又有上游的技术资源支撑，就能够形成配件的连锁巨头，重新整合汽车后市场。

樊有力：针对中国汽车后市场，很多商业模式刚诞生的时候先想到的却是恶性竞争，以价格战、刷单等手段，通过这种快速且不符合事物发展规律的做法，达到短期阶段性目标。

对于后市场发展来说，其核心问题仍未得到解决。第一点，4S店转型为综合服务时有没有考虑过核心专长是什么？能解决客户核心的修理问题吗？第二点，经营者对自己的队伍了解多少？对客户的需求梳理、分析、研究，包括未来的潜在需求又花了多少精力、解决了什么问题？所以，解决好修车的同时，思考队伍的实力，包括客户当前与未来的需求，只有这两点解决了，也就无惧市场变化莫测了。

申屠彬彬：客观地说，这次对话主题可以是“经销商层面如何看待独立售后发展与竞合的问题”。传统的4S店经营水平从2012年开始有较大变化，前端收益逐步下滑，后端重要性日益凸显。目前，经销商集团对互联网以及独立售后的冲击，普遍抱有欲拒还迎的态度。汽车后市场中围绕一个点做深、做透也是一种模式，但是要认识到客户的需求是多样化的。以4S店为体系的经销商集团，从品牌层面、专业化层面已经解决了技术问题、质量问题，但它解决不了客户另外两个痛点，即便利性和性价比问题。

对于创新服务，我们客观地感受到了售后维修体系成长对4S店的业务、客户分流带来的压力。同时，4S店也在做很多创新，引入同质配件、拆车件等多个产品让客户进行选择，进一步降低4S店成本居高不下的劣势。依靠社会化的社区体系实现了服务前移，实现了网络化。所以，在独立售后成长的同时，经销商集团体系主要是看怎样看待竞争关系，做得好是竞合关系，合作可以大于竞争。

车跃文：目前4S店受到后市场的冲击是有的，但并不是4S店的客户都处于流失状态。而且我觉得4S店还有很多的地方可以挖掘。随着国家维修管理办法出台，我认为4S店可以应对冲击。第一点，在保证市场份额不能缩小的情况下，做得更大。入口放大，销量放大。有些经销商销量跟不上觉得卖得多，亏得多，但是根据多年经验来看，在整机厂体系延伸的今天，如果4S店销量跟不上整机厂，50%的经销商都很难生存。第二点，重视续保。我认为4S店先把本职工作做好，竞争并不像大家想像那么厉害，而且，要关注行业变化，有些新的做法和理念大家认为不太合理，但其实那些做法背后是有成长性的。第三点，整个行业里面还有很多做客户管理、运营的，从代驾服务转到后市场服务的企业，我觉得其中的机会很大。希望从业者能够坚守，相信5年以后这个市场更有机会。

林金文：显然，整个连锁机构包括互联网公司对4S店的冲击是必然的。现在很多企业一窝蜂做配件、维修店，个人不太看好。中国汽车工业的产能过剩，现在超过5 000万台，但是销量只有不到一半，4S店又形成大量过剩，而且大部分都为亏损。

现在，独立的维修厂、快修店对4S店体系冲击巨大，这也是大势所趋。后市场那么大，资本疯狂注入，未来肯定会有一些企业做得不错，所以，从现在开始到未来3~5年，竞争会非常激烈。我们现在只找一个城市的25%的4S店来合作，做简单的事故维护或者是维修等，毛利润较高。但是硬件设施投进去就已经是沉没成本，只要收入的资金比变动成本高，这个生意是可以运行下去的。现在，乐车邦是国内大部分互联网公司售后服务产品供应商，去创造的是整个行业的效率，一边给用户提供好处，一边给4S店提供好处，我们在中间有一定程度的获利，压缩了中间成本。

赵焕：本人也算是一个C端用户，在售后维修利润这么丰厚的一个环节，中间有如此大的价格之差，几位能否给予C端用户一点建议？那么高的差价是否正常？如果不正常，问题在哪里？怎样解决当前的问题？

杨非：巨大的差价来自于整机厂的价格变动，对经销商并无利好。整机厂有利润还可以支撑，经销商集团却不行。要想生存，必须开第二品牌店，不然无法占领市场。国家战略导向表明，售后领域不允许主机厂、4S店体系垄断。经销商只有打开第二品牌的市场才能降低成本。所以，经销商走转型升级要注意与主机厂

之间有一定界限，成为独立的经销商来摆脱控制。

樊有力：谈售后维修价格差异也需要看客户对这一辆车的需求是什么，车主所有的需求都到4S店处理是没必要的，但也并不代表什么故障都可以在路边店修，是要根据具体车型、客户的需求来做一个说明。

申屠彬彬：4S店目前的配件费与工时费的比例是6∶4，收费是配件上的差异。客户会对自己的服务做甄选，那么，我们未来要给客户做什么服务？什么服务可以承接？什么样的服务留给其他对手？市场体量很大，不管是哪种业态的产业者，把自己擅长的事情做好，然后从投资回报率、管理运营效率各方面做测算，打造成完全自主的经销商集团。

车跃文：目前，针对整个维修行业结构不够优化的问题，我认为4S店是在金字塔偏顶端的，现在缺少的是基层部分。能力越大责任越大，那就说明整个4S店在方向上定位是要偏高档些，客户自己选择划分是没有问题的。所以C端价格贵，客户随着对我们的信任度提升，使我们能提高溢价能力。这是一个市场行为，随着车龄增长，会趋于更加合理。

林金文：一些新车或者是正常C端用户，由于没有专业判断能力和标准，可能更愿意多花一点点钱，是因为4S店体系非常规范，但这种规范是用成本来规范的。如果用户有一定的甄别能力，面对非正规的体系，可能会觉得还是不去4S店要更便宜一点，其两边是各有利弊的。

赵焕：各位嘉宾针对这个话题各抒己见，也为C端的用户提了一些建议。价格低有低的好处，但也会有相应的风险。整体从行业角度来讲，站在C端的角度出发，想要得到C端就要满足C端的需求，希望大家在各自的领域往C端的方向靠拢。

行 业 案 例

Industry Law Cases

专利权纠纷案件分析之网络环境下专利纠纷诉讼管辖

中国汽车保修设备行业协会法务部

近年来，在互联网环境下的专利侵权案件的数量逐渐增多。那么在互联网环境下，发现专利侵权行为时，选择向哪个地区法院提起诉讼进行维权是专利权人关注的重点问题。本文以一起网络环境下外观设计专利权纠纷案件为例，对网络专利侵权案件的诉讼管辖进行简要分析，以供汽保行业内企业参考。

一、案情简介

1.案件事实

蔡某作为专利号为ZL 2012300645324.2的“保险杠（COMK—3）”外观设计专利权人，涉案专利的申请日为2012年8月31日，授权公告日为2013年5月23日。2015年，蔡某在市场产品调研过程中发现，A公司通过阿里巴巴网站销售与其外观设计专利产品相同的保险杠。蔡某通过阿里巴巴网站在线购买了A公司制造、许诺销售和销售的被诉侵权产品，并指定将该产品寄送至其住所地台州，整个采购过程有台州市公证书进行公证，并出具了（2015）浙台正证字第2647号、第2648号公证书。2015年7月，蔡某在其住所地台州市中级人民法院提起了专利侵权诉讼，请求判令A公司：（1）立即停止侵害涉案外观设计专利权，包括停止制造、销售、许诺销售侵权产品，销毁制造侵权产品的模具；（2）赔偿其经济损失100 000元，并承担公证费1 600元、律师代理费15 000元，合计116 600元；（3）承担本案全部诉讼费用。

庭审中，A公司则认为从“两便”原则考量，涉案被诉侵权产品的生产地及其公司住所地均位于江苏省丹阳市，宜移送管辖，遂提出管辖权异议，请求将本案移送至江苏省镇江市中级人民法院审理。

2.裁判结果

台州市中级人民法院依照《中华人民共和国民事诉讼法》第二十八条、第一百二十七条和《最高人民法院关于审理专利纠纷案件适用法律问题的若干规定》第五条之规定裁定：驳回A公司对本案管辖权提出的异议。案件受理费100元，由A公司负担。A公司对该裁定不服，向浙江省高级人民法院提起上诉。

最终，浙江省高级人民法院依照《中华人民共和国民事诉讼法》第一百七十条第一款第（一）项之规定，裁定：驳回上诉，维持原裁定。

二、案件分析

本案是一起互联网环境下专利侵权案件。本案虽仅涉及专利侵权诉讼的管辖问题，但互联网环境下在线销售、许诺销售被诉侵害专利权产品的行为应如何确定管辖法院呢？

对于专利侵权民事案件的管辖，可分为级别管辖和地域管辖。对于专利侵权案件的级别管辖，根据《最高人民法院关于审理专利权民事纠纷案件适用法律若干问题的解释》第二条规定：“专利纠纷第一审案件，由各省、自治区、直辖市人民政府所在地的中级人民法院和最高人民法院指定的中级人民法院管辖。”2014年，我国分别在北京、广州、上海成立了三大知识产权法院。《最高人民法院关于北京、上海、广州知识产权法院案件管辖的规定》第三条规定“北京市、上海市各中级人民法院和广州市中级人民法院不再受理知识产权民事和行政案件。”其中，北京、上海、广州地区的专利权纠纷案件分别有北京知识产权法院、上海知识产权法院、广州知识产权法院分别管辖，对于未成立专门知识产权法院的省市，仍由各省市所在地的中级人民法院管辖。

对于地域管辖，依照《关于审理专利纠纷案件适用法律问题的若干规定》第五条之规定，因侵犯专利权行为提起的诉讼，由侵权行为地或者被告住所地人民法院管辖。其中侵权行为地包括侵权行为实施地和侵权结果发生地，即被诉侵害外观设计专利产品的制造、许诺销售、销售、进口等行为的实施地及相应侵权结果发生地。

本案中，蔡某提交的公证书能初步证明其通过阿里巴巴网站向A公司购买了涉案被诉侵权产品，并由该公司寄送至台州，A公司通过信息网络实施了被诉侵权产品的销售和许诺销售行为。但由于网购收货地可由买家随意指定而成，故具有不确定性，如果引入网购收货地作为知识产权侵权案件的地域管辖连接点，即相当于引入一个打破既有管辖规则的动态连接点，权利人可通过指定收货地的方式，任意选择受诉法院。上述情形显然会导致管辖连接点的随意化和分散化，使得当事人对受诉法院缺乏相对稳定的预期，与《中华人民共和国民事诉讼法》关于地域管辖的立法原意不符。但在本案中，蔡某指控A公司实施的许诺销售、销售被诉产品的侵权行为系发生于信息网络环境中。依据《最高人民法院关于适用〈中华人民共和国民事诉讼法〉的解释》第二十五条之规定，信息网络侵权行为实施地包括实施被诉侵权行为的计算机等信息设备所在地，侵权结果发生地包括被侵权人住所地。本案中，蔡某作为被侵权人，其指定的网购收货地又系其住所地，即可视为侵权结果发生地，故法院作为侵权结果发生地法院，依法对本案享有管辖权，故依法裁定驳回A公司对本案管辖权提出的异议。

展会专利侵权投诉处理及应对

中国汽车保修设备行业协会法务部

2017年3月，在北京举办的“2017北京国际汽保展览会”上，平谷区知识产权局指派执法人员进驻展会开展知识产权执法工作，共处理专利侵权投诉纠纷及展会现场假冒专利40余件。那么，在展会上发生专利侵权或被投诉情况下，参展商应如何采取有效措施应对可能存在的侵权以及被诉侵权是参展企业迫切关心的问题，本文对此进行简要阐述，以供行业内参考。

一、展会期间，权利人发现专利侵权应如何投诉

1.权利人向谁投诉

根据我国《展会知识产权保护办法》(以下简称《办法》)第八条规定：知识产权权利人可以向展会知识产权投诉机构投诉，也可直接向知识产权行政管理部门投诉。知识产权行政管理部门通常是指展会举办地的商标局、专利局、版权局等知识产权行政主管部门。

其中“知识产权投诉机构”根据该《办法》第七条第一款规定，展会知识产权投诉机构应由展会主办方、展会管理部门、专利、商标、版权等知识产权行政管理部门的人员组成，其主要职责是接受知识产权权利人的投诉，暂停涉嫌侵犯知识产权的展品在展会期间展出；将有关投诉材料移交相关知识产权行政管理部门；协调和督促投诉的处理等。但并非所有展会均会设立知识产权投诉机构。如该《办法》第六条规定，三天以上（含三天）的展会，且展会管理部门认为有必要的，展会主办方才有义务成立展会知识产权投诉机构。未设立投诉机构的，展会主办方应当将展会举办地的相关知识产权行政管理部门的联系人、联系方式等在展会场馆的显著位置予以公示。因此，权利人可以选择向展会专门的知识产权投诉机构（如有）或知识产权行政管理部门进行投诉。

2.投诉被受理的条件

根据该《办法》第八条规定，权利人向投诉机构投诉的，应当提交以下材料：

（1）主体资格证明，即个人应当提交居民身份证或者其他有效身份证件，单位应当提交有效的营业执照或者其他主体资格证明文件副本及法定代表人或

者主要负责人的身份证明；

（2）专利权有效的证明，即专利登记簿副本，或者专利证书和当年缴纳专利年费的收据。专利侵权纠纷涉及实用新型或者外观设计专利的，应出具由国家知识产权局作出的专利权评价报告（实用新型专利检索报告）；

（3）被投诉人的基本信息；

（4）涉嫌侵权的理由和证据。对于参展商而言，在投诉之前就应准备好上述文件，以便及时维权。

3.如何有效地投诉

投诉的目的是希望尽快将侵权者或侵权产品逐出展会。参展商不仅要按照前面所述递交权利证明、侵权证明等书面材料，还需要当场将被投诉的侵权展品与专利的技术方案进行详细比对，并提供相应的证明材料，以便相关机构迅速做出判断，做出撤销或者遮蔽侵权产品的处理。因此，为了达到尽快处理的投诉效果，建议参展商能聘请专业的律师或专利代理人协助进行处理。

二、参展商被投诉侵权应如何应对

1.被投诉人享有法定答辩权

该《办法》第十三条规定，在处理侵犯知识产权的投诉或者请求程序中，地方知识产权行政管理部门可以根据展会的展期指定被投诉人或者被请求人的答辩期限。也就是说，被投诉人接到投诉后，享有在一定期限进行答辩的权利。为有效地应对可能存在的投诉，被投诉人应仔细审阅收到的投诉材料及通知，明确答辩期，并在答辩期内尽快准备并递交书面的答辩材料。由于展会时限较短的特点，为了提高处理投诉的效率，该《办法》同时赋予地方知识产权行政管理部门在指定答辩期限方面一定的灵活性，地方知识产权行政管理部门可以根据展期的具体情况，指定相应的答辩期限，以加快对于投诉的处理。参展商应在参展前应做好知识产权风险预案，准备好相关材料（如权利证书、专利开发等证据、企业营业执照、空白授权委托书等文件），以便参展商及时应对投诉。

2.被投诉人的答辩策略

参展商遭遇专利侵权投诉时，可以从以下几个角度进行答辩：

角度一：投诉人递交的材料是否符合投诉受理条件。

参展商收到投诉材料后，首先，应及时查询涉案专利的基本信息，通常包括权利人信息是否在法律保护期内，投诉人是否是登记的专利权利人等；其次，应审查投诉人递交的材料是否缺少重要的文件，如投诉人并非登记的专利权人，是否有专利实施许可合同；是否有年费缴纳凭证等；最后，应审查该专利是否属于《展会知识产权保护办法》第十七条规定的不予受理的情形，即（1）投诉人或者请求人已经向人民法院提起专利侵权诉讼的；（2）专利权正处于无效宣告请求程序之中的；（3）专利权存在权属纠纷，正处于人民法院的审理程序或者管理专利工作的部门的调解程序之中的；（4）专利权已经终止，专利权人正在办理权利恢复的。对于不符合投诉受理条件的投诉，被投诉人可以以此提出抗辩。

角度二：被投诉参展产品存在在先销售或在先公开等情况，即专利先用权抗辩。

这就要求参展商在参展前就搜集整理好参展产品的开发记录、生产记录、销售记录等证据，以便在被投诉侵权时证明其开发完成日期早于投诉人的专利申请日期。

角度三：被投诉参展产品未落入该专利权的保护范围，即未侵权抗辩。

这就需要参展商将被投诉侵权的展品与专利的权利要求进行技术比对，证明其存在与投诉人主张的专利权利要求既不相同又不等同的技术特征。权利要求对比工作一般需要专业人员介入，建议被投诉人聘请专业的专利律师或专利代理人协助处理。

角度四：被投诉参展产品采用的是公知技术，即现有技术抗辩。

这需要参展商对被投诉参展产品的历史沿革、技术发展等十分清楚，并能在参展之前就准备要相应的资料，以便被投诉时，及时提供证据证明投诉人的专利产品为现有技术。

三、专利侵权纠纷处理决定的法律性质及执行问题

1.处理决定的法律性质

在实践中，展会主办方设立的知识产权投诉机构通常会将投诉移交展会举办地的知识产权局进行处理，由地方知识产权主管部门做出相应的处理决定。那么，被投诉人对知识产权部门出具的投诉处理决定不服，该如何主张权利呢？

该问题涉及对专利行政部门做出的处理决定的性质进行分析，即投诉处理决定是否属于行政法上意义的具体行政行为。我国《专利法》规定，管理专利工作的部门处理时，认定侵权行为成立的，可以责令侵权人立即停止侵权行为，当事人不服的，可以自行到处理通知之日起十五日内依照《中华人民共和国行政诉讼法》向人民法院起诉。也就是说，专利行政部门做出的认定侵权行为成立或不成立的决定以及采取的相应处理措施的决定，属于具体行政行为，当事人（包括权利人和被投诉人）均有权提起行政诉讼。专利行政部门出具的处理决定通常包括以下内容：当事人陈述的事实和理由，认定侵权成立的理由和证据以及不服处理决定提起行政诉讼的途径和期限等内容。当然，实践中，专利行政部门做出的行政决定内容以及形式不一，是否可以对该决定提起行政诉讼，需要结合行政法及行政诉讼法上的具体行政行为进行判定。

2.投诉处理决定的执行问题

根据《展会知识产权保护办法》第二十五条规定，对涉嫌侵犯专利权的处理请求，地方知识产权局认定侵权成立的，应当依据专利法相关规定作出处理决定，责令被请求人从展会上撤出侵权展品，销毁介绍侵权展品的宣传材料等。但该《办法》对于地方知识产权行政部门能否在被投诉人不执行处理决定的情况下对被投诉侵权参展商进行“强制执行”并没有记载。实践中也经常出现，被投诉人并未主动采取任何措施，参会主办方以及知识产权局也未采取任何强制措施，最终被投诉人的被控侵权展品一直参展至展会结束，投诉人虽然赢得了书面上的胜利，但实际的投诉目的并未达成的情况。

依据该《办法》第三十二条规定，展会主办方有权利也有义务监督展会投诉处理决定的执行。而且在举办方通常在与参展方签署的《展会知识产权保护合同》中也对举办方有权对知识产权侵权行为采取遮盖、撤展、终止参展资格等措施做出约定。因此，对于被投诉方拒绝改正的行为，权利人可以要求举办方或做出处理决定的专利行政部门采取必要措施，以确保权利得到及时维护。

四、律师建议

展会知识产权纠纷的处理存在短平快的特点，若被投诉侵犯他人知识产权，往往来不及应对，且对不利于己方的投诉处理决定也没有有效地救济措施，一旦被采取撤展或遮蔽等措施，不仅损失展位费、宣传费等展会成本，更会在同行业中造成恶劣的负面影响，丧失潜在的客户。

1.先保护再参展

很多参展商刚刚研发出新产品而并未及时申请知识产权，就到处参展，造成新产品被大量的仿制销售，尤其是外观设计。如果及时申请相关专利，一旦发现侵权行为，就可以依法要求对方停止侵权行为并赔偿经济损失。

2.展前专利检索及产品调研

对参展商欲参展产品进行调研，不仅可以了解竞争对手的专利产品情况，审查自身产品是否存在侵权行为，而且还可以了解其是否存在侵权产品，以便提前采取有效措施阻止其参展或为维权及时做出准备。

3.提前准备参展产品的全部资料

对于自身参展产品的相关资料（如开发记录、生产记录、销售记录等），应提前准备，以便作为应对侵权投诉或主张权利时使用。

4.聘请律师到场

参展商可以聘请在专利维权方面经验丰富的律师到场，协助参展商进行侵权产品的调查、公证保全以及投诉处理等，在发生专利侵权或遭受投诉时，可以帮助参展商快速、有效地维权或轻松从容地应对侵权投诉。

汽保设备专利侵权抗辩

——以天津A公司诉天津B公司、洛阳C公司外观设计专利侵权案为例

中国汽车保修设备行业协会法务部

随着我国知识产权保护法律环境及政策环境的改善、汽保行业专利申请数量增长，专利侵权纠纷案件数量逐年增加。虽然《专利法》明确保护专利权人的智力成果，但由于专利质量参差不齐，尤其是对于实用新型和外观设计专利，因其不进行实质性审查，科技含量较低、专利的稳定性不强，在专利侵权诉讼中极易被认定为现有技术，司法实践中很多企业也无意中成了专利侵权案件的被告。

一、案例分析及评析

1.案由

天津A公司诉天津B公司、洛阳C公司外观设计专利权侵权纠纷案。

2.案情

2010年2月3日，张某取得名称为“真空接触器（极柱式）”的外观设计专利权，专利号为：ZL200930121299.6（该专利目前仍合法有效）。2011年9月15日，张某与天津A公司签订《外观设计专利实施许可合同》授权天津A公司生产销售该专利产品。

2012年3月16日，天津B公司与洛阳C公司签订《工业品买卖合同》，约定天津B公司购买洛阳C公司生产的型号为ZN3A-400/12-NS投切电容器专用高压真空接触器一台，价额为3 200元。

2012年4月12日和4月17日，天津市某公证处受天津A公司的委托分别对天津B公司购买的高压永磁真空开关进行现场公证保全及对洛阳C公司在其网站上销售、许诺销售涉诉侵权产品的行为进行了公证保全。

2012年5月15日天津A公司将天津B公司、洛阳C公司诉至法院，要求两被告立即停止销售行为，并赔偿由此造成的损失及合理支出共计538 082元。

本案一审法院认为，张某与天津A公司的外观设计专利系使用于真空接触器上，被控侵权产品为高压永磁真空开关。从天津B公司与洛阳C公司签订的《工业品买卖合同》技术参数看，被控侵权产品应为真空断路器。而在《外观设计分类表》中，真空接触器与真空断路器为同类产品，且其功能均是用于通断电路。涉案产品圆柱上的螺纹设计为实现技术功能的必要条件。根据洛阳C公司提供2003年第9期《电气世界》、2008年1月《输配电市场》和2008年4月《输配电市场》证明，该外观设计专利为已经公开过的现有技术，而张某递交外观设计专利申请的时间为2009年，这就说明在申请日之前，洛阳C公司销售的产品所使用技术已是现有技术。因此，洛阳C公司以现有设计的抗辩成立。天津A公司主张侵权的证据不足，对其诉讼请求，不予支持。天津A公司不服一审判决提起上诉。

3.争议焦点

本案的争议焦点为：洛阳C公司提出的现有设计抗辩是否成立？被控侵权产品是否落入了专利保护的范围？

4.案件评析

洛阳C公司提出的现有设计抗辩是否成立？

在本案中，在审查判断现有设计抗辩是否成立时，二审法院首先将涉案专利设计与被控侵权人洛阳C公司主张的现有设计进行了比较，二者相同点在于：①产品整体由极柱区和箱体两部分组成；②各极柱整体成圆柱体，表面有突起波纹；③箱体整体形状为立方体。不同点在于：①各极柱的具体形状不同，包括极柱沿高度方向各部分的直径变化，突起波纹的形状、数量、间距、分布位置，顶部连接端和进出线结构的具体设计；②箱体设计不同，包括箱体的长宽高比

例、相对于各极柱的尺寸比例、表面图案和开关、孔洞等具体设计。然后,法院又将上述被诉侵权设计与现有技术进行了比较,两者的相同点在于:①产品都是由极柱区与箱体组成,极柱区由三根等同的圆柱形极柱构成,极柱表面都有凸起的波纹;②箱体的整体形状都呈立方体。两者的不同点在于:①极柱顶端和中部的导电端子具体形状不同,极柱中部的接线结构不同;②箱体具体设计方面,箱体的表面是否设置开关、孔洞以及表面图案均不相同。

通过上述对比可以看出,被控侵权设计与现有设计在极柱区和箱体的具体设计方面存在较多不同点,且与涉案专利设计与现有设计的区别点相同,主要利用了涉案专利设计与现有设计的区别点。二审法院最终认定被控侵权设计与现有设计具有实质性差异不属于现有设计,洛阳C公司的现有设计抗辩不能成立。

被控侵权产品是否落入了专利保护的范围?

专利法规定,在与外观设计专利产品相同或者相近种类产品上,采用与授权外观设计相同或者近似的外观设计的,人民法院应当认定被诉侵权设计落人外观设计专利权的保护范围(《最高人民法院关于审理侵犯专利权纠纷案件应用法律若干问题的解释》第八条)。该规定实际上确定了外观设计专利侵权的基本的判断方法。

外观设计专利的保护范围:与发明和实用新型专利的保护范围相区别,外观设计专利是以专利文件中记载的照片或图片所表示的外观设计效果为保护范围的。司法实践中,判定被控侵权产品是否落入了专利的保护范围,法院通常采用的是“混合标准”。该标准的具体内容为:通过将涉案专利与被控侵权的全部构成要素进行整体比对,也兼顾对专利产品的独创性部分的比较,综合判定被控侵权产品与专利权人的产品是否相同或相似。但进行上述比较的基础是被控侵权产品与外观设计专利产品是同类产品,倘若两者不属于同类产品的,则不构成侵权。

被诉侵权设计产品与涉案专利设计产品是否属于同类产品?

根据《最高人民法院关于审理侵犯专利权纠纷案件应用法律若干问题的解释》规定,人民法院应当根据外观设计产品的用途,认定产品种类是否相同或者相近。本案中,虽然被诉侵权设计产品与涉案专利名称标注不同,在《外观设计分类表》中两者均属于发电、配电和变电的设备。从功能或用途上来看,被控侵权产品与涉案专利产品用于在电路中实现关合、开断、保护、控制,均属于配电和电力控制设备,属于相同种类产品,因此,两者可以进行相同或相似的比较。

被诉侵权设计与涉案专利设计是否相同或有无实质性差异?

通过上文对判断外观设计专利侵权的认定原则有了初步了解。在判断外观设计专利是否相同或相似有无实质性差异,是从一般消费者的认知水平和认知能力进行判断的,而非通过专业技术人员进行判定,这也是外观设计专利侵权在判定上与发明和实用新型的不同之处。

依据上述判定思路及方法,法院首先根据现有证据及当事人陈述,认定极柱式接触器、断路器这类产品的共性特点是由三根表面具有凸起波纹的极柱与底部为立方体的箱体组成。被诉侵权产品设计及涉案专利设计与现有设计有显著区别,并非现有设计。而被诉侵权设计的极柱部分虽在波纹的分步、形状和数量与涉案专利设计不尽相同,但由于两者都是波纹分布均匀的圆柱形极柱,从一般消费者的角度来看,被诉侵权设计与涉案专利设计在极柱具体设计上的区别显然属于细微差异,极易为一般消费者混淆;至于两者在箱体高度方面存在的差异,因两者箱体的宽度和厚度相似,均属于长方体箱体,且箱体表面在图案、开关、孔洞设计方面均相似,这些相似点对于该产品的一般消费者的整体视觉效果足以产生显著影响,故两者箱体的具体设计在整体视觉效果上亦无实质性差异。综上,二审法院最终在整体比较方法为基础上,以创新部分判断为补充,得出被控侵权设计落入涉案专利外观设计保护范围的结论。

二、专利侵权的抗辩事由

在专利侵权诉讼中被告常见抗辩方式有现有技术抗辩、无效抗辩、优先权抗辩、免赔事由抗辩等,当然还有其他一般民事诉讼的抗辩,如诉讼时效抗辩

等。本文将重点讲解实践中经常运用的抗辩方式：现有专利抗辩和专利无效抗辩。

1.现有专利抗辩

现有技术的概念：所谓的现有技术抗辩是指在专利侵权纠纷中，被控侵权人有证据证明其实施的技术或者设计属于现有技术或者现有设计的，不构成侵犯专利权。该抗辩事由是专利法明确规定的法定的抗辩事由，也是在专利侵权诉讼中被告经常运用的诉讼技巧之一。该抗辩事由中有一个核心概念就是“现有技术”。理解这个概念我们要把握一个重要的时间节点就是“申请日”。申请日以前，在国内外为公众所知的技术均属于现有技术，人人均可利用，任何人无权独占。

从现有技术抗辩制度的立法目的来看，该制度体现了国家对社会公众利用现有技术利益的保护。该制度的理论依据就是业内熟知的“知识产权激励理论”。根据该理论，专利制度本质上是国家通过授予发明创造者在一定时期内垄断该项专利以换取向社会公众公开其发明创造，从而鼓励社会公众进行更深层次的发明创造，实现技术知识和信息共享。法律规定被控侵权人能够以现有技术进行抗辩，其实是知识公共性这一本质特征所决定的。从其功能上来看，主要是为了给利用现有技术的被控侵权人提供一种不构成侵权抗辩的途径，并不涉及专利效力的问题，因此这是与专利无效抗辩是相区分的。

现有技术抗辩的具体适用:司法实践中，判断被控诉侵权设计是否属于现有设计，一般是通过将被控侵权设计与现有设计相对比，确定两者是否相同或有无实质性差异。但仅仅将被控侵权设计与现有设计对比，可能会忽视二者之间的差异对二者整体视觉效果的影响，特别在被控侵权设计与现有设计和涉案专利三者都相近似的情况下，更容易导致判断错误。因此，在被控侵权设计与现有设计之间进行比较时，特别是在被控侵权设计与现有设计并不相同情况下，通过对涉案专利产品同类或相类似产品具有常识性了解的一般消费者，找出涉案专利与现有设计的区别点，考量这些区别点对外观设计整体视觉效果的影响。需要注意的是，被控侵权设计是否利用了涉案专利与现有设计的区别点，也是判定被控侵权专利设计是否属于现有设计的重要依据。因此，通过对被控侵权设计与现有设计以及涉案专利与现有技术分别进行比对，综合判定被控侵权设计与现有设计有无实质性差异。

2.专利无效抗辩

在专利侵权诉讼中，专利权无效抗辩是常用的抗辩手段之一。从该制度设立的目的来看，一方面通过赋予被控侵权人提请宣告涉案专利无效的权利并附带举证责任，对已经授予的专利权是否符合法定的授权条件再次进行审查，从而提高授权专利的质量，以减少因不当授予专利权对技术进步和自由竞争的阻碍；另一方面就是给予专利侵权纠纷案件中的被控侵权人一定的救济途径。

我国《专利法》规定，专利被授权之日起，任何单位或者个人如果认为该专利权的授予不符合法律规定的，均可以请求专利复审委员会宣告专利权无效《中华人民共和国专利法》第四十五条)。此处的无效抗辩是被控侵权人在诉讼中的一种诉讼技巧，该抗辩事由的运用，并不妨碍被控侵权人向国家专利复审委员会申请该专利无效。

专利无效的抗辩理由:对于主张专利无效的抗辩事由，《专利法》及《专利法实施细则》做出了明确的规定：①被授予的发明创造不具备新颖性、创造性、实用性特点的；②授予专利权的外观设计，与申请日以前在国内外出版物上公开发表过或者国内公开使用过的外观设计相同或相近似，并与他人在先取得的合法权利相冲突的；③对违反国家法律，社会公德或者妨害公共利益的发明创造；④法律规定的其他情形（详见《专利法实施细则》第六十五条）。

在专利侵权案件中，适用“谁主张、谁举证”的证明责任，由被控侵权人承担证明责任及说明义务。一般情况下，被控侵权人可通过专利检索，分析该专利的权利要求书等专利文件，寻找专利文件与专利无效事由相契合的漏洞或者通过国内外的期刊、杂志等途径证明该专利已经公开过并且与在先申请专利技术相冲突等方式，收集整理涉案专利无效的证据，为应对诉讼做好充分的准备。

主张专利无效的期限:在实践中，当专利权人向人民法院提起专利侵权诉讼后，被控侵权人一般会出于保护自我的考虑，反诉涉案专利无效，并向专利复审委员会提起专利无效宣告请求。

需要注意的是，对于实用新型和外观设计专利侵权案件中，被控侵权人应在一审答辩期内提出专利无效的抗辩并请求法院中止诉讼（《最高人民法院关于审理专利纠纷案件适用法律问题的若干规定》第九条）一方面被告可以获得15天的应诉时间，另一方面如果涉案专利被专利复审委员会宣告无效，那么专利侵权就无从谈起，这无疑是最简单，最有力，最成功的抗辩。但是，如果被告未在一审答辩期满前提出抗辩，法律规定人民法院不应当中止诉讼，但经审查认为有必要中止诉讼的除外（《最高人民法院关于审理侵犯专利权纠纷案件应用法律若干问题的解释》第十条），此种情形下，法院裁定中止的情况很少。

上文中只提到实用新型和外观设计会因无效抗辩而中止，那么发明专利是否也适用该规定呢？由于发明专利在申请时需经过实质审查，其权利稳定性较强，法律规定可以不中止诉讼，但法院享有自由裁量权。此外，法律规定了三种不予中止诉讼的情形：①原告出具的检索报告未发现导致实用新型专利丧失新颖性、创造性技术文献的；②被告提供的证据足以证明其适用的技术已经公知的；③被告请求宣告该项专利权无效所提供的证据或者依据的理由明显不充分的。不论是原告提供的证据还是被告提供的证据，只要证据确实充分，法院不予中止诉讼。

专利无效抗辩的后果：在专利复审委员会作出宣告专利权无效或者维持专利权的决定后，如果原被告没有对该决定表示异议或者不服，那么法院将恢复侵权诉讼的审理；但如果一方当事人对该决定不服，则可以专利复审委员会为被告向北京市第一中级人民法院提起行政诉讼。

倘若一审判决侵权成立，同时行政诉讼最终确定专利宣告无效，此时被告可以涉案专利无效为理由提起上诉，结果当然是被告胜诉，二审法院一般会直接驳回原告的诉讼请求，因为专利宣告无效后被认为自始无效。

三、结语

汽保行业的快速发展，行业内专利侵权或者被侵权诉讼的数量逐渐增多，这在一定程度上暴露了汽保行业在知识产权保护方面的不足之处。因此，企业掌握一些诉讼中的抗辩技巧，对于降低可能存在的诉讼风险及成本具有现实意义。企业除了应加大专利保护力度外，熟练掌握一些应对专利侵权诉讼的技巧是很有必要的。希望通过本文能对行业内企业有所帮助和启发。

汽保产品缺陷及举证责任分配问题

——以陈某诉A汽车销售服务有限公司、B卡车股份有限公司产品质量纠纷案为例

中国汽车保修设备行业协会法务部

随着汽保行业的发展壮大，不断提高产品质量和服务质量已经成为行业主流发展方向。但由于国内汽保企业以中小型企业为主，且地区分布广，资金和技术有限，致使目前汽保产品质量参差不齐，因产品质量引发的纠纷也日益增多。本文将通过介绍一起因产品缺陷引起的损害赔偿案件为例，分析产品质量纠纷案件中产品缺陷及举证责任分配问题，为汽保企业应对侵权纠纷提供借鉴经验。

一、案情简介

1.案由

陈某诉A汽车销售服务有限公司、B卡车股份有限公司产品质量纠纷案。

2.案情简介

据了解，本案原告陈某于2007年5月23日从被告A

汽车销售服务有限公司处购买了一辆由B卡车股份有限公司生产的重型自卸卡车从事运输。

2007年6月6日，原告陈某在使用该车行驶时，发生机箱爆裂导致翻车事故，致使原告陈某和车辆驾驶人赵某受伤以及车辆严重损坏。经交通管理部门认定，该事故为单方事故，原告雇佣的驾驶人赵某负事故全部责任。但由于陈某与赵某未就车辆损坏赔偿事宜达成一致，原告陈某遂以车辆存在质量缺陷为由将被告A汽车销售服务有限公司、B卡车股份有限公司诉至法院，主张被告返还购车款，赔偿医疗费用、自卸车车架费及经济损失共计282 546元。

审理过程中，原告陈某申请对车辆机箱爆裂与翻车的先后顺序，即机箱爆裂与翻车之间是否存在因果关系进行司法鉴定。经法院委托鉴定部门出具的鉴定意见认为：货车离合器破碎，电源线断路发生在无照明设施的夜间下坡弯道上，致使驾驶人惊慌失措，车辆加速超过临界侧滑速度，导致失控翻落路下。鉴定结论为：货车离合器破碎，电源线断路导致货车翻落路下。

一审法院最终判决，由被告B卡车股份有限公司（生产者）承担全部赔偿责任。被告B卡车股份有限公司不服一审判决，提起上诉，最终二审法院驳回上诉，维持原判。

3.争议焦点

本案的主要争议焦点为：机箱爆裂是否是产品缺陷及产品缺陷的举证责任该如何分配？损害赔偿责任应由销售者和生产者哪一方承担？

二、案件评析

1.机箱爆裂是否是产品缺陷及产品是否存在缺陷的举证责任分配？

（1）机箱爆裂是否是产品缺陷。所谓“产品缺陷”，《产品质量法》从两方面做出规定，即产品存在危及人身、他人财产安全的不合理的危险；产品不符合保障人体健康和人身财产安全的国家标准、行业标准。该条款实际上依据法律，确立了判断产品是否存在缺陷的基本标准。实践中如何具体运用这项法定标准来判断产品是否存在缺陷，需要具体案件具体分析。

产品缺陷的核心是“存在不合理危险”，我们可从两个方面进行理解：一是产品本身不应当存在危及人身、财产安全的危险，但因设计、制造上的原因，导致产品存在危及人身、财产安全的危险；二是某些产品因本身的性质而具有一定的危险（如易燃易爆产品），但如在正常合理使用的情况下，不会发生危害人身、财产安全的危险，但因产品设计、制造等方面的原因，导致该产品在正常使用的情况下也存在危及人身、财产安全的危险。

在实践中，产品存在不合理危险的原因主要有以下几种情况：①设计缺陷，即产品本身应当不存在危及人身、财产安全的危险性，却由于“设计上”的原因，导致产品存在危及人身、财产安全的危险。例如玻璃制品的火锅，由于结构或安全系数设计上的不合理，就有可能导致在正常使用中爆炸，危及使用者或者他人的人身、财产的安全；②制造缺陷，即产品本身应当不存在危及人身、财产安全的危险性，却由于“加工、制作、装配等制造上”的原因，导致产品存在危及人身、财产安全的危险；③说明或指示缺陷，即由于产品本身的特性具有一定的危险性，但生产者未能用警示标志或者警示说明，明确地告诉使用者使用时的注意事项，导致产品存在危及人身、财产安全的危险。

（2）产品缺陷责任的构成要件。通过上述阐述，我们可以判断产品缺陷。而主张产品缺陷责任，则需要具备法定构成要件：①产品存在缺陷（上文已阐述）；②损害事实的存在。依据法律规定及实务经验，认定产品缺陷责任必须以实际造成人身损害或财产损害为前提，如果产品仅存在缺陷但未造成损害后果，就不会发生产品缺陷责任问题。受害人既可以是产品的购买人，也可能是产品的使用人，或是既非购买人又非使用人的第三人；③损害后果与产品缺陷之间有因果关系，即损害后果是由于产品的缺陷所致，而不是由于他人把产品作为实施侵权的工具造成的。具体表现为产品缺陷与损害后果之间的相互联系，而不是表现为某种具体行为与损害后果之间的因果联系。因此只要受害人能够证明其所受损害是产品缺陷造成的结果，法律上的因果关系即告成立，而不必证明该缺陷是其损害发生的唯一原因或直接原因。与一般侵权责任不同的是，产品缺陷责任并不以过错为构成要件，因此只要能够证明上述三要件，就可依法认定为产品缺陷。

本案中，原告所购买被告B卡车股份有限公司生产的新车后，仅使用十余天就在行驶过程中发生离合器破碎，造成严重的交通事故。经法院委托的司法鉴定部门作出的鉴定结论为，离合器破碎是导致翻车主要原因，且根据交通管理部门出具交通事故认定书认定所发生的事故是单方事故，并未发现其他外力或者诱因，符合产品缺陷责任的构成要件，生产者或销售者应承担赔偿责任。

（3）举证责任如何分配。产品质量纠纷案件举证责任的正确分配，对案件处理结果正确具有重要意义。正如法谚所云："举证之所在，败诉之所在。"举证责任的确定，是关乎当事人诉讼成败，不可马虎。对于一般侵权案件，根据《关于民事诉讼证据的若干规定》（以下简称《规定》）的规定："当事人对自己提出的诉讼请求所依据的事实或者反驳对方诉讼请求所依据的事实有责任提供证据加以证明。"也就是说，主张损害赔偿的受害者应对存在侵权行为、损害后果以及损害后果是由于侵权行为造成的承担举证责任，这也就是我们通常所说的"谁主张、谁举证"。

根据该《规定》，产品缺陷责任的举证方式为举证责任倒置，即因缺陷产品致人损害的侵权诉讼，由产品的生产者就法定的免责事由承担举证责任。这是国家基于产品生产者所承担的安全保障义务以及保护产品使用者的合法权益而设定的规则。依据该规则，产品缺陷致损害，受害者无须证明生产者的主观过错，而是根据法律规定推定生产者存在过错，生产者如不能证明符合法定免责情形，即应承担赔偿责任。这就是产品缺陷致人损害侵权诉讼的举证责任倒置问题。

举证责任倒置并不意味着所有举证责任都由生产者承担，责任倒置的范围以法律规定为限，法律没有明确规定倒置的，仍需按"谁主张，谁举证"的规则来分担举证责任，即如果生产者能够证明：①未将产品投入流通；②产品投入流通时，引起损害的缺陷尚不存在；③将产品投入流通时的科学技术水平尚不能发现缺陷的存在；④第三人过错；⑤法律规定的其他免责事由，则生产者不承担赔偿责任。实践中，生产者通常应提供产品质量合格证明、质保书等文件证明产品质量不存在缺陷。除上述免责事由由生产者举证外，其他举证责任应由受害人承担。因此，在产品质量侵权诉讼中，应正确理解"产品缺陷举证责任倒置"。本案中，原告对产品存在缺陷已经完成举证责任，被告B卡车公司作为生产者应就存在法定的免责事由进行举证，因其未在举证期间向法院提交证据证明存在免责事由，故应承担举证不足的不利后果。

本案另一被告A汽车销售服务有限公司作为销售者，应负有产品质量担保义务，但根据《产品质量法》的规定，发生产品缺陷纠纷案件时，如果销售者能够提供缺陷产品的生产者或缺陷产品的提供者，则不承担损害赔偿责任。本案中，A汽车销售服务有限公司能够证明缺陷产品生产者，且其对产品缺陷的产生不存在过错，故其不承担赔偿责任。

2.损害赔偿责任应由销售者、生产者哪方承担？

产品缺陷引起的损害赔偿，受害人可主张违约责任或侵权责任，这就是我们所知的"侵权责任与违约责任的竞合"。根据《产品质量法》及《侵权责任法》等相关法律规定，对于因缺陷产品致人损害的责任，生产者承担过错推定责任，也就是说发生产品缺陷致人损害的情形时，生产者如不能证明存在免责事由，应承担赔偿责任。销售者承担过错责任，即销售者对产品缺陷有过错才承担责任，无过错则不承担责任。法律为了保护消费者的合法权益，对于担责主体的确定，法律赋予消费者自主选择权，即因产品缺陷造成损害时，消费者既可以向生产者要求赔偿，也可以向产品销售者要求赔偿。至于赔偿责任最终由谁承担，法律规定属于生产者责任，销售者赔偿以后，有权向生产者进行追偿。属于销售者责任的，生产者赔偿以后，有权向销售者进行追偿。

本案中，原告及被告B卡车公司在举证期限内，均未向法院提交相关证据证明被告A汽车销售公司在销售过程中存在过错，故原告主张因产品质量问题造成的损失应由被告B卡车股份有限公司予以赔偿。最终法院依法判决被告B卡车股份有限公司赔偿原告陈某购车款234 200元、车架费47 500元、医疗费846元。

综上所述，在因产品缺陷引起的损害赔偿案件中，生产者面临的诉讼风险较大，销售者次之。司法实践中，消费者通常会将生产者及销售者一并诉至法院

以最大限度维护自己的合法权益。而汽保企业正是以生产销售业为主，因此提醒汽保企业，在保证生产销售产品质量的同时，应注意保存产品质量合格证明、销售票据等证明产品质量合格或合法来源的凭证，提高证据意识，以更好地应对产品质量纠纷，避免或减少因举证不足带来不必要的损失。

汽保企业网销商品买卖纠纷案件简析

中国汽车保修设备行业协会法务部

如今，网上交易以其便捷、快速、低成本的优势飞速发展，越来越多的消费者选择通过网络购买商品。在汽保行业中，很多汽保企业也通过开设官方网站的形式或是通过其他电商平台向消费者销售生产的汽保产品，以扩大自身的市场份额。在汽保企业的销售对象中，除了采购商之外，还涉及一般消费者。因此，本文将以一起网销汽保设备的买卖纠纷案为例，浅析通过网络或其他平台向消费者销售商品时的法律风险，为汽保行业相关企业合法、合理地应对此类纠纷提供参考。

一、网络销售商品买卖纠纷案例

1.案由

原告唐某诉被告某汽保企业买卖合同纠纷案。

2.案情简介

2015年9月，唐某通过国内某汽保企业网站购买一把日本进口喷漆枪，某汽保企业网站声称该喷漆枪为“正品行货”，唐某于购买4日后收到货品并支付400元货款。在使用初期，唐某未发现喷漆枪是“水货”，但随着保修期的临近，通过仔细阅读商家提供的保修卡和该喷漆枪官网的购物提示，唐某开始确信喷漆枪并非“正品行货”，故以此为由将某汽保企业诉至法院，要求其按《消费者权益保护法》规定承担三倍赔偿。

在庭审过程中，双方对商品属于“行货”还是“水货”产生了争议，某汽保企业向法院提交了相关的报关单及附件，并称已进行报关的商品就是“行货”，但唐某认为只有具备正规厂家授权和正规代理商家出售的商品是“行货”。

对于双方的上述争议，法院认为“行货”一词并非法律上的术语，亦非标准行业术语，双方也未对其含义进行约定，故应依照交易习惯对其进行理解。依据当前市场的交易习惯，“行货”系经过合法的报关手续等正规渠道进入国内市场的境外商品，其能在国内市场享受官方售后服务及质量保证。某汽保企业网站承诺该喷漆枪系“行货”，唐某据此相信涉诉喷漆枪系能够享受官方提供的售后服务和质量保证，该理解符合交易习惯。但实际上该喷漆枪不能享受联保服务，仅由该汽保企业提供售后服务。故该汽保企业明知上述情况，却仍将商品描述为“行货”，足以构成对消费者的误导，使消费者做出错误的意思表示。

法院最终依法判决某汽保企业网站构成欺诈，应依法向唐某承担三倍赔偿责任。

3.案情分析

在现实中，为扩大产品在市场上的销售份额，部分企业存在夸大产品性能及虚假宣传的现象，涉嫌欺诈。近些年来，许多汽保企业设有自己的网站用于销售商品，其销售对象除了采购商外还包括普通的消费者。对于网络购物，国家在2013年修改了《消费者权益保护法》，其中扩大了经营者的义务，规范了网络购物中经营者的责任，尤其对于网销中有关欺诈的处罚做出了明确的规定。一旦发生纠纷，消费者可依据最新修订的《消费者权益保护法》向经营者主张退还货款并要求其承担三倍货款金额的惩罚性赔偿。

所谓欺诈是指经营者故意在提供的商品或服务中，以虚假陈述或是其他不正当的手段欺骗、误导消费者，致使消费者利益受到损害的行为。构成欺诈需符合以下条件：首先，经营者对其商品或服务的说明是虚假的，足以使一般消费者受到欺骗或是误导。其次，虚假说明与消费者的消费行为之间存在因果关系。例如，以虚假的商品说明、商品标准等方式销售商品；利用大众传播媒介对商品做虚假宣传等。

本案中，某汽保企业在未获得合法授权的情况下，销售进口喷漆枪并在自己的网站上公然宣称自己出售的喷漆枪为“正品行货”。其销售行为本身就已经属于侵权行为，并且其隐瞒了没有取得合法授权的事实，引起消费者的误解。尽管其向消费者承诺购买喷漆枪享有1年的保修期，但保修实际上是该汽保企业提供的，而不是原厂提供的，与其对外宣传的内容不符，已经构成对消费者知情权的侵犯，符合欺诈的构成要件，损害了消费者的合法权益，故消费者有权要求其承担三倍赔偿责任。

二、网络销售商品的其他法律问题分析

通过上述案件分析可知，由于网络交易具有虚拟性，消费者无法像在实体店购买商品那样现场、直观地获知所购买商品的信息，这就造成了关于产品信息的不对称，因此国家为更好地保护消费者的合法权益，对经营者通过网络销售商品提出更高的要求。下面将简单介绍有关网络销售产品纠纷的几个热点问题。

1.网络销售商品的7天无理由退货

2014年3月15日修改的《消费者权益保护法》对于网购商品7天无理由退货做出了明确的规定，即当经营者采用网络、电视、电话、邮购等方式销售商品时，消费者有权自收到商品之日起七日内退货，且无需说明任何理由，但是当消费者购买定作的商品、鲜活易腐的商品或报纸、期刊等商品时，不受上述限制。

由于网络销售等方式与传统实体店铺的销售模式不同，消费者与经营者的信息不对称，故新《消费者权益保护法》加强了对消费者权益的保护力度，同时也规范了企业通过网络销售产品的行为，在一定程度上加重了经营者的义务。因此，销售者通过网络销售产品以及对外宣传时，只能优于上述法律规定，不得低于或拒绝承担上述义务，否则涉嫌侵犯消费者的合法权利，极易引起纠纷。

2.销售耐用品的举证倒置

此次《消费者权益保护法》的修改，对耐用品的举证责任进行了新规定，其中规定经营者提供的机动车、计算机、电视机、电冰箱、空调器、洗衣机等耐用商品时，消费者自接受商品之日起六个月内发现瑕疵，与经营者发生争议的，由经营者承担有关瑕疵的举证责任。

由于绝大多数汽保产品属于此处所称的“耐用商品”，故销售者通过网络销售汽保产品时，一旦消费者发现所购买的汽保产品存在质量瑕疵，消费者在接受商品之日起的六个月内，有权要求经营者承担产品质量担保责任，其中产品质量瑕疵的举证责任由经营者承担。如果销售者不能证明交付该产品时产品质量合格或不存在瑕疵的，销售者将承担举证不能的法律后果。但是，当消费者在接受耐用商品之日起六个月后发现瑕疵时，按照“谁主张，谁举证”的一般原则承担举证责任。因此，销售者在销售产品时应严格检验产品是否存在瑕疵，如存在瑕疵的，应及时、明确地告知消费者。如销售者未履行上述义务的，一旦发现产品质量瑕疵，销售者应依法承担产品质量担保责任。

3.销售缺陷产品的召回

由于缺陷产品具有人身危险性，极有可能会造成消费者人身、财产的损失，故此次《消费者权益保护法》对于缺陷产品的召回做出了明确的规定：当经营者发现其提供的商品或者服务存在缺陷，有危及人身、财产安全危险时，应当立即向有关行政部门报告并告知消费者，采取停止销售、警示、召回、无害化处理、销毁、停止生产或者服务等措施。

所谓产品缺陷是指产品存在危及人身、财产安全的不合理的危险；或当产品有保障人体健康和人身财产安全的国家标准、行业标准时，不符合该标准的情形。经营者在产品销售后发现该产品具有缺陷可能给消费者造成人身财产损失时，可以通过电话、媒体等多种方式告知消费者并要求其尽快将缺陷产品送回经营者处或由经营者将缺陷产品运回，

以避免危险的发生。

经营者在销售产品时具有承担产品质量担保的义务，如在销售前发现产品存在上述产品缺陷的，不得向消费者销售。

4.网络销售模式下消费者信息的保护

由于网络销售具有特殊性，经营者可以轻而易举的知悉消费者的个人电话、家庭住址等个人信息，故近年来，网络销售者泄露、侵犯消费者隐私的案件屡屡发生。因此，修改的《消费者权益保护法》对消费者个人信息的保护作出了明确规定。当经营者在收集、使用消费者个人信息时，应向消费者明示收集、使用信息的目的、方式和范围，并经消费者同意。当经营者收集、使用消费者个人信息时，应当公开其收集、使用规则，不得违反法律法规的规定和双方之前的约定。网络销售者对收集的消费者信息必须严格保密，不得泄露、出售或者非法向他人提供。在没有得到消费者同意，或者消费者明确表示拒绝的情况下，销售者不得向其发送商业性信息。

作为经营者应遵守上述法律条款的规定，保护消费者的个人隐私，在未经消费者同意的情况下，不得向消费者发送商业信息，否则在消费者诉至法院的情况下，极有可能承担相应的民事责任或行政责任。

三、结语

网络销售模式既给企业带来了机遇同时也带来了挑战。虽然汽保企业的主要销售对象为经销商或4S店、修理厂等企业，但是并不排除存在普通消费者通过网络购买汽保产品的情况。因此，为规避可能存在的法律风险，本文对新《消费者权益保护法》的相关热点问题简单分析，希望能引起汽保企业对网络销售产品中可能存在的法律风险的重视。

汽保设备专利侵权行为的判定

——以成都A公司诉重庆B公司实用新型专利侵权纠纷案为例

中国汽车保修设备行业协会法务部

随着汽保行业快速发展，汽保企业在国内外发生的知识产权侵权纠纷也逐渐增多。国内汽保企业的知识产权保护意识不强，专利申请数量不多、质量不高，一旦发生侵权案件，企业将面临高额的侵权成本。针对上述问题，本文旨在以真实发生在汽保行业内的实用新型专利侵权纠纷案为例，通过对专利侵权案件的分析，引导汽保企业正确认识专利的保护范围和专利侵权行为的判定，指引汽保企业维护自身合法权益和正确应对侵权纠纷。

一、案例分析及评析

1.案由

成都A汽车工具开发有限公司（以下简称成都A公司）诉重庆B工贸有限公司（以下简称重庆B公司）实用新型专利侵权纠纷案。

2.案情

2000年1月29日，陈某取得名称为“轿车减振器弹簧拆装机”的实用新型专利。2006年3月13日，陈某与成都A公司签订《专利权转让协议》，将该专利权无偿转让给成都A公司。同年6月23日，国家知识产权局将专利权人由陈某变更登记为成都A公司。2007年11月23日，成都A公司的法定代表人何某在做市场调研时发现，重庆市高新区某汽摩综合市场B公司店铺销售的减振弹簧拆装机与自身拥有专利的技术特征十分相似，遂在公证人员的监督下，购买了1台减振弹簧拆装机（部件上标注：JJTJ–06型轿车减振弹簧拆装机，上海某汽修有限公司），同时获得重庆市商业统一发票1张（编号07179631，价格850元，收款单位是重庆B公司）、质保书1张（编号0003367，重庆B公司宏达分公司签章）、重庆B公司销货清单1张。

成都A公司以重庆B公司未经其许可擅自销售其专利产品，侵犯其实用新型专利为由将重庆B公司诉至法院。经查明，2005年，重庆B公司曾从成都A公司处以每台1 000多元的价格购进过涉案的轿车减振器弹簧拆装机专利产品，并以1 100多元的价格对外销售。重庆B公司也曾从重庆某机电设备商行购买该减振弹簧压缩机。2008年5月，重庆某机电设备商行向重庆B公司开具减振弹簧压缩机发票1张，价格590元，并称是为2007年11月23日减振弹簧压缩机1台补开的发票。一审法院委托相关部门对重庆B公司销售的"JJTJ-O6型"轿车减振弹簧拆装机与涉案专利产品的权利要求书、说明书和附图进行了比对。对比结果显示，被控侵权产品的技术特征完全落入了涉案专利的保护范围，构成对涉案专利权的侵犯。庭审中，重庆B公司对侵权事实予以承认，但重庆B公司同时也提供了证明产品合法来源的证据。一审法院认为：虽然重庆B公司从形式上初步证明了其销售的涉案产品的来源，但是重庆B公司自2005年起曾从成都A公司处以每台1 000多元的价格购进过涉案的轿车减振器弹簧拆装机专利产品，并以1 100多元的价格对外销售，故重庆B公司知晓或者应当知晓其销售涉案产品的行为是未经专利权人许可的，主观上存在过错，重庆B公司的抗辩不能成立。随后重庆B公司不服一审判决，提起上诉。

3.争议焦点

本案的争议焦点为：重庆B公司是否应承担侵权赔偿责任？

4.案件评析

本案中，重庆B公司未经成都A公司的许可擅自销售其专利产品，在行为认定上已经构成侵权。但是重庆B公司作为终端销售者，对于销售的产品是否属于侵权产品并不知情，在这种情况下重庆B公司是否仍需承担赔偿责任？我国专利法规定，以营利为目使用或者销售不知道是未经专利权人许可而制造并销售的专利产品或者依照专利法直接获得的产品，如果销售者能够证明其产品合法来源的，则不承担赔偿责任。一审法院认为，重庆B公司虽然能够证明曾从重庆某机电设备商行购买涉案产品，但是重庆B公司自2005年起从成都A公司处以每台1 000多元的价格购进过涉案的轿车减振器弹簧拆装机专利产品，并以1 100多元的价格对外销售，故重庆B公司知晓或者应当知晓其销售涉案产品的行为是未经专利权人许可的，主观上存在过错，故重庆B公司应依法承担损害赔偿责任。

本案的症结点在于对《专利法》第七十条(《专利法》第七十条：为生产经营目的使用、许诺销售或者销售不知道是未经专利权人许可而制造并售出的专利侵权产品，能证明该产品合法来源的，不承担赔偿责任) 的理解二审法院认为一审法院适用法律错误，理由有两点：第一，从现实交易来看，产品买卖过程中，授权证明或有关专利信息的证明文件一般不作为产品销售时的附带文件，依据现有证据，法院无法判定成都A公司的产品上是否有专利标识，即使推定成都A公司的专利产品上有专利标识并且重庆B公司也知道成都A公司的产品上有专利标识，也无法苛求一个终端销售商仅从专利标识就能够了解该专利的保护范围。本案涉及的是实用新型专利，涉及产品的内外结构，因此也无法苛求非专业人员仅从外观上就能准确判断自己销售的其他同类产品落入了专利保护的范围。第二，重庆B公司作为非专卖终端零售商，其并非通过厂家直接进货，而是从中间商处进货，经过了多次销售环节，已经处于商品流通的末端，零售商通过证明产品是从合法渠道取得的其已经尽到了合理的审查义务，如果要求终端零售商去查证每一件商品是否获得知识产权人的授权许可是不现实的，也不利于促进商品的流通。因此，法院认为《专利法》第七十条的正确理解是：除非专利权人能够证明销售商与制造商之间有直接的进货关系、专卖等密切关系或者该专利产品有较高的知名度，具备合理常识的人即使不借助专利证明文件也应知道该产品，否则，只要销售商能够说明产品的正规来源，加以手续齐全，价格合理，就应推定其并不明知是专利产品。只有销售者不能举证证明产品的正当来源时，才可推定其未尽到合理的审查义务，应承担损害赔偿责任。

依据上述规定，二审法院最终判决，虽然重庆B

公司实施了侵权行为，但由于重庆B公司能够证明产品的合法来源，故重庆B公司不承担损害赔偿责任。由于重庆B公司的行为属于侵权行为，虽然不承担损害赔偿责任，但应承担停止销售等民事责任。

二、专利侵权行为的认定

1.专利保护范围的确定

在发明和实用新型专利保护范围的确定上，司法实践中通行的做法是以权利要求书为准。权利要求书所确定保护的范围是专利权人的独占领域，如果他人的专利落入专利的保护范围，依法将构成侵权。因此，认定专利侵权行为首先应明确专利的保护范围。

根据《专利法》的规定，发明和实用新型专利的保护范围是权利要求书中以权利要求记载的全部技术特征所确定的范围，包括与该技术特征相等同的特征所确定的范围。该规定为人们正确认识专利的保护范围，提供了基本的判断依据。

发明和实用新型专利的权利要求分为独立权利要求和从属权利要求。一般情况下，专利的保护范围是以独立的权利要求所载明的技术特征为依据的，从属专利要求是对独立权利要求的限定。专利侵权诉讼中，专利权人也是通过独立的权利要求向侵权人主张权利的。但是，如果独立权利要求描述的过于宽泛，不适当地将现有技术特征纳入专利保护范围时，该专利权极可能被部分宣告无效。此时，如果对独立权利要求进行限定的从属权利要求符合专利法的规定，那么从属专利要求就会上升为新的独立的权利要求，尽管专利权人通常不会以从属专利要求主张权利，但是体现了从属权利要求的价值所在。

需要注意的是，我们在此阐明从属权利要求的价值，并不代表专利的保护范围可以以从属权利要求为准。不论在司法实践中还是在专利申请中，专利的保护范围都应以权利要求书载明的独立的权利要求为准。专利要求宽泛可以扩大专利的保护范围，但在专利申请中被驳回或在诉讼中专利被主张部分或全部无效的风险也增加了，这是企业在专利申请时应该格外注意的问题。

2.专利侵权行为的认定

专利权的本质是专利权人通过充分公开其专利技术以换取在一定期限内独占实施该专利的权利。未经专利权人许可实施该专利的，就是对专利权的侵犯。因此构成专利侵权必须满足以下条件：第一，该专利已经被正式授权。这是判断专利侵权的前提条件。对于专利申请以后未正式授权之前，国家只是提供“临时保护”，在这个期间内，专利申请人可以要求实际生产或销售者支付专利使用费（并不具有法律强制力），但不能主张专利侵权，因为专利申请人尚未实际取得该专利权；第二，以营利为目的。如果不是以生产经营为目的，仅供自己学习研究则并不构成侵权；第三，未经专利权人许可。该因素也是引发大多数专利侵权案件的核心因素。

法定的侵权行为包括两类：第一类是未经专利权人许可，制造、使用、销售、许诺销售、进口该专利产品或使用该发明专利的方法或使用、销售、许诺销售、进口依照该专利方法直接获得产品；第二类就是假冒专利行为。

由于专利本身具有无形性，因此在上述侵权行为中，只有实际生产、制造该专利产品或使用专利方法制造该专利产品才会直接接触专利技术。而销售、许诺销售、进口等行为其实并不直接接触该专利，属于对专利的“间接利用”。因此，未经专利权人许可制造专利权人的专利产品的行为依法构成专利侵权。但是间接利用行为是否构成侵权与生产、制造行为的合法性直接相关。如果已经获得合法授权，制造专利产品并对外销售的，买受人（单位或自然人）使用、许诺销售、销售、进口该产品的，不侵犯专利权，这是我国专利法上明确规定的“权利用尽原则”。该原则即保护了专利权人的利益，也兼顾了社会公众的利益，防止对专利权的过度保护。

本案中，如果重庆某机电设备商行、成都A公司的销售行为是经过专利权人许可的，那么重庆B公司从其处购买产品后，再进行销售可依据“权利用尽原则”，随意处置该产品，不构成侵权。但本案中，由于成都A公司并未将重庆某机电设备商行作为被告，也没有充足的证据证明重庆某机电设备商的销售行为是否经过合法授权，因此，重庆B公司的销售行为不能适用“权利用尽原则”主张不构成侵权。只能适用《专利法》第七十条主张不承担赔偿责任。

3.专利侵权的认定原则

专利侵权的认定原则是法院在处理专利权纠纷中形成的判断被控侵权行为是否构成侵权的基本方法。司法机关在认定专利侵权时，并不是简单地套用上述专利保护范围及侵权行为，而是根据案件的具体情况，以现行法律法规为依据，依据一定的原则进行认定的。本文重点介绍两个原则，即全面覆盖原则和等同原则。

（1）全面覆盖原则。

全面覆盖原则又称为“全部技术特征原则”，是司法机关在处理专利纠纷中判断专利侵权的基本方法。该原则的具体适用方法是：将被控侵权产品或方法的全部技术特征与涉案专利的全部技术特征进行对比，如果被控侵权产品或方法包含了涉案专利独立权利要求中记载的全部必要的技术特征，则表明被控侵权产品落入了涉案专利的保护范围，构成侵权行为。但专利侵权产品或方法缺少一项或多项权利要求，则不构成专利侵权。

本案例中，经法院对比，被控侵权产品的技术特征与涉案专利产品的技术特征完全相同，落入了专利保护的范围，故依法构成专利侵权。

（2）等同原则。

在实务中还存在这样的情形：侵权人通过“等同特征”替换的方式，替换权利要求书中的一个或几个必要的技术特征，或省略其中的非必要的技术特征，使得被控侵权产品或方法在表面上并未全民覆盖专利技术特征。对于此种情形，法院如依据全面覆盖原则，很可能认定不构成侵权。为弥补全面覆盖原则的不足，法律规定上述行为仍构成侵权，这就是“等同原则”在司法实践中的具体适用。

司法实务中，适用该原则的情形有以下三种。第一，简单变换组合或步骤。被控侵权人通过对产品部件的位置或方法步骤顺序进行简单变换，致使变换后的产品部件组合方法或步骤顺序与涉案专利权利要求书中记载的产品部件之间的组合方法或步骤顺序从表面看有所不同，但被控侵权产品与专利产品在作用、功能及实际效果上基本相同。第二，分解或合并技术特征。被控侵权人通过用几个技术特征来替代涉案专利权利要求书中的一个技术特征或者对涉案专利独立要求中记载的技术特征进行分解，但不论是合并还是分解，在功能、作用或者实际效果上基本相同。第三，省略部分非必要技术特征。原则上，权利要求书中记载的技术特征均应是必要的技术特征，不应存在非必要技术特征。但在实务中，由于专利文件撰写人的专业素养等原因，非必要技术特征被计入权利要求中的情形也是时有发生的。在这种情形下，如果不适用等同原则，就会缩小专利的保护范围。

需要提醒企业注意的是，专利文件中记载的必要技术特征并不是越多专利保护的范围就会越宽，相反，必要技术特征越多，专利保护的范围越窄，技术特征与保护范围之间是内涵和外延的关系。以上两个基本原则，是在司法实践中判断专利侵权的基本原则，除此之外，还有捐献原则和禁止反悔原则等，本文在这里不再赘述。

三、结语

专利是企业开拓市场、扩大市场份额之矛，也是抵御他人侵权之盾。企业在重视专利保护的同时，也应该正确认识专利侵权保护范围以及专利侵权行为的认定原则，这对于企业及时、正确维权，避免或减少因侵权带来的不必要的损失具有重要的现实意义。

政策法规

Policies and Regulations

2017年汽车行业新政盘点

《汽车维修与保养》杂志编辑部

新政一、全国实行国V排放标准

2017年1月1日起，国V排放标准在全国范围全面实行，所有制造、进口、销售和注册登记的轻型汽油车、重型柴油车（客车和公交、环卫、邮政用途），须符合国V标准要求；车用燃油也将进行油品升级，93#、97#汽油将会被92#、95#汽油全面替代，93#、97#汽油将载入史册。2016年4月1日，北京市、天津市、上海市、河北省、辽宁省、江苏省、浙江省、福建省、山东省、广东省和海南省这11个省、市已开始实施国V排放标准，2017年1月1日起，国V排放标准在全国范围内的其他省市落实。

新政二、北京市实施第六阶段车用燃油标准

2016年10月31日，北京市环保局正式发布北京市第六阶段《车用汽油》《车用柴油》地方标准，新标准于2017年1月1日起实施。据介绍，预计使用第六阶段油品后，汽油车颗粒物排放降幅达10%，非甲烷有机气体和氮氧化物能够达到8%~12%的排放削减率；柴油车氮氧化物下降4.6%，颗粒物下降9.1%，总碳氢化合物下降8.3%，一氧化碳下降2.2%。新标准在实施过程中，实行自然置换。置换期从2017年1月1日到2017年2月28日。置换期结束后，北京市将严禁生产、进口、销售不符合新标准要求的车用燃油。

新政三、实施车内空气质量强制达标

根据环保部最新发布的《乘用车内空气质量评价指南》强制标准征求意见稿，车内空气中的苯、甲苯、二甲苯和乙苯等有害物质都有了更为严苛的限量值，并给出了汽车厂家强制执行的时间表。2017年1月1日起，所有新定型销售车辆必须满足本标准要求；此前已经定型的车辆，将推迟至2018年7月1日起实施强制标准要求。车内污染物中，苯、甲苯、二甲苯、乙苯、苯乙烯、甲醛、乙醛、丙烯醛八种物质对人体的危害较为严重，新标准对这些有害物质都给出了明确限值。

新政四、试行新能源汽车碳配额管理

国家发改委办公厅于2016年8月发布了《新能源汽车碳配额管理办法（征求意见稿）》，要求相关部委、企业、行业协会反馈书面意见。该管理办法于2017年开始试行，2018年正式实施。国务院碳交易主管部门将根据规划目标，对燃油汽车规模企业设定新能源汽车与燃油汽车产销量的年度比例要求，并折算为企业应缴的新能源汽车碳配额数量。制订该政策基于两方面原因，一是随着新能源汽车产销量不断增长，大规模财税补贴难以为继；二是燃油汽车产能结构性过剩问题已开始凸显。

新政五、购置税按7.5%的税率征收

2016年12月15日，财政部、国家税务总局联合发文宣告，自2017年1月1日起至12月31日止，购置1.6L及以下排量的乘用车按7.5%的税率征收车辆购置税。自2018年1月1日起，恢复按法定税率（10%）征收，新能源车依然享受免征购置税。据介绍，车辆购置税的计算公式为发票价税合计金额除以1.17，然后再按10%的税率计征，同时为了避免发票价格低于实际价格出现偷逃税行为，国家规定了机动车最低计税价格，在购置税征收环节进行指导。以一辆售价为10万元的小排量车为例，如没有优惠政策，需缴税款8 550元左右；如在2017年购买则需缴纳6 410元左右。

新政六、新能源车生产企业准入规则于2017年正式实施

工信部于2016年8月发布《新能源汽车生产企业及产品准入管理规则（修订征求意见稿）》。新规于2017年正式实施。对于申请新能源汽车的生产企业，《修订征求意见稿》要求需要具备生产新能源汽车产品所必需的设计开发能力、生产能力、产品生产一致性保证能力、售后服务及产品安全保障能力，并符合《新能源汽车生产企业准入条件及审查要求》，审查条件有17项具体条款，其中有8项为否决

条款，只要超过2项未达标，则该企业就不被准入。

新政七、电池行业新规范于2017年全面执行

2016年11月，工信部发布《汽车动力电池行业规范条件（2017）征求意见稿》，主要从生产能力、安全要求、研发能力、回收利用等几个方面，对2015年发布实施的《汽车动力蓄电池行业规范条件》进行了调整和完善。电池企业应当建立从原材料、部件到成品出厂完整的检验和可追溯体系，实施计算机信息化生产管理，建立生产管理数据库。此举有助于对新能源汽车生产企业的产品续航里程、电池型号、电池组容量等关键指标与《道路机动车辆生产企业及产品公告》信息的一致性进行核查。

新政八、《外商投资产业指导目录》修订版执行

近日，国家发展改革委、商务部会同有关部门对2015年版《外商投资产业指导目录》（以下简称《目录》）进行修订。此次《目录》修订的主要特点和变化有：一是继续扩大对外开放。在2015年大幅度开放的基础上，将2015年版《目录》中的93条限制性措施，减少到62条。二是改革《目录》结构设置。结合国家发展改革委、商务部2016年第22号公告，《目录》修订稿将鼓励类有股比要求的条目以及限制类、禁止类整合为外商投资准入特别管理措施（外商投资准入负面清单），统一列明限制性措施。

解读新《汽车销售管理办法》

苏　晖

历经12年的讨论与修改，新《汽车销售管理办法》(以下简称“新《办法》”)终于出台，并于2017年7月1日起正式实施。新《办法》的出台引起了社会各界特别是汽车界的高度关注与重视，评论如潮，可见新《办法》社会影响力之大。这也反映出汽车行业、汽车市场非常希望变革，非常希望改革，非常希望创新，非常希望实现历史性的转型升级。下面将对新《办法》进行解读，以供行业人士交流、参考。

一、新《办法》出台的社会背景

新《办法》包括总则、销售行为规范、销售市场秩序、监督管理、法律责任、附则六章，共三十六条。

2005年商务部等三部门出台《汽车品牌销售管理办法》（以下简称“旧《办法》”），确立了汽车品牌授权销售体制，要求销售汽车必须获得品牌授权并实行备案管理。这对于提高汽车营销和服务水平，规范汽车市场秩序，推动汽车市场长期、快速发展发挥了积极作用。目前，我国已成为世界上最大的汽车生产国和消费市场，汽车产销量连续八年蝉联全球第一，汽车在消费中发挥了顶梁柱作用。

但是，随着我国经济社会的发展，实行汽车销售品牌授权单一体制已不能适应汽车市场发展的内在需求，垄断性经营问题日益凸显，市场竞争不充分、流通效率不高、零供关系失衡、汽车及零部件价格虚高、服务质量下降等问题越来越突出，旧《办法》确立的品牌授权销售单一体制影响了汽车市场活力和潜力的释放，亟需进行调整。

经过十几年的高速发展，我国汽车市场在总量不断扩大的同时逐步走向成熟，市场已由此前的“卖方市场”转为当前的“买方市场”，市场供求关系与内部运行规律都发生了深刻的改变。行业新模式、新业态层出不穷，厂商关系不平等、市场资源配置不合理等问题日益凸显。在这样的背景下，旧《办法》已不能满足当前汽车市场发展的需要，需出台新的管理办法以适应行业新的变化，继续推动行业健康有序发展。

整体上看，新《办法》明确了汽车生产厂家、经销商、消费者的责、权、利，可促进汽车流通行业提质增效，为建立畅通高效的现代流通体系打下良好基础，并对汽车市场发展方向做出了前瞻性指引，在汽车流通体制改革进程中具有里程碑式的意义。

二、新《办法》出台的现实意义

出台新《办法》是加快推进汽车流通领域供给侧结构性改革的重要举措，新《办法》在多个方面实现了重要突破，对促进经济社会发展具有重要意义，汽车市场发展将进入新的历史阶段。

1. 有助于汽车流通体系更加规范健康发展

新《办法》从根本上打破了汽车销售品牌授权单一体制，允许授权销售和非授权销售两种模式并行，为破除品牌垄断、促进市场充分竞争、创新流通模式创造了良好的营商环境。新《办法》实施后，销售汽车就不再必须由汽车品牌商授权，汽车超市、汽车卖场、汽车电商等将会成为新的汽车销售形式。

2. 标志着汽车流通体系真正进入社会化发展阶段

在品牌授权制度下，各个汽车品牌企业构建了以4S店为主体的汽车流通网络，自建自用是其主要特征。为适应汽车市场发展新形势的要求，新《办法》提出，国家鼓励发展共享型、节约型、社会化的汽车销售和售后服务网络，为经销商开展多品牌经营、不同汽车品牌企业共建共享销售网络和售后服务体系提供了法律依据，可以有效地节约社会资源、提高流通效率、提升服务质量。

3. 有助于更好发挥汽车消费的顶梁柱作用

新《办法》将成为激发汽车市场活力的一把钥匙。通过打破汽车销售品牌授权单一体制，构建共享型、节约型、社会化汽车流通体系，市场竞争将更加充分，流通效率和质量将明显提升，产品和服务供给将进一步优化。新《办法》的出台也有助于汽车流通网络向三四线城市和农村地区下沉，让市场能够更好地满足城镇化发展需求，有效地释放这些地区的消费潜力。同时，新《办法》重点加强消费者权益的保护，消费者的选择权、知情权将得到更大程度的保护，消费将更加透明、便捷、实惠，消费体验会得到充分提升，对于促进汽车消费将产生积极的推动作用。

4. 有利于促进汽车流通全链条协同发展

长期以来，我国汽车市场以新车市场为重心，但随着汽车市场加快发展，后市场逐步成为新的增长点，发展潜力巨大。新《办法》积极推动汽车销售和售后服务分开，有助于促进汽车售后服务的专业化、社会化发展。同时，新《办法》也明确供应商不得限制配件生产商的销售对象，不得限制经销商、售后服务商转售配件，为促进后市场健康、快速发展提供了重要保障。

新《办法》倡导发展共享型、节约型的汽车销售及售后服务网络，鼓励汽车销售采取汽车超市等创新经营服务模式，符合国家建设节约型社会的基本方针，同时也使汽车市场城乡一体化发展成为可能。鉴于当前我国面临的环保、资源等压力，新《办法》强调了新能源汽车销售、售后服务网络及相关配套设施的建设，指明了未来汽车市场的发展方向，具有政策引导的前瞻性。

三、新《办法》与旧《办法》的对比分析

旧《办法》采用的是供应商授权经营模式，支撑的是4S体系，其优点是一体性比较强，供应商对经销商的业务支持、培训、备件供货、物流、服务水平等都会有严密体系支撑，其弊端是供应商处于强势地位，经销商弱势，经常被压货、亏损，地位不对等。新《办法》增加了非授权经销商这类新的主体，将极大促进汽车销售主体的模式创新，提升经销商地位。新《办法》打破了品牌授权销售的单一模式，有利于促进市场竞争，并加大了对经销商的保护力度。从新《办法》的规定中不难看出，提出销售和售后分离，实际上是在鼓励多种经营形式的出现，同时也意在破除垄断，让原厂配件可以在授权和非授权体系中自由流通。综合来看，撤销汽车品牌授权是本次新《办法》出台的重点内容，也一直是业内热议的话题。不过据业内人士分析，汽车品牌授权的模式一时还难以被取代。

与旧《办法》相比，新《办法》的亮点可以归纳为以下几点：

（1）让经销商有了更大的经营自主权；

（2）积极鼓励新能源销售和服务体系建设；

（3）促使企业对产品质量提出更高要求；

（4）或促使汽车价格下降，使消费者有更多选择。

四、新《办法》影响力的综合分析

1. 关于允许授权与非授权模式同时存在

新《办法》推进授权销售与非授权销售模式并行，为多种模式发展打开了空间，有利于引进市场竞争，发挥市场配置资源的决定性作用，最大程度释放汽车市场的活力。将来汽车市场中是“三多”模式，供应商可以通过多种方式、多种渠道销售汽车，经销商可以同时销售多个品牌的汽车，消费者也可以通过多个渠道、多种方式来购买汽车、享受服务，这与汽车品牌授权销售单一模式有着重大区别，也是这次改革的亮点所在。

（1）对4S店、专卖店的影响。由于强调了允许授权，因此对这两方面冲击和影响并不大，并强调4S店仍然是汽车销售的主流模式之一，同时支持4S店多品牌销售，进一步扩大了经销商的经营范围，增加了其市场竞争力。

（2）汽车制造商如何看待新办法。以宝马为例，过去厂家是以授权的渠道进行销售和售后服务，但实际上非授权经销商之前也一直是存在的，比如说传统的二级经销商，他们也可以进行销售和售后服务。宝马制造商表示很高兴看到新《办法》明确规定，非授权渠道要以书面的形式对消费者进行说明，这是非常重要的，消费者对于购买产品或者是享受服务的渠道应该有知情权。这对于厂家来讲也是一个有利的保障。在宝马汽车制造商看来，以授权经销商为主体的销售和服务的渠道是不会改变的。当然，顺应时代的发展，会有一些其他的渠道作为补充。对于非授权渠道，新《办法》并没有强迫厂商一定要把车辆销售给非授权经销商，厂商如何销售汽车是一个正常的商业渠道选择，而非授权渠道对厂家的影响是有限的，厂家也无法过多影响非授权经销商的存在以及他们的运营质量和标准。非授权渠道有它存在的必要性，它也许在价格上会有一些优势，但是在豪华品牌的服务质量、流程管理以及售后等后续问题上，可能会存在一些潜在的隐患。这对厂家来讲是新的课题，宝马也在研究如何适应新《办法》对于非授权经销商的规定。但总体来讲，以授权经销商为主的形式还是不会改变的。

（3）新办法规定非授权与授权同时存在，为更多的具备条件的经营单位和经销商进入汽车销售市场提供了政策支持。这意味着允许除4S店外的，汽车交易市场、汽车展厅、电商都可以代理销售汽车。一方面增强了市场的活力，使得更多的商户进入这一领域，也大大增加了其他商户与4S店的竞争，及大市场范围内的竞争，促使汽车销售市场竞争更加激烈。

2. 关于销售和售后分离的规定

新《办法》提出销售和售后分离，并明确规定，汽车制造商不得进行限制。这实际上是在鼓励多种经营形式的出现，同时也意在破除垄断，让原厂配件可以在授权和非授权体系中自由流通。

（1）目前全国有26 000家4S店形成了比较重要的销售与售后统一模式，经过十几年的成长，已经被社会认可。现实中很难让4S店销售与售后分离，因为售后服务已经成为4S店生存和发展的重要支柱。

（2）所谓销售与售后主要是汽车行业总体布局方面的含义，汽车配件市场的放开、汽车维修信息的放开、二手车市场的发展都为汽车销售与售后服务分离创造了重要的社会条件。借此契机可以调整汽车市场的整体结构，更加突出汽车后市场的发展和创新，形成汽车行业的大协作和共同发展，为新《办法》倡导的共享性节约型汽车市场创造条件。

（3）在此政策的支持下，汽车后市场中相对弱的部分必将迎来空前的机遇和发展，一大批大型和超大型的汽配供应商、汽车维修保养服务商、汽车后市场服务商将会出现，从而促进汽车后市场高水平的发展。

3. 关于汽车配件的重新定义

新《办法》还规定了汽车售后服务的具体内容，在境内销售汽车的供应商、经销商，应当建立完善汽车销售和售后服务体系，保证相应的配件供应，提供及时、有效的售后服务，严格遵守家用汽车产品“三包”、召回等规定，确保消费者的合法权益。

新《办法》中突出的内容之一是为汽车配件进行了重新定义，即同时明确定义了汽车售后服务的原厂配件、质量相当配件、再制造件和回用件，规范了汽车售后服务行为。值得高度关注的是，同质配件已经成为历史概念，取而代之的是质量相当配件。

聚焦于近两年广受关注的汽车配件销售渠道垄断问题，新《办法》第二十一条规定，“供应商不得限制配件生产商(进口产品为进口商)的销售对象，不得限制经销商、售后服务商转售配件，有关法律法规规章及其配套的规范性文件另有规定的除外。”

（1）所谓原厂配件，是由配套厂生产，标上原厂标记的配件，国内绝大多数汽车制造商自己并不生产配件。因此，配套厂生产的配件除供给原厂之外，还有能力供应给更大范围的市场。

（2）所谓原厂配件并非是质量最好的配件，如赛车的配件质量和标准要远远高于原厂配件。而其他的来源配件质量也并不一定比原厂配件低，由于汽车使用的年限不同，所使用的配件也并非都需要原厂配件，只需要功能质量标准相当的配件即可。

（3）打破配件垄断，一方面可以推动汽配行业竞争，使汽配企业提高行业水平、质量水平、技术水平，不仅参与国内竞争，还应当走出去参与国际竞争，推动我国汽配行业转型升级；另一方面可为制造商、经销商、专卖店、消费者提供更多更好的优质产品供其选择，推动行业发展。

4. 关于不得限定消费者户籍所在地等

新《办法》第十四条规定，供应商、经销商不得限定消费者户籍所在地，不得对消费者限定汽车配件、用品、金融、保险、救援等产品的提供商和售后服务商，但家用汽车产品“三包”服务、召回等由供应商承担费用时使用的配件和服务除外。经销商销售汽车时不得强制消费者购买保险或者强制为其提供代办车辆注册登记等服务。

此项政策规定意义重大，在很大程度上将打破汽车市场的垄断现象，给予汽车经销商更大的市场范围和服务范围，鼓励经销商自主创新经营。同时给予广大消费者购车更大的自由和选择性，为汽车消费创造了更宽松的市场环境，也为汽车有形市场和汽配用品二手车市场提供了更为广泛的市场支持。

今后，消费者可以根据自己的需要，自由选择购买汽车的方式，自由选择服务网点，哪里方便、哪里实惠、哪里服务好，就可以去哪里，而不必局限于去4S店。这将从实质上使消费更加方便、更加实惠，消费体验将获得大幅提升，进而带动汽车消费。

（1）首先新《办法》规定，解除制造商对经销商的市场垄断，支持经销商在汽车销售问题上拥有更大的自主权，扩大了消费者的选择范围，有利于市场发展。

（2）扩大了经销商的经营和服务范围，推动汽车销售市场更好的发展。新《办法》规定制造商不得限制经销商相互串货，给了经销商更大的自主权，使其能够更好地适应市场竞争，从而增加收益。

（3）支持消费者使其拥有更大的自主选择权，促使市场竞争更加激烈，促使经销商全面提高经营管理服务水平。

5. 让平行进口汽车获得了合法地位

新《办法》第十二条表示，“经销商出售未经供应商授权销售的汽车，或者未经境外汽车生产企业授权销售的进口汽车，应当以书面形式向消费者作出提醒和说明，并书面告知向消费者承担相关责任的主体。”这就放开了汽车销售的非授权经营方式，给予一直处于灰色地带的平行进口车以合法地位。

新《办法》打破了进口汽车总经销商制度，汽车经销商无需从总经销处进货，也无需获得厂家授权，可以直接从海外进口车辆，给了更多市场、公司、企业从事进口汽车和平行进口汽车业务的机会和政策支持。

6. 积极鼓励新能源汽车销售和服务体系建设

旧《办法》无相关规定，而新《办法》规定：鼓励发展共享型、节约型汽车销售和售后服务网络，加快发展城乡一体的销售和售后网络，大力加强新能源汽车销售和售后服务体系。

现在新能源汽车从产业政策来说是政府强干预，强干预的前提下，提前布局未来可能成本就少一点，各企业的切入点可能会有个性化差异，但是提前切入、提前布局对任何企业来说都是必要的。

新能源汽车的发展已经上升为国家战略，并且国家已明确提出了发展方向和目标，在新能源汽车必须实现双积分的大政策体制下，传统汽柴油车企业也必须考虑生产新能源汽车，这是国家对汽车企业考核的大势所趋。未来如果新能源汽车的比例不断扩大，传

统燃油汽车的经销商要更多关注新能源汽车发展以及产业政策，做提前的布局。

在国家大力发展新能源汽车，移动互联迅猛发展，销售渠道下沉，三、四线及农村市场逐渐迸发生机的背景下，新《办法》提出相应的导向性内容，为未来汽车行业发展指出了方向。新能源汽车的维修保养模式与传统汽油车差异很大，新《办法》提出整车厂商不能要求经销商同时具备销售和售后服务功能，这也符合未来新能源车销售的特征。

综合分析：新能源汽车市场最大的机遇是政府鼓励支持新能源汽车营销模式创新、服务创新。

7. 并未提及更多关于汽车市场电商的内容

随着互联网技术的发展，现在有一些企业在尝试通过互联网销售汽车。但是这个模式目前还处于探索阶段，还不太成熟。至于如何来规范它，我们还需经过一段时间的观察和摸索，相关部门也将会针对互联网汽车销售模式出现的问题，再补充制定相应的规则，来促其健康发展。现有互联网销售汽车方式，都应在国家现行法律法规规定的管理框架下进行。

汽车电商和互联网的发展正在形成新的挑战。尽管汽车电商和互联网在汽车配件、用品市场、二手车交易市场，有着高速甚至颠覆性的发展，特别是新经济、新服务的快速发展，但是对4S店和汽车有形市场的冲击目前还未显现，但在这一领域，已经开始了转型和改革试验。

（1）成都金恒德汽车园区，全园区普及了汽车电商，建立了园区的互联网平台，并与社会大的互联网平台对接，实现了真正意义上的汽车电商和汽车互联网。也是国内首家实现了汽车电商和互联网的大型汽车园区。

（2）两年前郑州天荣汽配城大型汽车互联网平台正式开张营业，并与汽配城内1 000余家汽配用品商对接，同时与社会大型互联网公司合作对接，成为国内第一家超大型汽配用品园区。

（3）2017年年初，北京五方天雅汽配城在市场转型中正在实现与汽车电商和互联网结合，并在2月15日正式开业运营，在国内汽车、汽配和用品市场领域影响很大。甚至将几十年形成的“北京五方天雅汽配城”正式更名为“五方天雅互联网+汽车产品市场”，可见汽车互联网影响之大。

（4）如今一批汽车城、汽车园区及大多数汽车制造商，全力探索，与汽车互联网实现战略的合作，如2017年2月20日，阿里巴巴集团和上海百联集团在上海宣布达成战略合作，还隆重的宣布了和上汽合作的互联网汽车，尤其是马云在会上声明：未来没有纯电商、也没有纯线下这样的说法。

虽然关于电商新《办法》并没有更多内容，但并不是说汽车电商不重要、可以等，恰恰相反，我们应该积极参与实践，与汽车电商互联网结合创新，否则一旦汽车电商互联网成熟了，或者形成气候，我们再去参与将为时已晚。不可否认汽车互联网对汽车市场的颠覆性作用正在逐步显现，如何拥抱互联网，对于汽车4S店、汽车有形市场、汽车配件用品市场意义都很大。值得关注的是，国内大的汽车生产集团，都在积极与国内超大型的汽车电商集团合作，除了汽车4S店之外，已经出现或正在出现新的汽车营销模式，必将对我们产生巨大的影响。

8. 新《办法》让市场发挥决定性作用

新《办法》规范了供应商和经销商的行为，但最终落脚点还是希望由市场和消费者需求决定汽车流通行业的发展。依靠垄断获取利润不可持续，企业归根结底还是要提升核心竞争力，核心竞争力主要体现在产品质量、售后服务质量、渠道效率、对消费者需求的反应速度等方面。

放手市场，让市场发挥决定性作用，鼓励多种销售模式并使之合法化是新《办法》所倡导的。比如在供应商搭售问题上，一方面，供应商单方面明确销售目标、库存等，无疑是把压力转嫁到经销商头上，这既不公平也不符合市场规律；另一方面，在充分考虑汽车流通行业的特点后，新《办法》也为市场主体留出了自由选择的空间，如果双方签订授权合同之前已通过书面形式明确相关内容依然可行。

9. 强调了汽车行业协会、商会对行业规范的监督作用

新《办法》第八条规定，汽车行业协会、商会应当制定行业规范，提供信息咨询、宣传培训等服务，开展行业监测和预警分析，加强行业自律。

五、如何应对新《办法》

（1）认真研究讨论分析新《办法》，针对自身的情况进行分析对比，明确优势、劣势，参照新《办法》的突破创新探讨自身的应对措施和发展目标。

（2）抓住新《办法》提供的市场机遇，千方百计整合社会资源，突出自身优势，填补空白和进入市场的条件和软硬件。

（3）扩大市场范围和创造条件相结合，主动参与市场竞争。

（4）发挥行业商协会的作用，积极培育典型、竖立典型，推动新《办法》在行业内的实施，形成舆论。

（5）提高产品质量、提高服务质量。

（6）在新《办法》的政策规定下，改革创新才能增强市场竞争力。

如何让I/M制度全面实施的构想照进现实

——专访上市企业/佛山市南华仪器股份有限公司高管王光辉

高中伟

一、时势——执行I/M制度迫在眉睫

记者：王总您好！我们知道您一直很关注机动车的尾气排放问题，在我国机动车检测/维护领域提出过很多极具现实意义的观点，最近一段时间您一直呼吁行业加快实施I/M制度的步伐，在您看来为什么一定要实行I/M制度？

王光辉：你问了一个非常好，也非常难回答的问题。下面我们来分析几组数据：截至 2017年4月底，我国机动车保有量达到2.98亿辆，其中汽车突破2亿辆；2016年度，我国新登记注册的汽车是2 752万辆，除去淘汰报废车辆，汽车保有量净增2 212万辆；我国现有持汽车驾驶证人员3.2亿。对比以上数据不难发现，随着国民经济总体状态的转型启稳，汽车产销依然保持较高增长态势成为必然。在用车保有量还会呈现较高的递增状态，而目前在用车排放检测只检不治的现状使得机动车污染排放问题非常严峻。如何管控庞大的在用车群体？如何将机动车的周期检测与日常维护进行有机结合，有效督促检/修一致、检/修共管？加快落实I/M制度是解决以上问题最为有效的途径。所以说，我国I/M制度的执行已经迫在眉睫。

二、困惑——落实I/M制度任重道远

记者：在我国当前国情下，落实I/M制度的重要性不言而喻，那么I/M制度的推进与执行面临着哪些困惑和难点呢？

王光辉：我认为I/M制度在当前国情下的推进与执行，面临以下困惑和难点。

1. 上位法规不明晰

尽管2014年“交运发186号文件”对I/M制度有了较为明确的条文描述：“交通运输部门要会同环境保护部门，建立实施汽车检测与维护(I/M)制度……”，但至今还没有出台针对I/M制度实施的具体法规。在2016年1月1日颁布执行的《大气污染防治法》中也没有出现“针对在用机动车污染防治问题应该开展I/M制度”的相关要求与描述。上位法规的缺失，必然让基层联动和后续行政作为缺乏法理依据和动力。一项制度的推行，在后续监管上可能涉及几个部门的行政作为。因此，当前迫切需要相关部委、省市相关部门及时联合制订针对性更强、更为明晰的法规制度，对I/M制度实施的组织架构与责任监督等规范细则予以明确和指引。

2. 机动车污染现状严峻

对在用机动车排放污染超标情况的界定，有必要从两个技术层面予以区分和厘清：一个是法规标准所明确的周期检测限值性污染超标；另一个是车辆本身理想运行技术状态之外的污染超标。只有正确认识和

理解车辆排放污染的概念，才能理性明析和甄别车辆排放污染的状态。客观地说，当前在用机动车的排放污染实际现状要远远大于我们现行周期性检测所反映的评价和结论。从以下几个方面展开分析，我们不难发现上述结论。

（1）在用车排放标准滞后。尽管相关管理部门对于新生产和在售车辆的排放标准限值在逐阶段提升和加严，但是自GB 18285—2005和GB 3847—2005两个在用汽柴油车排放标准颁布实施以来，十几年里界定排放污染是否超标的检测标准/限值原地踏步。在这种滞后的标准之下，我们所检测出来的所谓在用车排放首检不合格率10%、8%或是5%，其意义不大。另一方面，检测与维护治理脱节，市场化的检测机构基于受检车源和利益的竞争、检测合格率的“民间智慧”性控制，使得周期性排放检测委身于利益、流于形式是众所周知而又集体默契的不辩事实，一旦执行更加严格的在用车排放检测标准限值，相当一部分在用车排放首检后都将被归入污染超标的不合格队列，强制维护与治理势在必行。在用车排放检测标准限值十几年没有趋严变动还有一个更加直接的危害就是：容纳了相当一部分高排污车辆，甚至让一些排放严重超标的车辆稍微经过“黄牛”们所谓的治理便能轻松过关，检测结果达到“合格”。

（2）新车出厂监管不力。一方面，新车型式认证和生产一致性检查存在漏洞和准入监管不细致，造成部分仿冒的国Ⅲ、国Ⅳ车辆投放市场；另一方面，新车出厂时所配置加装的机外净化装置——三元催化器缺失严格的氧化还原有效性和耐久性、一致性检查与监管，造成部分车辆的三元催化装置运行不久氧化还原效果就出现大幅衰减甚至失效（柴油车现状更为严峻：国Ⅱ、国Ⅲ、国Ⅳ车辆大部分未安装尾气净化装置，部分国Ⅳ车辆即使加装了SCR系统也大多处于闲置状态）；再加上车载ECU监控功能的不完善和车主应用习惯的使然，相当部分三元催化器非正常工作的车辆运营不久就会“带病”排放、超标运行，而6年的免检恰恰容纳了这样一个海量的超标准排污群体，约1亿多辆乘用车法外逍遥。

（3）在用车应用和维护缺失引导和全过程监管。尽管国家交通运管部门早就制订了有关汽车维修业开业条件和作业标准的法规标准，但导向偏重于与车辆安全相关的技术要求，缺少与车辆新技术应用相适应的环保性作业技术要求，尤其是缺失针对在用车辆排放全过程应用和维护的具体监控和引导措施与要求。比如在车辆周期维护环节，由于目前缺失对车辆周期维护排放状态的要求性检查和在线记录，缺失对维护过程中的三元催化装置净化效能的技术手段检测和三元催化器更换件的编码技术要求，使得在用车在日常应用和维护环节就存在了很多不规范情况，造成车辆“带病”运行（山东德州一个县城所生产的各种三元催化装置几乎占据了该领域70%的市场份额，但其中不乏不合格产品）。及时把握当前车辆技术数据信息开放共享的契机，加强对车辆三元催化装置、DPF、氧传感器等排放相关零部件的强制维护监管，从而确保在用运行车辆尽可能维持理想的排放技术状态，显得尤为迫切。

（4）油品质量问题依然严峻。尽管目前国Ⅴ燃油在国内已经应用，但是含硫量比较高的油品还在市场中大量使用，非正规渠道油品流入市场的情况也依然存在。油品不合格一方面直接影响燃烧效率而造成车辆排放超标，另一方面也因为含硫、含铅使油品燃烧残留污染物滞留覆盖在三元催化器的工作面而直接影响三元催化器的工作效率。在非道路移动车辆及工程机械领域，由于这些车辆都是大功率机械作业，劣质燃油所造成的污染排放问题更加严峻。

3. 监管现状滞后和体系性管理不完善

对于在用车的监管，历经过去30年的数次变化，监管思路趋向理顺：路权与车权的管理分离、车辆与驾驶人的管理分离、车辆安全与环保性能技术标准的分行业确定、社会化车辆检测机构的作业规范与资格管理的归口监管等，都在逐步朝向更为符合管理实际和专业的方向转变。但是对于在用车排放技术性能的切实性监管来说，周期性的检测、一年一检甚至多年一检、不重视检测结果的溯源和过往监督、忽视对在用车辆排放技术性能的监管和检修共管，必然会让检测流于形式和敷衍。对于在用机动车辆运行技术性能缺失连续的、一致性的监管机制体系，对于车辆安全性能、环保性能、综合性能，公安交管、环保监测、道路运管、质量监督，各管一块，各管一段，“头疼医头，脚疼医脚”，检测与维护的责任分离和不能协作，势必让检测的虚应和作假拥有肆意滋生的土壤和活跃的空间。在这样严峻的形势下，推行I/M制度的实施势在必行！

三、现实——试行I/M制度收效甚微

记者：我们知道近几年I/M制度的试点工作已经在一些城市展开，据您所知，I/M制度在这些试点城市的践行情况如何？

王光辉：近两年来，江苏的南京、徐州、苏州，河南的焦作，陕西的西安，四川的成都，甘肃的兰州，湖南的长沙等，都在积极主动地探索开展I/M制度的践行和试点工作。地方各部门协作决心很大，推动步伐也较为快速，但践行的成效却事与愿违，现实的叵测让理想面临着瞠目结舌的冲击。以某个运行时间相对比较长、相对比较细致规范的I/M试点城市为例：在当地机动车污染防治专业委员会和维修行业协会的推动下，当地相关管理部门联合出台了推行I/M制度实施的文件和细则，结合当地近40家I站的现状，于2015年12月前完成了两批49家M站的确定和建设工作；2016年2月，49家M站上线闭环实施运营，要求排放首检不合格的车辆就近到指定的M站接受必要的维护治理后方能凭籍电子标签回到I站进行复检。随后该地区又陆续确定增加M站至近200家。I/M制度试行一年后，异常情况出现：表象是在用车排放首检不合格率从I/M制度实施前的约8%迅速下降为约2%，效果似乎皆大欢喜。但I/M制度却无法持续运行，M站形同虚设。近200家M站集中反映两个现象：一是再罕有超标排放的车辆进到M站维护治理，M站业务无以为继；二是排放首检不合格率从8%到2%的改善，M站功效甚微，相当部分的首检车辆排放“合格”是依托各I站附近的“黄牛党”和非法车辆维护机构的巧妙合作，虚假作业而胡弄过关的。在机制漏洞和差距利益的驱动下，非法个体和机构前置截留了首检可能排放超标的车辆进行打“吊水”、换冷却液、塞钢丝球、加添加剂、临时调整ECU点火供油点等手段，甚至临时性更换三元催化装置检测后再换回，更有猖狂的行径M站配合出具虚假的维护记录。可想而知，这种绝非个案的当前社会特有的上有政策下有对策的“智慧”，毫无疑问会在其他省市的I/M制度实施过程中得以迅速繁殖和泛滥，而且在现行的机制环境中会让市场和管理机构基本束手无策。我国社会整体诚信度尚处于发展阶段是不争的事实，改善诚信度显然需要各行各业机制性法规细则的制订和作业约束机制的实施。

四、对策——围绕I/M制度全面发力

记者：基于与I/M制度相关的种种现状，您认为下一步能够助推I/M制度实施的具体对策和构想有哪些？

王光辉：I/M制度的实施应该是一个自上而下的推动过程，目前，从国家层面亟待完善和制定相应的法规或是指导性制度文件，对I/M制度的实施思路、目标计划、机构设立、组织分工、责任监督、处罚依据、政策支持、技术导向、循环推进步骤等予以明确和指引。有了上位法规和制度文件的确定和指引，地方省市再根据区域性的实际情况制订更为细致的实施细则，搭建信息化网络化的实施平台，循环推进I/M制度切实地实施。我个人认为，在法规完善(制度性文件的制定)以及地方省市的实施细则行文确定和推进实施过程中，应该借鉴发达国家的经验模式，结合我国各区域的实际情况予以明确和确定。以下几个方面是针对I/M制度实施应予以考虑和不容忽视的。

1. 必须要有一个归口的管理机构

I/M制度的实施是关系到庞大在用车群体排放污染管理和在用车全过程信息化档案化监管的最重要契机。国家层面理应建制“I/M制度实施与监督管理中心”，制定与I/M制度实施相关的各项指引性文件，联系协调指导相关部委落实各项工作的逐步实施。实践证明，任何一个制度的实施，如果缺失明晰的机构归口责任管理，都很容易在后续推进和实施环节流于形式，甚至夭折。“I/M制度实施与监督管理中心”的建制归口，原则上应在交通运输部或是环保部，如果短期不能直接在部委建制行政机构，推动成立“中国机动车船排放检测与维护（I/M）行业协会”履行I/M

制度的实施也是非常可行的策略；同时，既有的“中国汽车维修行业协会”“中国汽车保修设备行业协会”或是“国家机动车排污监督管理中心”也可以是理想的归口落点。地方省市也要根据国家层面的机构归口所属，相应在既有的车辆维护技术管理部门、机动车排污监督管理机构或是依托专业的行业协会予以机构建设。相对集中的组织体系和管理团队的存在，是保障I/M制度得以有序推进落实的必要前提。

2. 应该建设信息化管理和大数据运行的系统平台

依托信息化网络化管理平台和手机APP智能软件以及大数据应用系统来链接各级管理部门、I/M站点、广大在用车应用者，是形成I/M闭环管理运行的最高效、最实际和大势所趋的措施手段。职能管理和手机APP运行平台的构建，可以籍用社会第三方投入、管理部门和机构购买服务的形式来予以实现。该平台的设计，还应该能够衍生性链接相关I/M运行的各项辅助机构，来确保平台应用的黏性和可持续运营。比如，平台可以链接在线的技术指导专家团队、装备耗材供应商、环境评价机构、质量监督计量认证检定机构、I/M站点人员技术培训和认证组织等。在平台的技术设计上，顶层需要制订统一的通信接口协议和基本的功能，实现运行技术要求，真正实现以“互联网+”的形式进行大数据分类汇总和建模分析的循环汇集、管理与应用。政府相关管理机构的职能是制定必要的法规、标准和运行实施的管理规范与细则，其他的应尽可能交由信息化管理运行软件，依托科学的数据分析模型和数据测评体系来循环推进，这样可以最大限度地减少人为干预环节，杜绝非法谋取利益及寻租空间的存在。

3. 推动现行排放标准升级和制订动态排放限值调整机制

I/M制度的有序实施，是一个长效的通过对在用车整体排放状态进行适时监控、及时发现“高污染”车辆群体、强制要求该群体进行维护治理的循环性管理机制。这其中最关键的要素就是阶段性适时调整区域车辆排放检测的“标准限值”，从而能够循序渐进长久维系I/M制度的运行实施。I/M制度的初始推动，显然离不开相对严格的排放“标准限值”辅助。排放“标准限值”太过宽泛，就不能切实定义“超标”的排放车辆，更无法真实检测甄别出“高排污”车辆群体，I/M制度的运行就很容易因为无污可治、无事可为而流于形式。交通运输部、环保部、国家标准委共同推动现行的GB 18285—2005和GB 3847—2005汽柴油机排放检测标准限值的完善与修改显然是当务之急。标准限值的修改完善有以下几个方面应引起重视：①现行的在用车排放检测方法一致性和区别对待的问题；②排放污染物检测内容完善定义的问题，比如柴油车NO_x的检测、油箱盖泄露的检测等；③污染物检测原理技术完善的更新问题，比如NO_x由电化学更改为红外检测；④车辆排放检测周期调整问题（此问题理论上不是标准定义范畴，但作为I/M制度构成文件，理应予以调整明确）。

可以肯定，检测方法和检测标准限值修改的完善和趋严，一定会在一定时间内形成社会压力（相当部分在用车将会被定义为排放不合格车辆而面临限行或是淘汰），触及相当部分群体的利益，甚至是直接冲击行业和产业利益。但推行I/M制度的实施、逐步提升在用车排放检测标准限值是不可“怠慢”的。而且，我们在制订I/M制度的实施规范和细则中，还应该针对区域性在用车群体构成的实际状态、区域性在用车I/M制度的实施进度和效果，授权地方省市在国家标准范围内，酌情确定更为机动灵活和符合实际的阶段性排放限值动态调整职能和权力。在最早执行I/M制度的美国加州，I/M信息化管理系统会适时汇总地区所有车辆每一阶段的排放检测数据和状态，建模统计分析地区在用车辆总体排放变化与现状，为阶段性调整地区排放标准限值给出依据。更细致的是，系统会根据不同排放状态的车辆适时调整检测频率和检测方法，从而更准确地甄别和督促高排污车辆适时进行维护治理。

4. 加快制订车辆日常维护和维护全过程监督管理的相关规范与细则

定期检测/强制维护是I/M制度实施的核心，尤其在维护环节，应通过加强对车辆日常维护、维护全过程中相关排放构件运行状态、修换记录的适时监控，来真正确保和杜绝车辆的“带病”运行以及车辆检测环节的应急性作假。围绕着与车辆排放关联的要素，通过制订对车辆日常维护、维护过程中关联构件的强制性检查和代码溯源管理等作业规范与细则，以在用车运行排放状态的全过程监管为突破口来完善推进汽车维修电子档案管理工作，是结合I/M制度实施必要的方式，也是最好的契机。车辆定期维护对车主来说是个不可回避的刚需，而这个环节也恰恰是我们在技术监管中可以加强和利用的。据我们了解：目前市场中已经有相当有实力的资本机构开发出利用手机APP管理软件链接维护机构、在用车主，通过对车辆定期维护的提醒等方式来促使广大在用车车主群体自主、自觉、规范地进行车辆维护和车辆排放全过程自我检查、大数据管理的服务模式。政府理应以服务购买或是技术运用的形式将此种模式应用和推广。同时，加强对在用车维护与维护全过程排放构件的应用监督与管理，以及对在用车应用全过程排放状态大数据的收集汇总，还可以倒逼新车排放性能构件的规范管理和为新车排放技术完善优化提供最真实、最一手的依据。众所周知，由于新车生产制造环节缺失规范的排放构件强制性技术要求与切实的监督管理，基于成本因素考虑，相当一部分主机厂所应用的排放构件性能被浮夸和虚化（在我国能够保质运行10万公里、15万公里的三元催化器都寥寥无几，而发达国家的三元催化器通常需要保质运行20万公里以上），并且相当一部分车型排放技术的升级优化缺乏完整的车辆应用溯源性系统逻辑大数据。

5. 重视对 I/M 站作业人员的技能培训、认证和作业监督管理

I/M站作业人员没有经过规范的上岗技术培训和认证，不具备合格的作业水平和责任意识，势必会严重制约I/M制度的有序实施，影响I/M制度运行的公允性。在I站领域，当前的现状是几乎所有的检测作业人员都没有经过规范的上岗技术培训，能够上岗操作作业，基本是依靠设备供应商的临时教引。对于他们的作业责任意识，完全是“人在做，天在看”，缺失必要的业务技能考核和责任监督机制的制约，在这种情形下，利益驱动的胡作非为便有了可乘之机。在已经试行的M站领域，现状更是不容乐观，工作在维护机构的作业人员缺失对车辆排放状态生成原因的技术了解和掌握，缺失对车辆基本的工作运行和排放影响要素的技术系统性培训和学习。因此，加强对I/M站作业人员的技能培训和认证，加强对I/M站作业人员的规范操作和作业过程/作业效能的监督管理，同样迫切。对于I/M站作业人员的作业技能和作业规范性的培训认证，完全可以交由既有的行业协会和具备能力的社会第三方机构，严格按照I/M制度规范与细则来具体承担和落实。但是，对于I/M站作业人员作业过程和作业效能的监督，必须籍由信息化管理系统软件，按照I/M制度管理规范细则所明确的量化指标，逐个锁定代码化的作业人员定期进行自动的建模核测汇评，并自动形成阶段性分值评价报告。

6. 加强对 I/M 站作业规范的监督管理和政策支持

从前述的试点地市不理想状态因素分析中，我们不难发现：恰恰是在M站的审核认定准入环节缺失相对细致和合理的规范要求、在M站的后续运行监管环节缺失必要的、严格的作业过程监督和退出约束，I/M站作业中的乱象环生才不足为奇。因此，在未来的I/M制度规范和细则制订以及后续监管过程中，非常有必要制订细致的建站规范和准入/退出条件。比如，根据持证作业人员的代码化作业记录，适时分析其操作的规范性状态，根据个人和站点作业违规次数、检测/维护治理车辆排放复检合格率状态、检测/维护治理车辆持续运行的排放临时性路检/抽检变化状态等跟踪性数据的智能统计分析，制订出相对应的人员和站点处罚机制。同时，应针对I/M站点运行规范性和能效性的系统记录分析，设定针对站点准入或退出的奖惩机制和必要的政策补贴机制，予以合理调节I/M制度在地区实施运行的持续性和有序性。

除了上面所说的，I/M制度规范和实施细则的制订还有很多细节需要不断完善和探索，需要我们在制订I/M制度规范和实施细则时予以考虑，比如，针对不同地区车辆总体排放状态、站点作业能力，分别执行基本型、加强型以及混合型检测和治理；针对具体车辆排放检测与治理周期内，检测治理次数到限执行免费补贴政策；增加车载诊断（OBD、OBD-II）动态数据的适时汇集以及应用移动遥感、固定遥感技术，

开展在用车排放抽检和检核等。

五、未来——建设I/M制度系统工程

记者：相信通过王总细致的分析与讲解，行业朋友们一定已经深刻了解了关于I/M制度的方方面面，I/M制度在我国的建设与实施还有很长的路要走，最后请您总结一下，我国I/M制度建设将会是一个怎样的工程。

王光辉：可以预见，I/M制度的实施，需要国家顶层设计，需要及时把握"互联网+大数据"信息化系统技术应用的契机，需要切实把握广大在用车辆必须要进行周期性维护的"刚需"，并且通过对车辆应用维护全过程排放状态的监控来信息化、在线化不断完善。I/M制度的实施还需要地方省市积极实践探索、循序渐进，不断完善体系健全和细节管理；I/M制度是一个长效实施的系统工程，它需要多部门多环节责任协作，共同推进和维护。

关于VOCs污染防治的相关政策及方法

陈　隽

一、国家和地方对挥发性有机物（VOCs）污染防治的技术政策

1.《中华人民共和国大气污染防治法》主席令第三十一号（自2016年1月1日起施行以下为节选内容）

第二条　防治大气污染，应当以改善大气环境质量为目标，坚持源头治理，规划先行，转变经济发展方式，优化产业结构和布局，调整能源结构。

防治大气污染，应当加强对燃煤、工业、机动车船、扬尘、农业等大气污染的综合防治，推行区域大气污染联合防治，对颗粒物、二氧化硫、氮氧化物、挥发性有机物、氨等大气污染物和温室气体实施协同控制。

第七条　企业事业单位和其他生产经营者应当采取有效措施，防止、减少大气污染，对所造成的损害依法承担责任。

第二十七条　国家对严重污染大气环境的工艺、设备和产品实行淘汰制度。

第四十四条　生产、进口、销售和使用含挥发性有机物的原材料和产品的，其挥发性有机物含量应当符合质量标准或者要求。

国家鼓励生产、进口、销售和使用低毒、低挥发性有机溶剂。

第四十五条　产生含挥发性有机物废气的生产和服务活动，应当在密闭空间或者设备中进行，并按照规定安装、使用污染防治设施；无法密闭的，应当采取措施减少废气排放。

第四十六条　工业涂装企业应当使用低挥发性有机物含量的涂料，并建立台账，记录生产原料、辅料的使用量、废弃量、去向以及挥发性有机物含量。台账保存期限不得少于三年。

第一百零八条　违反本法规定，有下列行为之一的，由县级以上人民政府环境保护主管部门责令改正，处二万元以上二十万元以下的罚款；拒不改正的，责令停产整治：

（一）产生含挥发性有机物废气的生产和服务活动，未在密闭空间或者设备中进行，未按照规定安装、使用污染防治设施，或者未采取减少废气排放措施的；

（二）工业涂装企业未使用低挥发性有机物含量涂料或者未建立、保存台账的。

2.《国务院关于印发大气污染防治行动计划的通知》（国发［2013］37号）（以下内容为概要）

推进挥发性有机物污染治理。在石化、有机化工、表面涂装、包装印刷等行业实施挥发性有机物综合整治，推广使用水性涂料，鼓励生产、销售和使用

低毒、低挥发性有机溶剂。

3.《关于珠江三角洲地区严格控制工业企业挥发性有机物(VOCs)排放的意见》(粤环[2012]18号)(以下内容为概要)

新建汽车制造、家具及其他工业涂装项目必须采取有效的VOCs削减和控制措施，水性或低排放VOCs含量的涂料使用比例不得低于50%。新建机动车制造涂装项目，水性涂料等低排放VOCs含量涂料占总涂料使用量比例不得低于80%，所有排放VOCs的车间必须安装废气收集、回收/净化装置，收集率应大于90%。

4.《广东省人民政府关于印发广东省大气污染防治行动实施方案(2014—2017年)的通知》(粤府[2014]6号)(以下内容为概要)

深化印刷、家具、表面涂装(汽车制造业)、制鞋、集装箱制造、电子设备制造等行业挥发性有机物排放达标治理工作，2015年年底前珠三角地区完成重点企业治理任务，2017年年底前其他地区完成重点企业治理任务。

5. 挥发性有机物(VOCs)污染防治技术政策(公告2013年第31号)(以下为节选并整理的内容)

源头和过程控制：在涂装、印刷、粘合、工业清洗等含VOCs产品的使用过程中的VOCs污染防治技术措施包括以下内容。根据涂装工艺的不同，鼓励使用水性涂料、高固份涂料、粉末涂料、紫外光固化(UV)涂料等环保型涂料；推广采用静电喷涂、淋涂、辊涂、浸涂等效率较高的涂装工艺；应尽量避免无VOCs净化、回收措施的露天喷涂作业。

末端治理和综合利用：对于含低浓度VOCs的废气，有回收价值时可采用吸收技术对有机溶剂回收后达标排放；不宜回收时，可采用吸附浓缩燃烧技术、生物技术、等离子体技术等净化后达标排放。

二、挥发性有机物(VOCs)污染防治技术

(1)燃烧法：主要是通过外界热量，使有机物与空气中氧气发生反应，生成CO_2和H_2O。

(2)吸附法：吸附法是采用吸收剂吸附气相中的VOCs。常用吸附剂主要有颗粒活性炭、纤维活性炭、蜂窝状活性炭、沸石分子筛等。

(3)冷凝法：利用冷媒与废气中有机物之间的温度差使废气中VOCs冷疑后回收利用的一种方法。冷凝法投资和运行成本较高，有机物浓度高在爆炸极限范围内，具有安全隐患，因此通常先用冷凝法作前处理回收有用物质，后续与焚烧、吸附等工艺联用。

(4)吸收法：对浓度和压力较高，温度较低的VOCs，常采用低挥发性或不挥发的溶剂对其进行吸收。然后利用VOCs与吸收剂物理性质的差异，采取如蒸馏、萃取等方式将二者分离，然而吸收剂通常都存在一定的不足。

(5)光催化氧化法：波长小于387nm的紫外光照射纳米二氧化钛涂层，产生的光生电子–空穴对在水分存下的情况下产生·OH等活性物质，具有强氧化性，可以分解气体中的VOCs生成小分子有机物，并最终矿化为CO_2和H_2O。此方法适用于小风量、极低浓度情况，常与活性炭吸附、催化、焚烧等工艺联用处理VOCs废气。

行业评选

Industry Awards

2016年度"20佳维修工具"风云榜

《汽车维修与保养》杂志编辑部

博世汽车服务技术(苏州)有限公司

博世综合汽修工具车组套（图1）

图1 博世综合汽修工具车组套

产品介绍：博世综合汽修工具车组套满足所有汽车维修的需求，减轻工具重量的同时提升维修质量和效率。所有工具均为进口高品质铬钒钢锻造，工艺过程严格管控，均按照德国DIN标准设计，并针对中国用户使用习惯优化设计，全部通过国家五金工具研究所的权威质量认证，开创快速理赔绿色通道，所有质量问题导致的损坏均可立即获赔，寿命周期内终生保用。

获奖理由：满足所有汽车维修的需求，进口高品质铬钒钢锻造使用轻巧，，针对中国用户使用习惯优化设计，寿命周期内终生保用。

麦特汽车服务股份有限公司

奔腾车身校正设备M1E（图2）

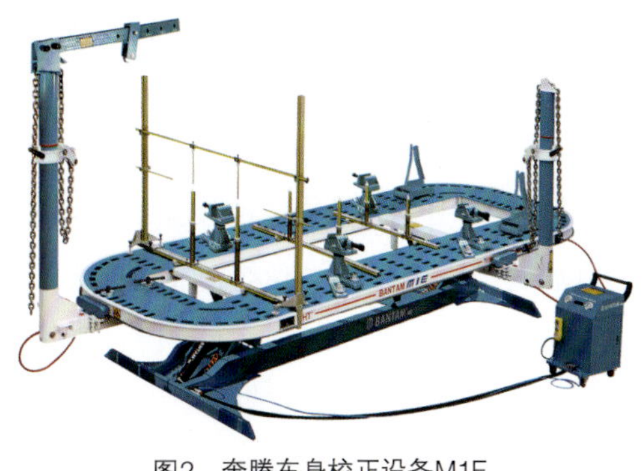

图2 奔腾车身校正设备M1E

产品介绍：整套设备由一个集中控制系统控制，平台升降、塔柱拉伸、二次举升均可由手柄操控。垂直升降平台可升至300~800mm不同作业高度，使任何事故车均可方便上下，无需举升机，设计人性化。专利夹具快速牢靠地对汽车进行定位和夹紧；专利环形液压牵引塔柱360°作业，自由灵活；专利通用测量系统精度高。与美国全球车型数据库同步，可查询各年代、各车型数据。

获奖理由：垂直升降平台可调整高度，适合不同事故车上下，无需举升机，设计人性化，专利夹具、专利环形液压牵引塔柱、专利通用测量系统，方便作业。

中一汽保集团

中一牌多工位节能环保钣喷烤漆房（图3）

图3 中一牌多工位节能环保钣喷烤漆房

产品介绍：多工位钣喷烤漆房可以全面满足维修企业每天最大负荷的钣喷生产量，用于整车或局部的打磨、擦净、喷底漆、底漆烘干、中涂及中涂烘干、喷面漆及面漆烘干的钣喷流水线作业。使汽车表面形成致密的耐蚀膜层，具有良好的外观质量，提高产品的防腐性能和装饰性能。设备美观大方，运行可靠，操作简便，维护保养方便易行。

获奖理由：严格按照国家有关安全、卫生、环保和节能等方面的标准要求执行。充分考虑系统相互之间的连锁性，在温度、系统阻力等方面均采取保护措施，避免设备事故的发生。

深圳市元征科技股份有限公司

CR982汽车快修诊断工具(标准版)（图4）

图4 CR982汽车快修诊断工具(标准版)

产品介绍：实现OBD全功能诊断；支持发动机、变速器、安全气囊、制动防抱死四大系统的基本诊断，包括故障码的读取与清除、数据流的读取、ID信息的读取；支持OBD数据流的存储及回放、PC联网免费升级、故障码查询和帮助及11种归零功能：维护灯归零、换制动片、节气门匹配、转向角学习、胎压设定归零、ABS制动排气、齿讯学习、蓄电池匹配、防盗匹配、燃油颗粒滤器复位、喷油嘴编程。

获奖理由：集合11种归零功能和100多个车系的发动机、变速器、制动防抱死、安全气囊系统等基本诊断功能。

实耐宝商贸(上海)有限公司

“AT5500T 1/2”紧凑型气冲击扳手（图5）

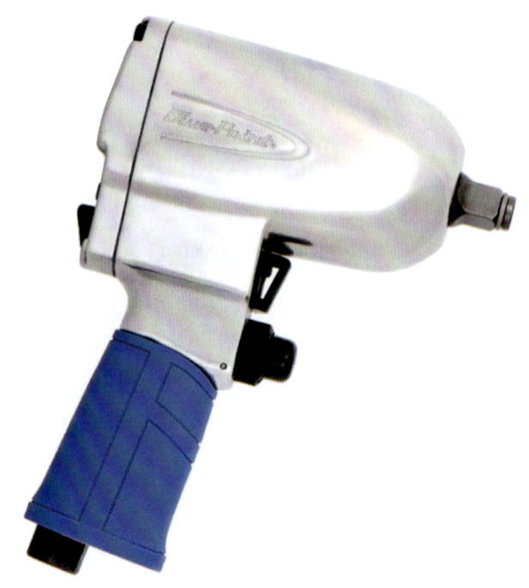

图5 “AT5500T 1/2”紧凑型气冲击扳手

产品介绍：作为中国本地研发团队的研发成果，“AT5500T 1/2”紧凑型气冲击扳手具有动力强劲、机身紧凑等特点。手柄的设计符合人体工程学、握感舒适。机身采用一体式铝制材质、更加坚固耐用。双锤式打击结构，使产品扭矩最大可达745N·m。整体机身较普通气动冲击扳手缩短了25%以上，整机重量较普通气动冲击扳手减轻20%，但是丝毫没有影响它强劲的动力。

获奖理由：动力强劲且机身紧凑。手柄的设计符合人体工程学、握感舒适。整体机身较普通气动冲击扳手缩短了25%以上，整机重量较普通气动冲击扳手减轻20%。

卡尔拉得汽车系统(北京)有限公司

CTR12000全自动点焊机（图6）

图6 CTR12000全自动点焊机

产品介绍：本产品采用中频变换器操作，对各种新型材料的焊接都能达到理想的品质保证。通过脉冲—声呐系统自动识别材料厚度；通过虚拟发生器自动识别材料类型，自动建立所需的设置，以确保正确的点焊焊点；先进的质量控制体系对电焊机进行监视和调整，以保证总能量输入；从电源模块一路到顶盖的全液冷焊接提供更大的占空比；通过快捷USB端口，升级便捷。

获奖理由：中频变换器操作，确保对各种新型材料的焊接都能达到理想的品质保证。脉冲—声呐系统自动识别材料厚度，虚拟发生器自动识别材料类型以确保正确的点焊焊点。

广州高昌机电股份有限公司

大剪子母双层四轮定位举升机（图7）

图7 大剪子母双层四轮定位举升机

产品介绍： 本产品规格尺寸按欧洲标准制造，完全符合各类车型的四轮定位检测与检修。机型优美，隐藏式结构，其结构、外观、安全性能均符合欧洲CE标准，并获外观设计专利。水平精确可调，适合各种高精密四轮定位，同步性好，运行平稳，平台重载无变形，平台水平误差小于3mm，是小型轿车四轮定位最广泛使用的配套举升机。

获奖理由： 双层隐藏式结构，同步性能优越；前轮转角盘位置可调，下降自动开启；采用铝壳电机，散热性能好；具有防侧翻功能及停电下降功能。

世达工具(上海)有限公司

98103数显式轮胎充气枪（图8）

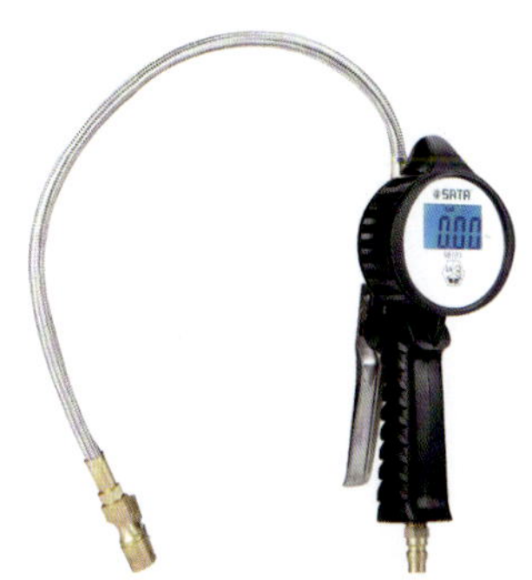

图8 98103数显式轮胎充气枪

产品介绍： 98103数显式轮胎充气枪为高精度型专业充气枪，参照JJG875标准制订的出厂检验标准，测量误差≤±0.02bar。采用全金属本体外加软胶护套，不锈钢扳机；独有的进气微过滤，有效降低水汽影响，确保寿命更长久；采用液晶高亮背光取代传统数码管，显示更清晰；进口的高精度传感器，测量更准确；不锈钢金属编织管，延长使用寿命；铝铸本体软胶保护套，防震抗跌性能好。

获奖理由： 本款产品单手操控更方便；独有的进气微过滤降低水汽影响，确保寿命更长久；进口的高精度传感器，测量更准确。

广东景中景工业涂装设备有限公司

UV光氧环保设备（图9）

图9 UV光氧环保设备

产品介绍： UV光氧环保设备利用特制的高能高臭氧UV紫外线光束照射废气，使有机或无机高分子恶臭化合物分子链，在高能紫外线光束照射下，与臭氧进行反应生成低分子化合物，如CO_2，H_2O。该设备投资小，适用范围广，净化效率高，操作简单，除臭效果好，设备运行稳定，占地小，运行费用低，随用随开，不会造成二次污染。

获奖理由： 投资费低，适用范围广，净化效率高，操作简单，除臭效果好，设备运行稳定，占地小，运行费用低，随用随开，且不会造成二次污染。

深圳市道通科技股份有限公司

TS601汽车轮胎胎压诊断仪（图10）

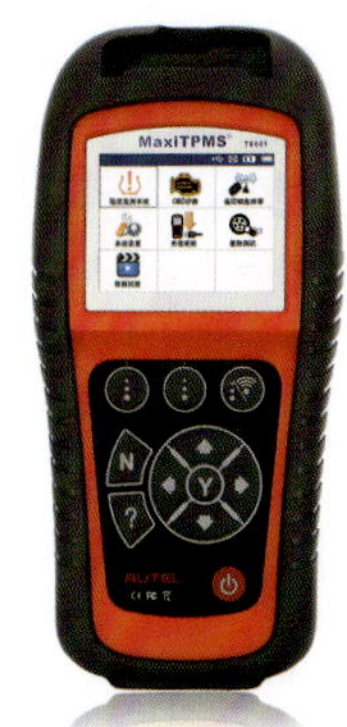

图10 TS601汽车轮胎胎压诊断仪

产品介绍： TS601覆盖亚、欧、美、国产150多个汽车品牌的新老车型；可读取、复制、写入胎压传感器ID值，

进行OBD故障诊断；可激活所有使用315MHz及433MHz的胎压传感器；可对胎压系统进行诊断，包括读码、清码、查看数据流等；可对胎压系统做特殊功能，包括动作测试、学习及复位等；可读取胎压实时数据，包括轮胎压力、信号状态、温度、蓄电池状态等；可读取汽车钥匙遥控器系统传输频率值，为钥匙匹配提供参考。

获奖理由：覆盖车型广；可进行OBD故障诊断；可对胎压系统进行诊断；可读取胎压实时数据及汽车钥匙遥控器系统传输频率值。

中山市鹰飞电器有限公司

免伤漆凹痕修复仪（图11）

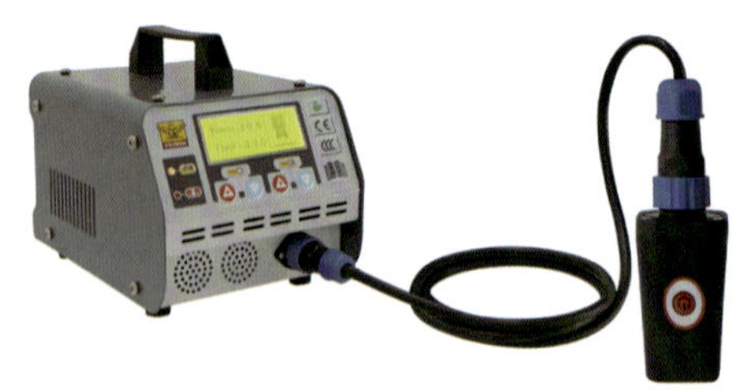

图11 免伤漆凹痕修复仪

产品介绍：免伤漆凹痕修复仪，修复只需20s，耗时短、修复效果好；能对车门、发动机舱盖、行李舱盖等多个部位进行凹陷修复；无需钣金、抹腻子、喷漆等工艺，环保无害；现代工艺、电磁工具安全更快捷；不受场地、环境等影响，小投入、高回报；不伤原车漆，修复更便利用途广；能简单直接地处理不同车身的凹陷。

获奖理由：修复只需20s，耗时短；可对车身多个部位进行凹陷修复；无需钣金、抹腻子、喷漆等工艺，环保无害；不受场地、环境等影响；不伤原车漆。

中山市海瑞达汽车保修设备科技有限公司

战斧全新第五代3D四轮定位仪（图12）

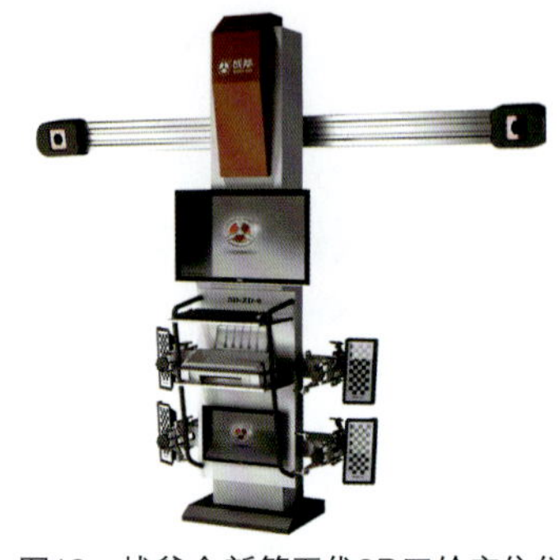

图12 战斧全新第五代3D四轮定位仪

产品介绍：产品的定位测量算法及其目标靶设计已申请国家发明专利；相机标定采用完全自主研发的标定平台，一次性标定即可完成对不同参数的综合运算，从根本上确保设备的高精度和高重复性；原装进口军品级芯片；具有上车影像的功能，开车上举升机转角盘无需他人指挥；相机采用独创技术，高集成模块化的HSC10技术设计，终身免标定。

获奖理由：500万像素高清工业相机，双屏同步显视；定位测量算法及其目标靶设计已申请国家发明专利；相机采用独创技术，高集成模块化的HSC10技术设计，终身免标定。

深圳市美施联科科技有限公司

SATA dry jet 2水性漆吹风筒（图13）

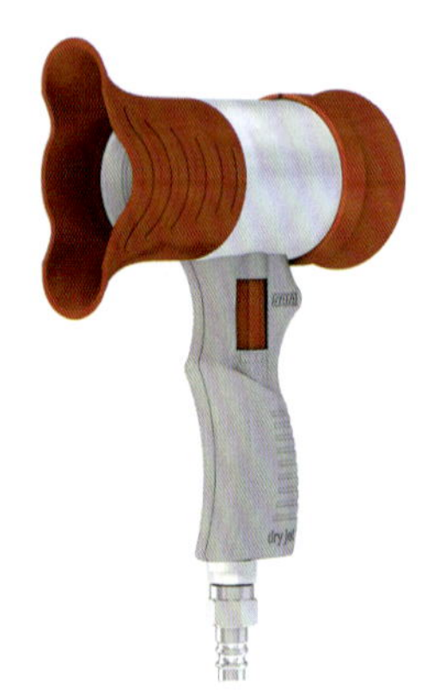

图13 SATA dry jet 2水性漆吹风筒

产品介绍：SATA dry jet 2水性漆吹风枪采用扁扇形吹风嘴设计，覆盖面积大，吹风量大而均匀。加快了水性漆的干燥时间，缩短喷漆和漆膜干燥时间；作小面积修补时，减少烤房的加热需要；抛弃式防尘滤网，避免粉尘污染漆膜；重量轻，设计精巧，符合人体工程学的手柄；新增内置式调节气压旋钮，多向调节设计，操作更方便。

获奖理由：全新扁扇形吹风嘴设计，覆盖面积大，吹风量大而均匀，加快了水性漆的干燥时间，缩短喷漆和漆膜干燥时间。

费斯托工具中国

费斯托工具快修系统（图14）

产品介绍：费斯托工具快修系统包含了打磨、集尘、抛光以及施工工艺的系统解决方案。通过本系统可快速、简单、经济地完成点修区域清洁、瑕疵部位打磨乃至油漆抛光工作，且仅在车间内占据很小的空间。适用于点修补及钣件快修（受损面不超过A4纸大小），极大地提升企业工作效率和盈利能力。

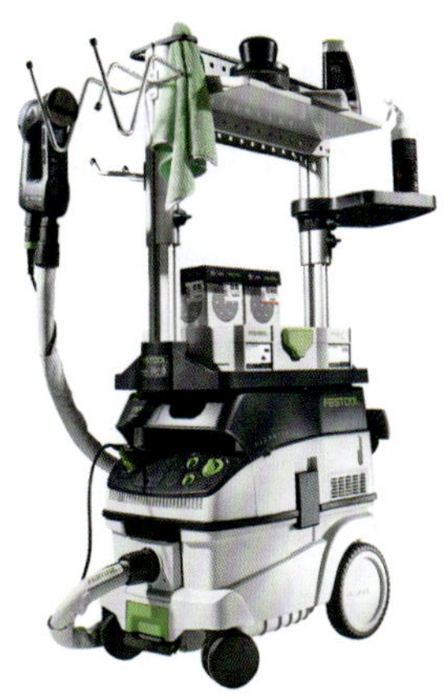

图14　费斯托工具快修系统

获奖理由：可修复面积不超过A4大小的板件，从瑕疵部位打磨直到油漆抛光工作，整个过程最多耗时150min，提升企业效率和盈利能力。

北京涞酷特威科技有限公司

涞酷Q9 UV陶瓷清漆（图15）

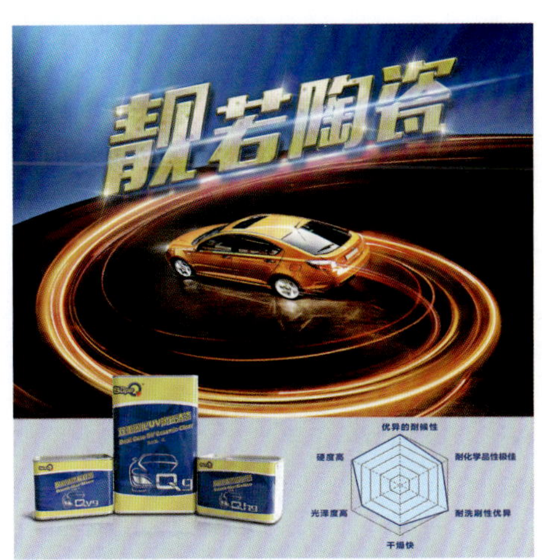

图15　涞酷Q9 UV陶瓷清漆

产品介绍：Q9 UV陶瓷清漆具备陶瓷的质感，优异的耐候性、耐洗刷性，高硬度是显著的产品特点，适用于车身大面积喷涂作业，属于涞酷UV系列高端产品；采用德国先进的UV技术，每道涂料干燥时间快，不受温度影响，60min可以完成整个修补过程，节省工时、提高效率、降低运营成本；与各大国际国内品牌汽车修补漆可配套使用且节能环保。

获奖理由：采用德国先进的UV技术，每道涂料干燥时间快，不受温度影响，60min可以完成整个修补过程，节省工时、提高效率、降低运营成本。

苏州市强立汽保设备有限公司

全自动6轴红外线烤漆灯（图16）

图16　全自动6轴红外线烤漆灯

产品介绍：强立全自动6轴红外线烤漆系统采用PLC控制，通过伺服电机在房顶部预定轨道中前后左右上下行走，可自动寻找被烤车辆最佳烤漆距离，设定来回烤漆次数，比传统电烤房节能50%，且烤漆质量大幅提高。全自动6轴红外线烤漆系统近距离对车身移动加热，对房内的整体温度不会太高，从而延长喷烤漆房的使用寿命。

获奖理由：产品节能省耗，弥补了传统红外线烤漆用电功率大，红外线烤漆距离长，温度不均匀等缺点，近距离对车身移动加热，延长喷烤漆房的使用寿命。

深圳市百思泰科技有限公司

168件超级工具车组套（图17）

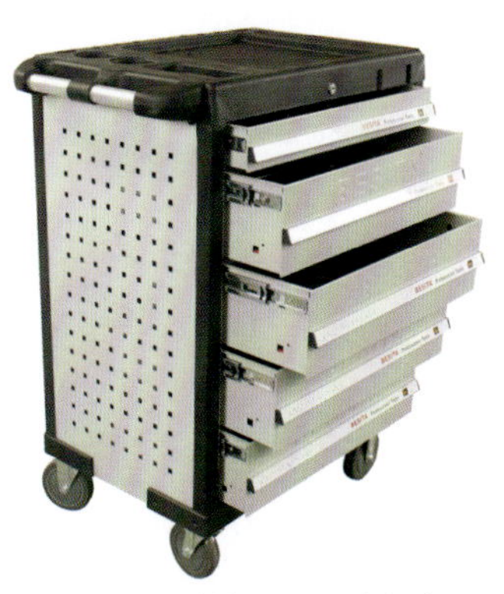

图17　168件超级工具车组套

产品介绍:模块化的工具设计,使工具均有其独立保存位置,有效改善了维修车间脏、乱、差的现象,大幅度提升了维修车间管理水平;所有的套筒扳手工具超国际标准制造,尺寸完全符合国家一级标准,为客户提供终身保用的服务;模块化专业搭配,存取方便;高度集成方案,为专业用户提供维修工具的标准,减少工具的重复采购,提高产品性价比,为客户节省成本。

获奖理由:品质高超,为客户提供终身保用服务;模块化专业搭配,存取方便,有效改善车间管理水平;为专业用户提供维修工具的标准,减少工具的重复采购。

北京天元陆兵汽车科技有限公司

Aui自动变速器智能养护设备(第II代)(图18)

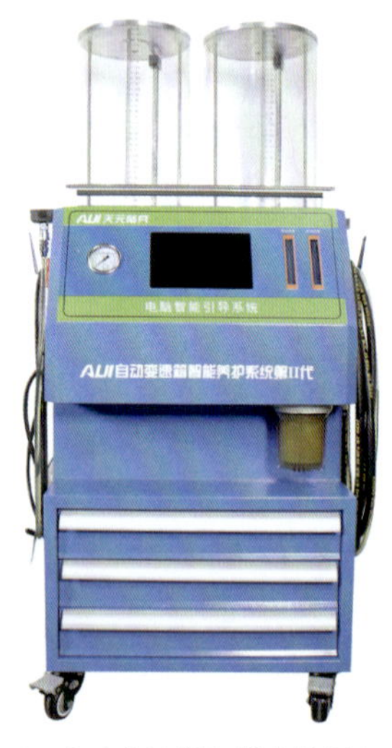

图18　Aui自动变速器智能养护设备(第II代)

产品介绍:Aui自动变速器智能养护设备(第II代)内部结构集成化,结构更简单,性能更稳定,易于维修维护;增加变速器油液加热功能,增加了油液加热装置,且加热的温度可控,解决了传统换油机无法对带ITM系统变速器换油的难题;增加变速器诊断功能,解决目前设备无法读取自动变速器故障码的问题,为客户使用提供方便;解决自动变速器系统养护后的系统匹配问题。

获奖理由:内部结构集成化,结构简单,性能稳定;增加变速器油液加热功能;增加变速器诊断功能。

广州虹科电子科技有限公司

汽车振动噪声(NVH)诊断仪(图19)

图19　汽车振动噪声(NVH)诊断仪

产品介绍:该测试系统可检测振动及噪声,包括频率变化的(车轮、发动机、传动轴等)和频率固定的振动。测试结果以易懂的报告形式显示,完整的帮助文件,解释原因和解决方案,软件提供的功能让维修人员以逻辑方法来轻松诊断问题,最终揭示问题的根源。它可以在路试前启动记录,回来后再回放记录进行分析,以确保驾驶员将注意力放在安全驾驶上。

获奖理由:该测试系统可检测振动及噪声,包括频率变化的(车轮、发动机、传动轴等)和频率固定的振动。测试结果浅显易懂,并提供完整的帮助文件,解释原因及解决方案。

史丹利五金工具(上海)有限公司

125件汽保工具套装(图20)

图20　125件汽保工具套装

产品介绍:套筒为STANLEY Maxi-Drive®专利设计,减少紧固件磨损,延长使用寿命,有效咬合紧固件;棘轮扳手Cr-V锻造,150%美国ANSI标准扭矩输出，60齿设计，适合狭小空间作业；双材料手柄，人机工程学设计耐油防滑；两用扳手表面镀铬，防锈耐腐蚀，短而薄，适用于狭小空间作业；通体加力螺丝批、高级S-2材料，表面喷砂；TPR+PP手柄，耐油抗腐蚀。六角台阶可加力，通体设计可用于敲击。

获奖理由：套筒采用STANLEY Maxi-Drive®专利设计，减少紧固件磨损，延长使用寿命，有效咬合紧固件；双材料手柄，人机工程学设计耐油防滑；两用扳手短而薄，适用于狭小空间作业。

珠海市龙神有限公司

吉尼斯360碳纤维喷枪（图21）

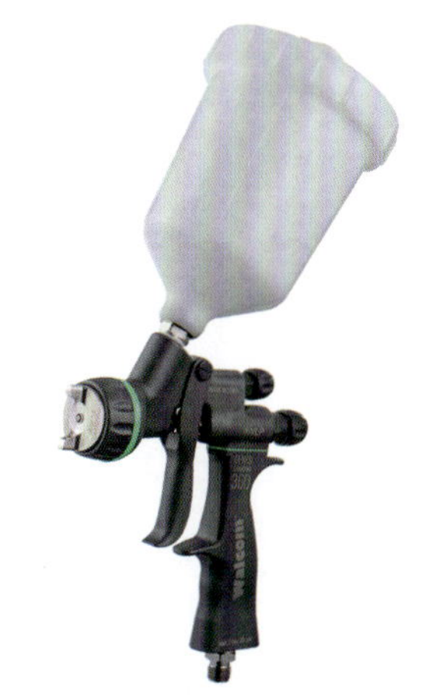

图21 吉尼斯360碳纤维喷枪

产品介绍：吉尼斯360碳纤维喷枪是市场上最轻的喷枪，仅重360g；喷涂效果及雾化效果佳；造型高雅，符合人体工学，100%意大利制造；实用性强，耐用，适用于任何溶剂；吉尼斯360碳纤维喷枪采用黄铜、不锈钢、铝和碳纤维的混合材质制成以保证喷枪的最大效率、耐用性和轻便。

获奖理由：重量仅为360g；喷涂效果及雾化效果佳；造型高雅，符合人体工学；耐用，适用于任何溶剂。

英福康(广州)真空仪器有限公司

D-TEK Select New（图22）

产品介绍：D-TEK Select New采用先进的红外吸收传感元件,对所有冷媒都极为灵敏，附带的增强元件包括充电状态指示器，传感器损坏指示和可充电的环保NiMH镍氢电池；全套仪器置于INFICON的易于携带,高质量和经久耐用的手提箱中；操作过程中可手动抑零；增强的过滤器结构起到优质的过滤作用并有效阻挡污染物，保持始终的一致性和精确性。

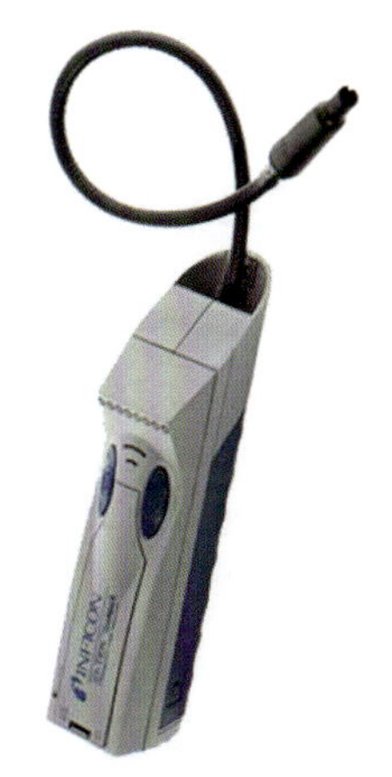

图22 D-TEK Select New

获奖理由：采用先进的红外吸收传感元件,对所有冷媒都极为灵敏；全套仪器置于INFICON的易于携带,高质量和经久耐用的手提箱中；过滤器结构可有效阻挡污染物，保持始终的一致性和精确性。

深圳市圳天元科技开发有限责任公司

ZTY-600S多工位移动式3D四轮定位仪（图23）

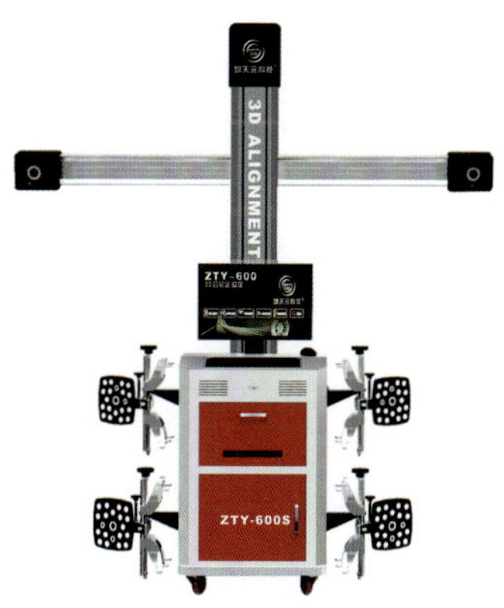

图23 ZTY-600S多工位移动式3D四轮定位仪

产品介绍：本产品配置全自动同步跟踪升降功能，无需人工干预；可整体自由移动，对多工位进行定位检测；可用于修理厂所有升降平台，提高工作效率，省时；动态机器视觉算法技术，实时动态测量车辆数据；图像处理过程中引入预定位技术，提高识别效率及可靠性；业界最短，微距推车滚动补偿，无需中途停

顿。超大车型数据库，并支持用户自定义车型数据。

获奖理由：全自动同步跟踪升降功能；动态机器视觉算法技术，实时动态测量车辆数据；图像处理过程中引入预定位技术，提高识别效率及可靠性能。

北京普利菲特科技服务有限公司

智能低压喷漆机（图24）

图24　智能低压喷漆机

产品介绍：智能低压喷漆机是专门针对汽修集团、汽修连锁店及修理厂快速喷漆修复研发的一款喷漆机，与传统高压喷枪相比，具有施工场地灵活、修复效率高、局部修补更专业高效的特点。同时，机器还具有智能温控系统、流量控制、多功能干磨系统和漆雾回收、自动启停、智能APP控制方便设备升级及GPRS定位系统，方便企业管理多项功能。

获奖理由：针对汽修集团、汽修连锁店及修理厂快速喷漆修复；施工场地灵活、修复效率高、局部修补更专业高效、功能全面。

北京理工大学出版社

BOSCH汽车工程手册丛书（图25）

图25　BOSCH汽车工程手册丛书

产品介绍：本丛书内容涉及力学、机械、材料、声学、光学、电工学、电子学、汽车、发动机、计算机、信息通信与自动控制等众多基础学科，涵盖内燃机、排气和诊断法规、柴油机开闭环控制、汽车底盘、汽车电气与电子、主动安全性、传统动力及混合动力、车辆稳定性、驾驶员辅助系统等多技术领域，图文并茂，内容丰富，叙述简明扼要，反映国外汽车工程的先进技术，有极高的阅读和使用价值，既有手册般的工程参考作用，又具有较高的学术参考价值，是一套全面、系统的参考书。

获奖理由：本系列丛书内容涉及多项基础学科，涵盖众多技术领域；图文并茂，内容丰富，叙述简明扼要。

网络营销创新奖

深圳市轩宇车鼎科技有限公司

山东隆翔机械有限公司

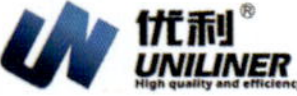

烟台优利机电设备制造有限公司

中一汽保集团

深圳庆宝鸿科技发展有限公司

深圳市三杰宜科技有限公司

沈阳中大艾逖汽车检测设备销售有限公司

北京涞酷特威科技有限公司

邹平中环净化设备有限公司

博兰智涂装设备（上海）有限公司

行业管理

Industry Management

汽保行业的“第一方阵”

——探索汽保行业上市企业

刘　玺

近年来，从中国制造到中国创造的悄然转变，表露出中国制造业正在自我觉醒、自我突破、自我升级。在科技飞速发展、互联网无处不在的当下，中国制造业日趋成熟的同时，也意味着要面临更加严峻的挑战。中国改革开放以来的社会大发展和产业现代化使得汽保行业蓬勃发展。其中，依靠前沿技术、优质服务、科学管理的优质厂商们脱颖而出，他们作为汽保领域的佼佼者和弄潮儿，正如马拉松比赛中的第一方阵，他们不断地探索汽保行业的发展方向，延伸汽保业务的疆域，拔高汽保从业人员的视野。2017年年初，安车检测一锤定音成功上市，紧接着3月份，高昌机电挂牌新三板。上市，为越来越多优秀的汽保商家敞开了大门，让他们走上到更加广阔的舞台来施展自己的本领。充裕的资本，牢固的行业公信力，更加规范的监管机制，无法忽视的社会影响。AMR2017北京国际汽保展览会上，《汽车维修与保养》杂志社记者采访了几位上市汽保企业大咖，探究上市对汽保企业的要求及影响。

一、踏踏实实做产品，踏踏实实做管理

谈企业上市，佛山市南华仪器股份有限公司的上市过程比较曲折。从2010年开始股改，到2012年上报IPO申报材料，中间历经新股发行暂停，一直到2015年的1月23号才正式敲钟上市，前后花了五年多时间。筹备之前我们首先要找保荐人，保荐人负责指导我们做上市之前的各项准备工作。比如，首先要进行的就是企业的股改，然后进行招股说明书（既企业申报材料）的编写。同期我们还引入了会计事务所、律师事务所帮助规范企业，指导企业各方面去吻合一个上市公司的要求，做到规范流程、规范各种营销的方法等。国家对上市公司的相关法律、法规有很清晰的规定，在此我不作详细说明了。谈社会责任：可以说，企业上市后就彻底的社会化了，企业的股票是广大股民可以在公开市场买卖、交易的，因此最大的社会责任就是对股民、投资者负责。在中国，企业有几千万家，而中国的A股上市公司只有三千家左右，作为稀缺资源拥有主体的上市公司，不光要对其投资者、股民负责，同时还要做好中国企业的标范，规范经营、守法经营、依法纳税，我想这些社会责任可能更大于对股民的责任。谈企业公信力：一个企业就要踏踏实实做好自己的产品、服务好自己的用户，尽可能让自己的优质产品与服务为客户产生价值，从而维持企业自身健康发展，维持企业自身保持良好的盈利状态，让所有投资者享受到企业好的产品、利润带来的成果。我想在这个过程当中市场会给予企业客观的公信力评价。谈人才吸引：在中国，上市公司相对较少，上市后品牌影响力自然得到提升，在此前提下，企业上市之后必然能够搭建一个人才吸引的平台，同时企业的各方经营意识、福利保障意识、薪酬待遇水平都会相应地做一些适度调整和提升。因此，公司对人才的吸引力显而易见！这两年，南华仪器也吸引了很多人才来帮助和推动南华仪器朝向更加专业的方向发展！谈技术：南华仪器的技术是过去20年积淀得来的，多年来，南华仪器对机动车的尾气处理技术进行了研发扩展，包括一系列的汽车检测技术，也因此在这方面掌握了一些核心研发技术，围绕这些核心的研发技术，南华仪器不排除在未来向更加广泛的领域去拓展，比如，环保领域的烟气在线监控等。谈企业管理：可能不同的企业在不同的发展阶段都有不同的管理侧重点，从南华仪器的经验来看，上市公司必须坚持制度化管理，一定要遵照国家相关监管部门对上市公司的管理要求、管理规定，来规范企业的经营管理，保证企业的任何部门都在相对规范的内部管理制度指导下科学有序地运行。社会发展日新月异，如果企业在

内部经营管理上没有制度化的制约、信息化的流程管理以及先进的企业管理与经营意识，这个企业势必会陷入无序滞后的状态。

二、“好人卡”证明企业实力

深圳市安车检测股份有限公司的上市过程与大多数上市公司相同，同样也经历了几年的筹备时间。汽保行业中上市公司较少，因此上市在一定程度上证明了企业实力。企业上市首先要符合国家规定的上市要求，目前在国内对企业上市要求较高，企业在上市筹备期首先要做的就是一步步将企业进行规范化，然后不断完善企业各个方面。谈到企业的社会责任，我认为，无论企业上市与否，社会责任都是一样的，都要提供更好的服务、做好纳税工作，因此，在这些方面上市公司与非上市企业并没有不同。目前我国诚信体系还不够完善，可以说，上市企业就等于获得了一张“好人卡”，意味着企业被国家、被社会所认可，证明企业是一个有能力的正规化企业。同样，在人才引进方面这张“好人卡”也发挥了它的作用，帮助企业吸引了更多的人才，从而加速企业技术发展。在技术方面，安车检测设备算是行业规模最大的企业，销售量、客户占有率等都居前列，成功上市也证明了一直以来客户对我们的认可。在经营管理方面，每个企业都有自己的经营方式，很多方面是没办法模仿的，但是可以借鉴其精华，当然每种风格也都有相对的缺点。安车检测的管理模式相对来说比较学院派一些，没有明确的上下级之分，目的就是更好地做研究，做更好的产品。

三、科技研发+产品质量　共促企业发展

广州高昌机电股份有限公司于2003年在广州开发区成立，其实其前身“深圳高昌”于1995年就创立了，经过了二十多年的积淀，于2017年在新三板挂牌。企业在新三板挂牌，必须要做到国家规定的新三板挂牌的众多条件要求；满足新三板法人治理结构、法律法规等规范要求等；新三板需要主营业务突出，具有持续良好的经营记录等规定条件。挂牌是企业自我成长、自我规范的过程；同时，挂牌也是公司对骨干员工的认可和回馈的具体表现。谈到研发：我国汽保企业的发展同样离不开产品研发，高昌机电也是如此。自公司成立以来，就成立了专业的产品研发队伍，高昌机电所有产品都是自主研发的，特别是高昌的各种大、小剪举升机，一直是中国汽保行业的领头军，引领和带动了中国剪式举升机产品的成长和发展。公司成立之初，国内几乎还没有生产剪式举升机的厂家，当时高昌的各种大、小剪举升机，占据着国内市场的绝对优势，一直到现在，在国内市场的占有率仍能达到30%左右，这也为高昌机电在新三板成功挂牌打下了坚实的基础。我国现在正处于一个中国制造到中国创造的升级转型关键时期，科技研发必将是汽保企业的重中之重。除了技术创新之外，企业的成长最离不开的就是产品质量，汽保企业的发展必须要以客户为中心，把产品品质做到更好，同时也要树立正确的价值观，要让社会、让客户认可。谈到融资：与主板上市不同的是，新三板的融资面向的是特别注册的500万元以上的大户和机构投资者，而主板面向的是全社会投资者。因此，新三板企业的融资并不容易。新三板企业要想通过融资做大做强，必须还要狠下工夫，在保持企业规范运营的前提下不断创造新的佳绩。

四、利用上市资源　衍生附加价值

上市公司的社会责任应是一个多方面、多层次的系统概念。因为上市公司有着金融资源、技术资源、人才资源、规模资源等各方面的优势，可以影响宏观经济的走势。因而，上市公司的社会责任有更丰富的内涵，在创造利润、对股东承担责任的同时，还要承担对员工、消费者、社区和环境的责任。上市公司作为一个公众公司，其信息披露必须是真实的、准确的、全面的。作为上市企业，具有较强的企业竞争力和知名度，名牌效应也更加强，对企业品牌公信力无疑是一个强大的支柱。上市公司拥有各方面优质的资源，包括技术、产品、服务，还有一系列由产品衍生出的附加值，比如，技术培训、客户回访与维护、以旧换新的产品政策等，这些优质资源使消费者更加青睐与认可上市企业的产品，这样相辅相成，从而提高了企业的品牌影响力。公司规模化、品牌化需

要人才，好的人才往往对自己所要加入的行业或者公司有一些个人的想法，人才更希望去品牌知名度高、规模大、公司运作规范、财务数据透明的企业，而这些正是上市公司所具备的条件。“栽下梧桐树，引得凤凰来”，上海巴兰仕汽车检测设备股份有限公司作为已经树立品牌知名度的上市公司，要想吸引人才和留住人才，公司必须有完善的人才发展战略规划，从人才的选拔、培训、使用、晋升、激励、发展等各方面建立完善的流程和保障体系，满足人才对自身职业生涯的规划。在技术方面，巴兰仕集团将继续专注于产业相关技术的研发，作为上市公司中的高新技术企业，巴兰仕集团持续不断增加研发投入，在拆胎机、平衡机、举升机及维护类设备领域里，不断推出高性能并且具有研发专利的产品。在市场方面，巴兰仕集团多品牌分层运作，加大品牌的建设力度，提升品牌在国内外市场的影响力。通过品牌效应使公司在竞争中实现快速增长，不断赢得客户的青睐和信任。

聚焦汽保企业管理新思路

文二霞

当前，面对汽保行业发展的风云变幻，作为业内主角的汽保企业都在开始寻求通过创新来提升竞争力，维持和拓展市场份额，从而获得更大的效益。创新不乏有多个层面，然管理是重要一环。很多企业以管理创新驱动发展战略，但是在创新实践中遇到了不少问题和挑战。以AMR 2017北京国际汽保展览会为契机，特别策划“汽保企业管理楷模”专题，从获得“汽车保修设备企业管理现代化创新成果奖”的企业中，选出四家具有代表性的企业，分享其管理新思路。

一、背景介绍

2016年中国汽车保修设备行业协会发起“汽车保修设备企业管理现代化创新成果”审定活动，组织专家对从近300家报名企业中筛选出的112家企业进行评审，甄选出一等奖30名，二等奖75名。企业获此奖项，标志着在管理创新方面有新的突破。同年12月，由中国交通企业管理协会主办的以“创新驱动·提质增效”为主题的2016年全国交通企业管理创新年会暨互联网+交通运输创新高峰论坛在深圳隆重召开。会议发布与表彰了2016年全国交通企业管理创新成果，充分肯定了获奖企业良好的管理效能和创新能力。值得一提的是，汽保企业中的士商（上海）机械有限公司在会上获得“全国交通企业管理现代化创新成果”一等奖。这份荣誉弥足珍贵，它不仅仅属于该公司，更是汽保行业的骄傲。对于企业而言，成果的取得离不开企业高效的管理能力、严谨的制度文化、先进的思路理念以及团结协作的奋发意识。荣誉的获得对提升企业的核心竞争力具有重要意义，将会激励汽保企业不断加强管理创新能力，提升管理软实力，推动企业提质增效。

二、汽保企业管理楷模推荐

1. 海关事务管理能力是出口型企业的核心竞争力

企业：士商（上海）机械有限公司

所获奖项：全国交通企业管理现代化创新成果一等奖

汽车保修设备企业管理现代化创新成果一等奖

士商（上海）机械有限公司（以下简称“士商”）自20世纪90年代以来，立足上海、湖州等制造基地，深耕海外市场，致力于研发、生产汽保工具及设备，通过技术创新及品质管理，为全球专业及工业级客户提供完善的产品系列。士商总经理特别助理郑丽丽介绍了公司的相关情况。

首批海关高级企业认证：对于出口型企业来说，提高海关事务管理能力是提高企业核心竞争力的必由之路。士商充分发挥管理优势、技术优势和人才优势，开展了大量的工作并取得了良好的成效。在国内同行企业不断强化自身海关事务处理能力时，士商也在不断提升自身的海关事务管理能力，不断学习海关事务的新理论和新实务，不断完善公司自身制度和规则，对士商已有的海关管理体系进行了改革和深化。2015年士商获得了首批海关高级企业认证，为整个行业在海关事务处理的能力提升做出了贡献。海关高级企业认证为获得高级认证的企业提供优越的便利条件：企业拥有享受海关最高等级的通关便利的权利，拥有更多参与改革创新“先行先试”的机会，还可以获得更加简便的海关事务办理流程和手续。更加值得一提的是，作为我国和其他国家或地区海关AEO互认的企业，高级认证企业除享受国内海关的一系列通关便利外，还可享受到互认国家或地区海关的优惠措施和通关便利。

构建海关事务管理体系：士商结合企业自身的结构特点和实践操作中所总结的经验教训，从以下十个方面来提升和强化自身的海关事务管理能力。①构建士商与海关事务相关的组织架构；②构建进出口业务控制与管理体系；③高度重视货物运输与集装箱管理；④及时完备检查运输工具；⑤审计控制严格；⑥构建信息控制系统管理制度；⑦运用先进的技术和严密的制度保障场所安全；⑧全方位保障人员安全，构建安全的工作生产环境；⑨对商业伙伴实行严格完善的管理；⑩及时应对突发事件，正确处理突发情况。士商凭借着所构建的完备的管理制度和程序，以及一直以来所秉承的不断创新、永不停步的发展精神，内部管理控制和外部协调处理的制度和程序更加完善，海关通关效率得到了极大提高，海关被查验率呈现逐渐下降的趋势，通关速度得到了进一步提升。2016年士商荣获行业协会颁发的“汽车保修设备企业管理现代化创新成果一等奖”及交通运输部颁发的“全国交通企业管理现代化创新成果一等奖”。士商在不断完善自身制度和程序的同时，也结合新的理论和实践情况，不断尝试创新，并把创新的思路、制度和程序贯穿到企业的管理和运作过程中，保持着源源不断的创新动力和有底蕴的创新实力。

2. 创新管理助力轮胎拆装机的绿色环保变革

企业：上海巴兰仕汽车检测设备股份有限公司

所获奖项：汽车保修设备企业管理现代化创新成果一等奖

上海巴兰仕汽车检测设备股份有限公司（以下简称“巴兰仕股份”）是一家专业研发、生产、销售汽车轮胎拆装机、轮胎平衡机、汽车举升机、四轮定位仪等汽车维修检修保养设备的高新技术企业，于2014年4月16日，正式挂牌上市（股票代码：430674）。巴兰仕股份总经理李刚介绍了节能环保产品在汽保行业中创新应用管理的实施情况。

汽车售后市场的环保里程碑：由皮带及相关联因素造成的设备费用增加和能源浪费是轮胎拆装机客户急需解决的痛点。巴兰仕股份致力于经济发展与绿色环境协调发展，研制出行业首创以节能环保、提高社会效益的组合式变速器。作为汽车售后市场主流设备的轮胎拆装机的核心部件，组合式变速器替代传统电机和变速器，在能量传递效率和工作效率方面，同时交给社会和客户一份绿色节能、经济高效的满意答卷。

管理创新的举措：一是成立组合式变速器研发项目组。为了快速、高效的研发组合式变速器，早日实现轮胎拆装机“绿色环保”的重大变革，巴兰仕股份成立了以董事长为项目组组长、以总经理为副组长的项目团队，为项目整体的规划方案和时间节点作统一部署；同时，公司技术研发部为突破设计难点和生产限制提供了专业的人力资源和技术保障。另外，生产部、采购部、质检部也指定专人负责该项目的对接。二是项目资源的配置。巴兰仕股份配备了国际先进的科研检测设备，充分保证了进行技术创新的研究、实验能力。三是项目初期的技术调研和原理研究。技术研发部在2013年3月至2013年4月期间进行了项目前期技术调研和技术原理研究，为设计模型的成功奠定的充实的理论基础。齿轮传动是机械传动中应用最广的一种传动形式。在组合式变速器设计之初，项目团队专门研究了齿轮传动，为该产品的研制成功奠定重要基础。基于节能环保的组合式变速箱，经过验证有效节能50%以上，即提高了社会效益，也体现

了经济与环境的和谐发展。目前“节能环保”成为国家和社会可持续发展的必要理念，如何在“绿色、低碳”的前提下满足汽车售后市场的需求？这是巴兰仕股份一直在探索和追寻的目标，也是产品设计开发道路上的方向标。

3. 以人才和服务促企业价值共创

企业：深圳市顺易科技有限公司

所获奖项：汽车保修设备企业管理现代化创新成果二等奖

深圳市顺易科技有限公司（简称“顺易科技”）是一家专业从事四轮检测设备研发、生产、销售及服务于一体的高科技企业。顺易科技市场总监谢延攀分享了其管理心得。

聚集人才，专人专事：顺易科技秉承“开拓创新，超越经典”的经营理念。这样的经营理念是顺易科技所有的管理者通过学习和实践总结而成的。顺易科技的研发团队，在企业成立之时就组建了一个“研发中心”，由最初的零散二三人、一人多任，到现在基本实现专人专事，采用大团队下面分为多个小团队的模式，同时由团队管理层进行整合和横向协调，对各团队目标考核，过程监督，这样可以确保极高的研发效率和较为贴近市场的研发方向性，降低研发失误，使得产品有一定的超前性。如今，顺易科技聚集了一批高素质且年轻化的科研、销售、质管、生产及工艺技术人才。顺易科技技术人才的聚集，分三个方面，一是企业内部提拔和培养；二是招聘全职的技术成熟的工程师；三是和行业首屈一指的工程师合作。这几个方面的人才互相学习，取长补短，以企业理念、企业的价值观作为大家合作基础，实现了长期共事与合作。

因地制宜，与时俱进：顺易科技在全国有十几个直属售后服务点，主要分布在省会省城，同时还授权了各地级市的100多家售后服务点，从而保证了维护产品的及时性。顺易科技的销售网络是由经过多年培养沉淀筛选出来的精英代理商和复合型销售经理构成，他们对行业与产品有深层次的了解，能在一线为客户提供最适合的场地设备配置解决方案。2016年顺易科技的新产品的不断上市，大范围的产品推广，赢得了国内外对顺易品牌的认可和满意。2017年推出的新产品，重点走亲民路线，在品质稳定的前提下，为汽车后市场客户提供更多共赢的解决方案。2017年顺易科技迎来更大挑战。首先是大车云四轮定位仪的面世，其次是四轮定位IOS系统上市，实现与苹果系统端的全面链接，最后是四轮定位安卓系统的升级完善，衔接解码器平台，配套增加转向角复位、胎压复位、EPB换制动片等增值功能。顺易科技不断研发新产品，抢占市场份额，始终坚持技术创新、管理创新，新产品频频亮相，不断满足消费者的需求。

4. 基于全价值链的辩证思维管理

企业：博世汽车技术服务(中国)有限公司

所获奖项：汽车保修设备企业管理现代化创新成果二等奖

博世公司（以下简称“博世”）创建于1886年，是一家由基金会控股的德国公司，主要包括汽车与智能交通、工业、消费品、能源与建筑等四类技术业务，并在各个业务领域均保持世界领先。博世在企业管理方面坚持创新，颇具特色。中国汽车保修设备行业协会副会长、中国汽车维修行业协会常务理事、博世汽车技术服务(中国)有限公司副总裁李秀峰分享了其管理之道。

管理者需要辩证的思维模式：企业管理是对企业的生产经营活动进行计划、组织、指挥、协调和控制等一系列工作，最大化发挥出组织成员的效力以完成共同的商业目标。首先，以结果为导向，既要保证企业的年度业绩和利润，也要保证企业的长期可持续盈利和增长。其次，以客户为导向，快速响应客户的需求，保证所有职能部门都能够建立起以客户为核心的体制，准确判断并快速响应客户的需求，是保证企业持续稳定发展的动力。最后，打造高效的团队，为企业发展提供好的人才保障。管理者需要拥有辩证的思维模式，充分授权和信任员工，但同时需要有完善透明的管理机制，防止腐化。

精准细调解决行业痛点：中国的汽车后市场正在经历着转型升级，维修企业在转型升级和连锁化整合过程中会有各种痛点：需要运营管理的支持、技术培训和商务培训；需要完善的配件供应渠道；需要耐用、好用的维修工具设备；需要完整的盈利解决方案，增加车主的信赖度并创造增收项目。基于此，博世在企业的管理上做了如下的调整。

第一，博世依托全系列产品和服务方案，整合了配件、诊断和服务业务，为维修企业提供一站式的解决方案。为了更加贴近客户，提供专属的定制化服务，博世融合了配件、检修设备和维修企业服务团队，实现销售团队管理扁平化，提升拜访频率，促使更多一线销售人员密切关注客户需求，及时反馈市场信息，提升客户满意度。

第二，为了满足各维修企业提升运营管理能力、维修技术能力、市场拓展能力的需求，博世建立了全国培训服务团队。增加培训和技术支持的投入，开发了全系列教材，涵盖汽车各子系统的技术原理、博世的产品特点、安装和操作流程、管理和商务培训等课程，并在2016年开展了150场培训会，提供了2 942人次的培训。为了给维修企业提供各岗位的人才，博世在全国建立153个博世校企合作单位，组建博世班，每年为行业输送6 000名合格的毕业生。

第三，为了帮助维修站提高盈利水平，博世从两方面着手：开展面向车主的集客市场推广活动，如嘉年华；同时提供成熟的盈利方案给维修企业。2016年推出的空调盈利解决方案，明确了维修企业空调专项的6大盈利点，形成完整的运营方案、标准化操作流程和表单工具，利用专业的检测设备提供可信的报告给到车主，帮助参与该项目的企业实现利润增收。

克服困难提高跨部门协作效率：跨职能部门的沟通和协作是企业管理中广泛存在的难题。在集团企业中职能部门多进行了精细的划分，存在不同的利益点。在一线团队代表客户提出需求时会产生协调工作多，流程长的问题。信息沟通是有漏斗效应的，每一次信息的传递都会产生偏差和延误。但跨部门协作不能成为“给面子”的事情，而应该通过制度和管理方法来从根本上改变。公司的组织形式复杂，从上游的研发、生产、采购、质量管理，到财务、物流、市场，到直接面向客户的销售、客服和售后服务，所有职能部门都能够建立起以客户为核心的体制，快速响应客户需求是企业的核心竞争力。

秉承理念满足多样化需求：2017年，博世着力建立信息快速流转的通道，邀请各类型的客户与公司的职能部门定时召开论坛和研讨会，让客户真正的参与到公司整个价值链管理中来，充分与职能服务团队沟通，及时地发现问题、解决问题；同时，各类的产品体验和交流会也将继续承担着桥梁的角色。博世将秉承“科技成就生活之美”的理念，以领先的汽车行业革新技术为基础，以满足客户多样化的需求为驱动力，以高效的有战斗力的团队为保障，为中国汽车后市场的转型升级贡献力量。

美国汽车后市场

U.S. Auto Aftermarket

美国事故车行业的投资、兼并与重组

◆文/美国 Karen Fierst 译/张淑珍

如今，中国汽车市场已站在十字路口。最近十多年新车销售量一年高过一年，新车经销商数量已超过2.6万家；二手车市场正健康发展。目前出现的问题是新车销售数量降低、速度放缓，汽车维修技师（包括机修、养护及事故车维修）缺少培训机会，4S店经销商的维修部门没有更好的管理能力和手段来让售后维修产生足够利润，以保证经销商持续盈利。鉴于目前新车的销售状况、维修人员所接受的培训以及经销商4S店对售后服务业务重视不够的现实，市场发展放缓是行业面临的挑战。4S店经销商第一次需要将售后服务作为重要的利润中心，这不仅为经销商4S店，也为独立维修企业集团发展高质量事故车维修网络提供了机会。

随着汽车销量及利润的萎缩，市场中继续存在2.5万家经销商4S店似乎不太实际。人们第一次开始怀疑，4S店是否会像现在这样，继续主导汽车售后服务领域。兼并、重组，发展高质量的独立售后服务供应商成为可能。就目前来看，与美国的情况相反，中国的经销商4S店似乎太多，而高品质的独立维修企业数量不足。

一、美国事故车维修的历史与现状

1990年，在我进入汽车售后服务领域时，美国大约有8万家事故车维修店，其中大部分是独立式、家庭拥有的小企业，大多数不经营机修和养护业务。这8万家维修厂中还有一定比例的新车经销商企业，新车经销商企业几乎一直在做机修和养护方面的业务，其中只有小部分新车经销商具有事故车维修能力，并且，美国如今的状况也大抵如此。

自1990年开始，美国事故车维修店数量正逐年缩减，目前已减少50%以上。据美国汽车经销商协会2015年统计，美国新车经销商的全部数量是16396家，16396家经销商企业中的39%，约6394家经销商从事事故车维修业务。目前，全美大约有33600家事故车维修厂，其中19%是OEM汽车经销商，同时经营新车销售业务。表1中列出了美国汽车经销商数量、厂内事故车维修店数量以及年收入状况，图1所示为2005—2013年美国汽车经销商经营的事故车维修厂的数量变化。传统上讲，事故车维修是新车经销商关注的最后一块业务领域。新车经销商成功的业务模式则建立在新车销售、售后机修和维护用品以及零部件销售3个主要方面。而当需要新投资扩张业务时，事故车维修则是它们开拓新业务的最后一块领地。

表1 美国汽车经销商数量、厂内事故车维修店数量以及年收入状况

年 份	2013	2012	2011	2010	2009	2008	2007
总经销商数量	17 665	17 635	17 540	17 700	18 460	20 010	20 770
经销商维修厂中事故车维修厂的比例(%)	36	34	36	33	35	36	37
经销商经营的事故车维修厂数量	6 359	5 996	6 314	5 841	6 461	7 204	7 685
经销商事故车维修厂年收入(十亿美元)	7.0	6.9	6.8	6.4	6.6	7.3	9.5
经销商事故车维修厂的平均年收入(千美元)	1 101	1 151	1 077	1 096	1 021	1 016	1 236

（来源：美国汽车经销商协会）

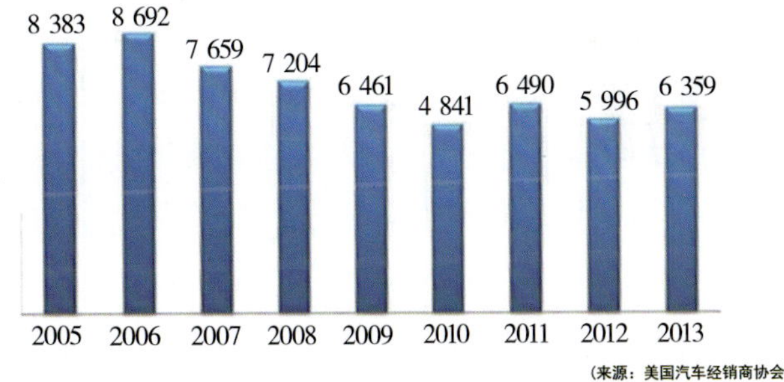

图1 美国汽车经销商经营的事故车维修厂的数量变化

在美国，独立的事故车维修厂一直在市场中占据着主导地位。63%的新车经销商不经营事故车维修业务，没有自己内部的事故车维修部门，而客户的事故车维修，他们则转包给了可信赖的独立事故车维修厂。新车经销商、独立事故车维修厂二者的声誉取决于维修工作的品质。

多年来，在美国拥有并经营一家事故车维修厂是非常复杂的。虽然独立维修厂具备一定的优势，但是整个行业遭受着管理技术水平不足、有经验的维修技师逐步减少、不断出现的新技术、保险行业出现一些

混乱的需求、日益增加的政府规定以及其他方面的一些挑战，它们不断地影响着维修厂的日常经营。事故车行业本身存在的问题也不少，这使得独立维修厂解决各自经营中的问题更加困难。对大多数维修厂来说，无论是维修厂管理、还是维修前端所需的设备及培训方面的投资，都变得越来越难以解决。从总体情况来看，整个行业已经进入低效运营的状态，这必将影响到企业的利润。在我看来，这个行业在过去和现在始终需要改善和变革。

然而，一些有进取心的事故车维修厂在20年前就认识到这一点，他们着手开发了一套业务模式，希望新的业务模式能解决上面提到的一些问题。为了实现这一目标，他们需要一些外部投资和敏锐的商业思维。虽然，他们早期的尝试并没有带来预想的结果，但是也从探索中得到了很多经验和知识，这些我会另做进一步探讨。

在20年后的今天，事故车维修领域中私人股权投资的规模及比例已今非昔比。为什么事故车领域有这么多的投资呢？主要因为市场具备投资资金、投资利息较低、行业仍处在各自为政的分裂状态、市场效率低且产能过剩。另外，多店经营者能说服保险公司，事故车维修厂通过多店式网络化经营，提高了效率，节约了保险资金，不论在品质还是客户服务方面，均能够持续不断地产出好的结果。对于私人股权投资者来说，虽然之前的投资并不成功，但是遇到机会时，他们依然热情高涨、信心满满。以上这些，都有利于美国事故车行业的兼并与重组，为了理解美国维修市场发展对事故车维修行业投资、兼并、重组的影响，我们需要先了解一下美国事故车行业投资、兼并、重组的历史过程。

二、投资、兼并与重组的第一次浪潮

20世纪90年代，美国事故车维修店的拥有者大多来自维修技师，他们通过参加具体教育讲座以及其他业务方面继续教育培训，获得了一些经营管理的技巧，并决定利用自身优势开办事故车修理厂。那些年正是电子计算机进入事故车维修领域的“黎明”时期，管理者们很快升级设备并开始更专业地经营管理，这一点增强了保险公司直接维修项目（DRP）在市场中的份额。

美国好事达（Allstate）保险公司在20世纪80年代中期最早引入了DRP项目，若干年之后，其他保险公司也相继推广了自己的项目体系。好事达公司DRP战略最终在事故车维修店店主之间产生了极大争议。毕竟，这些维修厂大多规模较小、常常是家庭拥有的小企业，他们埋怨保险公司欣然侵入维修厂的业务经营。随着其他保险公司不断实施、开拓自己的DRP网络项目，负面反应逐渐增多。争议不仅出现在保险公司与维修厂之间，维修厂与维修厂之间也出现了很多争议，有坚决反对DRP项目的维修厂，也有从DRP项目中可能获利的一些参与者。反对者强烈认为，参与DRP项目就意味着保险公司将参与维修厂的业务经营。那些勉强支持DRP模式的人认为，DRP模式可能会增加产量，为企业带来利润。

对于参与DRP项目的维修厂，每家保险公司都有自己的管理规定。通常，参与多家保险公司DRP项目的维修厂需要购买一台以上电脑并接受培训，以便管理、使用保险公司自己的电子评估软件平台。例如：维修厂如果参与一家以上保险公司的DRP项目，他们将必须有米切尔（Mitchell）和3C（CCC）运行平台，以满足不同保险公司的要求。那时候，2个电子评估系统将需要2台专用电脑，而电子评估系统的软件开发相对比较新，整个系统则比较麻烦，准备评估需要花费很多时间，且并没有优化流程。另外，维修厂管理软件也不普遍，在维修厂业务管理方面，管理软件能使维修厂效率更高。

随着计算机在事故车维修厂的普及、电子评估软件及管理业务软件逐渐被接受，最终产生的结果是维修厂效益不断提高。另外，自20世纪90年代初，有进取心的维修厂厂主们为加强、提高业务技能，纷纷加入了一个“20集团”组织。“高效能集团”概念就是通常所说的事故车领域的“20集团”，它是新车经销商领域的一个副产品。该集团中事故车维修厂的厂长们来自全美各个地区，他们每年与一家服务商会面2~4次，这些服务商在业务及财务管理方面接受过专业培训，能为修理厂厂长提供业务管理方面的教育培训，与他们分享维修厂能够实施的最佳实践经验及全新创新思维，帮助他们提高维修厂盈利能力。参加“20集团”的企业主都来自美国最为有进取心的维修企业，通过相互间沟通，他们渐渐了解了当时美国事故车维修企业的市场状况，同时也找到了志同道合的商业伙伴。

这些有进取心的企业主都是走在行业前列的践行者，他们致力于持续不断的培训教育，接受常规性设备及车辆技术的评估需求，并做出相应的更新升级。一些企业主虽然了解事故车维修业务模式中的琐碎及低效，但在与琐碎与低效的挑战中，他们也看到了机会。

聪明的企业主意识到商业环境正在改变，很多非汽车领域的企业正在进行兼并重组。计算机的出现、保险公司已有的DRP项目、各自为政的行业现状、维修厂产能过剩等为投资、兼并与重组提供了独特的机会。早期整合者创办的“标准事故车中心”，为了摆脱企业运营的无效性，在开发新业务模式时开始与保险公司通力合作。一些维修厂希望与其他维修厂合作共事，成为保险公司的优选供应商，于是开始在当地购买维修厂 。

据“标准事故车中心”原始创立者之一、现美国FIX Auto公司首席执行官Erick Bickett先生介绍，该事故车中心成立于20世纪90年代初。随着创建大型、多店式事故车维修企业构想的出现，在1996年开始进行收购与整合。创始者们希望事故车行业能出现与其他正在或者已经整合的零售业相类似的商业模式。他们最初的商业计划是通过购买现有维修厂实现进一步发展，并认为市场已经为此做好了准备。图2所示为1980—2013年美国事故车维修的市场规模变化，这里所体现的维修厂数量包括独立维修店与经销商运营店。对比一组数据，在维修市场中，2006年每店平均销售量为66.6万美元，2013年每店平均销售量为90.1 163万美元。

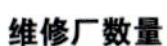

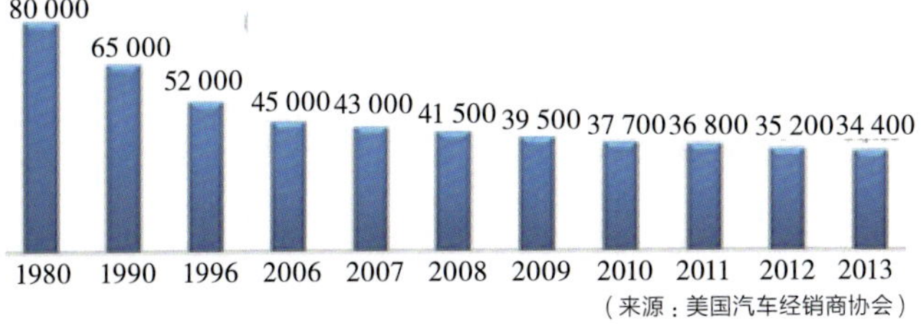

图2 美国事故车维修的市场规模

一段时间过后，那些维修厂在商业融资及实施转变的过程中认识到，他们需要被证明已经成功的专业管理模式来帮助他们成长。因此，他们雇佣了专业的管理技术人员。为了购买更多维修厂，他们需要更多资本投资，于是他们求助于私募股权投资者。私募股权投资者对投资回报有一个期望值，而这些维修厂的整合者们也认为能够达到这样的期望值。他们希望，通过向保险公司提供“多店经营、单点联络”的概念；购买维修厂、发展规模经济的经营模式；同时各门店保证统一、高品质维修质量，可以吸引保险公司帮助他们推动业务发展。多店式经营的统一性将使保险公司了解了：多店网状式经营带来的益处，同时通过消除或减少与维修厂的矛盾冲突，保险公司最终将与维修厂建立并发展成可信赖的合作关系。投资者最后找到了多店连锁的经营者，他们关注的共同点是，像“标准事故车中心”以及“M2”那样，建成区域性、多店式经营的事故车维修连锁企业。“M2”与“标准事故车中心”一样，是一家经过整合的事故车维修连锁企业，这两家均成立于美国加州。

整合兼并的时代已经开始。重要的是，整合者们将事故车维修店的脚步迈向更远。一些老牌维修店主决定卖掉原有的维修厂，加入新成立的整合者队伍中。他们认为，在与整合者的竞争中，与其将一生工作所得进行无回报的投资，还不如加入整合队伍获取一部分应得的收益。几年过去了，整合者与他们的私募股权合作者通过深入合作，不断成长而强大。

在2001年，行业资深人士、美国Auto Claims Help公司的拥有者—Charlie Baron先生为美国《车身维修店商业杂志》撰文写道：“据美国《有限公司》杂志统计，‘标准事故车中心’在美国发展最快的公司中排名第九位。它不止吸引了大家的注意力，更吸引了资金。2000年，该中心从2家私人风险投资集团获得2 000万美元投资，为公司发展注入了强大力量。2001年秋，另一家由几个保险公司组成的投资集团又为其注资4 000万美元。”

很多独立事故车维修店主，他们并不想卖掉自己的修理店，成为正在兴起的、多店式维修网络的参与者，他们想要观望多店经营企业在市场多变情况下的持续竞争能力。

在第一轮兼并整合中，私募股权投资者及整合者们所期待的结果并未发生。美国Fix Auto的Bickett先生对此解释说，无论是不是以私募股权的方式投资，保险公司都没有入股事故车维修店的概念。对于保险公司来讲，衡量维修厂业绩的技术还没有完全开发出来，他

们尚不信任那些维修厂的经营。由于缺少保险公司的支持，多店网络化经营则陷入了不理想的境地。保险公司的支持对维修厂来说非常重要，维修厂需要通过增加维修总量才能获得规模经济储值并达到预期收益。Bickett先生非常熟悉并理解事故车维修行业，对事故车行业按照投资者期望及要求快速发展的状况表示不安。于是，他选择离开了"标准事故车中心"。

另一个挑战是，早期整合者不能为维修厂持续提供维修业务。这方面的欠缺，再加上保险公司不支持的怀疑态度，最终导致整合者们无法达到他们的盈利预期。对投资者而言，没有达到目标他们就会选择退出市场。在我采访到的一些行业专家看来，第一轮投资没有达到预期的主要原因之一是，无论是在管理、还是技术层面，事故车维修厂还没有准备好市场所需的经营水平。多店经营在技术与管理上达到一致性的难度，远比整合者认识到的难很多。

在问到第一轮整合失败的原因时，美国Supplement公司（美国汽车行业金融咨询公司，网址supp-co.com）主管Brad Mewes先生对我说，"第一轮整合并没有失败，只是一些整合者没有成功实施他们的商业计划而已。然而，过去的经验可以为未来的发展提供参考。目前，有3家非常成功的多店式经营的事故车维修企业，成为第一轮整合投资的受益者，如今他们的业务也非常兴旺发达。这其中包括：本文之前提到的标准事故车中心（网址：http://calibercollision.com/）、美国汽车车身与玻璃维修企业—ABRA（网址：http://www.abraauto.com）以及博伊德集团 Boyd Group在美国经营的Gerbera事故车维修企业（网址：http://www.boydgroup.com/Home.asp.）。Boyd Group是一家加拿大上市公司，也是北美唯一一家公开交易的多店连锁经营的事故车维修企业。"

FOCUS投资银行执行董事、"标准事故车中心"创立者之一David Roberts先生，在总结第一轮投资、兼并与重组时这样说道："每个行业经历的瘦身都是从整合、兼并开始的。事故车维修行业发生变革的时机已经成熟，但是维修厂与保险公司的关系还是对立的。然而，让维修厂合并在一个品牌下，集体向保险公司推广，以获得更多维修量、更好的价格，并非一件简单的事。即使维修厂的经营参与者拥有共同的所有权，但也很难保证他们意见一致，与保险公司建立合作关系花费的时间，远比预期长。而当时也没有有效的方法来衡量维修厂的效益产出，20年前维修厂并没有用KPI（关键性能指标）指数衡量业绩，而现在的维修厂时刻都在用KPI衡量其绩效。"

三、投资、兼并与重组的第二次浪潮

曾经有几年，美国事故车行业投资、兼并与重组的热潮逐渐降温并放缓，但当时事故车维修行业的产能仍然过剩，店铺过多但工作量少，不足以支撑所有维修店的运营。维修店的成本增加、技术及培训需要投资、车辆严重受损导致更多车辆报废、可修复车辆数量下降导致收益缩水，再加上维修店店主老龄化、尚没有成形的退出计划、缺少市场推广等，最终导致一些店铺停工歇业。

与此同时，过去被称为"兼并者"的多店连锁经营者们（MSO），并没有急于拓展维修连锁店的数量，他们决定自己承担责任改善公司内部运营，着手开发企业内部"标准运营程序"（SOPs）。这个标准程序概括了维修店如何运转与经营的方法，兼并者将标准运营程序推广到各区域运营店铺，并在培训、设备、精简运营等方面投入资金，以期得到更佳的维修周期。同时，他们也加强与保险公司DRP项目合作，有些经营者们甚至参与了20个不同保险公司的DRP项目。

随着时间的推移，保险公司要求维修厂不断提高业绩的技术条件已经成熟，例如维修厂在客户服务、维修费用、修复周期、配件的选择（例如后市场部件、循环用部件、再制造件）等方面的做法和行为已经可以衡量，而保险公司也正是用这些来评估并衡量维修厂的效益，并称之为KPI。

但是，当保险公司引入KPI体系时，维修厂最初并不太接受。问题在于，每家保险公司都有自己的KPI体系，KPI指标不统一为维修厂带来了烦恼和困惑。而保险公司仍在不断地调整各自的KPI指标，试图推动维修厂改善操作环节。这些做法使KPI指标向着保险公司期待的方向发展，但降低了维修厂效益，没有为维修厂带来正向的结果。

一些进取型独立维修厂了解并实施了精细化经

营措施，为提高效率达到快速维修的目的，他们去掉了业务流程中无用无益的行为。对于维修厂和保险公司来说，快速维修是双赢的选择。多店式连锁经营者以及进取型独立维修厂厂主们，都在试图开发并实施最佳方案，降低日常开支，简化操作及工序流程，试图增加利润空间。总之，这些维修厂实施可以预知结果的方案，按专业机构的方式运营。另外，他们与保险公司建立了强大、可信赖的合作关系。尽管有一些维修厂对保险公司诟病不止，但更为进取的维修厂厂主们则认为，与保险公司需要维修厂一样，维修厂是需要保险公司的，维修厂与保险公司更像是伙伴而不是对手。这样的实用态度对维修厂带来了好处，更产生了保险公司与维修厂双赢的结果。

2007—2009年期间，正值美国经济不景气之时，很多事故车维修厂厂主决定卖掉其店铺。这主要是因为这些维修厂盈利能力下降，而多店经营者们开始慢慢地扩张其领地，伸向这些盈利能力下降的企业。因为整体经济形式不好及企业估值不高，这些维修厂最终都选择折价售出。表2、表3所示为2011—2014年间多店连锁品牌门店数量及其增长情况。多店经营者们一旦买入维修厂，就会引入自己的运营体系，其结果都是比原店主获得的利润更高。通常，这些维修店都是通过私募股权投资购买的，他们为美国事故车行业的发展带来了第二次机遇。

表2　多店连锁品牌的门店数量

连锁品牌	2011 年	2012 年	2013 年	2014 年
ABRA	112	128	179	194
博伊德集团	167	221	261	290
标准事故车中心	94	112	158	163
维修王	47	63	105	174
总计	420	524	703	821

注：2014 年数据统计时间为 2014 年 4 月 15 日。

表3　多店连锁品牌门店数量的增长情况

连锁品牌	2012 年增长数量	2013 年增长数量	2014 年增长数量	2012 年增长百分比（%）	2013 年增长百分比（%）	2014 年增长百分比（%）
ABRA	16	51	15	14.3	39.8	8.4
博伊德集团	54	40	29	32.3	18.1	11.1
标准事故车中心	18	46	5	19.1	14.1	3.2
维修王	16	42	69	34	66.7	65.7
总计	104	179	118	24.8	34.2	16.8

注：2014 年数据统计时间为 2014 年 4 月 15 日。

美国私人投资公司Romans Group LLC资金主管、执行合伙人Vincent Romans先生、保险解决方案集团（Insurance Solutions Group）执行合伙人及StoneRidge顾问公司高级顾问Stephen Applebaum先生，在一份报告中指出：大约在2007年，一些私募股权投资者们开始在事故车行业寻找更大的投资机会。他们寻找的是，那些与低谷期(经济活动较少、价格较低的时期)及从2007年至今缓慢恢复期相比，能够产生相当或更高回报的投资机会。

四、两次浪潮过后的行业现实

对于传统的独立维修厂，尤其是经营不错的店铺，现在终于有了市场。但是他们没有资金进行技术培训、新设备采购以适应汽车技术飞速发展的变化和需求。

据Jefferies全球投资集团Rex Green先生介绍，多店式连锁品牌的门店越多、连锁网络越大，就可能拥有更多的资金进行技术培训和设备投资，从而产生更多的收益和现金流；另外，这些投资反过来也会影响保险公司关注的KPI指标，使连锁企业更容易得到保险公司的青睐。这样的良性循环将大型多店集团带入到市场竞争中的有利位置，与独立维修企业及小型多店式维修企业相比，多店集团的上述优势也是其吸引私募股权投资者的特点之一。表4列出了2012—2014年美国事故车多店集团收购交易的维修厂数量分析数据。

表4　美国4大非连锁授权式维修企业2011-2014年间店铺增长情况

企业名称	2011-2014 年间店铺增长数量	2011-2014 年店铺增长比率
ABRA	146	130.4%
Boyd	166	99.4%
Caliber	138	146.8%
Service King	162	344.7%
4 大集团总计	612	145.7%

（来源：CollisionWeek，统计数据截止2014年12月18日）

对于保险公司来讲，他们希望从可靠的单点联络中获取更多的利益。与多店集团合作可以让他们减少很多行政工作，从而进一步降低成本支出。随着技术进步，保险公司无需以传统的劳动密集型方式，只需依靠远程控制及分析，就能以更低的成本得到维修厂的

业绩反馈。慢慢地，只要维修厂能够达到保险公司KPI指标，保险公司便开始让维修厂申请“自我管理”权。随后这种称之为“自我管理”式的直接维修项目（DRP）便慢慢进入了市场。这种方式不仅消除了保险公司强行涉入维修厂业务的不良感觉，而且把更多的决策权交给了维修厂，维修厂不再受保险公司的干涉和影响。

五、美国事故车行业的未来

据Romans公司预测，目前美国汽车维修厂数量约3 3500家，依然供大于求，未来还有进一步投资、兼并与重组的空间，图3所示为对美国未来事故车维修厂数量变化的预测。美国FOCUS投资银行Roberts先生推断，事故车行业的投资、兼并与重组仍将继续若干年，但是具体形式会有所不同。当前美国有3.2万~3.5万家维修厂，产值达310亿美元，其中包括约1.2万家各种保险公司认证的DRP维修厂以及5 000多家有能力、高品质的维修厂，他们所从事的大多数维修工作是由保险公司赔付买单的。美国4大重组经营的事故车维修集团（包括：标准Caliber事故车维修中心、ABRA车身及玻璃维修、博伊德Boyd集团事故车维修以及维修之王Service King事故车维修中心）中，有1 200家维修厂完成了大约美国全部事故车维修总业务量的15%。这4大维修集团以及其他一些大型多店连锁式维修厂，能够完成全美超过30%的事故车维修量。

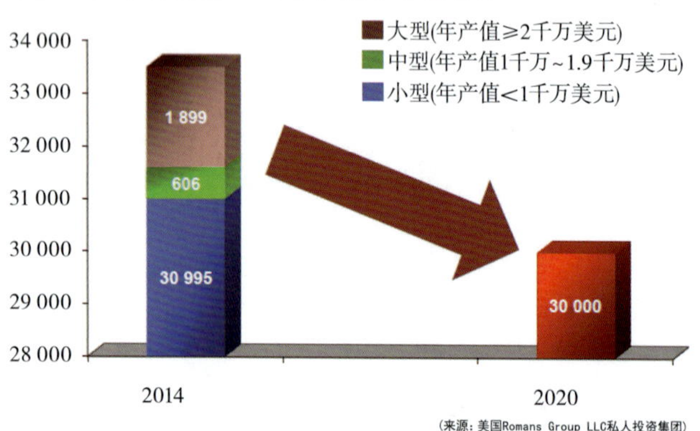

图3 对美国未来事故车维修厂数量变化的预测

美国上述4大重组集团的目标是，在今后10年继续扩张，希望最终能够赢得50%的市场份额。FOCUS投资银行Roberts先生预测，在未来15年内美国事故车维修厂的数量将再削减一半左右。过去20年，美国事故车维修厂的数量每年减少1 000家左右，而且下降速度每年都在加快。Roberts预测，最终将由5 000家事故车维修厂完成全美绝大部分的事故车维修工作，而这其中的大多数维修工作将在4大重组经营的维修集团以及其他一些大型多店连锁式维修厂内完成。

如此下去，行业中的中等事故车维修企业将会比较痛苦。保险公司把注意力转向多店经营、市场范围更广、布局在大型城市的集团式企业，而中等规模的企业则会因失去维修车辆的机会而被挤出市场。另外，为达到保险公司要求的KPI指标，中等事故车维修企业在投资设备、培训能力方面将更捉襟见肘。按照Roberts预想，乡村或小城市的独立维修厂可能将继续繁荣下去，那些不受保险公司影响的低端维修厂将依然存在。

据Jefferies 全球投资银行Rex Green先生介绍，自2005年开始投资者们在事故车领域的投资都获得了极大回报，远远超过了传统领域的回报。因此，私募股权投资者还将在事故车领域砸入重金、以期获得更多回报。他认为，未来，在事故车领域，投资者还能获取很多利益和机会。

六、总结

尽管中、美两国在事故车领域存在着巨大差异，汽车经销商在中国汽车售后市场中起着重要的作用。但是，中国或许可以从美国汽车售后市场的发展历程中获取一些经验和教训。

中国目前正在经历自2003年以来，车辆所有权转变给个人后，市场出现爆炸式增长的挑战。在汽车机修、养护、事故车维修技术以及汽车服务水平发展未成熟之前，中国汽车行业的重点是在新车的生产和销售环节。经过十几年的市场积累，中国汽车市场面临了诸多急迫需求，如技师培训、支持快速增长的二手车市场、解决大量的事故车维修、汽车保险业的发展、新车销量骤降等。

如今，中国汽车销量减少，但是在用车数量仍在增加，事故车维修业务量仍在增长。对于4S店来说，现在是时候应该考虑把事故车维修当作核心利润业务进行管理与经营。另外，汽车销量降低、新车超过保修期、4S店维修价格过高等因素都为独立高品质连锁经营模式，尤其是那些定价合理，专业水平高，培训、装备完善的事故车维修企业进入事故车维修市场创造了条件，并提供了绝佳时机，与4S店不同，这类事故车专业维修店不参与新车销售，因此会更为专注和专业。

随着中国事故车行业的发展，美国事故车行业发展进程中的一些经验，无论对于4S店还是独立维修厂都是非常有价值、有参考借鉴作用的。中国目前拥有近2.5万家汽车4S店，这对于外部投资来说很具吸引力。那些想进入独立事故车维修领域的潜在市场参与者，目前迎来了考虑招募投资、发展独立高品质维修网络的合适时机。精明的投资者们寻找的应该是那些与美国多店经营集团或连锁企业特征相同的经营模式，他们具有培训完善的管理及技术团队、标准的操作流程(SOP)、与保险公司正向的合作关系、为客户提供品质服务的能力、稳定的高质量维修水准以及衡量或者汇报上述内容的技术手段与工具等。这些都是高品质事故车维修企业的典型特质，也是可以获得长远成功的有力保障。

美国事故车独立维修集团掠影

◆文/美国 Karen Fierst　译/张淑珍

2010年，我第一次去中国做市场研究时发现，4S店基本控制了中国的汽车维修市场，当时很少有人信任独立维修厂的服务品质。这种状况令我非常吃惊，无论过去还是现在，美国的情况都完全相反。美国的独立维修厂大约能够完成市场中70%的维修量(包括机修、养护及事故车维修)，而经销商维修店只完成剩余30%的维修量。当时我就清晰地意识到，强大、高品质的独立维修集团总有一天会赢得消费者信任，超越4S店模式。2015年9月在中国，我亲眼见到这一势头已经开始，并且正极为迅速地向前发展。

在《美国事故车行业的投资、兼并与重组》一文中，我简单介绍了美国事故车维修企业投资、兼并与重组的经历以及最近正风起云涌的市场投资热潮。现在，我将重点介绍北美5大事故车维修集团（ABRA、Boyd/Gerber、Caliber、CARSTAR、Service King）以及1家全球性事故车维修连锁集团（FIX Auto World）的经营理念及发展历程。他们的故事和经历或许可以为中国快速兴起的独立、高品质事故车维修集团提供借鉴和参考。

表1列出了ABRA、Boyd/Gerber、Caliber、Service King这4大非连锁授权式维修企业2011—2014年间的店铺增长数量及增长比率。据Romans投资集团主要创始人Vincent推测，以ABRA、Boyd/Gerber、Caliber、Service King这4家非连锁授权式维修企业目前收购扩张的速度，2015年每家的年收入都很可能接近或超过10亿美元。而在所有连锁授权经营的企业中，CARSTAR是最成功的，目前规模比较小的FIX Auto World则把目光瞄向了全球。虽然以上企业的经营模式略有不同，但是都很成功。他们拥有一个共同的理念：安全、美观地维修事故车，满足车主客户及保险公司双方的要求。

表1　美国4大非连锁授权式维修企业2011-2014年店铺增长情况

企业名称	2011-2014 年间店铺增长数量	2011-2014 年店铺增长比率
ABRA	146	130.4%
Boyd	166	99.4%
Caliber	138	146.8%
Service King	162	344.7%
4 大集团总计	612	145.7%

(来源：CollisionWeek，统计数据截至2014年12月18日)

一、ABRA——私人股权

座右铭：就在第一时间，按时行动
网址：www.abraauto.com

ABRA车身及玻璃维修企业是全美事故车行业中从事免喷漆、凹陷车身及玻璃维修业务公认的领导型企业。公司运用卓越的经营哲学，极大改进了经营规模，使其在竞争对手中脱颖而出。其所提供的维修解决方案不但能够提高客户满意度，让保险公司留住投保客户，同时可以降低维修成本，提高整个理赔过程的效率。

2014年，ABRA继续实施其扩张投资战略，一家新私募资金合作伙伴Hellman&Friedman为其再次注资。这一动作致使之前与之合作的Palladium Equity投资公司提前退出，该公司曾成功整合166家维修中心、14家连锁企业加入ABRA。Hellman&Friedman的注资为ABRA加速成长提供了动力，ABRA目前正在实施多方面成长战略，计划于2018年使年收入远远超过10亿美元，并拥有全美第一个事故车维修平台。

ABRA负责业务发展的执行副总裁Tim Adelmann说，ABRA员工敬业工作、客户充分信任以及保险公司强有力的支持，使ABRA自1984年创建至今，经历30年的发展，已成为车身及玻璃维修领域标志性的名称。

ABRA仅用4年时间即获得巨大进步，从2012年年初仅113家店发展到2015年已拥有332家事故车维修中心。在此期间，其业务拓展至13个新市场，包括纳什维尔、印第安纳、圣路易斯、华盛顿、罗利、夏洛特、诺克斯维尔、芝加哥、俄亥俄州、费城、新泽西/特拉华、爱达荷及俄勒冈。ABRA遍布全国的维修网络已分布至全美24个州，拥有员工总数超过4 700人。

ABRA一贯强调以卓越的事故车维修经验为基础，为车主提供始终如一的服务，跨越全美开设维修中心，帮助保险公司完善客户理赔程序。ABRA的经营哲学使其不断拓展经营规模，超越对手并在竞争中卓尔不凡，成为保险公司及车主优先选择的合作伙伴。如今，ABRA已牢固确立了其在事故车维修行业中的领导地位，并且能够为更多新市场、更多与之合作的保险公司提供高品质的服务。同时，ABRA也致力于承担有社会责任感的企业所应该履行的公众责任。

二、Boyd/Gerber——上市公司

Boyd/Gerber车身维修企业在汽车维修领域有3个不同的企业名称：加拿大Boyd车身玻璃维修公司、美国Gerber事故车及玻璃维修公司、美国Gerber理赔服务公司。除了一个公司有3个名称之外，Boyd/Gerber区别于本文其他企业的最大特征是，它是北美唯一一家经营事故车维修的上市公司。

美国座右铭：事故车、玻璃严重受损，极力推荐Gerber公司加拿大座右铭：事故车就送Boyd维修

网址：www.boydgroup.com/Home.asp

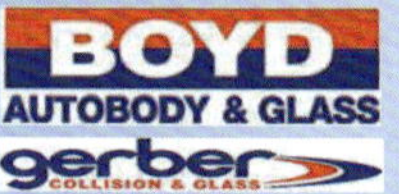

www.boydautobody.com

www.gerbercollision.com

www.gerberngs.com/s/Home.asp

Boyd/Gerber车身维修企业的创办者——Terry Smith先生是现任Boyd/Gerber总裁兼CEO(首席执行官) Brock Bulbuck先生的好友。1990年Terry Smith先生在加拿大温尼伯市买下一个维修厂经营车身维修业务，随后又希望拥有并经营更多车身维修厂。之前酒店连锁经营的经历使他深深了解品牌开发与出品一致的重要性。为筹措资金、实现自己的愿望——建立受人欢迎、专注客户服务的专业事故车维修网络，他把公司的所有权卖给了一个有限合伙公司。在之后4~5年时间里，合伙公司投资者增至约300人、筹得资金200万~400万美元。Brock Bulbuck先生1993年加入Boyd/Gerber，当时Boyd/Gerber仅在加拿大有5家维修厂，销售额约为1 000万美元，1995年Boyd/Gerber发展至12家门店，1997年Boyd/Gerber集团正式成立。

20世纪90年代后期，加拿大对有限合伙人公司和公开上市公司在某些方面的要求基本类似，例如公开披露财务信息等。Boyd/Gerber在1998年还是一家小型企业，在温尼伯当地金融界人士的鼓励下，它成为一家公开上市公司，其股权交易授权于1999年由温尼伯证券交易所转移至多伦多证券交易所。

股票公开发售后，Boyd/Gerber便加快了新店发展与并购的速度，1999年Boyd/Gerber成为加拿大最大的事故车维修企业。基于在加拿大的成功经验以及明确的发展战略，Boyd/Gerber随后便明智而慎重地开始在美国购买维修店。

2004年，Boyd/Gerber在美国收购了16家Gerber事故车及玻璃维修企业，这是其第一次在美国收购区域

性较强的集团经营式维修网络。2005年，Boyd/Gerber又收购了一家客户推荐的集团企业——Globe Amerada玻璃维修集团。该维修集团由3 000家专注汽车玻璃维修与更换的独立经营者构成，随后重新命名为美国Gerber玻璃维修服务，这即是美国Gerber理赔服务公司的由来。2010—2013年间，Boyd/Gerber在美国拥有及运营维修店的情况列于表2。

表2 2010-2013年Boyd/Gerber在美国收购维修店情况统计

年度	收购公司名称	店铺数量	分布州的数量
2010	True2Form	37	4
2011	Cars Collision	28	3
2012	Master Collision Pearl Auto Body The Recovery Room Auto Crafters	39*	
2013	Glass America Hansen Collision&Glass	58	23 2

* 随着2012年收购结束，Boyd/Gerber公司已成为北美最大的非连锁型事故车维修集团。

Brock Bulbuck先生认为，与另外3家集团经营的事故车维修企业相比，Boyd/Gerber与他们在店铺运营及发展方面极为相似，但是在项目执行的操作方面存在明显差异。Boyd/Gerber与其他3家集团经营的事故车维修企业最大的区别是，Boyd/Gerber是公众持股的上市公司。对于公众来讲，Boyd/Gerber的财务是公开、透明的；对于股东来讲，Boyd/Gerber更像是一本打开的书。Boyd/Gerber在公司负债战略方面更为保守，也就是说相对于收入，Boyd/Gerber的债务更少。

目前，Boyd/Gerber在温哥华地区有为数不多的几家加盟连锁店，在加拿大及美国一共拥有近340家维修厂，其中绝大多数维修厂位于美国，而且Boyd/Gerber90%以上的收入来源于美国市场。在加拿大，Boyd/Gerber仅有分布于国内5个省份的38家维修厂；在美国，Boyd/Gerber的事故车维修及玻璃更换店铺分布于19个州，另有10个州仅开设玻璃维修店，因此Boyd/Gerber在美国的29个州都有维修店铺。Boyd/Gerber在过去的12个月里，折合年销售额已超过10亿加元，约合7.5亿美金。Brock Bulbuck先生说，Boyd/Gerber还将以这样的方式继续发展下去。

三、Caliber Collision——私人股权

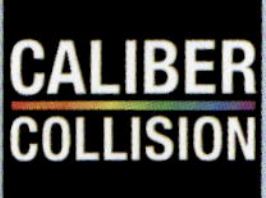

座右铭：恢复你生命的节奏

网址：www.calibercollision.com

在《美国事故车行业的投资、兼并与重组》一文中，我提到了Caliber标准事故车维修企业。1995年，创办Caliber Collision的一批事故车维修店主们认为，保险公司更愿意整合、拥有“单点联络、品质一致”的维修厂。但作为一个集团，店主们意识到缩减经营规模、平衡购买力使他们在与卖家的谈判中获益不少。为了进一步扩大企业规模，创办者们需要更多资金、购买更多店铺，于是他们雇佣了Matt Ohrnstein 及 David Roberts两位经验丰富、筹款能力超强的成功商人，帮助他们经营并发展Caliber Collision。

Matt Ohrnstein和David Roberts在筹集资金、购买新店铺方面极为成功。但是保险公司有些怀疑突然出现的“整合者”，因为不管维修厂能提供什么样的服务，整合者们却不愿意出高价购买。另外，当时很多早期整合者对投资者们夸大了自己的盈利能力，最终却不能实现对投资者承诺的回报。因此，那时候一部分整合者失败了。但是，无论有过怎么的挫折和失败，Caliber Collision因其睿智管理及其维修网络的统一标准，最终存活下来。从运营层面来讲，Caliber Collision走上了正确轨道。回顾过去，整合应该是它发展之前的事情。

虽然公司运营高效、财务稳定，但是另一个麻烦差点毁掉Caliber Collision。这里简单介绍一下：在2002年年底，加州汽车维修主管部门（简称BAR）指控Caliber Collision有欺诈行为。申辩、诉讼来来回回持续了1年多，直到2004年8月才结束。法院判决结果是：Caliber Collision赔偿加州政府530万美元、支付给BAR50万美元法律费用。另外还要为BAR认定的受害者以及几千名符合条件的客户（2002年8月1日—2004年7月31日曾在Caliber Collision维修车辆）进行免费维修。

Caliber Collision所经历这次事件的详情可浏览以下网站信息：https://oag.ca.gov/news/press-releases/attorney-general-lockyer-announces-58-million-settlement-caliber-car-repair。

目前，任职美国汽车售后市场Veritas公司、从事企业兼并咨询的John Walcher先生，2000—2007年曾任职于Caliber Collision公司。作为Caliber Collision的代表，他曾深陷欺诈纠纷之中。据他介绍，在那段时间里，Caliber Collision的业务基本处于停滞状态。2000年Caliber Collision有34家店铺，在随后的2年6个月时间里，公司规模扩大了1倍，到2002年7月，已拥有68家店铺。纠纷开始前是这个数量，直到2年多之后官司结束时依然是这个数量。据John Walcher估计，这一事件使Caliber Collision的发展退后了6年。几年之后，Caliber Collision再次起步，进展缓慢但稳健。此外，这场纠纷也使得Caliber Collision在恢复的几年中企业所有权发生了变更。

在John Walcher看来，Caliber Collision最终存活下来，并且发展状况良好，究其原因，应归结于在危机发生的几年中公司领导团队的管理质量及创新能力。如果其他公司遇到此类危机，很可能早已土崩瓦解。在最近6年的发展中，Caliber Collision的年收入更是成倍数增长。

有关Caliber Collision，2015年5月8日《达拉斯商业期刊》曾撰文描述到，Caliber Collision曾被不同私人股东抛售。2008年多伦多一家私人股权投资控股公司——Onex集团旗下的ONCAP部门买下了Caliber Collision，在2013年又以4.25亿美元的交易额将Caliber Collision卖给Omers公司，这笔交易额是ONCAP最初投资额的7.5倍。Omers公司在加拿大为44万人做养老金投资，其中包括加拿大人口最多的安大略省，每20个在安大略省工作的雇员就有一位享受Omers投资的养老金。

2013年ABRN（美国车身维修新闻）在一篇文章中写道，Caliber Collision现任首席执行官Steve Grimshaw将Caliber Collision的发展分为3个阶段：第一阶段是2005年之前的早期岁月；第二阶段是2005—2009年间中期发展及提高运营业绩阶段；关于第三阶段，Steve Grimshaw这样描述，“我们希望公司持续盈利、健康发展，这意味着公司需要在内部运营及收购增长方面寻求很好的平衡”。Steve Grimshaw 说：“Caliber Collision现在的目标是，收购方面的盈利占60%，门店销售盈利占40%，而目前正好处在60∶40这个节点上。” Steve Grimshaw进一步解释说道：“这两方面的增长需要二者之间相互补充，然而，我们会优先考虑保留住公司现有的业务增长。‘让客户恢复生命节奏’是我们的经营目标，也是我们首先选择保留现有业务的原因所在。我们遵守自己的黄金法则，以客户需要的方式对待他们和他们的车辆。这意味着我们将始终如一地履行客户满意为先，同时将合作伙伴——保险公司关注的KPI（关键效绩指标）放在重要位置。” 2015年4月19日ABRN报道介绍，Steve Grimshaw先生称，2013年Caliber Collision公司90%的业务来源于保险公司的直接维修项目（DRP）。

2015年11月初，Caliber Collision已在全美13个州拥有339间维修厂，而且没有任何迹象表明其将放缓发展的步伐。虽然没有任何公开信息可以证明，但从收入上讲，Caliber Collision已被公认为是美国最大的事故车维修集团。英语中有一个说法，“那些没有令你死去的，会让你更坚强”，尽管Caliber Collision经历了早期失败、重大法律纠纷、更换投资集团等困难，但是，如今的它更加强大和鼎盛。

四、CARSTAR——加盟连锁型企业

CARSTAR Auto Body Repair Experts 座右铭：放心吧，在这里我们为你解决任何问题网址：www.carstar.com

CARSTAR事故车维修专家集团由Lirel Holt先生于1989年创建成立。20世纪80年代，作为3M公司汽车品牌维修管理（ARM）部门经理及培训师，Lirel Holt与一群有才华的培训师走遍全美各地，为独立事故车维修店店主及高级管理人员进行管理培训。通过在各地的管理培训，Lirel Holt了解到当时美国事故车行业现状，并意识到事故车维修行业松散、不规范的困境。他遇到的维修店主及管理人员，入行时都是技术人员，欠缺经营管理方面的教育和培训。

经过大量研究，Lirel Holt决定创建CARSTAR事故车维修专家集团。作为连锁企业，CARSTAR的目标是为独立维修店店主及经营者传递代表全美事故

车行业的声音，帮助他们成为更专业、更盈利的经营者及企业。很显然，连锁企业需要所有门店保持一致的操作流程和品牌发展战略，并与保险公司有统一的合作关系。Lirel Holt希望，他的公司能够达到上述所有要求。CARSTAR从一家授权经营的事故车维修厂做起，目前已成为北美地区最大的事故车维修连锁经营集团。截至2015年9月，CARSTAR在美国30个州、加拿大10个省份，共有450家授权连锁经营企业。

2015年2月，CARSTAR宣布：2014年集团年收入增长近10%，达到了7.12亿美元。据CARSTAR首席执行官David Byers分析，2013年CARSTAR年收入为6.49亿美元，2014年收入的增加源于保险公司直接维修项目（DRP）增加、天气原因造成交通事故量增加、维修价格的提高、KPI提高、集团启用了EDGE业绩平台系统等。2014年CARSTAR在179家门店增加了DRP项目，从而增加了11%来自保险公司的维修量。

在比较连锁经营与其他集团公司经营形式的差异时，David Byers指出，大型集团成功收购维修企业后，在整合时会遇到很大的困难和挑战。按他的观点来说，企业转型进入CARSTAR连锁经营模式则更容易一些。

有趣的是，在我因这篇文章而采访CARSTAR首席执行官David Byers后的第二天，CARSTAR公开宣布：全美汽车连锁先锋企业—Driven Brands（网址：www.drivenbrands.com）获得了CARSTAR在美国与加拿大的经营权，收购行为发生在2015年10月22日。Driven Brands旗下还有Maaco、Meineke、1-800-散热器等与汽车维修与养护相关的连锁品牌公司。就目前来看，CARSTAR的高层管理及策略方向等应该已发生重大变化。但是，这些变化有哪些长期和深远的意义，目前尚不得而知。值得一提的是，1998年投资公司Equity South（网址：www.equity-south.com）曾购买了CARSTAR，2008年他们又把CARSTAR卖给了Champlain Capital公司（网址：www.champlaincapital.com）。

伊利诺伊州约克维尔市一家CARSTAR连锁店店主、曾获 CARSTAR“2012年度加盟商”奖励的Dean Fisher先生，现任CARSTAR集团公司运营副总裁。据他介绍，目前CARSTAR更愿意吸收销售额在120万~150万美元的维修店到CARSTAR加盟网络中。1990—1999年间，加盟CARSTAR的维修店，销售额大多在50万~100万美元。在如今维修技术、技能快速发展的背景下，维修店必须有一定的现金流才能保证设备采购与人员培训方面的支出与花费。

通常情况下，有以下需求的维修店会考虑加盟CARSTAR：

（1）为提高维修店效益，希望在经营方面得到支持；

（2）希望吸引更多保险公司方面的业务；

（3）维修店店主希望业务水平得到提升，要么是扩增另一个店铺，要么是帮助下一代经营店铺。

像其他事故车维修集团一样，CARSTAR评估维修店铺有很多不同标准。其中一项重要考量内容是维修店经营者的能力和态度，毕竟CARSTAR的成功是建立在每一个单体维修店成功基础之上的。

客户要求高品质的维修，要求被尊敬，他们需要维修店提供修车服务的同时也希望保险公司把自己的车送到有品质的维修店。因此，Dean Fisher建议维修店，“客户服务是做出来的，不是拿来销售的。”在Dean Fisher看来，保险公司寻找的合作伙伴需要满足以下3C标准：

（1）运营及品牌管理的一致性（consistency）：包括关张店铺的比例、客户服务指标以及维修周期等；

（2）服从标准（Compliance）：标准化操作程序将保证维修厂品牌与运营的一致性；

（3）有效沟通（Communication）：无论对于保险公司还是车主客户，沟通都很重要。

并非所有CARSTAR连锁加盟商都具有CARSTAR所需的技术水平及业绩标准，因此，无论对于新加盟商还是老牌加盟商，CARSTAR都提供各种不同的培训机会，培训方式有：CARSTAR在线学院、CARSTAR研究开发中心(位于堪萨斯城)的面对面培训课程、总经理与店主的技术管理培训课程以及全国大都市区域的现场研讨会等。

CARSTAR首席执行官David Byers说，CARSTAR

经历了逐渐成熟的过程和外部环境的不断变化，目前依然坚守着1989年Lirel Holt创立公司时运用的基本原则及最初商业模式，也正如连锁加盟商从CARSTAR获取并展示给公众的那样。另外，作为加盟许可的回报，CARSTAR允许加盟店铺与另一家知名、影响力大的品牌企业联合。同时，加盟店铺还能获得CARSTAR在市场推广、培训、集中购买、全国或区域性保险公司合作、全年无休全天24小时呼叫中心等支持。

David Byers说，CARSTAR有别于其他大型事故车维修集团的重要特征是，它是全美唯一一家有实际规模的事故车维修企业，并把店铺经营者们拥有的极大资源、才智及主动性加以合理运用。在事故车维修集团加快并购店铺步伐的大环境下，如何吸引有志之士加入CARSTAR连锁网络，并始使他们始终保持对CARSTAR的兴致不减，是CARSTAR如今面临的最大挑战。

五、Fix Auto World ——加盟连锁型企业

座右铭：事故后脑海里浮现的第一个词
网址：www.fixauto.com

表3所示为Fix Auto当前全球分布及产能情况。

表3 Fix Auto当前全球分布及产能情况

分布区域	店铺数量	产能情况
加拿大	225 家	20 亿美元
美国	90 家	6.92 亿美元
法国	101 家	0.95 亿美元
英国	83 家	10 亿美元
土耳其	2015 年计划开 5 家	—
澳大利亚	暂无数据	—

本文中有2家企业我称之为“北美公司”，因为他们在美国和加拿大都有业务经营。据我目前的理解，本文所提及的企业中，Fix Auto World是唯一一家全球性经营的事故车维修连锁集团，在加拿大、美国、英国、法国，很快会在土耳其以及今后12~24个月会在第6个国家开展业务。目前Fix Auto World已运营的授权连锁门店有500多家，下面我们就来看看其起源及发展现状。

Fix Auto World于1992年由Jean Delisle在加拿大魁北克成立。据其网站介绍，该公司的定位非常明确：使其名下所有门店保持品质、理念、性能方面完全一致的高标准，从而在事故车维修领域建立起卓越声誉和品牌。

最初，MondoFix公司拥有并控制着Fix Auto World品牌，经营核心是市场推广及销售。后来MondoFix公司将Fix Auto World品牌卖给Master Licensee许可证经营公司，并附带了增值资产：如品牌标准，包括每个加盟门店要求的外观感觉，以及市场推广理念等。随后，Master Licensee公司在销售Fix Auto World加盟代理权的同时，为授权加盟商开发并提供额外的附加服务，依据Master Licensee公司所做的决定，每个国家附加服务的内容都有区别，但最终都将放入到加盟授权的协议中。

2015年春天，Fix Auto World公司首席执行官兼总裁Steve Leal宣布，Fix Auto World将重新塑造品牌形象，致力于打造成熟的连锁经营模式。鉴于目前市场核心的转变，Fix Auto World为加盟企业提供了一系列增值服务，比如，经营及市场支持、品牌拓展及最佳范例、培训、战略规划、保险销售、购买力配置等。Fix Auto World重视发展与国际性供应商的关系，努力在供应链及加盟商利益两方面合理平衡加盟商的购买力。另外，Fix Auto World品牌要求每个国家的加盟门店都对维修工作执行“终身保修”。

许可证经营公司——Master Licensee将根据区域人口数量及消费情况在各区域代表Fix Auto World与加盟商签署协议。Fix Auto World的指导理念是“全球性思维、本地化执行”。也就是说，Master Licensee公司为加盟商提供一整套最基本的指导方案，并鼓励加盟商更好地适应本地市场。

Fix Auto World首席财务官Daniel Hogg在公司的一段宣传视频中说到：“如果你无法衡量，那就不能掌控。”因此，Fix Auto World公司开发了一套全球范围内都可以使用的操作平台，每个加盟者的业绩可以通过各种关键业绩指标（KPI）及基准指数与其他加盟商进行对比衡量，公司将通过对比结果，帮助加盟店有

效、及时地不断提高和改进管理水平。

Fix Auto World认为，对于每个加盟商来说，知识越多，业绩就越好。Fix Auto World定期举行加盟商网络会议，经营者分享成功经验、分析机遇挑战，并相互从他人的实践案例讨论中获益。

通过加入Fix Auto World网络，加盟商可以获得在全球性品牌框架下的优势地位。Fix Auto World公司市场副总裁Carl Brabander在市场推广的一段视频中说道："在市场上增强影响力，可为Fix Auto World成为消费者信得过品牌创造更大价值。"视频最后，首席执行官Steve Leal补充说道："Fix Auto World注重于向全球提供最好的车身维修连锁体系，为维修店主提供所需的培训、工具及其他支持，以帮助他们更好适应行业发展需求。"截至2015年9月，Fix Auto World在全球事故车维修店的数量已达405家，产值约37.87亿美元。

六、Service King——私人股权，员工所有

座右铭：它不只是一个名称，更是一份承诺。我们不仅叫"服务王"，我们就是"服务王"

网址：www.serviceking.com

据其网站介绍，Service King是美国最大的多店式事故车维修连锁集团之一，致力于为客户提供全方位的优质服务体验。Service King于1976年成立于美国德克萨斯州的达拉斯市，是事故车维修领域的领导者之一，目前在美国23个州拥有260多家事故车维修店。2015年Service King被"达拉斯"及"圣安东尼奥"两家商业期刊评为"最佳工作场所的第一名"。这些数字及奖励非常吸引人，但在美国事故车维修行业中，Service King更为吸引人的可能是公司低调起步及创新发展的成长战略。

Service King创始人Eddie Lennox毕业于达拉斯Spruce高中汽车维修专业，之后进入2年制专科学校Eastfield学习车身修复课程。他的职业生涯开始于一家货运公司，他在那里担任专业维修人员，但他很快意识到，应该有一家自己的车身维修店。1976年，在Eddie Lennox23岁的时候，他成立了一个仅有2个车位的钣金喷漆店，当时的标识是一个喷漆的小手，上面写着Service King。

到这个时候为止，Eddie Lennox与成千上万、1950—1970年出生的其他"汽车人"的故事和经历基本相同，他们希望通过修车谋取生计。有篇文章援引了Eddie Lennox的说法："我通过自学，在经营中成长。刚开始我的想法是成立维修店，为我的家庭提供足够收入"。由此可见，他开始并没有期望自己的公司成为全国性品牌。

Service King第一家维修店于1976年开张，10年后维修店经营开始转变方向。1986年Service King已有4家维修店，到1988年增加到5家。那时候美国一些维修店主通过购买进行扩张，但Eddie Lennox设想的发展战略与此不同，随着公司的发展与成长，他为员工提供成为店主的机会。Service King名下维修店的店主们会以工作为傲，而且他们更希望增加收益、帮助公司成长。Eddie Lennox是Service King的大股东，并且越来越多的员工入股公司，为公司成长提供了更多资金。

Eddie Lennox创新性的员工入股战略，大大超越了以金融投资促进公司发展的方式，其结果使得员工的忠诚度与积极性进一步提升，同时也创立了一条使员工成长为店主的专业自然发展之路。Service King的内部员工所有权形式，使员工拥有了既是所有者又是运营者的态度身份。美国专业杂志ABRN在2014年3月的一篇文章中讲到："Jeff McFadden于2012年被任命为Service King的总裁，他与CEO—Chris Abraham都是通过个人奋斗、一步步升职到管理者位置的。Chris Abraham1995年进入Service King，最初是维修顾问，之后带领Service King从达拉斯/沃斯堡进入了休斯顿地区。而Jeff McFadden于1992年加入公司时，也是从维修顾问做起的。"

这里援引2011年Eddie Lennox作为公司所有者、董事长及CEO时曾说的一段话："Service King之所以能成为美国最大员工拥有的事故车维修中心，是因为公司里的员工非常关心他们的客户，以及事故发生后他们所经历的创伤。在公司里，我们不只修复经历事故的车辆，我们还会帮助客户，让他们的生活更加简单轻松。团队中的每一位员工，把他们的手、他们的心全部投入在工作中，对自己为客户提供的服务、为大家拥有的公司而感到骄傲和自豪。"

2012年8月Carlyle投资集团（全球最大的私募基金

之一，网址：www.carlyle.com）买下Service King集团大部分所有权及员工。在当时，Service King已是美国最大的独立车身维修连锁企业。作为交易的一部分，创始人Eddie Lennox在公司中仍然保留了重要的所有权权益。

在2012—2014年期间，Service King店面数量从49家增长至111家，产能已超过4.75亿美元。2014年美国最大私募投资集团之一——百事通公司（网址：www.blackstone.com/businesses/aam/private-equity）以6.5亿美元的价格买下Service King。Carlyle集团及Service King创始人Eddie Lennox仅保留了小部分所有权。到2015年4月，Service King在全美23个州拥有超过260家维修店，员工人数超过5 000名。

随着Service King的快速发展及扩张，其已从一个强大的区域性多店连锁企业转变为全美多州连锁的超大型维修连锁企业。但是，即使经历了如此巨大的发展变化以及私募基金的巨资投入，Service King仍视自己为家族式经营企业，它仍将继续关注自己的核心价值，为员工提供所需的机会与体系，令其超越自己的过去。

美国专业杂志ABRN于2014年3月报道，作为Service King的首席执行官，Chris Abraham曾说过："成功并不取决于我们拥有的维修店数量，而是由公司团队的业绩以及客户决定的。如果我们满足了公司内部团队以及外部客户的需求，那么公司将顺其自然地成长并发展。"负责公司宣传及店铺发展的副总裁Gregg Murry补充说："我们在寻求公司发展的机会，我们也在寻找志同道合的人加入团队。在相互关心我们自己的同时，我们也非常关心我们的客户及伙伴。" Collision Week（美国事故车周刊，网址：www.collisionweek.com）于2015年11月9日报道：Service King在芝加哥地区经营着37家维修店，在全美23个州拥有275家店铺。

七、总结

对于本文中提到的每一家事故车连锁集团，我都有不同程度的了解。在写这篇文章之前，我认为每家企业都有着自己鲜明的特点和不同。但事实上，在深入研究每家企业之后，我发现：与他们各自的不同相比，每家企业都有着更多的共同特点。尽管他们都在按自己的步骤和计划进一步完善和发展；然而对于成功所必须的基本因素，他们的看法却大体相同。这一点构成了每家公司的成功哲学，也激发了外部投资以及潜在加盟商的兴趣。

很显然，高品质独立事故车维修企业必须走本土化道路，以满足本地市场的客户需求。美国事故车维修连锁集团的成功案例值得中国同行借鉴。即使需要加入本地化元素，但对于中国正在兴起的独立事故车连锁经营，这些成功案列也不失为可以参考借鉴的一份好教材、好资料。

目前，全美35 000家事故车维修企业中，大约有1 000家归ABRA、Gerber（Boyd/Gerber集团美国分部）、Caliber以及Service King这4大事故车连锁经营集团所拥有，这些集团外部都有金融资本促使其在美国进一步扩张。Carstar在美国及加拿大都以其本土化连锁而著称，业务模式与26年前创办初期有所区别。Fix Auto World则重新调整为全球化连锁模式，与最初开业时的模式差异颇大。

就多店经营模式来讲，连锁经营型与公司共有型的"多店经营模式"有以下明显区别。

连锁经营型的多店经营模式：①所有者即是运营者；②不需要外部资金。

公司共有型的多店经营模式：①不需要投入个人资金；②投资依靠私募基金。

公司共有型及连锁经营型的多店模式，共同之处有以下几方面（重要性不分先后顺序）：

（1）强调品牌发展战略；

（2）明白在建立并保持正面品牌形象时，高品质维修及客户优质服务的重要意义；

（3）大量依靠保险公司的直接维修项目；

（4）希望与车队运营者及新车经销商建立合作关系；

（5）相信事故车维修在美国依然有发展机会；

（6）发展并完善最佳成功实践案例；

（7）理解标准化运营步骤的重要性；

（8）继续探索并完善工作效能；

（9）相比于单个维修店，拥有更强大的谈判力度；

（10）试图确定其经济规模，并充分利用其规模效益；

(11)重点强调在管理、技术、行政等方面的培训工作；

(12)建立并发展与保险公司的单点联络关系；

(13)寻找并开发最有效率、有效益的信息技术平台；

(14)强调优质人力资源管理的重要性。

汽车行业金融分析家—Supplement!投资公司(网址：www.supp-co.com)主要负责人Brad Mewes认为：在不考虑本地化因素的条件下，任何规模的汽车维修厂除了提供高品质维修及客户优质服务外，为了在当前市场环境下取得更大成功，还需要记住：高效运营、优质人力资源、财务体系、信息技术及市场推广。根据Brad Mewes的建议：当今事故车维修厂，其核心做法是注重事故车维修及客户服务。为了今后长久成功，维修厂面临的挑战是运营过程、人力资源、财务业务管理、更高效率的信息技术以及不容忽视的市场推广能力。

我非常赞同Brad Mewes的观点，同时也认为，无论是发达国家还是发展中国家，这些因素都是事故车维修厂成功的关键因素。

美国汽车后市场零部件分销状况解读

◆文/美国 Karen Fierst　译/张淑珍

一、引言

在全球范围内，就零部件的分销体系而言，每家OEM(主机厂)会有其专门的分销网络和发货渠道。而对于独立汽车后市场来说，每个国家应该建立起独立的供应渠道和体系。根据我的经历与观察，中国已经创立了一套独特的汽车后市场零部件供应渠道解决方案。

2010年在北京，我第一次参观了中国的“汽配城”。这个位于西四环的汽配商场由一个高层主体建筑和一个低层建筑组成，这两个建筑的周边是一些简陋的独立维修小铺。第二年，我又在广州参观了一个特别大的汽配城，占地面积广、布局宽敞，各类店铺布满了好几条街道。在那里，我第一次看到人们骑着自行车或小型摩托车，运送着体积较大的车身部件，这样的商城场景和分销模式我在美国从未看到过。

在广州，我被带到一个当地区域性零部件仓储配送中心参观，看到人们把装有各种零部件的大箱子装运到大卡车上。按照我的理解，这些货车很可能把大箱子里的零部件从这个仓储中心运往附近城区内的汽配商城，然后销售给最终用户。这是一种传统的2步式分销模式，虽然这样的模式也能达到最终的销售目的，但是与我熟悉的现代、有序、高效的美国式仓储配送中心相比，是截然不同的。

几年前，我的同事有幸参观了一些中国大型的汽车零部件仓储分销中心。据他描述，一眼望去，仓储中心干净、整洁、规划有序。然而，这些中心却没有计算机库存管理系统，没有采取有效的方式对产品进行目录编排，计算机库存管理系统对于目前非常流行的B2C网络销售来讲，是非常重要的。同事告诉我，中国的大型汽车零部件仓储分销中心，让他想起美国1950—1960年间的零部件仓储方式。近年来，中国在汽车零部件流通领域已经取得了长足的进步，但距离产生最大效率、获得最高收益的理想模式，仍然还有很长的路要走。

中国汽车后市场零部件行业正在发生巨大变革，新的分销模式即将出现，而现有的模式也将更为有效，市场营销、分配等战略也将进一步向前发展。图1为传统供货渠道分销模式示意图，图2为传统销售与虚拟销售的渠道模式示意图。我认为在这个进程中，美国一些可行性模式案例将促进中国的汽车零部件分销从传统模式飞跃进入全新的理想模式。

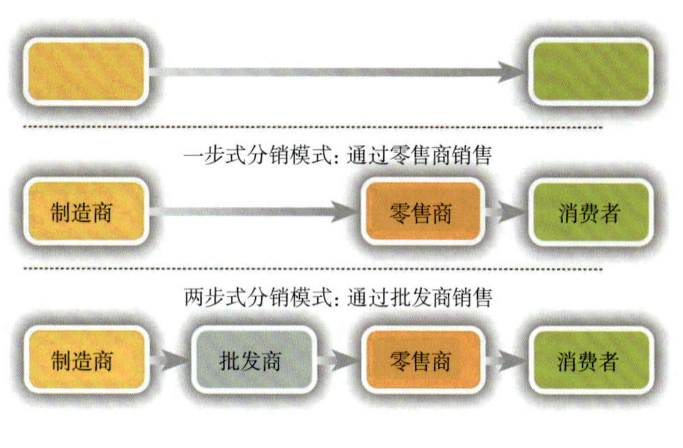

图1　传统供货渠道的分销模式

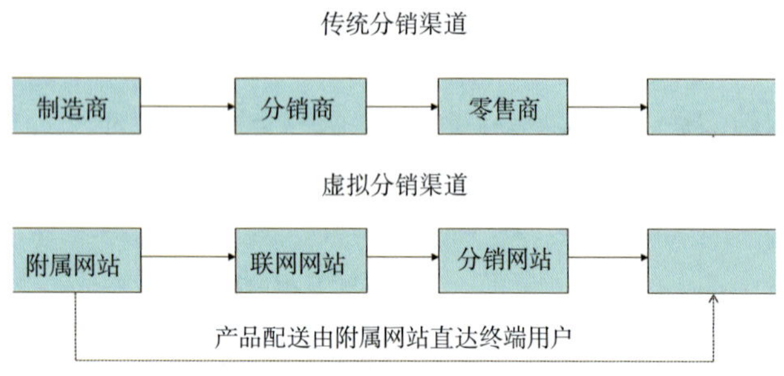

图2　传统销售与虚拟销售的渠道模式

二、规划组织零散型行业：项目集团的出现

美国汽车售后市场的零部件销售自20世纪20年代开始，近一个世纪以来，成千上万家零部件仓储中心、配送站点以及零售店铺在美国开张。零部件的零售网点在第二次世界大战后变得密集，原因是很多退役军人对修车感兴趣，开始学习汽修技术。当时正值汽车进入家庭新纪元的开始，随着私人车主逐渐增多，汽车维修店、DIY以及零部件商店的数量也随之增加，零部件供应的商店、仓储分销（WD）开始快速发展。零部件供需业务频繁发生，但供货等待期过长，远远超出客户需求，因此在零部件零售及仓储分销2个领域都出现了联合、重组的现象。

由于规模经济的作用，大型仓储分销公司更容易盈利。他们购买产品的数量庞大，在与供应商谈判时势力更强，而小型仓储公司在市场上处于劣势。作为一种业务类型，被称为“项目集团（Program Groups）”的合作形式应运而生，项目集团为加入其中的小企业提供了规模化发展、增加盈利的可能。

据美国汽车保养协会（Auto Care Associations，其前身是美国汽车后市场行业协会AAIA）会员关系资深总监、汽车仓储分销执行董事Larry Northup介绍，项目集团最初的目的是增加分销商会员企业的谈判实力。而今天的项目集团除了增加谈判实力外，还为会员企业提供其他增值服务，这些服务内容包括：市场营销、数据仓储、自有品牌标签、内部联络会议、持续性技术投资、推广支持及培训服务等。以上也就是我们所说的从供应渠道转入价值链体系（图3）。

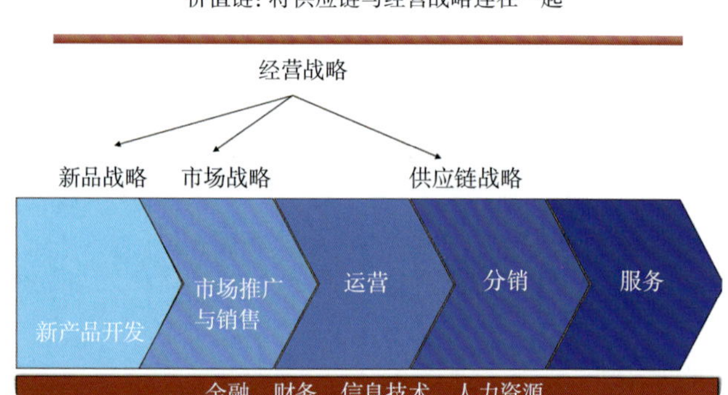

图3　从供应渠道转入价值链体系

每个项目集团的企业结构各不相同，又都有着自己独特的企业文化。通常情况下，加入项目集团的企业都拥有该项目集团的股份，也就是说项目集团的参与者是股东身份，而不是会员。有些项目集团专注于特殊类型的产品，例如：轮胎、工具、重型车部件等。在招募新成员时，项目集团会寻找满足集团文化要求、符合企业哲学的同类型公司，并且项目集团会考虑使成员企业的市场区域没有交叉或重叠。然而，随着市场的发展，招募新成员越来越难。

在美国，所有项目集团都有自己的品牌产品，并在单一品牌名称下销售产品。他们也可以与一个或多个制造商联合，生产特殊的产品或产品线，并在集团品牌名称下销售。自有品牌能增强集团品牌的一致性，并在传统制造商提供的产品线之外，拓展特殊的产品系列。

分销商或者项目集团在初期很少有自己的生产设施和工厂。但有人预言说，私人股权公司或其他公司很可能会投资整个供应渠道，实施垂直化纵向管理，创建高效、盈利的汽车后市场分销局面。这一现象在近几年已经出现，2014年Advance零部件公司收购了拥有CARQUEST品牌的General Parts公司（一家重要零部件分销商），成为美国汽车后市场最大的零部件供应商。这个例子的重点在于：一个零售型销售公司购买了一家针对维修店直接销售的分销商。

不久之前又发生的事件是Icahn收购了辉门（Federal-Mogul）。除了作为制造商的辉门公司，Icahn还拥有美国汽车后市场产品分销商Uni-select公司，重命名为Auto Plus Auto Parts公司。最近Icahn公司又收购了零售店铺和汽车维修维护服务提供商Pep Boys。博世公司在中国和欧洲也有类似的业务整合实例。在美国这是新模式，它意味着一种新趋势。同时，项目集团的收购整合表明，汽车零部件行业在增加销售、改善购买力方面仍有上升空间。2014年发生的Federated Auto Parts与National Pronto Association两家重要项目集团的合作重组，也是典型的案例。

针对Advance零部件公司收购CARQUEST品牌事件，曾有报道说，对于本次收购，他们看到的好处主要体现在以下几方面：

（1）创立了一个市场领导者；

（2）增加并扩大了地域市场规模；

（3）加速推进互补性的市场机会；

（4）强调领导品牌和公司的能力。

Advance零部件公司财务总监Mike Norona说："很高兴我们完成了此次合作，我们十分看好这一强强联合集团的财务潜力。由于调整了公司规模，我们将为股东、客户以及团队成员创造更大的价值。"

整合重组对于项目集团来说有种种利好，但挑战依然存在。OE（原厂）更换件销售、非传统渠道—网络销售的竞争、零售连锁以及维修连锁进入传统分销市场、目录数据的准确性以及大规模库存管理等，依然是项目集团前进途中应该关注和重视的。然而，需要肯定的是，项目集团已经证明，作为一种高效、赚钱的商业模式，项目集团很可能会在美国未来的汽车后市场中占有一席之地。

三、美国的PIES与ACES标准

1995年，为提高渠道流通效率、降低错误订单成本、增强B2B交易能力，美国汽车后市场中的一些零部件制造商及分销商决定共同探索、寻找解决上述问题的办法。那时候很多采购订单是通过发传真通知和确认的，但计算机已在各种业务领域广泛使用，从业者们意识到，如果研发出一种语言，能准确识别汽车零部件并与车型正确匹配，软件开发商就有可能创建客户程序，极大加快零部件采购过程，并疏解当时整个行业面临的困难与挑战。

来自汽车后市场各类公司的志愿者，在美国汽车保养协会的帮助与促进下开始考虑开发标准体系。标准开发委员会的成员都是志愿者，而拿薪金的汽车保养协会成员们则负责物流规划，召开会议，研究存储及数据管理等。

随后，在20世纪90年代后期，美国汽车保养协会官方为会员们引入了产品信息交换标准（PIES）以及汽车后市场产品目录交换标准（ACES）。PIES用统一格式描述每个零部件，ACES描述了具体零部件适合的具体车型。每个标准开发时，其格式已经考虑到能够协同配合，提供相互理解的语言，使得数据交流更为精准。

那时候，有些汽车保养协会会员公司仍没有使用计算机，于是汽车保养协会不仅要为会员提供语言标准方面的教育，而且还要培训他们计算机应用技术。ACES和PIES的开发都使用了XML可扩展标识语言编码系统，XML计算机语言用来清晰标记并组织文件的不同部分，以便在不同计算机系统中被阅读。

美国汽车保养协会对PIES及ACES的定义如下。

PIES（产品信息交换标准）：它是汽车零部件行业管理、交换产品属性信息的最好应用实例。标准化的产品信息降低了供应链成本，对增加销售、提高运营效率贡献极大。遵循行业标准是与渠道合作伙伴同步数据的第一步，它能增加产品销量、缩短新产品引入周期，通过最大化地减少发票、订单处理及运输环节的错误来降低运营成本。

ACES（后市场产品目录交换标准）：它是北美汽车产品目录应用、数据管理与交换的行业标准。使用ACES标准，供应商能发布具有标准化车辆属

性的汽车数据、零部件分类信息及资格人声明等。ACES也为商业伙伴使用产品目录交换信息规定了一种XML机读格式。

由于近20年计算机技术以及汽车车型的不断变化，上述2个标准也在不断变化发展。另外，随着汽车技术的演变，相关标准的定义也在不断调整，以确保精准。美国汽车保养协会技术标准与方案资深总监Taylor Mitchell说，“使用PIES以及ACES标准能减少退货、补货；每个供应商也不用花精力、时间和费用开发自己的目录语言；通过快速获取数据加快了交易速度，使延迟交易最少化；同时获得了更高的客户满意度。”总之，美国整个零部件行业认为，ACES及PIES标准是一套双赢方案，它们解决了美国汽车后市场中的共性问题。

美国汽车保养协会将继续研究并维护这一数据库系统，同时管理数据库订阅工作，这是他们为行业提供的附加服务之一。一些独立软件开发公司（也称作“解决方案提供商”）也创立了一些ACES及PIES的配套产品，供汽车保养协会的会员单位购买使用。汽车保养协会会员单位可以选择各种各样的工具软件，向ACES及PIES标准体系输入自己的目录数据，或者直接使用自己做的数据标准。

使用ACES及PIES标准，让汽车后市场零部件行业获益不浅，但也存在着挑战。例如，使用这些标准，就意味着被ACES和PIES所捆绑，各公司不能开发自己的语言；并且随着技术更新，还要进行不断地学习培训，这既不简单，又很昂贵。但是，尽管有挑战存在，美国汽车零部件行业依然看到了实行标准化的价值和意义，并且接受并使用着这些标准。

四、中国汽车零部件分销面临“变脸”

我们知道，项目集团及行业协会共同开发数据、共享标准，需要行业各个独立企业之间联合与协作，而有些企业之间存在着明确的竞争关系，因此这样的联合协作就变得非常难以实现，除非相关各方一致赞成，创立一种强大的商业模式，共同联合协作并从中获利。

科尔尼（A.T. Kearney）管理咨询公司在“2015年中国——交通与物流战略”报告中指出：商业合作在中国面临着极大挑战。该报道称，在中国，由于公司文化及成熟状况差异，企业间很难建立联盟合作关系。报告还指出：在零散型（集中度较低）行业，为了未来的成功，企业重组合并、模式创新等都是必须经历的，因为只有这样，才能提供附加值服务（欲了解报告详情，请通过www.atkearney.com/documents/10192/74d60d15-dc42-48a3-8dc8-7a2297f0be22网址查阅）。

达亚顾问公司（Technomic Asia, www.technomicasia.com）创始人兼总经理——Steve Ganster有超过30年的亚洲业务咨询经验。他看到了中国汽车后市场这些年的变化，并密切注视着它的成长与发展。同时，他也关注着美国汽车售后领域，并为美国汽车后市场的几家企业提供中国业务咨询。几年前他为一家知名汽车零部件零售商做咨询，但后来这家公司放弃了中国市场。

Steve Ganster先生在分析这家公司放弃中国市场的原因时提到，这家公司了解到中国零部件商城这种模式的效率非常低。如果希望理性、正确地满足快速增长的市场需求，这种模式没有持久性，最终是无法维持的。他随后得出结论，美国项目集团模式在中国可能非常适合，比如，几家公司可以合作分享一个分销中心（DC）或者共享一个企业资源规划（ERP）管理软件。因此，Steve Ganster决定创办中国的项目集团，并与美国现有的项目集团建立联系。

Steve Ganster先生已与美国汽车后市场零部件联盟（Aftermarket Auto Parts Alliance）进行多次沟通，该联盟也看到了在中国占有一席之地的好处。因此双方同意合作建立中国的“项目集团”。2014年夏天，Steve Ganster先生邀请到一些中国知名的汽车零部件仓储分销企业代表召开会议，介绍并引入了中国汽车后市场零部件协会（CAAPA：Chinese Aftermarket Auto Parts Association）的概念。CAAPA的职能是，与在北美一样，申请加入CAAPA的零部件销售企业将获得相应的收益及附加服务，至少包括以下内容：集团采购、共享市场推广、产品目录以及数据管理，总之，可以通过改进效率增加盈利能力。

五、关于中国汽车后市场零部件协会(CAAPA)

2014年年底，CAAPA创办会员达到5名。2014年12月，在美国汽车保养协会和中国汽车维修行业协会共同主办的“全球汽车维护高峰论坛”上，CAAPA官方对外宣布正式成立。2015年，CAAPA开始关注并建立企业构架，2015年7月，CAAPA合法成为新加坡一家控股公司的全资企业，既有会员企业也有非会员股东。CAAPA全球联盟的价值主张如图4所示。

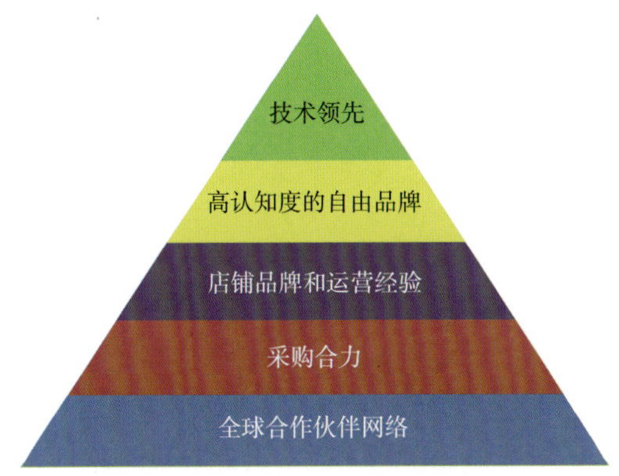

图4 CAAPA全球联盟的价值主张

CAAPA的愿景是成为中国独立汽车后市场领先的市场营销企业。他们的总体目标是，利用美国联盟提供的整套服务，在中国市场销售美国联盟的自有品牌—Auto Value产品。ACES和PIES将在目录管理以及电子商务等方面积极支持CAAPA运作。CAAPA协助北京精友时代信息技术有限公司，开发符合并兼容ACES及PIES标准的软件，推广其在中国市场的应用。同时CAAPA也在中国各地市场招募会员，尤其是那些直接针对维修厂销售的零部件分销商。

截至2015年12月底，CAAPA的中国会员包括：四川亨宜德、河南林海、绿铅电源、江苏浩邦、昆明翔奥（恩驰）、上海佳配、上海双林、福建隆信达、山东中驰、浙江申令、浙江九配、湖南火炬、沈阳中汽联、吉林中汽联、石家庄盛大伟业、西安唐美。

CAAPA虽然不直接涉及零部件生产，但将寻找渠道合作伙伴，使之成为CAAPA会员的优选供应商。也就是说，在会员与优选供应商之间，CAAPA扮演了纽带作用。CAAPA总经理张希文（音译）先生曾任职于LongFeng汽车，现在于上海佳配任职，是CAAPA创办会员之一。他在汽车后市场领域有着20年的丰富经验，是零部件经销领域的先锋人物。达亚顾问公司目前正在培育CAAPA这一项目，同时掌管着CAAPA与国际伙伴之间的合作关系。

截至2016年1月，CAAPA已有17家会员，与2014年相比，会员数量增长已超过300%，2016年年底发展会员数量达到30家。如今，CAAPA的会员企业已认识到这一“项目集团”带来的附加值，但是从这种商业模式中获得效益并最终盈利仍尚需时日，但总体来说，CAAPA目前似乎已占得了成功先机。

六、总结

随着市场对二手车的接受、老旧车辆的增多、过质保期车辆比例的提升，中国汽车后市场零部件领域的巨大潜力尚待开发。为适应发展中的市场需求，汽车后市场零部件领域必须变革。在写这篇文章时，我了解到，2010年我曾参观过的北京西郊汽配城已不复存在。曾经在那里做生意的商家，或许找到了其他销售渠道，或许不适应市场变化，歇业转行去经营其他业务。然而，劣质假冒的汽车零部件在中国依然存在。随着汽车后市场对零部件需求的明显增加，整个行业也在探索更为先进的供应渠道及模式，以替代传统、零散而落后的分销体系。

中国汽车零部件领域变革的推动力就是迅猛发展的电子商务。无论是个人用户购买、还是维修厂批量采购，电子零售方式都将合理规划供应渠道，并高效直达终端用户。铺面、零售、市场营销的概念，都将从低效模式(如配件商城、商场)转为更现代高效的新模式。然而，中国的实际情况是，车主自己做DIY维修的数量非常少，所以指向维修厂的模式也许是更好的解决办法。

采用先进技术，包括库存、运营管理的数字化解决方案，不仅可以与渠道合作伙伴共享数据，也可以促进电子商务的发展。ACES和PIES是两种工具，可以通过加速发货、减少误差、提高效率，把零部件订单规划得更为合理，从而产生更大收益，并提供更好的客户服务水平。采用像ACES和PIES这样的数字方式，最终将提高国内和国际市场中汽车零部件

的销售总量。

曾经有规模类似博世、大陆这样的国际性零部件销售公司，曾为进入中国市场踌躇徘徊。令他们犹豫不决的部分原因，我认为与中国不精细的物流模式和落后的基础设施有关。诚然，康众这样新型中国品牌运营模式为传统零部件经营模式树立了榜样。同时，与三五年前相比，中国的商业运输及物流发展也进步飞速。这些可喜的变化都将吸引更多外国企业及资金。我个人认为，CAAPA这样的“项目集团”意义重大，它一旦成功，中国本土化的其他项目集团必将不断涌现。

中国汽车后市场正在缓慢而坚定地向新纪元迈进。话虽这么说，但是时间已经见证了中国在其他领域的飞速发展。如何吸收国外几十年的商业经验，将其运用在未成熟、欠发达的领域，并最终实现跨跃，创造出一套本地化的解决方案，这一过程之迅捷将超出人们想象。我们期待，具有新型分销模式、本土化“项目集团”、强大电子商务机遇、效益与成功推动的专业仓储分销商，采用ACES及PIES标准工具的中国汽车后市场强势发展。

走近RCAR

——国际汽车维修研究理事会的起源与发展

◆文/美国 Karen Fierst　译/张淑珍

一、RCAR成立的历史背景

从历史观点来看，汽车设计师设计的具有现代时尚感造型的汽车，是为了满足大众购买汽车时的审美需求，而设计师对汽车可维修性方面因素考虑得很少。后来保险行业意识到，他们应该向汽车制造商提供维修成本信息，这样就可能让汽车制造商在设计产品时更多考虑维修时的便利性及成本等因素。大概在12年以前，中国的保险公司还没有足够重视此问题。当时中国的汽车保有量不大，维修厂与保险公司的评估焦点纠缠于底线价格，维修厂希望更高，而保险公司希望更低。保险公司对事故车维修中涉及的维修过程、维修配件、技师培训、维修工时等因素考虑甚少。

随着更多人获得驾驶执照、汽车销量逐年增加，道路越来越拥挤，每年交通事故的数量不断上升，人们对有竞争力保险价格的需求也逐年增加。过去10年，中国的保险公司已开始学习并思考：如何更有效地管理理赔程序？在安全修车的同时，如何有效地控制成本？理赔处理过程受到很多因素的影响，其中重要的一个因素是车辆的可修复性。

为写这篇文章，我在研究国际汽车维修研究理事会(RCAR)时，回忆起了中国汽车保险与事故车维修这两个领域的发展过程。如今，这两个领域比过去更加成熟、相互渗透与交融。但是，如果深入了解、接触、参与RCAR，他们将会获益更多。

2010年我了解到，有些中国人在买车时除了考虑汽车的外观，车门关闭的声音也是他们评价车辆好坏的一个因素，而汽车的安全性却没有引起足够的关注。但是，近年来消费者对车辆安全性的关注度已经发生了转变。对于汽车安全，中国的保险公司及政府均给予了强烈的关注和重视。另外，车主对汽车保险及维修方面的花费也比较关心。因此，人们就会对RCAR这样的国际组织产生浓厚兴趣。

二、RCAR的建立

1990年，我任职于美国汽车零部件认证协会（CAPA）时，在与美国State Farm以及Allstate两家保险公司代表的接触中，我开始知道并了解RCAR。当时，这两家保险公司是全美排名第一、第二的保险企业，均隶属于Tech-Cor集团，是RCAR旗下的会员企业。在接触中我了解到，这两家保险公司对降低理赔成本非常重视，其工作内容涉及与一些汽车公司之间的相互交流，以探讨并降低维修成本。

RCAR的建立源于保险公司之间的自发行为。RCAR网站上对RCAR组织有全面且清楚的阐述和介绍。有兴趣者请浏览http://www.rcar.org/网站。

RCAR是由保险行业提供资金支持的一个国际性技术研究机构，其主要工作内容是研究与机动车事故维修、安全性及培训需求相关的工程设计及方案。为协助会员做好研究项目，RCAR为会员提供了一个相互交流、沟通的平台。RCAR秘书长保持与会员、全球性机构以及其他相关个人之间进行联络与沟通。

RCAR的总体目标是通过与汽车制造商对话及合作，进而影响汽车的设计，为保险公司控制成本，最终使车辆变得更安全，降低易损性，在事故发生后维修成本更合理。同时，将这样的信息，通过高品质的培训报道等传递出去。

RCAR创始人Hans Gustafsson先生在描述RCAR官方历史时写道：RCAR成立于1972年，由一家名叫Folksam的瑞典汽车保险公司发起。Folksam公司成立于1908年，它提供一系列包括储蓄、贷款等在内的保险产品。从创办开始，公司的愿景就是努力建造长期可持续发展的生态；并为客户的财产安全提供定价合理的保险产品。它是一家互助性公司，这意味着投保人也是公司的所有人。

第二次世界大战以后，与其他欧洲国家相比，瑞典汽车保有量的增长速度非常迅速，很快就出现了维修厂数量不足，而事故车维修量大幅增加的现象，结果导致了市场需求与维修价格之间的矛盾越发突出。接着有一批包括Folksam在内的保险公司意识到，汽车保有量增加导致事故车维修量的增多，而这一事实却给保险公司带来了经营损失。Folksam一直在寻找办法试图解决公司的亏损问题，主要通过与维修企业的交流探讨。然而，对于这些讨论以及Folksam给维修企业的建议，维修企业并没有很好地接受和采纳。维修企业满足于保持较高维修价格，认为没必要与保险公司合作来控制维修成本。

从另一方面来看，Folksam看到了保持低价维修的另一项重要意义。在Folksam看来，如果保险成本太高，可能会导致客户流失，从而损害其投保人及股东的利益。1964年，为了进一步研究事故车维修，Folksam保险公司汽车事业部成立，Folksam还购买了一家正在运营的事故车维修厂，雇佣维修厂原来的所有者作为总经理继续经营。Hans Gustafsson先生不仅是Folksam汽车事业部第一任管理团队的成员，同时作为维修厂总工程师，负责为保险公司研究并开发有价值的维修项目。

Folksam的第一个研究试验项目是，通过使用新材料和新方法，看看是否能降低汽车喷漆成本。之所以选择喷漆项目，是因为每一个事故车维修都涉及喷漆作业。如果喷漆成本降低，那么每一单维修业务都可能节省一部分成本费用。这项试验表明，与传统方式的喷漆作业相比，使用一种新型喷射过滤方式，油漆成本可以降低30%。于是，1966年Folksam调整了保险公司给维修厂的支付费用。

一石激起千层浪。维修厂对于新的定价体系极为不满，拒绝接受Folksam保单覆盖的事故车辆。有一部分喷漆店虽然接受价格较低的喷漆作业，但是这部分店的比例很小，无法满足投保人的市场需求。还有一些保险公司仍然保持原价支付，但是也在静观其变。

Folksam公司总经理Klas Back意识到，他们应该做一项战略性研究，看看行业能否接受新的维修步骤和新价格。他邀请了几家有竞争关系的保险公司，演示新的喷漆步骤并鼓励他们采纳实施，目标是共同降低支付给维修厂的费用价格，从保障消费者利益出发，为投保人省钱。同时他也建议，为从总体上降低事故车维修费用，应联合成立一个保险维修委员会。他的想法是，维修委员会的成员具有相同的权利和义务，在达成共识的基础上统一做出决定。

Klas Back先生深知，与其他保险公司相比，Folksam公司能很快应用实施这些新方式，因此他希望与维修委员会的成员单位一起，共同分享Folksam汽车事业部的研究和试验结果。他建议成立维修委员会

最主要的理由是，如果所有的保险公司都采纳实施这些新方式，市场就会接受降低维修价格的做法，这最终将为消费者带来好处，尤其是Folksam公司的投保人。Folksam公司所有权归投保人所有，投保人必将从中获益。

1966年，由保险公司总经理或副总经理组成的维修委员会正式成立，并任命Klas Back先生为委员会主席。这个特殊委员会的成立表明，保险公司的成本控制是一件认真而严肃的事情。维修委员会做的第一批项目中，有一个是建立一套保险等级评定体系，它涉及每辆车的维修成本，这也是第一次从保险公司角度将车辆维修进行分类、评级。

RCAR历史文献表明："各个保险公司的竞争实力决定了他们将采用的基本保费水平，分类评定体系对维修委员会的工作产生了极大的积极影响。汽车制造商及他们的代理突然发现，保费水平跟他们也有一些关联，分类评级体系对于不同汽车制造商，针对有利于车辆的评级，给出了可能的衡量方法。"

"瑞典维修委员会的成功，激励了北欧其他国家成立类似的委员会。不同的国家委员会构成了北欧维修委员会。北欧维修委员会很快意识到，与欧洲其他国家合作成立研究机构将影响汽车制造商，同时直接影响他们对事故车维修价格的兴趣。正在这个时候，德国安联公司以及一些英国保险公司相继成立了安联技术中心及英国Thatcham研究机构。"1972年几家委员会一致同意，成立一家国际性合作组织，命名为汽车维修研究委员会，简写为RCAR，1995年改名为汽车维修研究理事会，英文名称由Committee改为Council。

据RCAR组织秘书长Wilf Bedard介绍，目前在全球20个国家有25个RCAR研究中心。图1所示为RCAR在全球各地的分布情况。RCAR会员每年至少会面一次，交流各自最新的研究项目，包括维修步骤、维修过程、安全性能以及其他相关可能影响保险、维修成本等汽车技术性的内容。每次会议结束，为理事会服务的会员公司将代表RCAR实施并发布研究成果。会员们可以通过RCAR网站发布的定位、保单样本以及设计指南、试验规程等获取最新研究信息。

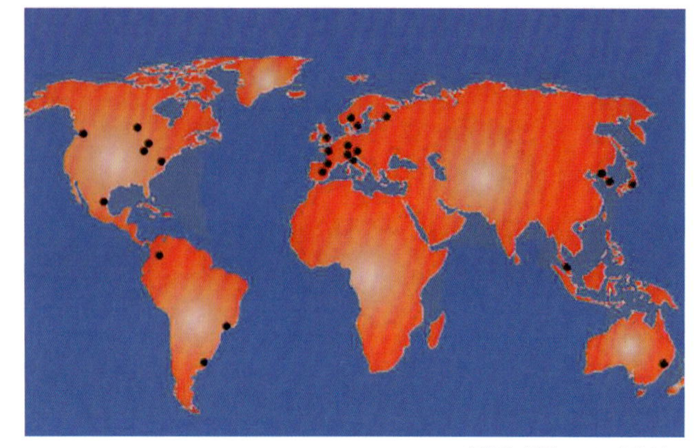

（图片来源：RCAR 网站）

图1　RCAR在全球各地的分布情况

三、RCAR的成员

早在1965年，美国国会就注意到了Folksam在事故车维修领域的表现和做法。有趣的是，Folksam曾在美国参议院委员会面前，针对未涉及安全内容的美国"反垄断法"作证，但并没有证明保险公司的联合协作并不违反垄断法。

参议院的这次听证会议发生在《不安全的汽车：美国汽车设计中的危险因素》（Unsafe at any Speed）一书出版的同年，该书由美国知名的汽车安全倡导者Ralph Nader撰写，纽约格罗斯曼公司出版发行。1966年，该书销量达到最高，随后很多人把这个时期当作是美国汽车安全的"新时代"。该书中提到的问题直接影响到第一部美国国家级汽车安全法规，以及美国第一部州立安全带法规的问世，执行汽车安全带法规的各州要求驾驶员在开车时必须使用安全带。然而有趣的是，当时并没有一个国家性法律规定汽车下线时必须装配安全带，安全带装配法规是后来出台并实施的。

美国高速公路安全保险研究所（IIHS，公司网址www.iihs.org，LOGO如图2所示）成立于1959年。在重点关注汽车安全之前，它是一个独立、非盈利性的科学教育机构，专注于减少车辆因碰撞产生的死亡、受伤、财产损毁等损失，并于1997年加入RCAR组织。

图2　美国高速公路安全保险研究所(IIHS)的LOGO

当我问到RCAR的价值及影响时，IIHS总裁Adrian Lund说，RCAR在促进全球各地区会员之间交流与探讨方面发挥了巨大作用，且意义非凡。他解释说，RCAR开发了一套特殊的测试程序，该程序能动态测试并评估车辆追尾时(车后部发生碰撞)对乘员颈部造成的损伤，它引导保险行业在一些国家建立了车辆等级评定项目，并将最终影响新车的设计方案。

RCAR成员与汽车制造商通力合作，试图降低低速碰撞后的维修成本。同时，RCAR成员之间也在共同努力，探索能带来保险收益的先进的驾驶员辅助功能，如自动制动测试系统，它能有效评估制动时如何防止碰撞发生。简单地说，RCAR是从安全及经济的角度，研究如何防止碰撞发生，并最大限度地减少人员、财产等意外伤害和损失。RCAR不能直接影响政策方面的改变，但是它的研究成果和产品能够减少损失、降低伤害，从长远来看，RCAR的努力将使保险公司及投保人受益。

IIHS总裁Adrian Lund说，RCAR最初的研究重点是损伤承受力及车辆可维修性，而这些年来对安全性的重视逐渐增强。因此，RCAR的研究成果及会员企业的推荐方案将有可能间接影响国家标准或法规的制定，同时也会影响汽车制造商，使之调整设计思路。

美国汽车制造商曾经一度不愿接受IIHS的意见和建议。所幸的是，这些年来他们的态度已有所改观。由于社会上公众对汽车安全重要性的认知和需求，汽车制造商已视美国市场为保证安全的汽车市场，汽车公司与保险公司之间的矛盾已逐渐消失。虽然这两大集团意见经常不一致，但对消费者的尊重是它们共同的目标。最近在RCAR的参与和激励下，IIHS和美国国家公路交通安全管理局（NHTSA）联合宣布，所有汽车制造商已承诺，在2022年之前，带有自动制动系统的前碰撞预防系统将作为标准配置，装配在美国生产的所有新车型中。这便是RCAR与相关机构成功合作的典型范例。表1中列出了RCAR的会员名单。

表1　RCAR的会员名单

区域	代表国家	公司名称	加入年份
亚洲	澳大利亚	IAG 研究中心	1981
	日本	The Jiken Center	1978
	韩国	KART	1994
	韩国	Samsung Fire & Marine Insurance, Traffic Safety Research Institute	2010
	马来西亚	MRC	2004
	中国	中保研汽车技术研究院	2015
欧洲	德国	AZT Automative GmbH	1972
	德国	KTI	1990
	瑞士	AXA Winterthur	2005
	挪威	Bilskadekomiteen	1972
	西班牙	CENTRO ZARAGOZA	1990
	西班牙	赛斯比曼夫雷	1985
	法国	赛斯比法国	1999
	瑞典	Folksam	1972
	意大利	GENERALICAR	1986
	英国	Thatcham	1972
	芬兰	LVK	1974
北美	墨西哥	赛斯比墨西哥	1998
	美国	Insurance Institute for Highway Safety(IIHS)	1997
	美国	State Farm Research	1995
	美国	Tech-Cor Inc	1983
	加拿大	Manitoba Public Insurance	1991
南美	阿根廷	赛斯比阿根廷	1996
	巴西	赛斯比巴西	1996
	哥伦比亚	赛斯比哥伦比亚	2000

四、总结：RCAR成员如何影响中国汽车维修业

美国排名第一的州立农保险公司（State Farm，LOGO如图3所示），其保险额占到全美市场10%左右，比排名第二的美国好事达保险公司（Allstate）高出一倍左右。State Farm保险公司于1995年成立了VRF汽车研究机构，好事达Tech-Cor研究中心成立于1979年。这两家研究中心一直在与汽车制造商、其他保险公司以及事故车维修行业合作，为事故中受损车辆鉴定和开发安全、合理、创新的维修步骤及方法而努力。这两家研究中心都在成立之后不久，便成为RCAR会员。

图3　State Farm保险公司的LOGO

在State Farm保险公司成立VRF研究中心时，IIHS已经在美国开始采纳并推广了很多RCAR的工作成果及维修步骤。State Farm保险公司战略资源负责人Steven Schmidt先生说："State Farm保险公司希望投身到全球汽车维修的研究领域中，最好的方式就是向其他保险公司看齐，加入国际性汽车维修研究的联盟组织——RCAR。"

Steven Schmidt先生强调："任何知识都是有价值的，与RCAR合作及交流为我们提供了极大的学习机会。RCAR会员能够了解到其他市场出现的问题，关注其他市场的发展状况，同时也能看到其他市场在安全、保障、可维修性等方面所做的研究。"他非常看重的是，RCAR成员能够将自己的具体问题呈现出来与其他成员共同探讨，而且可以交流各自的意见和观点。他会收集这些有用的信息，并提供给公司决策者，为决策者制订有效政策或议定协议出力献策。

在写这篇文章时，我与美国IIHS总裁Adrian Lund及State Farm战略资源负责人Steven Schmidt进行了充分交流。在我看来，中国目前已是全球最大的在用车市场。汽车安全倡导者以及来自成熟市场的保险公司，通过参与RCAR已经发现了RCAR的价值和作用，中国也同样可以从RCAR获得益处。

实际上，RCAR最近吸收的一位新会员就是来自于中国的中保研汽车技术研究院有限公司（ZBY，以下简称"中保研"，LOGO如图4所示），RCAR于2015年9月接受其为会员单位。据RCAR组织秘书长Wilf Bedard介绍，Solera集团和西班牙赛斯比集团2015年10月联合成立的"赛斯比中国汽车技术研究中心"，于2015年秋季也考虑加入RCAR组织，但是，他们的申请被RCAR组织拒绝。很明显，"赛斯比中国汽车技术研究中心"没有满足RCAR章程中对会员企业的规定要求。章程规定：RCAR会员企业必须由保险公司全资拥有或完全控股，而Solera是一家商业公司，这一点非常遗憾。在表1中列出的RCAR会员名单里，我们看到赛斯比集团旗下几家企业已成为RCAR会员，由此我相信，随着中国事故车维修与汽车保险行业的发展，"赛斯比中国"终将获得RCAR的会员地位，并最终为其他会员企业献计献策，为中国事故车维修行业的发展添砖加瓦。

图4 中保研的LOGO

在中国，无论一家或者多家企业参与RCAR组织，最终都将提升消费者、保险公司对安全的警觉以及对维修方案的关注。另外，对于中国来说，借鉴全球专家在汽车可修复性、安全、保险体系的最佳实践经验，以及管理方面的经验和知识，将有利于行业发展，增加中国消费者对这方面知识的认知和理解，最终将推动中国保险及事故车维修行业不断向前发展。

汽车售后领域中客户服务的重要性

◆文/美国 Karen Fierst 译/张淑珍

本文讨论的主题是汽车业务领域，特别是售后服务行业客户服务的重要性。在讨论这一话题前，先分享一下我个人在航空公司得到客户服务的具体实例。

我预定的美国国内航班，在10个月内被取消了3次，这些航班都是同一家航空公司的。每次航班取消我都只能晚一天抵达目的地，会产生很多麻烦，令我烦躁不安。每一次发生这种情况航空公司都会表达歉意、提出补偿，要么是赠送日后飞行的兑换券，要么是给账户里增加额外的累计里程。

首先，我非常认同航空公司对于飞行安全的态度，即使在飞行前最后一分钟飞机出现机械故障，也会推迟或取消飞行，并且我相信每次航班延误或取消，给航空公司造成的损失都不小。对于前两次航空公司的补偿，我非常满意；但是最近这次经历，虽然更是满意到超出了我的预期，但不得不说这种方式对于航空公司的管理来说，显得有些是无标准、无组织。

由于航班取消，我发邮件给航空公司要求得到飞行兑换券，但我要求的数额比他们计划提供的要高。在信中我详细叙述了我近10个月的经历，同时也说明了为什么有资格提出更高额度补偿的原因。有趣的是，我的邮件并没有像官网上所说，在7~10个工作日后得到答复，我在24小时之内即得到了正面回复及道歉，他们送出了我要的兑换券。一个月后我跟丈夫在一次国际飞行时意外地得到了升舱，而这次升舱事先我并不知情。我以为升舱的关键也可能源于我是这家航空公司近20年的忠诚会员。

对于航空公司或其他公司来讲，客户有抱怨、不满是正常的，但并不是每家公司都会倾听客户抱怨、平等对待忠诚客户。这家航空公司并不是最便宜的，在这样的竞争情况下我依然忠诚于它的原因是：它能承认错误并给予额外补偿，令我的飞行更加舒适。我也希望他们从错误中吸取教训，调整标准运营程序，提高员工培训水平，今后避免出现类似的问题。

这里我想说的是，航空公司如何留住像我这样，在过去20年已花费数万美元、今后还将花费更多的会员？航空公司应如何通过专业手段解决客户的问题，并提供以客户为导向的售后服务态度和方法？客户的飞行问题已经发生，航空公司给出的做法应该让客户满意，而不是放在一边置之不理，他们应该知道售后服务的重要性。在美国汽车行业，尤其是汽车维修领域，对客户满意度的重视由来已久。如今，在美国汽车服务行业表现突出的影响力人物几乎都对客户服务有深刻认知，并将客户服务的重要性列入企业经营的战略措施中。

其实，美国汽车售后服务领域中对客户服务重要性的认知经历了100多年的演变和发展。那么，是什么引起售后市场服务态度发生转变呢？中国汽车后市场还没有经历100年就进入了21世纪。中国汽车行业的各方面都必须汲取其他行业或其他国家的经验教训，用以发展自己的战略性研究，从而满足快速变化的客户需求。目前，4S店面对独立维修企业所带来的激烈竞争，需要重新调整经营模式。我认为，这些经验与教训对4S店来讲意义更加重大。

一、美国汽车行业客户服务的演变和发展

100多年前，亨利·福特把汽车生产线引入汽车制造厂之后，他有一句名言被多次引用：“像黑色汽车一样，消费者可以得到他们想要的任何颜色的车辆”。那时候，汽车批量生产刚刚开始，库存甚少，供不应求。福特先生当然知道这些，那样的环境下他可以完全不顾消费者的意见和需求。

在整个20世纪，美国人越来越关注产品安全，尤其关注在没有安全标准情况下发生人员伤害或丧生的悲剧事件。为回应消费者认知及公众舆论，美国政府建立了一系列机构来解决各种各样的产品安全问题，部分机构名称及成立时间列于表1。

表1 美国部分涉及消费者安全的联邦性机构组织

联邦机构名称	成立时间
美国食品药品管理局 (FDA)	1906 年
美国联邦航空管理局 (FAA)	1958 年
美国交通运输部 (DOT)	1968 年
公路交通安全管理局 (NHTSA)	1970 年
职业健康安全管理局 (OSHA)	1970 年
美国环境保护总署 (EPA)	1970 年
消费产品安全委员会 (CPSC)	1972 年

与此同时，人们也表达了对汽车安全的关注。在汽车安全倡导者Ralph Nader 出版《不安全的汽车》一书之前，公众对汽车涉及的安全问题了解甚少。该书出版后，美国政府成立了像美国公路交通安全管理局这样的一系列联邦机构，同时公众对车辆安全性的要求进一步提高。最初，一些汽车制造商提出“汽车安全不能销售”，也出现与政府安全法规作对的行为。另外，美国石油依赖进口，1973年由于政治原因持续数月的石油禁运让等候加油的车辆排起了长龙。

20世纪70年代起，消费者对汽车相关事件的关注度及意识明显提高。他们明白自己需要什么，开始需要更好的客户服务以及燃油经济性更高的车辆。消费者对汽车安全性、燃油经济性以及买车时得到的服务等产生了更高的期望。但在很长一段时间里，汽车制造商、经销商等却忽视了这一市场需求，最终消费者开始转向做工好、可靠性高、更省油的进口车辆。部分进口车经销商把握市场时机，在为客户提供更好服务的同时，把客户服务理念战略性地整合到公司经营中。

20世纪80年代，日本汽车进入美国市场，美国本土汽车制造商失去了部分市场份额。他们开始认识到客户服务的重要性并回应消费者需求，加大投入用于生产更安全、更省油的汽车。慢慢地，汽车安全性、燃油经济性等成为新车的一个卖点，同时也成为汽车制造商品牌发展战略的一部分。另一方面，汽车技术越来越复杂，而销售人员缺少产品知识及销售诚信，人们对汽车经销商产生了“不诚实”的印象；同时因汽车安全方面因素而产生的召回事件增多，令消费者对车辆设计瑕疵极为不满。之后，汽车经销商及制造商为改善公众形象经历了漫长而艰辛的过程。事实上，很多消费者在不满意新车、二手车经销商销售方法的同时，对他们所做的维修工作也充满怀疑。20世纪90年代的大部分时间里，从客户服务来看，人们并没有看好美国本土汽车制造商及大多数汽车经销商的服务品质。

二、美国汽车服务领域的同行业绩集团

第二次世界大战后，包括汽车销售领域在内的美国市场发生了很多变化。1947年部分汽车经销商联合创立了第一个被称作为“20集团”的组织，之后有很多个20集团相继成立。它的概念是：一些相互间不存在竞争关系的经销商(处在不同市场，相互之间不是竞争对手)共同分享、讨论、分析各自业务表现的方方面面，这也可以看作是“同行业绩”研究。组织者最终决定集团最多容纳20家经销商，这就是20集团的由来。

20集团为大家提供了一个公平、亲密的氛围，同行中非竞争企业可以探讨、衡量与经营相关的一切问题，从公司财务到最佳实践、从技术到管理，所有类型的问题、可能的应对措施以及业务发展的战略性思维及方法等。20集团的成员每年有几次面对面交流的机会，可以与集团内的其他人建立友好联系。参与20集团的会议需要付费，也需要花费时间，但是很多参与者认为，这些花费和精力投入是值得的，20集团内可以学到的知识以针对行业内的业务经营为主，企业经营者们将学到的知识拿回去运用到业务中，几乎马上可以看到效果。

在20世纪80年代后期及90年代初期，20集团的知名度在汽车经销商领域显著提升，因为来自不同区域的经销商们正在为市场份额的缩减寻找深层原因及解决办法。与此同时，为独立维修店提供设备、喷漆以及物料的一些商家也意识到，独立维修店老板大多之前做过维修技师，在业务管理方面没有接受过任何教育培训，也需要培养专业管理思维及客户服务理念。

20世纪80年代，为事故车维修店供货的商家们开始组织并举办业务管理方面的研讨会，最知名的培训项目是由3M公司赞助的。3M公司组织的一系列研讨会称为汽车维修管理研讨会（ARMS），这些会议由3M公司设计安排研讨会内容，找专业人士培训维修店店主，并培训业内专业指导老师，为事故车维修店老板创造了一个全国性研讨会培训网络。在今天看来，这些研讨会对事故车行业的重大变革产生了一些促进作用。与此同时，汽车维修行业的各种协会也越来越受到业内关注，虽然加入协会组织的维修店很少，积极参与协会活动的企业更少，但是各协会对于唤醒汽车维修企业客户服务意识以及为会员提供培训机会方面的贡献是毋庸置疑的。

经历过以上这些，汽车行业的整体实力增强，部分业内人士认为，20集团为独立维修店的发展、汽车行业培训课程的开发创造了价值，在事故车维修领域20集团的作用尤为突出。在过去25年的时间里，凡是加入20集团的维修店老板或经理都已成为事故车维修领域的佼佼者。最先加入20集团的一批资深人士已经在整合行业内资源、开发多店连锁经营的维修网络。当初积极参与行业协会的也同样是这批人，他们最先在售前、售后环节为客户营造良好氛围，是为客户提供更好服务的践行者。

为维修店提供产品及服务的商家也是20集团强有力的支持者，甚至有一些是20集团的组织者。事故车领域的第一个20集团是20世纪80年代成立的CVG集团，其发起者中的大部分人已成功创立企业，并成为行业的领导者。服务于美国轮胎行业的第一个20集团—DSP20集团创立于2007年，据其网站介绍，DSP20集团是专注于轮胎零售的20集团，为轮胎及汽车服务经销商提供合作机会、分享最佳实践经验、根据行业需求调整战略、改善财务表现等。无论20集团还是行业协会，重点强调的都是售前、售后的客户服务。

三、美国独立维修企业的客户服务

美国修车去独立维修厂的人次比去经销商店的人次多。机修维护类作业由独立维修厂完成的工作量占到市场总量的70%~75%。随着更多车辆超过保修期，这个比例还会增加。独立事故车维修厂所做的事故车维修，占市场总量的80%~85%。尽管独立维修厂的维修量多于经销商维修店，但有研究显示，独立维修厂的声誉却远不如经销商维修店。

20多年前，我参加事故车行业活动，在现场观看了一部滑稽戏。表演者是两位广受尊敬的业内人士。一位扮演事故车维修店主/技工，另一位扮演车主，找维修店评估修车价格。这部戏非常滑稽有趣，令人印象深刻。店面凌乱不整，店主一副草率粗鲁的样子。即使丝毫不懂事故车维修的车主也能判断，在这里只会把车修得更糟，而不是更好。这两位演员也表演了维修中的讨价还价、是否有质保等场景。这部剧表现出车主不友善的一面，但维修厂的客户服务更糟糕，虽然剧中的情节有些夸张，但并不过分。这部剧之所以令人印象深刻，还有一层原因是：当时人们就是这样做生意、接受服务的。图1所示是我所认同的，在汽车维修领域对好的客户服务与不好的客户服务的描述。

好的客户服务包括以下几方面：

- 服务个性化；
- 及时响应客户要求；
- 胜任服务的能力；
- 服务便利性。

不好的客户服务包括以下几方面：

- 自动化的自助服务；
- 等候时间过长；
- 对客户关注度不够；
- 服务人员经验不足。

图1 好的客户服务与不好的客户服务

当初看这部戏时，美国事故车维修厂的数量大约有8万家。而今天，包括经销商维修店在内，事故车维修厂的数量大约4万家。很多维修店老板是维修工出身，对经营企业尚无准备。通过I-CAR及供应商的培训，使得维修技能得到提高。通过在诸如美国汽车管理学会（AMI）以及许多20集团的学习与交流，提高了从前台/行政到管理运营的水平。另外，先进的计算机技术进一步提高了维修店的客户管理水平，同时也为保险公司建立维修店各种绩效体系提供了机会。多年来，美国汽车维修业经历了许多变革，如今出现了一批提供高品质维修、优质客户服务的独立单体店及品牌连锁店，而保险公司也越来越依赖这样的高品质维修店。

四、美国汽车售后领域的客户服务与品牌忠诚度

当需求变得平缓而竞争加剧时，对企业来说，最重要的是如何让自己的产品和服务区别于竞争对手。通常第一步是开拓品牌认知，品牌对客户来讲意义深远。因此，品牌是企业发展的战略性因素，其推广花费应计入市场预算。良好的客户服务与品牌相关，品牌是品牌忠诚度的驱动力，客户对品牌忠诚就意味着企业留住了客户。

据美国TenPoint Complete公司首席运营官John Webb先生介绍，得到一个新客户比留住一个老客户花的钱更多。TenPoint Complete是美国汽车及保险行业知名的客户服务提供商，其公司使命宣称“力争成为美国汽车及保险行业中最值得信赖、最具行动力的客户忠诚满意服务及客服呼叫中心的领先供应商”。

我在与美国TenPoint Complete公司首席运营官John Webb先生的交流中得知，从20世纪80年代后期开始，美国新车经销商维修店及独立事故车维修厂开始引入CSI(客户服务指数)系统。保险公司推动的DRP（直接维修项目）进一步促进了CSI体系在事故车维修厂中的应用。在汽车机修维护业务领域，汽车主机厂则推动了CSI在新车经销商维修店中的应用。

将CSI列为KPI（关键绩效指标）里的重要因素，就能很好地理解下游服务提供商该如何更好地保护上游渠道伙伴的品牌形象。由于市场竞争激烈，每个上游供应商都必须保护自身品牌形象，并努力维护好客户关系。作为上游合作伙伴的保险公司及汽车制造商，希望衡量出下游中间商合作伙伴（他们与直接客户之间）的KPI指标。各类维修厂（独立事故车维修厂及经销商维修店）则与他们各自上游的商家共享客户

资源，即保险公司共享给独立事故车维修厂，而新车制造商共享给新车经销商维修店。

每家保险公司对自己的DRP体系都有特殊要求，通常都会建立一套KPI指标，以此衡量参与DRP项目维修厂的业绩状况。早些时候，很多保险公司要求维修厂提供CSI分数以衡量其业绩情况，后来从实际情况出发，保险公司开始将KPI作为基准，判断维修厂是否在保证承包人利益方面成效良好、业绩突出。

这里援引澳大利亚政府最近发表文章中的一段话，以说明客户服务的重要性："优秀的客户服务虽然要花费额外的资源、时间及费用，但是它会对你的业务产生正向的促进作用，让客户高兴地留下来，同时也会鼓励客户继续购买店里的产品及服务。好的客户服务一定能促进企业业务的发展和繁荣。客户服务为什么那么重要呢？因为它能帮你：①提升客户忠诚度；②增加每一位客户的消费总量；③增加客户购买产品及服务的频次；④产生正向的口碑；⑤减少产品交易过程中的障碍，例如：如果某家企业在客户补偿方面口碑很好，那么就更有可能让犹豫不决的客户坚定地购买它的产品及服务（全文信息可登录以下网址查阅浏览，https://www.business.gov.au/info/plan-and-start/start-your-business/what-is-customer-service）。"图2所示为客户忠诚度与客户感受之间的关系。

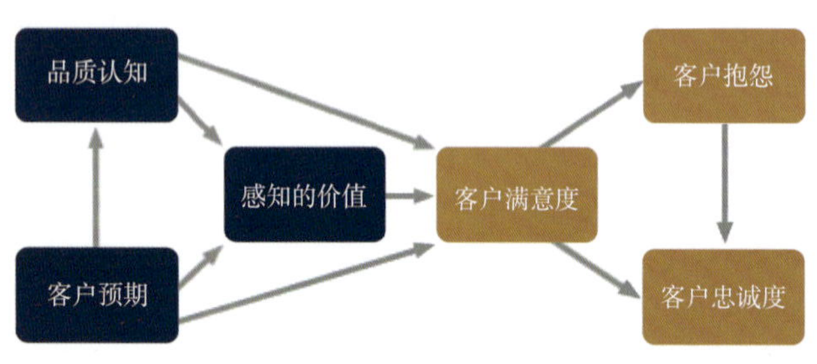

（来源：www.theacsi.org）

图2 客户忠诚度与客户感受之间的关系

John Webb先生还说到，衡量企业客户服务有效性的最终目的是分析、发现并探索出企业客户服务中的薄弱环节及其解决办法，并把这些解决办法整合到公司的业务运营中，开发并实施新的公司战略。然而这种做法并不容易，通常情况是，企业高层管理者得出结论后开始在管理层实施改进方案，但与客户直接接触的服务人员不能完全领会与应用。因此，持续进行客户服务评估是解决这类问题的方法之一，采纳以客户为导向的服务方式，并在整个公司实施解决方案，公司业绩才能通过CSI指标分数的提高得以改善。

五、客户服务水平的衡量

目前，很多维修企业仍在使用原始的客服工具，这种工具通过询问客户5～10个涉及营销服务及维修效果两方面体验的问题，以此判断客户是否对比过其他修理厂，是否愿意把车辆留在该修理厂维修。这种调查通常会雇佣第三方人员与客户进行电话沟通，也有一些企业通过邮件或短信的方式对客户进行售后调查。有些企业在客服分数达到90分以上后，会认为客户服务质量不错，便决定取消客服评估系统。这样做并不好，取消客服体系就会懒于研究客户心理及需求，最终将影响企业品牌的完整性，并造成客户流失等后果。

近些年，一项企业评估客户态度的工具系统受到了热捧，这就是NPS工具，即净推荐值（Net Promoter Score）工具。据发表在彭博社网站（Bloomberg.com）的一篇文章介绍，目前全球财富1 000强企业中，有2/3的企业都在使用NPS客户关系评价工具。使用NPS的目的是衡量客户忠诚度，而不是评估客户之间的相似度。NPS问卷通常包括5个问题，每个问题都要求客户以在1～10分之间给出一个具体分数的方式作答。如果评分为9或10，那就是"推荐"；如果评分是7或8，就认为企业比较"被动"；如果评分是6或6以下，就认为是对企业的"批评"。计算9～10分（推荐）的百分比，再减去6分以下(批评)的百分比，即得到最后的NPS分数。NPS超过50分就是很好的成绩，NPS值很少高于CSI值。如果一家企业的NPS评分在60～70分，通常会被认为是高效率企业。我根据在消费者报告网站看到的一份调查统计报告绘制了图3所示的柱形图，可以反映出消费者对汽车维修服务不满意的主要原因。

美国汽车后市场中，无论是汽车经销商维修店还是事故车维修厂，都广泛应用NPS和CSI这两种客户服务评估体系。随着NPS工具的普及，大多数事故车维修厂开始使用NPS系统，但是，由于NPS和CSI的实际评估内容存在差异，也有部分企业同时使用NPS和CSI两套系统。

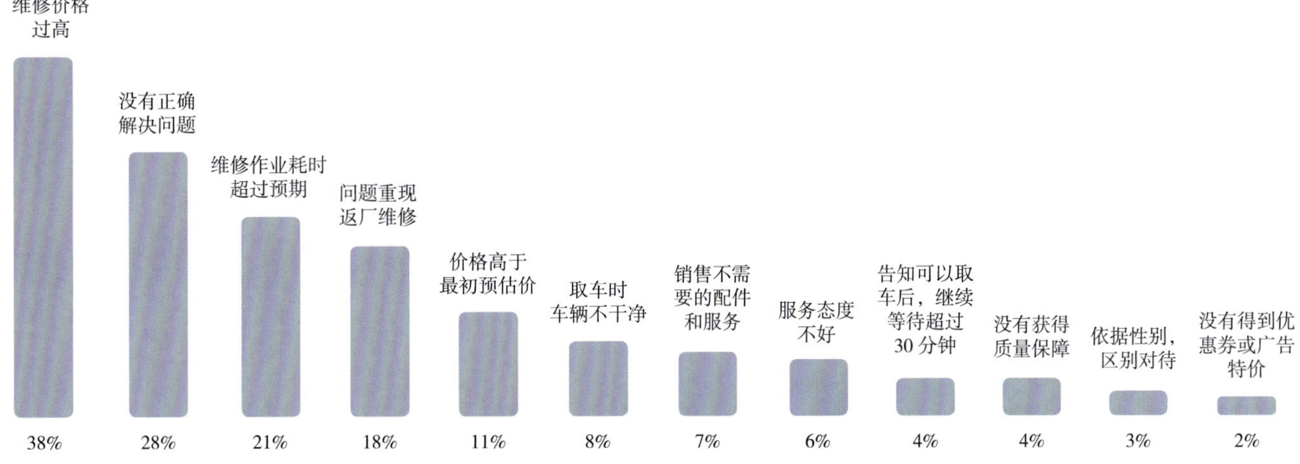

图3 消费者对汽车维修服务不满意的主要原因

六、客户服务评估系统的成本

企业经营者需要正确理解客户服务评估体系以及客户服务体系与投资回报之间的关系。为了计算客户服务体系的投资回报，企业必须把留住客户产生的产值和丢失客户造成的损失进行合理量化。

据John Webb先生介绍，第三方客户服务问卷调查系统是需要交易成本的。也就是说，第三方机构会按照所联系的客户数量或确认客户的总量收取费用。通常情况下，通过电子邮件或短信方式进行调查的成本相对较低，而通过呼叫中心或对重点群体进行定向调查的成本相对较高。美国使用第三方客服调查系统的事故车维修企业，每个月在这方面支出的费用在50~200美元。

任何一家企业都很难评估如果不采用客户服务评估系统会造成多大的损失。但有研究表明，对服务不满的用户会将其感受传递给10人以上，而对服务较为满意的客户却很少对他人谈及自己的感受及体验。对服务不满意的客户以及接收了其负面体验信息的朋友或家人，就有可能造成这家公司业务的损失。而对于对服务满意的客户，有可能变得更为忠诚，并对于这家企业提供的个别不满意服务，选择接受并谅解。企业通常能留住的是对服务满意的客户，而且这样的客户也会给企业推荐其他客户，这是好的客户服务为企业带来额外价值的体现。

美国一家事故车信息咨询机构做的一项研究表明，如果前次维修产生“返工”，将给维修厂造成400美金的成本损失，这一结果是根据返工造成了运营效率降低、时间损失以及打断工作流程等因素计算出来的。返工率在18%~19%时，维修厂应设法实施新的工艺流程，并将返工率降到10%以下。最后我要强调的是，在本文前上半部分我也说过，对于维修厂来说，发现新客户的成本比留住老客户的成本要高。

七、客户如何分享服务体验

CSI和NPS这2个工具是企业用来衡量自身业务是否完善、经营是否到位的评估方法，同时如果想进一步提升业绩，可依此建立企业经营的基本标准。然而，客户也可以通过多种渠道，获取与车辆、维修厂、保险公司等相关的信息。在美国，与车辆维修相关的部分信息资源主要来自以下几个网站。

（1）JD Power，网址：http://www.jdpower.com/resource/us-customer-service-index-study。

（2）优化商务局理事会(简称BBB)：对汽车维修及服务做简单调查，网址：https://www.bbb.org/ 。

（3）消费者报告，网址：http://www.consumerreports.org/ 。

另外，在互联网迅速普及的今天，人们从社交媒体上也可以看到各种评价信息。社交媒体在中国的应用似乎比在美国更为普遍。在美国，Yelp和Facebook是点评大众产品及服务最为知名的社交媒体。eBay和亚

马逊等其他网站上也有客户评分及评论，这其中必然包含与汽车维修服务相关的信息。

美国还有一个特殊的网站——AskPatty.com，此网站吸引了众多女性粉丝，它创办的目的就是在汽车相关业务中（包括买新车、二手车和鉴定汽车维修服务质量等），促进企业关注女性所产生的影响力。据其网站介绍，AskPatty对于消费者来说，是获取汽车专业咨讯及研究信息的安全可信平台；而对于汽车经销商、轮胎经销商、事故车维修厂、汽车维修服务中心来说，AskPatty针对如何吸引、保留、增加女性客户并提高女性客户忠诚度等方面进行培训并颁发证书。

在前面的内容里我说到，如果对服务及产品不满意，客户会将他的经历和体会告知10人以上。而在互联网、社交媒体如此发达的今天，客户感受到不满，可能会将其体验发布在社交媒体上，无论所描述的内容客观与否，我们都可以想象，这样的信息传播会对维修厂产生多大的影响。满意的客户很少分享他们的体验，但是很多人会在线评论商家及其服务，在线评论产品及服务对企业的影响非常大，因此，企业传播正面评论是非常重要的。美国目前也有帮助个人或企业删除在线负面评论的个人或团体。

八、总结

无论在何种领域，也无论消费者的国籍及文化水平有何差异，消费者在接受产品及服务时都有一个期望值，而已有的信息将对他们的期望值产生很大影响。另一方面，消费者的期望将促进更多好产品、好服务的出现。

在21世纪，企业为获得成功，必须建立令客户满意、忠诚一生的品牌。汽车行业客户满意度的提升，需要整个供应链的上、下游企业，包括汽车制造、新车/二手车经销商、机修/事故车维修厂、保险公司、租赁公司以及其他汽车行业相关企业商家在客户服务上多下功夫，使其提供的产品及服务达到、甚至超出客户的预期指标。因此，对任何企业来说，创立一个与品质、客户满意相关的品牌形象是非常重要的。为达到这一目标，美国部分公司会采取以下战略方法：

（1）在企业内部建立为客户服务的文化氛围；

（2）培训员工如何与客户交流、倾听客户谈话；

（3）培训员工了解并熟悉公司产品及服务内容；

（4）企业经营做到诚实守信；

（5）站在客户角度，为客户着想；

（6）提供的产品和服务超出客户预期；

（7）在公司内部设定客户服务目标；

（8）在企业内部评估服务与客户忠诚度度是否达到预期；

（9）开发、实施不断改进客户服务的战略方针。

对于采用客户服务评估体系的企业，需要通过研究客户服务反馈，在运营中实施相应改变，并不断开拓完善新的战略计划。

近年来，中国汽车行业发展迅速，汽车后市场也面临着巨大挑战。新车销售减缓、4S店销售业绩下降；而独立维修厂及二手车市场正在兴起；国外投资者也在进入中国汽车后市场相关服务领域；独立汽车维修连锁网络正在发展；汽车保险公司不断成熟……在这样不断变化的市场环境中，企业间的竞争必定非常激烈。对于企业经营者来说，充分认识客户服务的重要性，采取措施不断提升客户服务质量，必将帮助企业在激烈的市场竞争中脱颖而出。

美国的汽车维修技术信息公开

◆文/美国 Karen Fierst　译/张淑珍

介绍“美国汽车维修技术信息公开、美国汽车独立后市场如何获得汽车制造商维修资料”的情况，开始的时候，我认为这对我来说并不难，因为我非常了解美国汽车维修技术信息公开的过程。我对美国汽车后市场中独立维修厂为获取汽车维修技术信息和工具，获得日渐复杂汽车技术中的故障诊断码等，与汽车制造商已经成功开展的各种合作项目了如指掌。但是，后来我发现我错了——我深谙美国汽车维修技术信息公开的历史，但是对当前美国独立维修厂在维修技术信息方面面临的严峻挑战，我既毫无意识，更没有深刻体验。

自20世纪90年代开始，在为平等获取汽车维修技术信息而进行的“战役”中，美国汽车独立后市场在2000年以后，取得了以下几项里程碑式的成就。

（1）2000年：成立美国国家汽车服务特别小组；

（2）2011年：开发了一个名为OEM1STOP的网站（图1）；

（3）2013年：马萨诸塞州通过车主维修权法（R2R）；

（4）2014年：汽车制造商与独立汽车后市场的协会组织及消费者团体共同签署谅解备忘录。

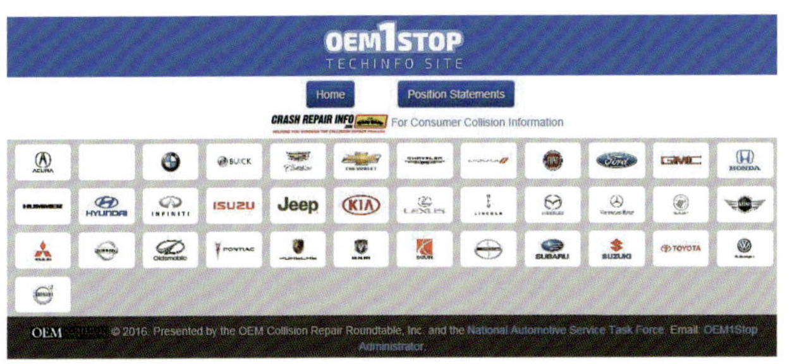

图1 OEM1STOP网站图示

随着当前汽车技术的飞速发展，美国独立汽车维修厂对技术进步产生了新的关注和思考：不仅需要知道怎么修车、谁能修？还需要弄清楚车辆收集的信息该归谁所有？下面就来看看美国“汽车维修技术信息公开”所走过的历程以及当前的现状和思考。

一、20世纪90年代：OBDII开始立法

OBD，即车载诊断系统的简称。它是一套诊断发动机故障、管理发动机功能的电子系统。汽车制造商为了响应美国环保署颁布的联邦排放法规，20世纪70年代开始在汽车上安装OBD电子系统。随着汽车技术的发展，OBD系统越来越复杂。20世纪90年代，出现了标准OBDII系统，1994年之后生产的所有轻型客车强制安装OBDII系统。OBDII能监视底盘部件、车身及附属装置，管理发动机功能，起到车辆诊断控制的联网作用。OBDII的出现标志着汽车制造商从每辆车上收集信息的时代正式开始，汽车制造商与汽车独立后市场也因此展开“唇枪舌战”，想明确谁能修车、谁该拥有车辆所收集到的信息数据。

20世纪90年代，独立汽车后市场中代表着各方（维修厂、原材料及喷漆供应商、设备制造商及其供应商等）利益的团体，与汽车制造商代表不断沟通交流并共同探讨，希望为独立维修厂找到解决汽车维修技术信息不足的办法，那时的讨论重点主要围绕车辆机械、电子部件及系统的维修技术。

二、2000年：自发性组织的建立

20世纪90年代末期，在“汽车维修技术信息公开”的问题上，美国独立汽车后市场的利益相关方产生了意见分歧。代表机修、养护及事故车维修方的美国汽车服务协会（ASA）支持汽车制造商建立自发性组织，以解决汽车后市场中缺乏汽车维修技术信息的抱怨和要求。2000年，在汽车制造商及ASA的努力下，自发性组织——美国国家汽车服务特别小组（NASTF）搭成了组织框架，并于2001年开始运营，该组织详情请查询网站：www.nastf.org。

另一方面，在美国汽车维修平权组织（CARE，网址www.careauto.org）和汽车零部件养护协会（前身是AAIA，网址：www.autocare.org）的带头推动及游说下，代表着大多数独立汽车后市场利益相关方的联合会成立了。联合会成立的目的是推动汽车制造商为车辆维修提供所有维修工具及信息资料，并通过推动强制立法的方式解决这一诉求。2001年，这个联合会向美国国会提交了“车主维修权法案（R2R）”。但游说国会通过维修权法案一事并不顺利，历时10年尚未成功。联合会认识到了国会通过联邦法规的艰难，于是开始游说各州政府，希望通过州立法的方式解决这一问题。

三、2011年：事故车维修厂也需要维修信息

在联合会游说各州政府的进程中，一些汽车制造商代表、独立事故车维修厂代表及其他利益相关

者也一致认识到，独立事故车维修厂得到汽车维修技术信息也不是件容易的事情。于是，1998年一个包括25家汽车制造商在内的圆桌小组（网址www.crashrepairinfo.com）成立，其使命是持续提高事故车维修质量。圆桌小组成员与行业专家就事故车维修厂在维修中遇到的具体问题进行了充分交流与探讨，最终开发了OEM1STOP系统（网址www.oem1stop.com）。OEM1STOP于2011年开始正式运行，登录该网站后可以轻松访问到一些汽车制造商提供的事故车维修步骤、政策声明以及技术服务通报等。

四、2013年：通过车主维修权法案

希望通过立法方案解决汽车制造商信息共享的支持者们，同时对各州政府及美国联邦进行游说，他们提交给州政府的方案与提交给联邦政府的基本相同。最终，在2013年美国马萨诸塞州接受并采纳了车主维修权法案（R2R）。

这看起来是一个很小的胜利，但有一点非常重要：它把汽车制造商推向了台前。汽车制造商意识到，如果他们不提出解决问题的方案，有可能美国的每个州都会出台法律，要求汽车制造商为消费者和维修厂提供汽车维修技术信息。

五、2014年：出台谅解备忘录，拓宽维修权法案内涵范围

随着马萨诸塞州车主维修权法案的出台，与汽车维修技术信息相关的所有代表方坐在了一起，开始研究共享汽车维修技术信息的办法。2014年7月15日，汽车制造商与独立汽车后市场的协会机构及消费者团体共同签署了汽车制造商同意分享维修信息的谅解备忘录（MOU），并明确由NASTF（汽车服务特别小组）负责管理这一项目。

包括封皮在内，MOU的全部内容只有7页纸。虽然具体执行MOU的过程有点儿复杂，但汽车制造商在整个谅解备忘录中最大的妥协是他们将自愿地协助汽车后市场开发非注册商标产品。这样一来，为了满足排放法规要求，独立维修厂就可以获取所需的汽车维修技术信息及维修工具，尤其是车载诊断系统的信息。但是，谅解备忘录亦明确指出：对于具体车辆来说，汽车制造商将不提供涉及专利技术工具和软件的维修步骤和诊断代码。然而，这项规定远没有将“车载远程信息系统（Telematics）”排除在汽车制造商维修技术信息体系之外对独立维修企业的影响更大。

在MOU中有一段这样写道：“独立维修厂通过付费获取的维修技术信息不包括汽车制造商为经销商维修厂提供的远程诊断及维修信息。本协议不适用于车载远程信息服务以及其他任何形式的远程及信息服务、诊断等，但这里所说的远程信息不包括从车辆移动通信设备上获取或发出的信息。”

MOU规定的车载远程服务包括、但不限于：安全气囊自动展开及碰撞通告、远程故障诊断、导航系统信息、倒车定位系统信息、远程车辆解锁信息、紧急状况车辆定位信息发送技术以及无线通信等。

MOU中提到的每一条“免除”信息都意味着：凡是装在车内的系统，汽车制造商都将是获取车内系统信息的第一人。举例来说，如果车辆发生碰撞，汽车制造商将比保险公司知道得更早；在美国如果使用车载GPS系统，而不是后装的GPS或手机导航APP等，汽车制造商是能够追踪车辆移动信息的；从理论上讲，汽车制造商还可能在车主不知情的情况下打开车门。以上这些意味着，只有汽车制造商拥有并使用着所有数据，但真的应该这样吗？车主花钱买车时，没有买到这些数据的所有权吗？在发生事故、紧急情况或者车辆需要维修时，车主不能指定谁应该是第一被告知人吗？

不管怎么说，MOU为独立维修厂减轻了压力，使独立维修厂维修后的车辆能够满足美国联邦环保局的排放法规。但是，对于进入21世纪新车型上加装的远程信息诊断信息，却丝毫没有涉及到。图2所示为车载远程信息系统在商用车领域的应用。

对于汽车后市场来说，签订谅解备忘录是一场胜利。但是，独立维修厂已经意识到，涉及获取汽车制造商汽车维修技术信息的各种挑战依然存在，解决这一问题的路程依旧还很漫长。

对于MOU中没有涉及的重要车辆系统信息，美

国汽车后市场利益相关者依然需要寻找新的解决方案。维修权法案最初的焦点是让独立维修企业获取维修车辆所需的信息及工具。后来利益相关方希望能够明确，车辆远程信息系统获取的数据应归车主所有，并由车主指定谁将得到这些数据。正如新成立的远程信息系统特别小组在其使命中论述的那样：授权车主到其选择的维修站点维修车辆，并保证车主选择的维修站点能获得目前和将来数据端口提供的所有车辆诊断数据信息，包括如SAE J1962连接器在内的硬连接装置，以及车载或手持式远程信息系统设备所传输的信息(信息来源:www.aftermarkettelematics.org/#about)。

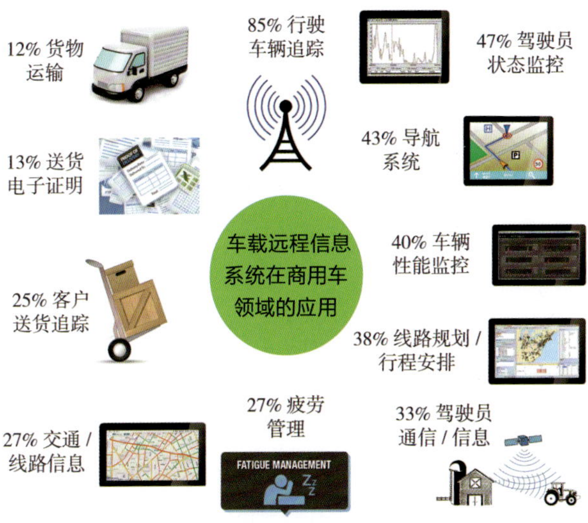

图2 车载远程信息系统在商用车领域的应用

另外，特别行动小组在其网站上对远程车载信息系统进行了定义。它是一个名词，具体释义如下：

(1)信息技术的分支，它描述了长距离传输的计算信息；

(2)应用于汽车领域，车辆发送和接收信息的无线连接能力；

(3)如果汽车服务提供商获得技术连接，将获得车主的增值信息(信息来源：www.aftermarkettelematics.org/)。

六、美国的车载远程信息技术

直接连接信息数据不仅使汽车制造商在维修领域获取了竞争优势，而且也为汽车制造商带来了额外的增值收益，汽车制造商通过集合、出售这些信息数据获得了额外的利益。如果汽车制造商还拥有以无线方式获取数据信息的权利，不就是意味着作为车主的消费者，只拥有了车辆的“租赁使用权”而不是全部的“所有权”吗？目前，这种租用模式已被包括特斯拉在内的几款车型所采纳。我认为，年长的车主可能不太适应这种模式，但在美国被称为“千禧一代”，出生于1982–2004年间的年轻人完全可以接受汽车数据被无线传输给汽车制造商的做法。但是，汽车制造商的这项权利对独立汽车后市场以及消费者来说却是真正的威胁和挑战。汽车后市场的利益相关者认为，为了市场的良性发展，汽车产生的数据必须由消费者掌控，并且应在车辆需要维修时由消费者授权他们所选择的维修厂使用数据。

虽然获取来自于汽车制造商的汽车维修技术信息非常重要，但是由于远程车载信息系统能带来更加广泛的收益，因此远程信息系统的作用越来越重要。美国IHS信息管理服务机构预测，全球汽车制造商汽车远程信息系统的销售量会在2014–2019年出现大幅增长(图3)。

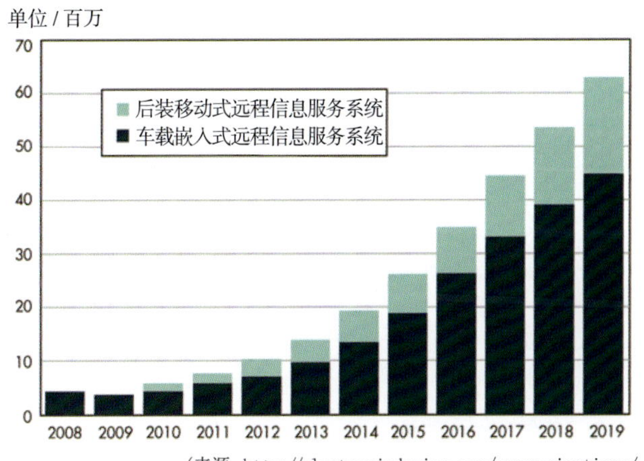

(来源：http://electronicdesign.com/communications/telematics-connect-your-car-world)

图3 全球汽车制造商汽车远程信息系统销售量预测

美国汽车保养协会是车载远程信息特别行动小组创立的参与方，其官方代表曾表示：车载远程信息为车主提供了在车内获取娱乐及信息的技术服务，包括导航、交通信息、电子邮件、网络浏览、社交媒体及旅行辅助信息等。此外，通过车载远程信息技术可以实现车辆与车辆之间以及车辆与道路之间的信息

交流，这将为车主带来巨大的安全效益。同时，通过与车载远程信息系统的快速沟通，可以满足相关部门解决紧急事件或突发故障的辅助性需求。美国汽车保养协会已经认识到，车载远程信息系统能实现安全性及便利性方面的诸多利好功能，但是，消费者隐私以及独立维修行业的生存问题也应该受到重视。详情请查阅以下链接：www.autocare.org/Government-Affairs/issues/。

图4所示为汽车制造商信息系统典型的工作流程，图5所示为远程信息系统标准流程图，两张图中所涉及的相关术语定义如下。

（1）车辆网络：利用OBD II和通信协议的诊断网络；

（2）远程信息处理网关入口：该装置可将车主手机接收到的信号接入车内网络中；

（3）车辆信号接收装置：指CDMA或GSM制式的手机技术，多数情况下，该装置通过线路与远程信息处理的网关入口硬连接。而福特车系统内，车主是通过手机蓝牙系统与信息系统网关相连接的；

（4）地面接收装置：手机信号接收设施向数据中心或车辆信息接收装置提供往来数据传输；

（5）汽车制造商数据中心：客户/经销商的信息数据库，记载有维修记录、联络信息等。目前福特车的信息系统还不能执行诊断操作，但是未来的福特数据中心可能通过用户手机端App与车主进行信息交流。

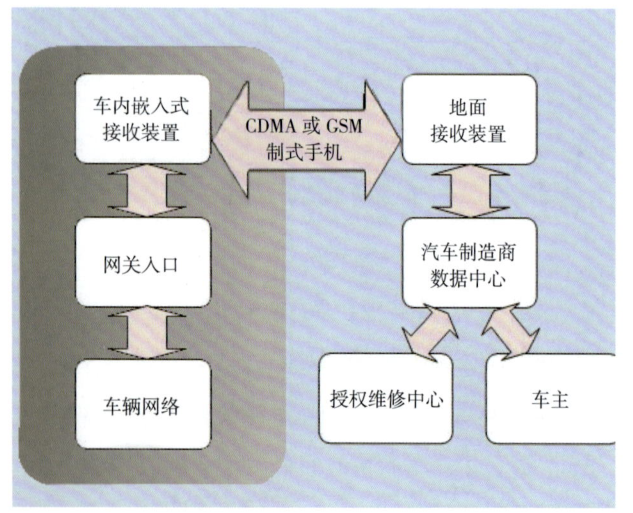

（来源：http://eti-home.org/Newsletter-V05/Articles/telematics/fig%201%20full.jpg ）

图4　汽车制造商信息系统典型的工作流程图

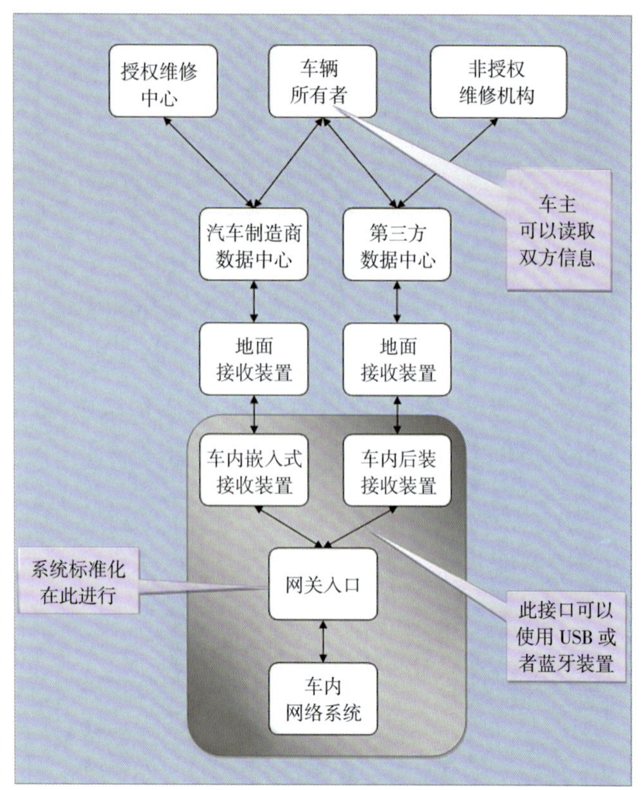

（来源：http://eti-home.org/Newsletter-V05/Articles/telematics/fig%203%20full.jpg ）

图5　远程信息系统标准流程图

车载远程信息系统所带来利弊之间的矛盾应该如何有效解决？公众对网络安全渐多的担忧是否应该强调和重视？欧盟定义的智能交通系统（ITS）又如何与汽车相连通？欧盟对于智能交通系统的定义是：应用于道路交通领域的信息通信技术，组成要素包括基础设施、汽车、使用者以及在交通管理及移动管理内的设备和应用者，还包括与其他运输方式相连的界面接口。详情请查阅以下链接：http://ec.europa.eu/transport/themes/its/road/action_plan/。

2016年9月，德国法兰克福国际汽车零配件及售后服务展览会举办期间，来自澳大利亚、巴西、欧洲、南非、美国、东南欧等地的代表相聚法兰克福，召开了一场国际性汽车后市场联合会议，讨论的主题就是：维修权利的全球性探讨以及车载远程信息系统带来的挑战等，此次会议大家共同分享了全球各地区目前针对以上两方面的应对策略以及向前推进的方法。

七、中国汽车维修技术信息公开之我见

对于如何获取汽车制造商原厂维修资料，中国独

立汽车后市场能从美国的经历中得到什么经验和信息呢?中国的政府体系、汽车文化及历史、年轻一代快速增长的汽车需求、汽车制造商与政府之间的关系等等,这些都与美国的状况有很大差异。

其实,正如前面讲到的,获取专用维修工具、信息以及远程信息系统带来的挑战等,目前已是全球汽车后市场面临的共同问题。美国即使已颁布维修权法案、达成谅解备忘录、创建了国家汽车服务特别小组,但是获取汽车制造商原厂维修信息及专用工具的问题依然没有完全解决。然而,对于中国汽车后市场来说,了解美国经历的过程以及出现的模式是非常有益的。从目前看,对于美国汽车后市场利益相关方来说,车载远程信息系统带来的挑战还将持续很多年。

在中国,从政府角度来讲,强令汽车制造商为独立后市场提供所有原厂资料和信息也是有可能的。获取原厂维修技术信息的"战役"在中国已经开始,但是,谁将为独立维修后市场作战并赢取最后的胜利呢?目前,相对于独立汽车后市场,汽车制造商及其4S店依然很强势,而国有的汽车合资企业在获取原厂维修技术信息的"战役"中,毫无疑问将扮演重要角色,发挥重要作用。在这场战役中,独立汽车后市场会成为赢家吗?

与中国不同的是,美国强势的消费群体以及行业协会游说国会及各州立法者的做法,都给汽车制造商带来了极大的压力和挑战。同时,美国行业协会出面与汽车制造商的沟通也卓有成效。实际上,美国独立后市场的企业非常依赖行业协会,行业协会仅代表会员企业,而与地方政府、州政府及联邦政府无任何关系。他们有责任为会员企业四处游说,以争取更多权利和利益。

在我看来,理解、期待,并为未来的挑战做好准备,中国独立汽车后市场可能会出现与美国完全不同的结果。目前,中国正在加强向独立汽车后市场持续不断提供高品质零部件、工具设备及维修技术信息的建设。如果独立后市场在与汽车制造商及经销商的沟通协商中,能够将消费者的意见转变为自己的立场和作为,加之消费者积极响应、政府产生的促进作用等,我认为,中国汽车后市场的变革正在发生,而这些都将为后市场的变革产生积极而深远的影响。

互联网对美国汽车维修行业的影响

◆文/美国 Karen Fierst 译/张淑珍

《汽车维修与保养》杂志社以"互联网对美国汽车维修行业的影响"为主题向我约稿,希望我谈谈新兴的互联网技术对美国汽车维修行业产生的影响或冲击。我马上写下了一长串关键词汇,它们正是维修厂运营当中使用互联网所实现的功能和结果。

我记录下的关键词汇包括:维修厂管理系统、客户信息系统、车辆信息系统、定损评估、租车用途查询、汽修人才招聘、获取原厂维修步骤信息、电子定损系统、零部件采购、客户联系、保险公司监管、客户服务指数(CSI)、技术培训、市场分析、远程诊断、远程信息处理、信息搜集、关键性能指标(KPI)评定。

上述信息,瞬间便可以一一呈现在我的脑海中。自1990年进入美国汽车维修行业,上述技术及其发展过程,大多是我亲眼见证或亲身经历的,但看到这些词汇,突然想说,我是不是夸大了互联网对汽车维修行业日渐增强的作用和影响呢?

于是,我决定向行业里一位资深人士——Darrell Amberson先生请教。Amberson先生是美国LaMettry事故车及汽车玻璃维修公司的运营总裁,该公司在明尼苏达州有8家维修厂。同时,Amberson先生被推举并任职于美国汽车维修行业多个机构的领导职位,其中包括美国汽车服务协会(ASA)主席。我问Amberson先生:"在您看来,互联网是如何影响汽车维修行业的?"他这样回答:"互联网已经成为汽车维修行业中

重要的一部分，很难想象，如果没有互联网，我们的企业如何经营、运转。维修厂通过互联网购买零部件、下订单；通过互联网从汽车制造商及其他渠道获取维修信息；我们甚至可以直接把车辆数据信息传输到远程诊断中心，通过互联网通信帮助我们诊断车辆的疑难杂症（图1所示为美国asTech事故车诊断服务平台示意图及工作模式，是互联网支持下实现远程云诊断的实例之一）；如今购买设备、订购工具、采购用品等行为也都通过互联网来实现；行业培训、汽修人才招聘、客户交流、客户交易等都离不开互联网。可以说，在汽车维修行业中，我们做的每一件事、拥有的每一件物品，几乎都受到互联网或多或少的影响。”

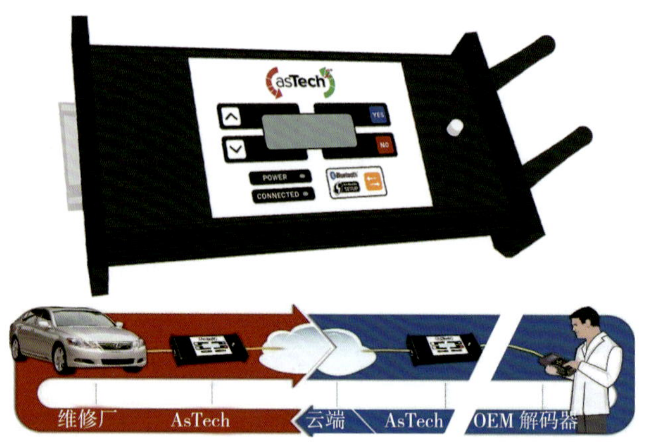

（图片来源：asTech 网站）

图1　asTech事故车诊断服务平台示意图及工作模式

收到Amberson先生的回复后，我确信当初自己的想法并没有“跑题”。接下来，我希望从以下3个方面深入探讨互联网对美国汽车维修行业的影响：①仅针对事故车维修厂的保险公司直接维修项目（DRP）；②获取汽车制造商维修信息的相关问题，这一点对于独立维修厂来说尤为重要；③与机修及事故车维修相关的市场推广及客户交流。

一、保险行业的DRP项目

20世纪80年代中期，DRP项目由美国好事达(Allstate)保险公司最先引入美国。好事达保险公司是轻型客车领域中美国的第二大保险公司。初始阶段，DRP项目进行得非常缓慢，一段时间后才逐渐成熟。好事达保险公司DRP项目的成功，向其他保险公司证明，DRP项目可以帮助保险公司更好地控制成本，是一个可行性方案。于是，从1990年开始，美国其他保险公司也开始推广DRP项目。

随着DRP项目的实施推广，美国事故车维修企业之间针对该问题产生了争议。支持DRP项目的维修厂认为，与保险公司合作可能会为维修厂增加维修量；而反对DRP项目的维修厂则认为，DRP体系为保险公司参与维修厂经营敞开了大门，维修厂如何经营、维修工作如何实施等问题会更难决策。从某种程度上讲，这两方面的观点都没错，然而无论支持还是反对，双方都强烈地坚持着各自的观点，维修厂也仍然根据管理者自己的态度和做法在经营。

DRP项目的支持者们应该认识到，维修厂不应该过于依赖由某一家保险公司为他们“引荐”的客户。如果保险公司推荐过多客户给维修厂，那么维修厂与保险公司之间的关系就可能改变，维修厂的工作流程或毛利润等就会受到保险公司的影响。因此，目前参与DRP项目的维修厂，很多都是与多家保险公司签署了DRP协议。由于每家保险公司的DRP项目都有自己的规定和规则，其KPI的衡量方法也有差异。因此，与之相关的行政事务是非常繁琐而耗时的，参与多个DRP体系也是非常昂贵的，需要依靠网络完成大量的信息传输。不支持DRP项目的维修企业认为，保险公司通过DRP项目将更加了解维修企业的经营状况，将更有可能干涉或影响维修厂的经营。保险公司DRP项目在战略上关注的是参与DRP项目维修企业的工作效率及生产率，因此保险公司为实现这一目标，将通过软件或网络获取并发送大量的电子信息数据，并根据这些信息客观地评判维修厂的KPI。可以说如果没有互联网，无论DRP还是多地点经营的连锁维修厂都无法生存。

美国早在1979年就推出了第一套事故车电子定损系统，这套系统最早是通过硬盘驱动并存储信息的，使用起来非常不方便。20世纪90年代初，美国CCC信息服务公司借助其技术领先优势，推出了笔记本电脑版电子定损系统（图2），对于到处奔波的定损人员来说，笔记本系统更为方便，但是它依然需要硬盘驱动。

（图片来源：美国 ALLDATA 网站）

图2 现代计算机及网络技术推动了定损系统的应用

自动电子定损系统是保险公司因市场需求制造出来的产品，而不断升级的计算机技术推动了这套系统的生根开花、繁衍生长。最早美国好事达保险公司的DRP项目即要求维修厂必须使用电子定损系统，要求维修厂购买计算机并学会如何使用。在互联网尚未广泛应用时，计算机技术便为电子定损系统不断创新提早打下基础，做好了准备。所以，在DRP快速发展阶段，其他保险公司提出使用电子定损系统时进展很顺利。

随着多家保险公司逐步开展DRP项目，一些维修厂便发现，根据保险公司协议，他们需要购买多台计算机与不同保险公司的DRP系统相匹配。这无疑增加了维修厂的费用，接着就出现了很多抱怨和不满。而大多数计算机软件，无论是维修厂管理软件还是电子定损软件，都是可以互通的。由此，事故车行业会议（CIC）花费了很长时间来讨论这一问题的解决办法。CIC讨论的最终结果是，1994年行业内成立新的机构——事故车行业电子商务协会（CIECA）。CIECA的使命是通过开发技术标准和最优实践方法，降低事故车行业内的成本、提高效率，以促进事故车行业电子商务的发展。CIECA组织公开论坛，用以开发并维护客观而统一的电子商务标准及指导方针（图3）。为了所有参与方互惠互利，CIECA鼓励公开竞争并自由选择（CIECA网站：www.cieca.com）。

对于电子定损系统来说，其发展进程中的突破性事件是2007年“数据库优化网关”体系（DEG）的出现（DEG网址：http://www.degweb.org）。DEG系统是由美国3家事故车维修协会建立并维护的，包括美国汽车服务协会（ASA）、事故车专家学会（SCRS）以及汽车服务提供者联盟。开发DEG的目的是：从事

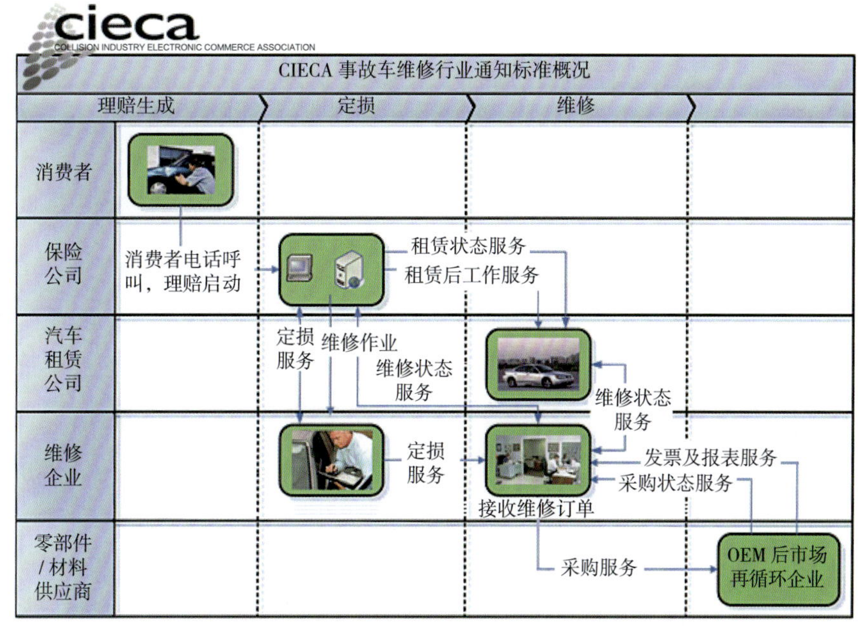

（图片来源：CIECA 网站）

图3 CIECA信息报告标准服务流程

故车行业及其他终端用户处获取信息，并将这些信息提供给信息供应商（IP），用以改进各自电子定损系统的品质及精度。

DEG将维修厂发现的错误工时信息按一套统一的方式告知信息供应商（电子定损软件供应商）。DEG站在维修企业或相关企业的角度，通过单点联系与信息供应商沟通，以便信息供应商在确认错误信息或投诉时，能够及时调查并上报纠正措施。如果没有互联网，DEG虽然可以运行，但是会非常低效而繁琐，维修企业也不会浪费时间提交他们发现的错误信息。因为在维修厂与保险公司的合作中使用DEG，维修厂会按照定损系统支付保险公司费用，但维修厂在工时费方面可能的收入会少很多。

目前在美国，只要是合法经营的事故车维修企业都在使用电子定损系统，并且大部分事故车维修企业也在使用计算机管理系统。另外，可以肯定的是，这些企业的零部件采购也都是通过线上渠道实现的。在美国，推动维修厂实施零部件电子采购的主要因素有两个：一个是2000年由汽车制造商推出的OEC原厂联合系统（www.oeconnection.com），另一个是2012年美国State Farm保险公司要求其DRP维修厂使用PartsTrader系统搜索并采购零部件产品。

OEC系统是美国汽车经销商企业广泛使用的OEM保养部件采购平台。据其网站介绍，OEC平台致力于提供汽车制造商及其经销商的OEM原厂零部件销售解决方案以及事故车维修企业的零部件采购解决方案。OEC平台最早由福特、克莱斯勒以及通用等企业发起，随着市场效应逐步增强，现在已有18家国际汽车公司依靠OEC平台销售其电子零部件产品。

据PartsTrader网站（www.partstrader.us.com）介绍，它是一个非常好用的线上卖场，为事故车维修企业提供主要OEM经销商零部件、再循环部件以及维护件等资源。在PartsTrader进入美国市场之前（它最早是在新西兰创立的），肯定有一些其他的零部件采购平台在市场上生存了很多年。但是PartsTrader系统是第一个建立在互联网基础上，由保险公司“强制”推行的零部件采购平台。美国State Farm保险公司因引进PartsTrader系统，引来了美国事故车维修行业的巨大争议和反响。人们认为，保险公司的目的是最大化降低零部件成本，而非提高维修企业的生产效率。

在美国，事故车维修厂作为零部件采购方在与保险公司合作的维修业务中可以获取一定的“佣金”，如果维修企业零部件采购成本降低，那么佣金也会更少，然而提高维修效率是更容易增加维修厂收益的方法。随着更多知名事故车维修企业使用电子零部件采购系统，有关PartsTrader的争议也逐渐趋于平静。因此，我认为美国保险公司的战略对汽车后市场变化产生了巨大的影响。

建立在互联网基础上的维护件采购系统则稍微复杂一些。2014年通用汽车公司推出了MyPriceLink动态定价网站方案。这个方案由OEC提供技术支持，通用汽车公司对其纯正配件发布实时建议性市场价格。这个网站目前已整合进入到几个建立在互联网基础上的电子定损系统中。

在美国，有多个建立在互联网基础上的零部件采购平台，他们为汽车维修企业提供各种零部件来源信息。但在事故车维修领域，OEC是第一个对市场产生巨大影响的平台。PartsTrader进入美国市场较晚，但是它是第一个被保险公司使用到自己DRP连锁网络中的系统。

无论是维修厂还是保险公司，现在都已经不愿再回到没有电子定损系统之前的时代。因此可以说，电子定损技术彻底改变了事故车维修行业。而建立在互联网平台上的零部件采购体系也将同电子定损技术一样，在维修行业的改变进程中发挥重要作用。

二、如何获取汽车制造商维修信息(B2B)

维修厂该如何获取维修技术信息以及争取维修权利等问题此文不再赘述。美国汽车制造商与独立维修厂在共享维修信息方面已经取得了很大的进步，但是问题还没有彻底解决。另外，随着电子信息技术在汽车上的应用，我担心美国汽车制造商维修信息共享问题有可能会变得更糟。

美国有很多在互联网方面的技术性尝试，解决了独立维修厂获取汽车制造商维修信息的问题。其中OEM1Stop网站以及由Assured Performance网络团队开发的汽车制造商认证事故车维修厂定位App软件就是两个例子。OEM1Stop是由一些汽车公司共同开发的网站，为维修厂直接从汽车制造商处查找维修信息及政策建立了渠道。Assured Performance网络团队开发的汽车制造商认证独立维修厂定位App软件，为汽车制造商维修厂和汽车制造商认证的事故车维修厂获取相同的维修信息提供了便利，也是查找汽车制造商认证事故车维修厂的方法之一。

几年前，丰田公司推出了一款很有趣的“预先评估”软件，它可以帮助维修人员确定维修事故车需要用到的所有部件或工具等。这样定损人员就不用拿着空白定损单站在车前，记下他认为维修需要使用的部件；而是在他面前有一个图片文件，列出了将车辆维修完毕需要的所有零部件。有了这样的信息，再加上维修技师手边已有的汽车制造商维修程序资料等，维修效率会非常高，而且极大减少了附加过程及判断错误等不利因素。

2013年，丰田公司大约87%的车辆是在其维修网络之外的独立维修厂进行维修的。通过这一点丰田公司意识到，应该为独立维修厂提供更多资料，让他们能够更便利地获得所需信息。丰田公司认为互联网具有更强大的综合能力，以互联网为基础的软件系统能够及时更新。于是，丰田公司与米切尔国际公司合作，将其专利软件作为信息输送装置与米切尔评估系统连在了一起。

其他汽车制造商和定损信息系统提供商也在研究类似的定损方法。翱特公司(Audatex)与CCC公司也使用了类似的定损系统为维修技师提供汽车制造商维修方法。通过这些互联网性质的维修“工具”，维修厂更有可能一次性修好车辆，从而避免昂贵而重复的返修工作，同时增加了车主客户和保险公司的满意度，这对于修理厂的持续经营是非常关键的。

在美国汽车后市场，通过互联网提供的服务中，ALLDATA以及asTech产品值得细说。

据公司网站介绍，ALLDATA成立于1986年，1996年被AutoZone收购。为满足市场对汽车制造商维修信息的需求，一群具有前瞻性思维的人希望将汽车技术尽快传递到维修行业，创办成立了最初的ALLDATA软件公司。目前ALLDATA已成为美国汽车维修软件行业的领航者，在全球每天都有超过30万的维修技师(事故车维修及机修保养)在使用该软件。ALLDATA最初仅专注于机修养护类的维修内容，于2007年扩展，开始加入事故车维修内容。

下面将简单介绍ALLDATA的整套产品，这些产品体现了互联网辅助功能在汽车维修行业应用的深度和广度。

(1) ALLDATA维修：最新、最准确的汽车制造商指导性诊断、维修、维护单一信息资源，涵盖了超过33 000个不同发动机的车型数据；

(2) ALLDATA碰撞维修：汽车制造商提供的最全面的碰撞维修单一信息资源，包括原厂维修步骤，如分块或结构性维修，新材料的处理以及仪表板的拆装、更换等；

(3) ALLDATA管理：具有创新特点的维修店管理体系，可保证维修厂的利润空间，促进维修生产率的提高，并在每个维修单上获取最大利润；

(4) ALLDATA在线管理：可在任何时间、任何地点使用维修厂管理工具，实现从零部件订货到工时定损管理以及开具发票的所有功能；

(5) ALLDATA移动功能：为便携应用提供了最大的方便，技术人员通过平板电脑或移动客户端软件，站在车旁就可获取汽车制造厂及时更新的维修信息；

(6) ALLDATA技术支持：可以获得ASE认证的、高水平诊断大师的技术支持；

(7) ALLDATA名录：合作方与集成软件名录，里面介绍了北美事故车维修行业多家企业。

下面说说互联网影响汽车维修行业的另一产品及服务—asTech。

提供asTech产品的事故车诊断服务公司(CDS)创立于2010年。我们都听说过维修厂与保险公司就维修前后诊断出的不同价格发生争论的事例。最近通过了解asTech产品，我认为，它就是这个“游戏改变者”。游戏的一边是保险公司，另一边是维修厂和汽车公司，而asTech有一套办法，将为维修厂确定哪项诊断是必须做的。基于互联网，具有专利保护技术的asTech产品，省去了维修厂将诊断任务进行外包，

或购买价格昂贵、型号特殊的诊断工具，同时还要对使用诊断工具进行培训等方面的花费和支出。位于德克萨斯州的CDS公司总部拥有约60位远程诊断大师（图4）。

图4 德克萨斯州CDS公司总部拥有约60位远程诊断大师

据该公司网站介绍，CDS专注于为事故车维修厂提供汽车制造商诊断方法。他们的服务能使不具备电子专业技师的维修厂维修各种复杂车型，并获取维修大师的意见和建议。拥有专利技术的asTech™远程诊断设备是为维修厂高效实施维修作业、保证更好维修结果的一款先进的诊断工具。在认证维修大师的帮助下，确认各种车型在维修中遇到的疑难杂症，比以前任何时候都轻松、容易很多：

（1）CDS是一个服务型公司；

（2）asTech™ 专利技术可以实现双向沟通；

（3）asTech与车辆电控模块相连接；

（4）网络连接是从车辆连到asTech位于美国普兰诺市的办公室；

（5）认证维修大师直接与汽车制造商的诊断解码工具连接，即可诊断车辆故障。

ALLDATA与asTech是在互联网支持下维修厂获取原厂维修数据的实际例子。

三、市场推广与客户沟通(B2C)

当前，在任何行业里，无论服务前、中、后哪个阶段与客户的沟通交流都是非常重要的。由于对维修厂及维修技师的不信任，很多车主在维修、养护车辆时，都或多或少有过不愉快的经历，因此在汽车售后服务领域，客户沟通与交流更是尤为重要。

好事达保险公司最近完成的市场调查表明，过去在美国一个驾驶人每10年发生一次碰撞事故。但是，在2016年初，这个数据变成了每7年发生一次事故。也就是说，对于大多数人来说，需要进行事故车维修的机会很少。为保证车况与车辆的寿命，常规的定期维护必不可少，所以说事故车维修与我们经常谈到的常规性维护有区别。但是，无论哪种类型的维修，市场竞争总是很残酷。为保证持续盈利，维修厂拥有一定客户基础、不断吸引新客户、与现有客户沟通都是非常必要的。

与此同样重要的是，维修厂应该拥有并保持令人称赞的名声及美誉。无论是赞扬还是批评，口头宣传以及个人推荐对于了解维修厂来说都是非常直接而有效的办法。受互联网的影响，当今的年轻人更容易依赖并相信用户在网上的评价或评分。今天的美国和中国一样，对成功的维修厂来说，它必须轻松地接触到潜在客户，并且还要享有良好的声誉。这种情况下，互联网成为接触客户更为容易的一种手段。当然，一旦维修厂出现了差评，这很可能会影响到它的收益或经营。很显然，维修厂避免差评的方法之一就是确保客户得到满意的服务结果。然而万一出现差评，则必须想尽办法把损失尽可能降到最小并加以解决。在数字化市场营销及客户关系维护技巧方面，有些企业可能需要寻求专业人员的帮助和建议。目前在美国已经出现给企业提供整体名誉管理方面的业务，即使一些小规模的企业，包括部分汽车维修厂，都在使用这类专业管理服务。

最近5年多以来，B2C模式出现了大量极具附加值的市场推广及客户联络方面的服务内容，常见的服务形式列举如下：

（1）网站已从单一窗口发展为整体管理模式；

（2）邮件及短信服务是沟通联络的常用方法(类似于中国常用的微信移动端服务，在美国Whats App尚未广泛使用)；

（3）维修状态报告可以实时以图片方式汇报给客户，请见AutoWatch，网址http://web.autowatch.com/；

（4）在美国，越来越多的维修厂在自己的官方社交媒体发布以客户为核心的资信内容，并对随后可能出现的负面信息进行正面评论、回复，保证与客户顺畅沟通；

（5）为客户购买保险时，主动提供保险条款、政策、保费的对比服务，相关信息请参考以下网站：http://www.compare.com及http://insurance.credio.com/；

（6）保险公司和维修厂自己研发应用软件，应用于客户移动端工具。

四、总结

物联网的存在必将不断推动包括汽车维修在内的所有行业以互联网为基础进行通信、服务及商务往来。目前，中国事故车行业正在广泛推广的DRP维修连锁，将更加依赖于互联网进行维修店管理，而保险公司、信息供应商（如CCC）在互联网服务方面已对中国事故车维修产生了巨大的影响，零部件电子采购更为盛行也仅是时间早晚的问题。

中国已成为全球互联网应用最广、影响最大的国家之一。中国人使用手机处理事务的频次已远高于美国。通过智能手机进行通信联络、商务沟通、获取服务等现象在中国已非常普遍。人们也开始使用手机实现车辆维修的在线预约，这种做法在美国尚未流行。种种现象已让我们感到，互联网的影响已弥漫整个社会，汽车维修行业又怎能落后？

因此，对于历史较长的维修企业，如果互联网还没有深入到汽车维修店运营的方方面面，无论是机修、养护、还是事故车维修，那么必须思考如何将互联网手段整合到已经过时的维修店业务模式并尽快适应这一改变。随着近20年互联网的发展，汽车维修领域出现各种各样基于互联网应用的技术，尤其近5年发展更为迅猛，可以说中国汽车维修厂已进入互联网时代。就像在美国一样，维修厂必须在其新的经营模式中，具有在互联网基础上、整合运营操作程序的优势。对于老旧维修厂，尤其是独立维修厂来说，必须改变过去已有的经营模式，拥抱新模式，开拓新未来。

美国汽车维修行业的发展趋势

◆文/美国 Karen Fierst 译/张淑珍

中国汽车维修行业的同仁们非常希望了解美国汽车维修行业的发展趋势与其未来面临的机遇及挑战等。于是，针对以上问题，我进行了系统的研究与分析，下面我们先谈一谈美国汽车维修行业的发展趋势。

一、中、美汽车维修行业现状

美国汽车维修行业有着100多年的发展历史，因此在很多方面与中国汽车维修行业有明显的区别。在美国，汽车保有量为2.5亿辆左右，在用车平均车龄大约是12年（1970–2016年美国平均车龄变化如图1所示）。在过去几年，新车增长量在1 600万~1 700万辆之间，报废和不能上路的车辆数目与此基本持平。基于这种情况，美国大多数维修厂维修的主要车型是比较老旧的轻型乘用车。美国的事故车维修、机电维修及车辆维护多数都是在独立维修厂进行的。然而，不是每个独立维修厂都能维修到近年生产的、比较新的车型，其通常维修的都是已经行驶几年、并且超过了保修期的车辆。

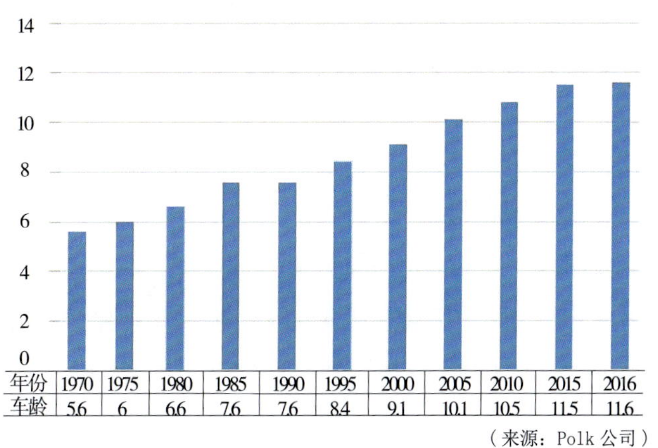

（来源：Polk 公司）

图1 1970—2016年美国平均车龄的变化

中国轻型乘用车的平均车龄仅为4.5年，因此现

代汽车维修建立在较新车型技术基础之上，而且市场变化与发展非常快。在中国，超过保修期、车龄较长车辆到高品质独立维修厂维修的趋势日益明显，尽管发展的速度还有些缓慢。

中、美两国汽车维修行业存在着不同的状况和条件，在市场机遇、挑战以及发展趋势方面肯定也有明显的不同。尽管如此，两国汽车维修行业仍需要共同面对一个巨大挑战，那就是汽车维修技师的培训。

我曾写过汽车维修技师培训方面的内容，但是随着时间的推移，技术环境已发生了很大变化，我会在今后的文章里重新就这方面问题进行深入探讨。在讨论美国汽车维修行业发展趋势、机遇和挑战的这几期文章中，我也将强调培训这一问题。面对现代汽车技术，汽车维修技术培训是中美两国目前面临的最重要挑战之一。因此，我在本文中强调的美国汽车维修行业的第一个发展趋势是：快速发展的汽车技术。

二、美国汽车技术发展趋势

在与美国维修业界同仁交流时，大家一致的看法是，汽车技术发展是美国汽车维修行业未来发展中面临的最大挑战。在写本篇文章时，我查阅了很多有关汽车维修方面的电子出版物。每天打开这类链接，我都会看到有很多文章在谈论汽车技术方面的话题。而对于我来说，想找到汽车技术方面的重点信息却很难，因为每天发布的技术信息不计其数。当我试图用实质性的评论，总结汽车技术发展对汽车维修行业产生的影响时，却发现留在我脑海中的只有复杂的技术名称，没有更具体的信息。

在过去几年中，美国事故车维修行业常提到一个词语——“技术浪潮”，这是I-CAR员工常常使用的词汇。那么，什么是“技术浪潮”？它又有什么深意呢？

地震的科学定义为“地壳内部瞬间释放能量而造成的震波”。而浪潮的科学定义为“由地震、海底滑坡或其他海底躁动引起的高而长的海啸波”；常规释义中浪潮是指“某种事物以压倒性数量或势头降临、出现”。

第一次听到“技术浪潮”一词是在2009年我参加事故车行业季度会议（CIC）时，I-CAR当时的行业运营主管、现任美国汽车管理研究会主席——杰夫·皮维先生在演讲中提到的。当时由于出台了一系列新的汽车行业联邦法规，涉及燃油经济性的考量、更严格的排放规定等，汽车维修行业面临新的挑战。当时杰夫·皮维先生提到“技术浪潮”，指的是联邦法规新变化是给汽车维修行业带来“地震”的一个因素。

20世纪90年代中期，汽车维修技师面临的“技术地震”来自美国环保署为加强控制有害气体排放，要求汽车加装第二代车载诊断系统OBD II。要求汽车加装第一代车载诊断系统的法规是20世纪70年代生效的。与第一代相比，第二代车载诊断系统更加高效且复杂，它能监控汽车底盘、车身及其他系统装置，包括电控发动机、排放控制系统、催化转换传感器，以保证车辆在行驶中各参数与出厂设计的参数一致。汽车维护、维修的发展，第二代车载诊断系统都需要对维修技师进行大量培训工作。然而，与我所说的即将到来的“技术浪潮”相比，这场“技术地震”是一个中等规模的震颤，引起了一阵小波澜。

提高汽车燃油经济性是全球共同目标，第一代丰田普锐斯混合动力车于1997年在日本上市，它是世界上第一款量产的商用型油电混合动力车，该车型于2000年左右正式进入美国市场。维修技师随即遇到的问题就是抓紧学习“如何安全地维修油电混合型发动机”。

汽车发动机、底盘以及其他部件等使用新型轻质材料是提高汽车燃油经济性的途径之一。为了响应政府提高燃油经济性的法律法规，进入21世纪替代传统冷轧钢材的新材料在汽车中的运用更加广泛。新型多样化材料的使用对汽车维修步骤、环境、设备工具等产生了不同的要求，如果维修技师在维修时不能辨清车用材料，那么会使汽车维修变得困难。

20世纪末期，人们还很难接受先进的驾驶员辅助系统（ADAS），而对于这一系统的需求在21世纪初期发生了爆炸性增长（图2所示为驾驶员辅助系统的应用实例）。目前，对汽车维修行业产生巨大震动的技术是越来越普及的无线连接技术，以及快速扩张的互联网技术（IOT）。另外，无线连接技术发展迅速，市场也很快接受了这一技术，这使得车联网的概念从疯狂梦想变成现实存在。

图2 驾驶员辅助系统的应用实例

车联网小配件以及包括远程通信、车辆技术、道路交通、道路安全、电气工程(传感器、仪器仪表、通信系统)在内的技术系统被广泛地称为“远程信息处理”系统。美国汽车养护协会（ACA）自政府实施OBD II政策20多年以来，一直十分关注远程信息处理系统的演变与发展。ACA官方网站在谈到远程信息处理技术给独立维修厂带来的挑战时，论述如下：远程信息处理系统能实现多种多样的娱乐信息、导航以及定位服务。与车辆进行的无线通信可以使汽车制造商监控汽车的运行状况，并完成车辆关系管理（VRM）的实际操作（信息来源www.autocare.org）。

汽车制造商能够获取车辆的实时数据，对于车主和美国独立汽车维修厂来说都是非常恐怖的事情。首先，存在数据隐私问题，个人买了车，而汽车数据归保险公司或汽车制造商所有，这一问题可能在美国国会中引起极大的争议和讨论。第二，独立维修厂特别关注的问题是，通过远程诊断接收实时数据信息，汽车制造商很容易引导车主去自家的经销商维修店，或自己认证的事故车维修厂去修车，而不去独立维修厂。在美国，长久以来，绝大多数的汽车维修却都是在独立维修厂完成的。

2009年开始，汽车制造商用更多的新型轻质材料替代了传统冷轧钢材，混合动力车型更为常见，新车上的车载娱乐信息系统及先进驾驶员辅助系统更为普及。杰夫·皮维先生提到的“技术浪潮”在当时已经影响到了美国汽车维修行业。然而，汽车维修技师并没有全面感受到“技术浪潮”的冲击。这是因为，当时正值全球金融风暴，美国新车销量在2007年开始下降，并于2009年触底，而且直到2015年还没有达到2000年的销量水平。但是，即使在汽国销量最低的2009年左右，具有大量技术创新的新款车型才慢慢进入市场。

美国SCG管理咨询公司总裁及CEO西恩凯里认为，地震后的余震通常比地震本身杀伤力更强，因为它冲击到了脆弱的地壳下部结构。正如地震后的余震，当前汽车维修行业中“技术浪潮”的后续影响看似遥远，但是对汽车维修技师的影响比我们预想中更为严重。

说到当前事故车维修面临的挑战，很多人都会将其与20世纪70年代后期出现的一体式车身相对比。一体式车身替代了框架结构的承载式车身，承载式车身就是人们常说的“车身放在车架上”，是自汽车发明以来最常见的车身结构。相较于承载式车身，一体式车身能够在车辆发生碰撞时为乘客提供更好的安全保护。但是，一体式车身与承载式车身的维修方法完全不同。几年前，在为《汽车维修与保养》杂志撰写有关“I-Car”的专题文章时，我曾写到过承载式车身的发展与变化，以及它对“I-Car”建立的影响和作用等。

西恩凯里说，一体式车身技术的产生和当前“技术浪潮”的出现是行业发展进程的必然结果，但是目前，维修厂并没有明确的技术手段来应对这样的变革。西恩凯里指出，20世纪70年代，维修技师使用了相同技术手段、不同维修步骤来维修一体式

车身。目前，美国很多事故车维修技师不具备现代汽车维修所需的技术和方法，比如，美国很多车身维修技术人员不知道如何悬挂车门以保持汽车整体的安全度。在西恩凯里看来，当前及未来的汽车维修，需要计算机、电子方面的专家与汽车维修技术人员合作完成。他说：“与我们之前看到的变化全然不同，目前的‘技术浪潮’比我们预期来得更快。”变化还将持续发生，每年都会有很多新的汽车技术出现在轻型乘用车上。

即使未来的新车不承载新的汽车技术，又有多少维修技师有能力维修当今汽车上已有的先进驾驶员辅助系统呢？这些系统包括：自适应巡航控制系统（ACC）、自适应灯光控制系统（旋转曲线灯）、安全气囊模块、自动泊车系统、带有GPS和TMC（交通管控）提供实时交通信息的导航系统、汽车夜视功能系统、盲点监视器、汽车防撞系统、交叉车流提醒装置、侧风稳定功能系统、定速巡航功能系统、驾驶员睡意探测系统、驾驶员监控系统、混合动力车及插电式电动车的车辆声音报警系统、感应电子或烟火信号的座椅安全带涨紧器、电子稳定控制系统、紧急状况驾驶员辅助系统、前部碰撞警示系统、防炫目远光及像素光源、交叉路口辅助系统、陡坡缓降控制系统、智能车速适应装置（ISA）、车道偏离警示系统、车道变化辅助系统、泊车辅助系统、行人保护系统、主动制动辅助系统、雨量探测传感器、环视系统、交通信号识别系统、转向辅助系统、车辆间通信系统、歧途驾驶警示系统等。毋庸置疑，当前以及未来车辆的复杂多变性应该引起维修技师们的极大关注和重视。

三、美国汽车维修行业未来的发展

2016年，普华永道（世界顶级的会计师事务所之一）在报道中称，车联网是指车辆可以直接联入互联网，车辆的传感器能够发送并接收各种信号，感应周边物理环境，并与其他车辆及实体相互沟通、作用。无人驾驶车辆（也称作自动驾驶或机器人车辆）即没有驾驶人员操作的机动车辆，它可以降低交通成本，又能提高出行的便利性及大多数情况下的交通安全性（信息来源：http://www.strategyand.pwc.com/reports/connected-car-2016-study）。

很多驾驶员辅助系统（ADAS）已与汽车互联，同时对无人驾驶车辆的需求目前已经存在，整合各种联网功能的车联网技术预计在不远的将来也将出现。另一方面，目前虽然小范围内已出现无人驾驶及车联网的实况驾驶试验，但是广泛普及无人驾驶车辆，还需要商业上可行的技术条件以及外部相配套的公共设施。图3所示为车联网的联通示意图。

在2016年10月美国汽车保养协会发表的《远程信息处理趋势》一文中，C3网络公司的德里克考夫曼先生写到，在巴黎车展上“地球空间HERE公司”发出一份通告，通告中指明：HERE公司宣布的车联网计划，将从宝马、奥迪、奔驰等车辆上收集并分享数据，为欧洲高速公路提供交通信息。联网车辆的前置相机将探测交通信号、速度限制、道路闭合、交通事故及其他交通状况。其他传感器将提供车速、紧急制动、天气状况、速度以及所有车辆行驶方向等方面的信息。每个车辆还将获得有关停车位置的信息。HERE公司通过存储的街道名称、当日时间、停车限制等信息，综合分析停车空间位置，为开放的车位做出预测判断。

同时，HERE公司还宣布，他们的车联网技术将于2017年上半年应用于宝马、奥迪、奔驰车型。但他们最终的目标是在自有平台上开放资源，与其他汽车品牌分享此项服务。不久的将来我们将会看到，其他汽车制造商将停止各自已有车联网项目的开发，转而加入HERE平台，这非常值得期待。

当今的汽车与汽车技术是由计算机工程师与传统的汽车工程师联合设计并开发的。计算机工程师通常工作在与汽车制造商合作的软件设计公司，而汽车公司雇佣的软件工程师们通常都有过设计视频游戏的工作经历。

图4所示为无人驾驶汽车的发展之路，那么，汽车维修行业的从业者需要考虑，几年后由谁来维修技术先进的无人驾驶车辆呢？现在来看，我们需要很长一段时间来培训维修技师，以维修未来出现的自动驾驶车辆。

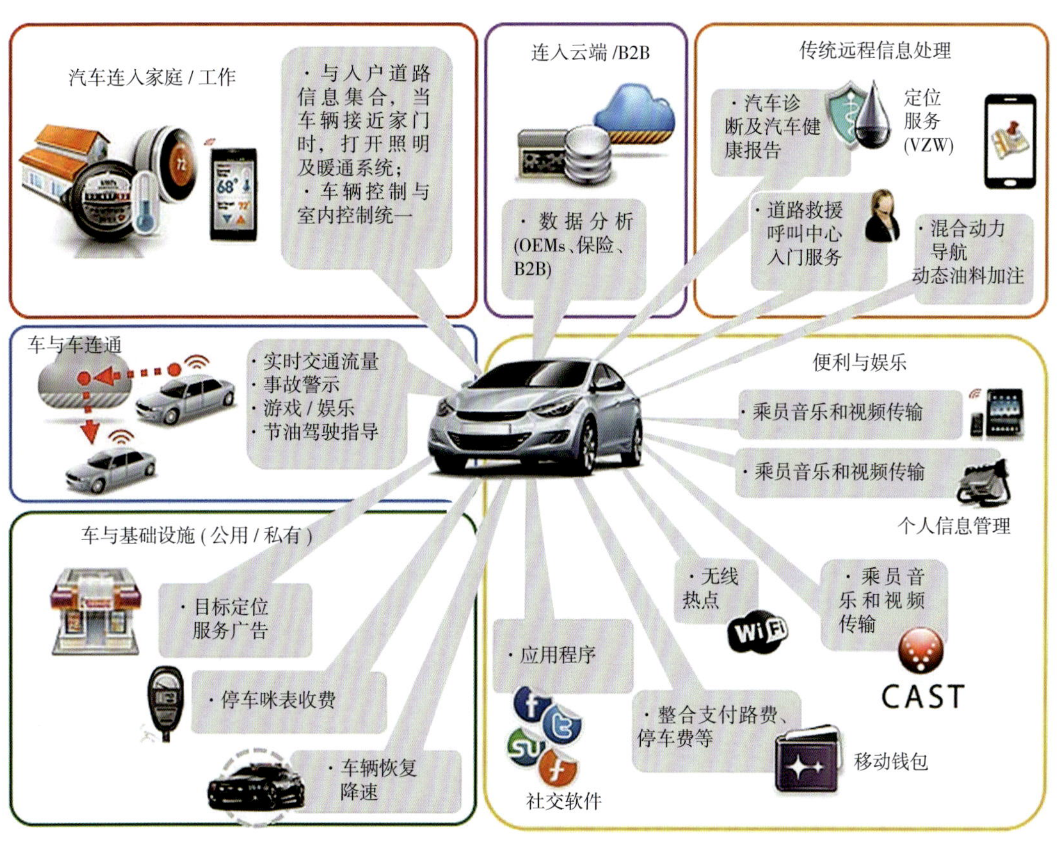

图3 车联网连通示意图

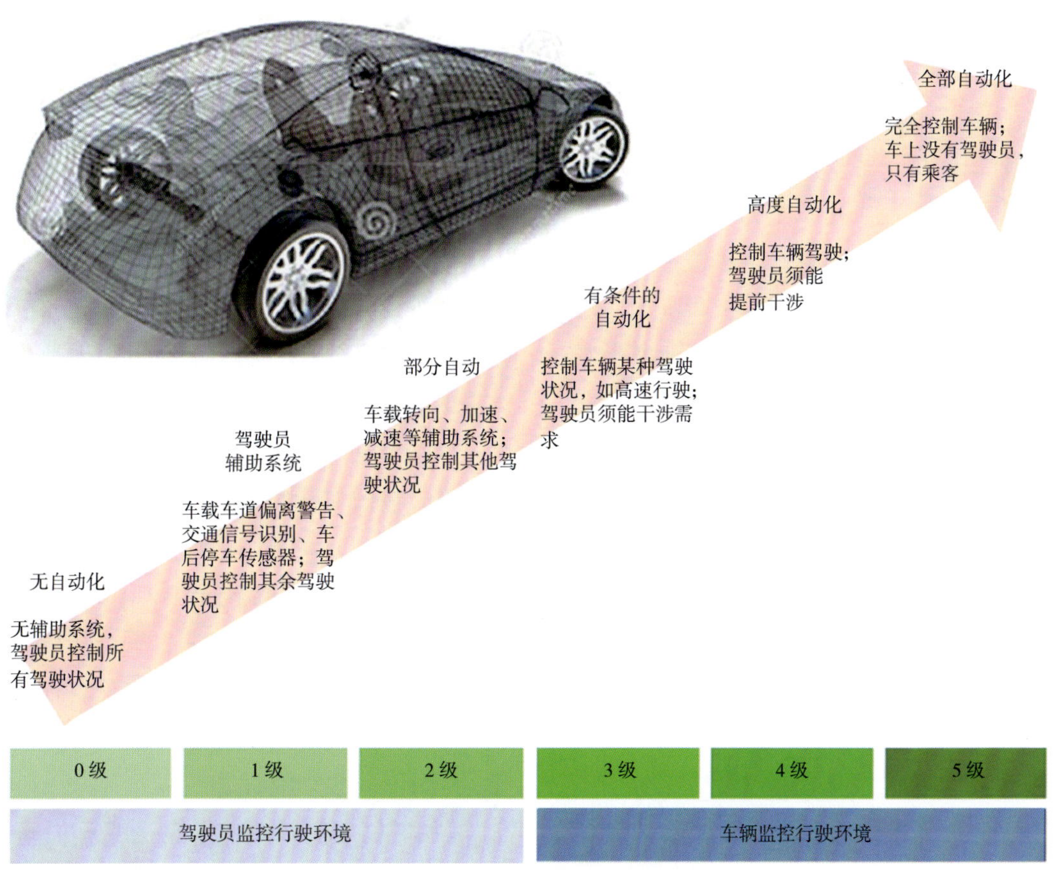

图4 无人驾驶汽车的发展之路

美国汽车维修行业面临的机遇和挑战(一)

——机修养护篇

◆文/美国 Karen Fierst 译/张淑珍

一、对美国汽车维修行业产生影响的因素

在人们谈到机遇和挑战时，其实很难将发展趋势这一话题分离出来。至少在我看来，面对一个正在出现的趋势，我们需要在行为或操作层面上为之做出一定的改变。通常来说，人们适应改变或变化会有一些困难，因此，虽然变化的最终结果是积极正向的，很可能为新机遇打开一扇门，但对人们调整自己以适应变革来说，其本身可能就是一个挑战。

我在《美国汽车维修行业的发展趋势》一文中重点讨论了汽车快速发展的技术趋势，以及技术发展给汽车维修可能带来的相关机遇和挑战等。所有与汽车新技术相关的话题，还将在探讨汽车维修行业面临的机遇和挑战时有所提及。

中国私人乘用车市场目前仍在继续发展，成熟的美国汽车后市场曾经出现和正在出现的问题可能并不适合现在中国的情况；也有可能美国面临的机遇、挑战及趋势等适用于将来某个时期的中国汽车后市场；还或者由于行业快速发展进步的性质，中国维修行业可能不会遇到美国维修行业出现的那些问题。

下面我讲一讲对美国成熟汽车维修行业产生影响的一些因素。

1. 针对机修养护以及事故车维修

(1)劳动力问题；

(2)专业的客户服务需求；

(3)与车联网相关的大数据问题；

(4)供应链管理及零部件采购问题；

(5)现代汽车所特有的问题。

2. 只针对事故车维修

(1)保险公司与维修厂之间的关系：

①为了更好地服务客户，保险公司与主机厂之间的开放程度；

②DRP(保险公司认证直修)项目在中国进一步的发展；

(2)维修厂多店经营模式的整合；

(3)维修厂认证项目实施：①维修能力——即维修厂认证；②维修权利(2R)——OEM认证将导致零部件使用权相关问题的出现；③更少的事故车维修，更多的机修养护。

上述每一个因素都将会涉及新的挑战。以每个人不同的视角来看，上述问题也可能带来各种机会。在汽车后市场中，无论是产品或服务提供商、保险公司代表、维修店店主或技师、政府监管人员、业内商家还是其他相关机构人员，大家应以各自领域不同的视角，来评价自己将迎来的是机遇还是挑战。

二、美国机修养护和事故车维修共同的机遇和挑战

1. 劳动力问题

与欧洲认可的职业学位教育相比，一般来说美国不太重视职业教育问题，这一现象似乎跟中国类似。虽然汽车维修行业在全球都被低估，但是对维修技术人员的需求，却从未如此巨大。SCG管理咨询公司创始人肖恩凯里先生介绍：在德国专业的机动车维修技师拥有一枚徽章，是荣誉和骄傲的象征。他们部分汽车维修技师的时薪可以达到130美元，汽车维修技师与银行家、医生的地位不分伯仲。

在美国，职业学校教学品质经常被质疑，雇主们对职业院校毕业生的技术水平及能力不是非常满意。雇主们希望毕业生走进维修厂就马上能胜任工作，并与工作多年的技师一样技艺娴熟。应该说雇主们这样的期望并不现实，除非学生们毕业前有机会参加足够有效的工作辅导或实习项目。西方国家

大学教育通常的做法是，医生们毕业后要通过实习或住院医生培训来充分实践、提高技艺。其他职业也一样，无论是大学毕业生还是职业院校毕业生，都需要通过额外的实习来提高实际能力。

在美国，与中国的情况一样，人们更加重视大学教育，通常情况下，大学生毕业后就业的待遇更高。然而目前，美国人也开始考虑上大学的投资回报（ROI）问题，学生们完成大学教育需要借债几万美元，而偿还这些债务又需要花费十几年的时间。另一方面，一个学生完成汽车维修专业的职业教育，无论是机修养护还是事故车维修专业，毕业后可能很容易找到一份工作，且很快就能偿还完学生贷款。目前，可以肯定的是，美国人对待职业教育的态度已经悄然发生改变。

美国事故车维修行业的资深人士——佩特拉施罗德女士最近刚结束了47年的职业生涯，从“艾仕得修补漆”品牌发展总监一职退休，但仍任职于美国事故车行业基金会组织，是事故车维修教育基金会（CREF）董事会成员，还任事故车行业妇女联盟（WIN）主席一职，她还曾经是美国国家车身行业理事会（NABC）成员。佩特拉施罗德女士指出，在以男性为主导的事故车维修行业中，除了前台人员，在维修厂很少能看到女性员工的身影。妇女在维修行业任职于行政管理、预算评估及其他销售层面职位比较多见，但是吸引她们留下来做技术维修还不是件容易的事情。事故车行业妇女联盟（WIN）成立于2007年前后，作为女性员工的支持体系，其宗旨是进一步关注并增强女性在事故车维修行业中的影响力。同时，该组织为妇女进入事故车技术维修领域筹集奖励基金，促进妇女在该行业中发挥更大作用，该联盟已成为美国事故车维修行业发展最快的机构之一。

美国汽车保养协会（ACA）的妇女联盟组织也同样认可女性在汽车养护领域有着重要的影响力，他们同样也支持女性在汽车养护领域（非事故车维修）的作为和努力。据该组织网站信息介绍，他们的目标与WIN联盟类似。汽车保养协会中的妇女联盟组织（图1）由机修养护行业的专业女性组成，她们通过以下方式，致力于为行业内的妇女提供就业、教育及职业领导力提升的机会。

联络互动：推动个人及职业的发展；

职业辅导：由行业内领导者提供职业辅导；

人才招募：通过提供行业资源及奖励基金，支持女性进入本行业；

公众认可：设立“行业年度女性”“教育奖学金”以及“行业交流奖”等；

行业顾问：提供针对女性消费者教育方面的咨询服务；

交流沟通：提供最新行业趋势等方面的资讯等（信息来源：https://www.womeninautocare.org/upcoming-events/）。

图1 美国汽车保养协会妇女联盟标志

年龄以及与年龄相关的技能水平也是汽车维修行业劳动力问题面临的重要挑战。美国事故车维修教育基金会在2016年事故车行业快讯上发布的信息表明，美国事故车行业技术人员平均年龄在40岁左右，而且年龄超过50岁技术人员的比例增长很快。从事机修养护的技术人员年龄也在40岁左右（信息来源：https://datausa.io/profile/soc/493023/#demographics）。年龄大的技术人员退休大多是因为他们不懂或者不具备维修现代车辆所需的技术。

无论是专业的机修养护还是事故车维修，目前美国劳动力市场都对从业者需求旺盛，如果劳动力没有强劲增长，那么就会有劳动力不足的问题出现。如何使这一行业更有吸引力，让更多新人入行呢？提高技术人员收入应该是重要手段之一。维修当下以及未来的汽车，这个行业的确需要技能更高的专业技术人员。肖恩凯里坚信，如果提高目前技术人员的薪酬水平，那么寻找新的维修技术人员就会变得容易。

2. 专业的客户服务需求

随着时间的推移，美国消费者对客户服务的期望值已逐渐提升。这一点，在各个行业，无论是以互联网为基础的线上交易、还是传统产业的产品销售或服务都有所体现，对于汽车维修行业来说也不例外。

在几十年之前，无论是做机修养护还是事故车维修，一般的汽车维修厂都比较脏，既没有接待办公室，也没有提车等候区域，即使有洗手间也是蓬乱不整的。维修技术人员基本是凭借自己的经验、偶尔查阅一些书籍进行人工填写维修报告，消费者也基本不与维修厂的工作人员交流。维修厂老板通常之前都做过维修技师，但在客户服务及专业维修方面却没有接受过培训。早期很多维修厂老板修车水平的确无可挑剔，但是在与客户打交道方面缺少知识和技巧。以我个人对中国独立维修厂的观察和了解，前些年中国的情况也大抵如此，但是近些年随着经济效益及客户需求的提高，维修厂面貌已有很大改观。

据SCG管理咨询公司肖恩凯里先生介绍，如今汽车维修行业面临着巨大的职业提升机会。目前在事故车维修领域，针对消费者需求，维修厂开始与保险公司联合协作，机会资本化要求保险公司及维修企业双方在各自的行为及态度方面都做出改变。肖恩凯里先生希望汽车维修行业抓住当前的天赐良机，尽快提升改变。

3. 与车联网相关的大数据问题

在过去30年时间里，全世界经历了引人瞩目的巨变。今天，我们做的很多事情，似乎都是由身后的大数据推动的。我们有没有想过，这些信息是如何产生的？谁会看到收集好的信息？谁来翻译整理这些信息？这些信息如何被使用？谁又该拥有这些数据信息……

在当前的大数据时代，信息数据所有权的问题并不是很明确。自1996年通用公司在其1997款车型上安装第一个安吉星系统以来，车内各系统（以及计算机、手机、平板电脑等）产生的信息总量逐年增多，涨势迅猛。通用安吉星系统最初强调的是其安全特性，即车内GPS系统可以在发生事故的第一时间通过无线连接发现车主的位置，最初接受这一系统的人们视其为一项具有积极影响力的创新产品。来到2017年，我们再审视一下当前车型上安装的驾驶员安全辅助系统（ADAS）和系统搜集的数据及其数据特征，随着汽车制造商收集到大量的信息数据，其结果便引发了一系列有关数据所有权的争议及讨论。然而，目前尚没有新的法律、法规来强调或认定数据所有权的归属问题。

那么，到底谁该拥有这些数据呢？对于汽车制造商来说，他们理所当然想知道具有驾驶员安全辅助系统的制动器如何运行？如果你购买了保险，保险公司肯定希望能收集更多关于车主驾驶习惯以及汽车碰撞前环境因素等方面的信息。独立维修厂的工作人员则更希望车主到他们店里，而不是去4S店维修或保养车辆。那么，汽车制造商应该拥有数据，用它设计制造更可靠的驾驶员安全辅助系统，最终成就无人驾驶车辆吗？还是数据应该用来计算并预测分析不同环境因素下，哪些汽车部件可能会失灵从而导致交通事故的发生？还是为了驾驶员和行人安全法规的设立，监管部门应该使用这些数据，来推动与驾驶员安全辅助系统相适应的相关车辆、道路方面法律法规的出台吗？

作为车主，我们应该如何利用自己车辆产生的数据信息呢？我们是否要关注这些数据应归谁所有呢？在一贯重视并尊重个人信息隐私的社会，这些问题的确很难回答。

在信息时代，通过收集产生的汽车信息大数据，必将带动包括汽车维修行业在内的整体汽车工业快速发展和进步。但是，大数据收集给汽车维修厂带来的好处，只能通过为维修厂（包括OEM经销商维修厂及保险公司）开发新系统来获得并实现。

4. 供应链管理与零部件采购问题

供应链管理影响着汽车行业从制造商到最终用户这条链上的所有环节。以美国人的角度来看中国汽车相关产品的供应渠道，尤其是“最后一公里”独立维修厂使用的零部件供应渠道，我个人认为其不够精细，而且效率较低。在我看来，目前中国的供应渠道管理依然面临巨大挑战，但值得肯定的是，相较于过去其状况已经发生了很大改观。

在美国，汽车零部件供应渠道也存在很多问题。举例来说，在维修过程中，会发生订购或接收到错误零部件的情况。这会延误整个维修过程；还会占用维修厂内空间；甚至除了影响将要用到该零部件的技工，还会影响到维修厂里其他很多技工的工作进程；还需向客户解释为什么无法按时取车，维修造成的任何延误都可能导致客户评价不好，或者使客户在社交媒体上进行负面评论，这可能会损害维修厂的声誉，最终影响维修厂的效率和收益。递送交付错误的零部件也会影响到零部件供应商。这种情况下，零部件供应商面对的问题可能是降低生产力、增加进货成本、影响声誉以及产生不必要的运输费用。只有通过查阅历史记录，才能确认商品的错误出在何处。但即使是现在，还有很多维修厂是通过电话订购零部件的，无法追溯责任。

在美国，维修厂接受并使用传真机订购零部件，经历了很长一段时间，按照这个速度，把零部件电子采购纳入标准操作程序可能会花费更长的时间。但可以肯定的是，零部件电子采购系统（图2）是十分安全的解决方案，它不仅是供应渠道的关键环节，还可以最大化降低与零部件相关的延迟问题，并提高客户服务的满意度。

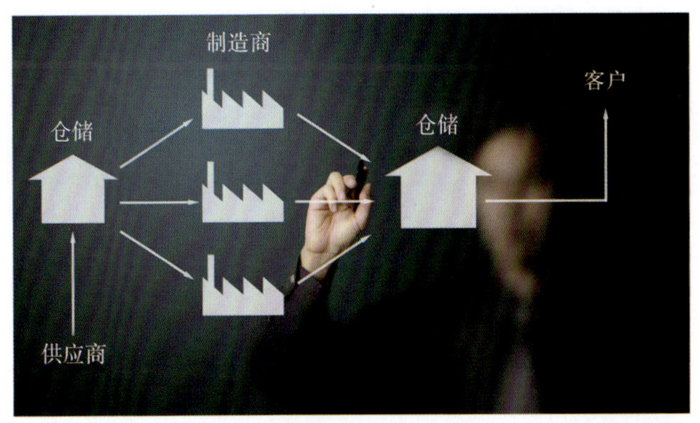

图2　零部件电子采购系统

汽车维修领域的供应渠道到底是什么？它为何如此重要？我们先来看看“供应链渠道管理”的定义。据美国生产及库存控制字典（APIC）的解释，“供应链渠道管理”指的是：设计、规划、执行、控制以及监督供应链的行为，其目的是创造净价值，建立竞争性基础结构，借力全球性物流体系，同步所需供应，并全球性衡量供应链的性能及品质。

我用以下几点概括一下汽车维修行业供应链的关键因素：材料/部件、制造生产、包装、运输/物流、仓储、目录分类、库存管理、记录保留、开据发票、退货管理。

根据“技术百科”介绍，物流管理是供应链管理的组成部分，它通过计划、控制及实施有效活动来满足客户需求，将相关信息、物品及服务从原点存储至终点。物流管理帮助公司降低成本、加强客户服务。物流管理环节始于原材料的汇集，最终阶段是将物品运至目的地。坚持客户需求及行业标准，物流管理将促进整个供应链管理进程的策略、计划及设施。物流管理涉及很多因素，包括以下内容：

（1）选择合适的、有能力提供交通设备的供应商；

（2）选择最有效的交通路线；

（3）发现最便捷的交付方式；

（4）使用软件及信息技术资源，熟练处理相关过程（信息来源：www.techopedia.com/definition/13984/logistics-management）。

在汽车制造业，强调供应渠道管理已经很多年了，但在汽车维修行业中，供应渠道管理还是比较新的观念。供应渠道管理影响着汽车维修行业的方方面面，因此我们很容易看到汽车维修行业供应链效率极低，尤其是与零部件相关的供应链效率。美国汽车维修行业要摆脱供应链效率低的问题，也还有很长的路要走，而中国汽车维修供应渠道变革有更长的路要走。现在还很难看出，中、美两国正在发展的供应渠道管理体系，哪个会被本国的汽车维修行业首先接受并使用。

毫无疑问，去掉供应渠道环节中的低效作为将会自动为整个维修过程增加价值。目前有很多工具都能最大限度地降低物流环节的无效性，缩减投递时间、精准定位投递位置，最大可能地将正确的零部件在正确时间递至正确地点，同时改善以往的记录方式。举个小例子，用条形码帮助库存管理及追溯零部件来源及去向就是很有效的手段。技术标准、最佳范例以及车辆信息入口（VIP）等可应用于

供应渠道工具的资讯信息，可以查询并参考美国汽车养护协会网站提供的信息（网址：www.autocare.org/tech-videos）。

采用高效供应渠道面临的最大挑战是如何改变维修厂以往的工作方式和态度，劝说维修厂将以往电话或传真订货、手工记录的方式转变为电子零部件采购以及库存管理数字化。供应渠道的每一个环节都牵扯了很多人工操作行为，我们知道包括输入数据在内的人工操作行为是极易出错的。然而，电子部件采购系统会最大限度降低维修厂输入供应商信息时产生的错误或不完整性。当然，供应商也可能因为仓库人员的粗心、错拿物品而发错货物，但可以肯定的是，电子采购系统将最大限度减少错误发生的概率及频次。

另一个挑战是进入汽车维修采购渠道的成本问题。就目前来看，为高端的、专业的独立维修厂供货的都是比较大的企业，小型供应商的空间已经微乎其微，因为小型维修厂的数量正在缩减。而对于事故车维修厂来说，他们并不希望保险公司因识别出投保人车上安装的是什么部件而进入采购渠道，也就是说他们不希望“透明维修”。

5. 与现代汽车技术相关的问题

技术与培训是汽车维修行业面临的两个最大挑战，在我看来，技术与培训不仅只是挑战这么简单。

美国在用车的平均车龄大约是12年，由于全新驾驶员辅助系统（ADAS）的出现，现在维修厂里没有多少维修技师熟悉车龄为12年左右的汽车。如果将大部分在用车安装ADAS系统，很可能要花费20年左右的时间，而到那时还会有多少家维修厂存在呢？有人说，到那时候汽车发生事故的概率更少；也有人说，为了确保ADAS系统如设计之初那样正常工作，那时候的汽车维护应该更加频繁。

美国事故车领域资深咨询专家——Mike Anderson在autobodynews网站上发表的文章中提到：“波音787的平均代码行数为1 400万个，2013款战斗式喷气机的平均代码行数为2 400万个，目前高端汽车平均代码行数是1亿个。我们目前修的车与父辈、祖父辈遇到的车完全不同，我们操作的是一个极为复杂的计算设备。”

高科技汽车的可维修性也是我们应该思考的问题，对于能否以合理的价格、更为经济可行的方式维修这些高科技汽车，人们依然存有疑虑。同时，针对事故车维修，asTech公司事故车诊断服务销售与市场副总裁Dan Young先生说：“由于汽车技术的复杂性、车身基底材料以及安装方式的改变，将来受损严重车辆的维修更是一大问题。”另外，人们对燃油经济性更好的轻量化车身结构性维修的成本等问题，也很关注并存有疑虑。针对这些问题，汽车制造商采取的解决方案是“认证”高品质的独立事故车维修厂。目前，我们还有很多时间可以去培训拥有相当技术水平、可维修现代车辆的维修技师，但在中、美两国，做到这一点同样需要改变整个社会对汽车维修行业的认识。这无论对于维修厂还是维修技师来说，都是很好的机会。

目前还很难预测未来车辆维修服务的机会是更多、还是更少，车辆维修的费用是否会非常昂贵。如果独立事故车维修厂选择汽车制造商认证渠道，他们需要在大量投资工具与设备的同时，为与汽车制造商相关的审计工作付出高昂代价。同时，他们还需要决定，是否要去承担更多费用，从而得到一家以上汽车制造商的认证。一些已经得到汽车制造商认证的维修厂也在审视着投资这种认证所能得到的回报。上述疑问对维修厂来说都是挑战。

无论是对于已经成熟、但依然迅速改变的美国市场，还是对于正在发展变化的中国市场，维修技师的培训工作都将是一个非常巨大的挑战。现在需要的汽车维修技师与传统维修技师不同，他们应具备各种不同的技艺技能，来应对搭载现代新技术车辆的维修。

三、小结

本文中谈到的很多话题都与汽车制造商授权维修厂、独立维修厂以及事故车维修厂有关。然而在写这篇文章时，我是站在美国独立维修厂的角度阐述的。因为在美国汽车维修行业中，独立维修厂代表大多数的维修厂。

美国汽车维修行业面临的机遇和挑战(二)

——事故车维修篇

◆文/美国 Karen Fierst 译/张淑珍

在这篇文章中,我将重点介绍美国事故车维修领域面临的机遇和挑战。我选择从以下4个方面论述,因为我认为这4点对美国汽车维修行业中的事故车维修极为重要。

(1)保险公司与事故车维修企业的关系。

(2)事故车行业的兼并与连锁经营。

(3)汽车制造商(OEM)对事故车维修的影响。

(4)展望未来——汽车保险。

一、保险公司与事故车维修企业的关系

简单来说,美国汽车保险公司在当前事故车维修业务中,扮演着主要角色。与中国不同,美国汽车维修行业很明确地分为机修养护与事故车维修两个不同领域。在提供机修养护服务的维修厂里,基本看不到事故车维修,反之亦然;对技师来讲,这两种维修所需的技能、工具、设备及培训等都存在差异;然而,二者最大的区别则是这两类维修企业的经营模式不同。

在美国机修养护类维修厂涉及的是企业对客户的直接交易(B2C):车主把车送到维修厂,维修厂进行判断评估,车主与维修厂协商维修养护项目。一旦完成维修工作,车主则向维修厂直接付款,交易完成(C2B)。

事故车维修涉及三方交易:车主选择购买特定覆盖级别的保险以及本州注册车辆规定的保险,这样车主就成为保险公司的"投保人"。投保人与保险公司之间签订法律合同,合同中列出保险覆盖的赔偿项目、车主审请理赔过程、保险公司如何赔付等内容。从本质上讲,车辆发生事故需要维修时,投保人将保险公司作为了决策人,所以事故车维修厂有两类客户,其一是车主(B2C),其二是保险公司(B2B)。图1所示为车辆发生事故后参与维修事宜的各方。

图1 事故车维修事宜的参与方

我们知道美国大部分车辆维修,无论是机修养护还是事故车维修,都不是在汽车经销商维修厂而是在独立维修厂完成的。我没有留意美国独立维修厂是否可以售卖车辆保险,但已知的是,维修厂绝不会影响汽车保险的购买,对保险公司也没有任何制约作用;而保险公司对维修厂影响巨大,因为它决定着维修费用的支付问题,包括零件价格、工时(维修过程)以及材料费用等。

美国事故车维修厂的经营管理者们一直在讨论他们的客户到底是谁?是车主、保险公司还是两者都是?虽然每个人都认同"为了保障车上乘员以及道路上其他车辆的安全,受损车辆必须得以安全修复"这一观点,但是行业内争议的最大问题是:车辆应该如何维修(涉及维修程序、零部件来源、技师培训等)?谁应该为维修工作做决策?对于参与保险公司DRP(保险公司的直接认证维修项目)的事故车维修厂来说,弄清楚"客户到底是谁?"这一问题尤为重要。

直到20世纪80年代,美国保险公司在支付维修费用时,通常都会要求车主咨询3家维修厂,并将3家维修

厂的评估结果提供给保险公司，由保险公司对每份评估结果进行评价，然后支付给投保人一张定额支票。之后，投保人自行决定到哪家维修厂修车，更或者，如果车辆受损并不严重、还可以使用，投保人可以拿了钱而不修车。

随着电子评估系统以及台式计算机的普及，投保人拿着3份评估结果、保险公司评价最佳维修成本方案的做法逐渐消失。电子评估系统刚开始使用时非常繁琐，保险公司和维修厂都需要进行大量的学习。保险公司通过优化评估过程的技术应用，发现了长远解决降低成本问题的巨大商机。对于保险公司来说，电子评估系统的另一部分价值在于：它可以辨别出更多具有前瞻性思维、易于与保险公司合作的维修厂，这便为20世纪90年代初强力推行DRP项目做好了准备。在维修厂之间，就DRP对企业及行业的影响，正反两方的争论已达25年之久。DRP的出现和存在，无论好与不好，都对美国事故车维修行业的变革产生了巨大影响。

美国事故车行业资深人士们的观点是：要想为车主提供最好的服务，保险公司和事故车维修厂之间必须更加开放。我们都知道，目前美国保险公司和维修厂之间存在着浪费时间和金钱，甚至把车辆安全置之度外的现象。成功的维修企业在花时间教育自己的“对手（保险公司）”。我认为，保险公司与维修厂之间需要多沟通、少对立。随着DRP在中国的实施，在美国产生过的争议和倒退现象可能会被避免。在中国，目前有一部分4S店开始转做高品质、独立的事故车维修厂，我相信这些维修厂与保险公司之间会建立更加透明、更为顺畅的合作关系，进而减少两者之间不必要的摩擦和敌意。

毫无疑问，针对改善保险公司与维修厂之间的关系，双方有效沟通是非常重要的。然而，有效沟通要求各方站在对方角度思考、理解对方观点。简单地说，目前双方立场的分歧在于：保险公司为了维持并增加其投资价值，它的目标就是省钱；而事故车维修厂则是通过车辆维修来赚钱，在美国维修厂至少有80%的收入是由保险公司支付的。

在美国目前保险公司与维修厂双方还很难理解对方的观点。这里我举一个例子说明：最近OEM建议，事故车维修厂在维修前、维修后都要对车辆进行故障码扫描。OEM的观点是，因为一些车型已将部分敏感的传感器以及其他新技术作为标准配置装入新车型内，多年来常规的机修养护项目中已包含了某些类型的故障码扫描，但把它作为事故车维修的常规程序却是很新的观点。然而，保险公司在支付这方面费用时却很勉强，他们不懂为什么要扫描故障码，而且还担心会受到维修厂的欺骗。

到目前为止，大多数保险公司对于维修厂事前、事后进行故障码扫描的做法还没有具体应对政策。在过去，扫描故障码在事故车维修中尚不常见，通常的做法是把扫描程序转包给其他机修养护厂。现在事故车维修厂则指出，如果把维修前、后故障码扫描项目转包出去，肯定比在自己店里做费用更高、时间更长，而且常常影响到整个维修过程，从而影响维修厂的工作效率和经济收益。他们的想法是，由保险公司支付故障码扫描的费用，由事故车维修厂自己扫描，这不仅可以为保险公司节省费用、节省时间，同时可以提高客户满意度。

围绕保险公司针对车辆维修前、后故障码扫描而涉及的政策变化一事，SGC管理咨询公司创始人Sean Carey先生概括出以下几点行业面临的现实状况。

（1）每辆车都需要做维修前、后这两项故障码扫描程序吗？OEM说必须做，很多家OEM也发布了维修前、后必须扫描故障码的立场声明，但是保险公司不同意这样做。

（2）维修厂的意见是，依据OEM各自的立场声明，信息供应商应直接列出评估过程必须扫描的步骤。但是，信息供应商似乎还在等待着保险公司客户的指示，再做出改变的决定。

（3）如果保险公司同意支付其中一项或两项扫描程序相关费用，那么之后他们应该做哪些事情？是从某一年份开始算起，还是只针对某一年的具体车型？如果不针对某一年的车型，那么是不是保险公司应该告诉投保人，某年之前维修过的车辆应该送到维修厂扫描一下故障码，看看是否需要进行额外的维修？如果之前维修过的车辆没有“召回”做额外维修，是不是在遇到下一个事故时，会增加保险公司和维修厂的责任呢？

（4）谁来支付故障码扫描的费用呢？如果故障扫描发现了问题，是否应该只由保险公司支付扫描费用呢？在美国，人们经常拿医疗健康保险来举例：如果某人因摔伤来到急诊室说他的胳膊可能摔断了，急诊医生会让他做X光检查。即使伤者的胳膊没有摔断，X光检查费用也是由病人的健康保险公司支付，而不是由让他做X光检查的医生或医院支付。

以上这些问题都很复杂，没有简单的办法可以解决。

二、事故车行业的兼并与连锁经营

在过去超过25年的时间里，美国独立的事故车维修厂以及经销商所有的事故车维修厂从大约8万家减少到目前只有4万家左右，大约减少了一半。大比例缩减出现在2008—2010年之间，大约有2 000家汽车经销商关闭了他们的事故车维修店，而专注于新车销售及机修养护；或者把他们的事故车维修部分转给了独立维修企业。从那之后，事故车维修店的数量相对比较稳定，但每年或多或少也会减少一二百家。

美国现有4万家事故车维修厂，然而这也远比实际所需要的数量多。不仅因为随着驾驶员自动辅助系统的应用交通事故发生率逐年下降；同时还有美国在用车数量近几年相对稳定的原因。目前来看，路面上每年新增车辆大致与每年报废车数量相当。报废车辆既有交通事故中的全损车辆，也有因为车龄太长而无法正常使用的车辆。无论全损还是无法正常使用的车辆，车主都认为其已不值得花钱再维修。

虽然市场状况如此，但是外部投资者依然认为事故车维修行业是很好的投资领域。最近，加拿大博伊德（Boyd）收益基金公司首席执行官—Brock Bulbuck先生说：美国事故车行业正处于兼并的好时机。至2017年5月29日止，博伊德公司在北美共拥有474家事故车维修店、7 300多名员工，2016年估计年收入为15亿加元（1加元相当于5.39元人民币，作者注：这里的年收入应该是将新加盟店的预估收入也计算在内的公司整个财政年度内的收入）。Brock Bulbuck先生相信，到2020年，博伊德集团将实现维修店数量翻番的目标。

2017年6月初，美国另一家大型事故车维修连锁集团——Caliber宣布，美国第500家维修店开张。目前该集团在美国17个州拥有10 600名员工。以年收入及维修店数量来衡量，Caliber是美国最大的事故车维修集团（图2），自1997年开始，由外部私募基金投资人建立。与家族式企业不同，私募基金投资的企业成长更快。据美国汽车后市场兼并与收购领域（M&A）资深顾问、Veritas咨询公司总裁John Walcher先生介绍，传统私募基金集团通常通过从银行借出巨额资金，购买业内领袖级企业而进入这个行业，使用额外债务购买或建立更多分店，并希望在5~7年再以非常高的价格卖出。

（来源：Repairer Driven News）

图2 美国最大的事故车维修连锁集团——Caliber

为什么私募基金对事故车维修企业有如此大的信心呢？私募基金投资者认为，保险行业是稳定而可信赖的合作伙伴。只要人们开车，就会发生事故，即使事故率可能更低，但是只要车主需要购买保险，与保险公司合作的维修厂就会得到相对稳定的客户流。

近几年来，随着维修厂运营成本的不断增长，一些事故车维修厂面临着关店或转卖给大型连锁经营企业的现状，这无疑将会增大市场上其余维修企业的市场份额。剩余维修企业的装备更优、培训更好、运营更高效，在成本控制及盈利表现等其他方面也更胜一筹。此外，部分维修厂的事故车维修服务能满足保险公司的需求，保险公司对这部分维修厂赔付的人工成本很有可能增加。因此，一些私募基金投资人认为事故车维修行业是成长型行业。

美国事故车维修连锁集团——Caliber和Boyd-Gerber就是在投资人的帮助下成长壮大的。另外两个事故车连锁集团连Service King和ABRA也是通

过私募基金投资而迅速发展的。同样，CARSTAR集团及新进入中国市场的全球性事故车连锁集团Fix Auto都是借助于投资人参与，获得了进一步壮大和发展。

美国Cooks事故车维修连锁企业是美国第六大家族式维修连锁企业。Wood兄弟是家族第四代经营的事故车维修企业，目前在美国加州拥有39家事故车维修厂。还有一些小型区域性的维修连锁企业，他们大多没有私募基金的参与。而这些区域性连锁机构，很可能成为有望继续发展的大型事故车连锁集团收购的下一个目标。

随着多地点事故车维修连锁机构（MSO）的兼并和成长，美国独立事故车维修厂依然存在着经营发展的空间。维修品质、诚信、信誉度高的一些独立维修厂依然为当地社区提供了便捷的服务支持，而他们的客户也非常看重能够真正接触到维修店老板，并与其建立个人关系等便利条件。这些单体维修厂在保持与发展保险公司的关系方面，要做到与连锁性企业集团有所区别，还需要付出很多努力和辛苦。

与单体性的维修厂相比，多地点连锁性企业具有明显优势。因为他们有外部资金投入，有能力购买更新设备、参加更多培训、取得规模性经济效益；同时，为保险公司提供更为便利的沟通（对于单个维修厂，保险公司需要分别对待）、更容易为客户提供全国性保障。因此运营顺畅时，连锁性企业能够把效率提升到更高水平。这样，每个连锁店的收益能力都将高于单体性的独立维修厂。

多地点连锁经营企业面临的挑战是，整个连锁网络的维修品质要保持一致性。做到这一点，需要有清晰的构想和一套标准运营程序（SOP），它将有助于维修网络之间理解沟通、提高效率并保证维修品质的一致性。SOP对于实际管理人员及训练有素的技术人员也是非常有用的工具之一。

单体性事故车维修厂无法获得连锁企业那样的规模经济效益，因此他们必须专注于工作效率、品质声誉、社区支持，以及与保险公司的合作关系。同时，他们还需进一步探索新方式，使自己有别于多地点连锁经营企业。

三、汽车制造商对事故车维修的影响

多年来，保险公司在车辆维修及维修厂运营，尤其是自己DRP体系内维修厂运营方面获得了很多的主动控制权。保险公司的控制能力无论对独立维修厂、经销商维修厂、还是汽车制造商都带来了很多的困惑和失落。汽车制造商的困惑在于他们失去了事故车维修中车身外观部件的市场份额。定损中保险公司着力推广的是后市场通用部件以及可回收的外观部件，反对使用OEM车身部件。而维修厂的失落表现在经济利益方面，不使用OEM部件可能赚得更少；另外他们也认为，与保险公司相比，他们更懂得车辆如何修理（包括维修步骤、更换部件等），而保险公司却不允许维修厂自作主张。

随着一些汽车新技术的应用，保险公司在维修方面的掌控有少许转变，开始向OEM方面倾斜。几年前，美国事故车行业联盟（CIC）发布的一份政策声明指出：“OEM维修步骤”是维修厂从事高品质、安全性事故车维修的正确方法。在这个政策宣布之前，独立维修厂很难获得OEM维修步骤资料。即使获得了这些维修资料，保险公司也常常是不接受的。而目前的情况是，有些书面维修步骤根本得不到、或者根本不存在。一旦维修厂得到了维修资料、并向保险公司展示OEM所需的维修步骤（不包括维修前后的故障码扫描等步骤），维修厂便会因为执行原厂指定步骤和方法而更容易获得保险公司赔付的费用。

此外，OEM维修步骤通常要求维修中只能使用OEM新部件。也就是说，不接受残值件或者后市场结构件以及非结构件。对于维修厂来说，他们更愿意使用OEM原厂新件。但是保险公司并不愿接受，他们支付给维修厂的费用大多低于原厂件价格。即使是这样，维修厂至少在维修档案中能注明他们已为保险公司讲明正确的维修方式和步骤。

具有讽刺意味的是，根据美国债务法规定，如果保险公司知晓正确维修步骤而拒绝照此赔付，维修厂也应负有一部分责任，除非维修厂的维修方法完全正确。但是，维修方法是否正确，也只有在维修后才能检验，或者再次发生事故才知道。

随着汽车技术日益复杂、维修资料更易获取这一趋势的发展，包括技术培训及维修设备的使用，使得“OEM认证事故车维修厂”这一做法，从高端奢侈品牌的OEM认证概念开始，现在已经在中低端OEM品牌中大力展开，成为司空见惯的现象。另外，美国NSF国际集团还开发了独立事故车维修厂的认证项目。目前，虽然只有少数维修厂通过了OEM事故车认证。图3所示为美国芝加哥一家OEM认证的事故车维修厂车间。但是主要OEM汽车制造商基本都开发了自己的事故车维修厂认证项目，而这些维修厂都是保险公司愿意合作的企业。因此有人推测，保险公司DRP项目在未来有可能被OEM事故车维修厂认证项目所取代。

图3 美国芝加哥一家OEM认证的事故车维修厂车间

目前来看，广泛推动的OEM事故车认证项目，在美国维修市场影响力不小。但是，在决定参加OEM认证前，维修店老板必须考虑投资回报以及回报周期的长短问题。

很多OEM认证项目要求维修厂必须通过指定分销网络，购买具体品牌型号的工具设备。这意味着，维修厂不仅要为即将认证的每个汽车品牌支付维修培训费用，而且为了满足每一家OEM认证要求，还要购买不同品牌、同一类型的工具设备。OEM认证规则要求维修厂必须通过指定渠道购买工具设备，但并没有考虑维修厂可能已经拥有这类工具设备。此外，要想成为某一家OEM品牌的认证维修厂，花费大约为5万~10万美元，而且维修厂还必须周期性地支付OEM要求的审计项目费用。在美国，成为OEM认证维修厂的趋势逐渐加强。图4所示为福特公司事故车维修厂认证图标。但是保险公司对维修厂的赔付额度，并不会因为OEM认证而增加或者提高。由此可见，如果你想成为OEM认证维修厂的一员，那么，我肯定你现在已经心中有数……

图4 福特公司事故车维修厂认证图标

OEM认证另一个潜在的问题是：如果汽车制造商决定只为自己认证的维修厂销售零部件，这一做法将与目前正在执行的自发性“维修权”政策相违背。该政策由美国汽车制造商与汽车服务协会协商通过，并由一个行业内部小组及美国汽车服务特别组织（简称NASTF，网站为https://www.nastf.org/i4a/pages/index.cfm?pageid=1）监督执行。

OEM认证维修的另一个特殊情况是特斯拉公司。特斯拉已经限定在其第三方认证的维修网络内部销售结构件。除了有第三方认证维修厂外，目前特斯拉也在考虑开始建立自己品牌的事故车维修厂。这可能是个有趣的变化。但是随之而来的问题是，所有特斯拉品牌的零部件只能在这些维修厂得到吗？特斯拉维修厂是否维修非特斯拉品牌的汽车呢？如果不能，他们的维修厂又如何生存？因为目前特斯拉汽车区域性市场占有率还很小，很难想象特斯拉专修店将如何维持自己的生存。

另一个与OEM相关的话题是车载远程信息系统的应用。汽车制造商通过从该系统获得的信息，将把车主引向他们推荐的维修厂进行车辆维修或保养。然而这种做法势必会让长期以来做了大量维修工作的独立维修厂忧心重重。独立维修厂则希望车主自己选择维修厂进行维修或保养。正如美国汽车养护协会在最近一份新闻通讯中强调的事实一样：“部分新车型正在为汽车制造商发送大量的数据信息，包括车辆的健康状况、车辆性能、定位信

息、里程数、安全状况等”。

“很多车主并不知道这么多的车辆信息已被汽车制造商获取，也没有意识到日后会影响他们维修时的选择”。美国养护协会负责政府与管理事务的高级副总裁Aaron Lowe先生对此评论道：“美国维修行业实施的‘维修权’法规目前还没有涉及车辆远程信息系统。但是我们相信，汽车制造商（OEM）应该向车主提供更多透明信息是非常关键的，这些信息包括：车辆远程信息系统、车辆产生的数据如何分享、分享给谁以及如何通过车辆信息数据掌控车主选择意向等等”。

总之，OEM认证对于事故车维修厂来说，不失为将自己区别于其他竞争对手的好办法，尤其是在对保险公司及客户做市场推广的时候。对于客户车主、保险公司及汽车制造商，OEM认证维修厂也呈现了很明显的优势。但是对于普通、非连锁性质的事故车维修厂，是否能真正了解OEM认证企业的投资回报，尤其是成为多家品牌认证的维修厂，回报又将是多少呢？这是一个非常大的话题。在我看来，除非整个事故车维修行业发生变革，否则很难想象事故车维修厂能够在OEM认证项目上赚回投资。

四、展望未来——汽车保险

大家常说，未来难以预测。对未来最好的判断就是我们做出“有依据的推测”，现在我写到的“未来”，也仅仅是我的推测和判断，它与将来出现的真实情况有多相近，我也无从知晓。下面就是我根据已知的现状对未来做出的推测。

汽车驾驶员辅助系统（ADAS）以及全自动无人驾驶车辆将以某种方式影响到保险公司的利润。随着更多ADAS系统装备到新车上，它们可能成为 “破坏分子”，给保险公司、汽车维修厂和他们的供应商(例如油漆设备供应商)等带来极大挑战。维修行业中与事故车维修相关的每个领域都将调整其经营模式，以适应新形势、新技术的变化。

据asTech公司销售及市场副总裁Dan Young介绍，随着ADAS技术的应用，很大一部分的车辆前端碰撞将可能会避免。但可以肯定，现在无法知道未来全损车辆的维修是否会更少、或者是否会出现避免事故发生的新技术。还有可能出现的情况是，即使碰撞事故的数量降低，但是全损车辆的事故比例也会增加，因为维修成本有可能会非常高。如果是这种情况，未来的事故车维修很可能不再考虑经济方面的意义。

当然，也有人预测未来全损车辆将减少，因为车辆发生碰撞的受损程度可能更轻。如果是这样，到店理赔维修的车辆还会像现在一样，继续有稳定的流量。无论人们如何预测未来，我们看到的是，保险成本已经明显上涨。2017年6月6日发表在美国《事故车周刊》上的一篇文章也证实了这一点。“据由英国保险公司组建的Thatcham汽车研究中心（网址：www.thatcham.org）介绍，在最近3年中维修费用上涨了近32%。行业关注点是车载ADAS系统、新材料及缺乏技能带来的对维修核心技术的挑战”。英国Thatcham汽车研究中心专注于汽车碰撞研究，是英国保险协会成员共同拥有的一家非盈利机构。

当前的行业趋势表明，21世纪保险行业新兴的经营模式将严重依赖于以下几方面的战略思考：

（1）以用户为基础的保险政策（UBI）；

（2）可预测性的数据分析——依据照片理赔；

（3）对DRP体系及OEM认证维修厂更多的信赖。

在以上三点中，前两个内容强调了事故车维修信息的获取与收集，这正是我们目前熟悉的传统方法所反对的。第三点则强调了事故车将由谁来维修。对于汽车保险行业来讲，比收集数据、维修更重要的是在新经济形势下，保险公司要研究并创立一套新的经营模式，来应对汽车行业产生的变革。

2016年10月，摩根士丹利的蓝皮书以“汽车保险公司无路可走？”（https://www.morganstanley.com/ideas/motor-auto-insurance-disruption-shared-mobility/）为题指出，保险公司将必须接受事故率更低、个人保险数量更少、商业政策更多等方面的变化。报告同时也大胆指出“如果保险公司没有找到解决办法来适应破坏性技术（如无人驾驶、共享汽车等）带来的挑战，那么到2040年，汽车保险业务将可能下降80%。”摩根士丹利的白皮书也引用了上述论点。

波士顿咨询公司所做的一项市场调查表明，当汽车安全性能使汽车意外事故减少20%、50%时，车主的购车计划将会加速改变。改变情况如图5所示。

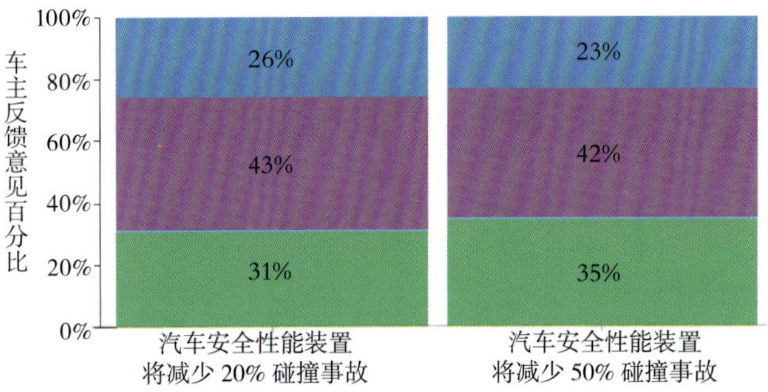

图5　车主购车计划随碰撞事故率的变化情况

未来保险公司的机遇在于：保险公司有机会研究并开发实践新策略来处理并解决快速变革的市场环境。保险公司面临的挑战是：如何快速适应正在飞速发展变化的市场环境。

五、总结

无论对于个人还是企业，适应新变化都是非常困难的。正因如此，我们只有到21世纪第二个10年的后半段，才能明白“汽车维修行业面临的机遇同样也是挑战”这一说法的真正意义。

美国《事故车周刊》出版人Russell Thrall认为，当前事故车维修行业最大的挑战是如何跟随技术变革的步伐。Russell Thrall 指出，“事故车维修企业还没有准备好应对快速变化的汽车装备技术，而维修养护类企业已经在20年前开始了解汽车新技术方面的变化。新技术装备的数量以及变化步伐对于事故车维修行业的挑战是前所未有的。”他还说到不断改变的汽车材料及维修步骤等将使维修厂在购买维修设备、工具以及人员培训等方面的投资比以前更加频繁。

asTech公司销售及市场副总裁Dan Young总结说：“事故车维修行业过去往往专注于表面性的美化维修，而不是用技术性的知识和手段去解决维修问题。维修厂应该知道，比如车门内部、反光镜或后视镜内部都是什么部件等细小的技术信息。”他强调，即使在维修厂内部短距离移动车辆也可能造成诊断故障码的出现。因此，维修前的故障码扫描与维修后扫描同样重要，这样将确保整个维修过程的可靠、准确。

SGC管理咨询公司创始人Carey认为，随着汽车及其零部件技术越来越复杂，维修厂、保险公司以及汽车制造商之间的矛盾将继续存在。Carey更关注于维修技师的技术水平，他说到，“目前经过培训的维修技师尚不完全了解已有的汽车技术，更别说尚未或即将出现的汽车新技术。目前汽车技术的复杂性、不断变化的车身材料及涂装技术已远远超越了维修行业的整体能力。”

正如之前举例讲到的，当今汽车新技术的出现无疑更大程度保障了驾驶员的安全，但对机修保养类维修企业有很大好处。因为新技术车辆可能需要比现在更多的周期性维护保养。然而对于事故车维修厂来说，新技术的出现可能没有那么有利，因为它可能降低了碰撞事故的发生率。有人说，今后车辆即使发生事故也可能是比较轻微的碰撞。那么，随着汽车碰撞发生次数的降低和碰撞程度有所减轻，事故车维修技术面临的挑战可能就不会很大。

大型保险集团与汽车制造商的斗争将继续，可能还会更加激烈。保险公司急需调整并改进其经营模式。而汽车及零部件制造商之间将建立新型伙伴关系，以便为市场提供目前所需的技术及车型品种。

美国汽车维修行业面临的机遇与挑战，也将同样影响着中国的汽车维修领域。由于中国汽车维修行业各个领域仍处在成长发育阶段，各方之间的关系与美国出现的情况可能迥然不同，因此中、美两国面临的机遇和结果将可能大不相同。然而，我希望文中介绍的美国状况能为中国汽车维修行业带来借鉴和思考。

汽车产业的新型伙伴关系

——非传统型合作同盟

◆文/美国 Karen Fierst 译/张淑珍

如今，汽车产业参与者要不断以新技术满足用户持续改变的消费需求，就必须与多种多样的伙伴建立合作关系、结成非传统的合作同盟。过去一个世纪的时间里，在传统汽车制造领域我们还没有看到运用各种技术组合，将行业内外多种全新技术方案整合，并应用于汽车工程设计与生产制造领域的实际例子。

据2017年5月18日发表的《机动车报告》一文介绍，“两年前，菲亚特克莱斯勒公司首席执行官Sergio Marchionne以公司研发部门零散碎片式的研发结果为依据，发表了影响行业的演讲报告，呼吁行业内进行大规模整合以满足投资需求。他的观点虽没有激起行业内的大规模整合，但是随着自动驾驶技术的发展，他结论性的主张似乎已经被人们接受并领悟。”

虽然行业内大规模的整合还没有出现，但是以汽车公司与其他技术公司以及各种技术公司之间建立起的新型合作关系作为推进剂，将促进汽车公司满足消费者不断提高的技术需求与消费期待。

一、汽车行业联盟实例

除了汽车制造领域的影响，21世纪交通的整体发展也推动了非传统联盟形式的出现。ADAS（先进驾驶辅助系统）、电动汽车、无人驾驶、共享汽车、网约车、再生能源等都将重新定义汽车产业，并在新趋势带来的合作关系与联盟形式等方面发挥重要作用。下面简单介绍几个最近出现的联盟实例。

（1）因特尔收购移动眼：这两家企业的联盟将成为无人驾驶车辆领域的重要组成部分。

（2）特斯拉与太阳城合作：特斯拉与太阳城公司（一家太阳能板安装公司）供应链体系合并，将提升特斯拉作为再生能源公司的声誉和地位。

（3）梅赛德斯与Vivant太阳能电池合作：在讨论梅赛德斯与Vivant合作时，纽约时报曾说，“汽车制造商包括像特斯拉这样的公司，与其他太阳能公司及电池供应商的携手合作，源于他们预测到未来由软件驱动的智能家庭将通过房顶上安装的太阳能板为家庭提供电能来源。家用电池则用来储存能量并为电动车辆、电力照明及电器用品等充电，那个时候电网的费用将是非常昂贵的。”图1所示为尺寸仅有迷你冰箱大小的奔驰电池，它将更好地利用并存储家庭太阳能动力系统产生的能量。

（图片来源：纽约时报）

图1 尺寸仅有迷你冰箱大小的奔驰电池

（4）德尔福-宝马-移动眼-英特尔：据德尔福网站介绍，德尔福(在非独家的协议中)通过与宝马集团、英特尔及移动眼公司整合在一起（图2），进入各个OEM（汽车制造厂）构架体系中。德尔福也将为客户定制提供软件及传感器一类的硬件系统。

（图片来源：德尔福公司）

图2 德尔福与宝马、英特尔及移动眼公司整合在一起

（5）电装-爱立信-英特尔-日本电报电话公司-丰田：这几家企业组成的联合体开创了“汽车边缘计算联盟”。据searchautoparts.com网站介绍：“这个联盟的目的是开发一个生态车联网系统，来支持正在兴起的新型汽车服务体系，如智能驾驶以及应用实时数据和基于云计算驾驶辅助系统下创建的交通服务地图等。”

（6）沃尔沃与优步（Uber）合作：2016年8月，由中国拥有所有权的沃尔沃公司宣布，它已与优步共享车辆公司签订协议，将共同开发自动无人驾驶车辆（图3）。

图3 沃尔沃与优步将共同开发自动无人驾驶车辆

（7）通用汽车与Cruise合作：2015年通用汽车买下了位于加州硅谷的技术创新公司——Cruise，双方将在自动无人驾驶车辆领域展开合作。2017年8月他们开始测试Cruise公司的Anywhere应用软件，其功能与Uber类似。目前该系统还处在Beta测试阶段，仅公司内部员工可免费使用其服务，它的测试是在通用全电动汽车雪佛兰Volt车上运行的（图4）。

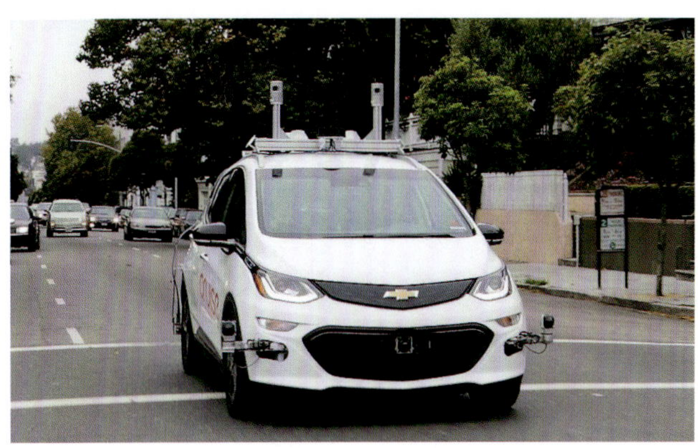

图4 通用全电动汽车雪佛兰Volt

以上列举的几个新型合作伙伴及非传统合作同盟是我们近几年在全球汽车领域看到的实际例子。在美国事故车维修领域，这种新型合作伙伴的同盟形式也已生根并崭露头角，而最早的一个例子就是美国好事达（Allstate，也称全州）保险公司购买了斯特林（Sterling）碰撞维修中心。

（8）斯特林与好事达合作：2011年好事达公司的保费收入大约占到美国市场的11%，当年它收购了39家斯特林事故车维修中心。用行业资深人士Russell Thrall先生的话来说，“美国事故车维修行业就此发生了重大改变”。Russell Thrall先生在2001年6月就收购一事，在《美国车身维修新闻》（简称为ABRN）发表文章写道：“此收购将永远改变事故车维修厂与保险公司的关系，并对事故车维修行业产生深远影响。”他的话完全正确。在收购了62家斯特林维修厂后，2014年好事达公司把这一业务卖给了Service King——美国著名的事故车独立维修连锁集团之一。即便如此，从长远来看，保险公司对维修厂业务的影响依然存在，而且随着数据采集新技术的应用，这种影响会更加深入。

（9）LKQ与Keystone合作：2007年美国最大的汽车零部件再制造企业LKQ公司，收购了美国后市场事故车维修零部件领域最大的进口及销售商——Keystone汽车工业集团。这两家公司在美国汽车行业中都非同寻常，他们都是在美国纳斯达克股市挂牌的上市公司，比任何竞争对手都强大。毫无疑问，合并后的上市公司肯定是美国事故车行业零部件领域最大的供应商。有人估计，在后市场零部件新品及再制造部件领域，LKQ的市场份额已超过70%（图5）。

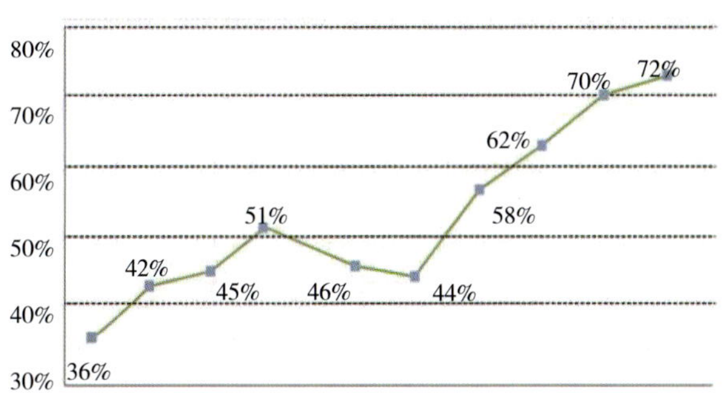

图5 2000—2017年间LKQ在后市场零部件领域的市场份额变化

（10）美国伯克希尔哈撒韦（巴菲特旗下的保险公司）与Van Tuyl汽车经销商集团合作：2014年巴菲

特旗下的伯克希尔哈撒韦保险公司收购了Van Tuyl汽车经销商集团，此事在全球汽车业引起极大轰动。这不只是私人股权投资人涉足新车及汽车后市场领域的开始，而且是伯克希尔哈撒韦进入汽车领域的第一步（尽管当时他们已拥有美国10大汽车保险公司之一的GEICO公司）。伯克希尔在全球股份制公司中排名前十，在购买Tuyl Group之时创造了历史上最大的一笔经销商购买案例。在2015年，被称为“伯克希尔哈撒韦汽车”的新公司在新车零售领域排名第四，这真是一笔了不起的买卖！

（11）卡尔伊坎（Carl Icahn）的大规模收购：最近出现的一个非传统联盟是，2017年6月亿万富翁卡尔伊坎宣布的一项计划：他将购买上千家汽车维修店，并让维修店直接从他自己的Auto-Plus和Pep Boys公司购买零部件。据纽约邮报的消息报道：“这样，Auto-Plus将从伊坎所拥有的辉门及其他制造商处购买零部件。他的规划安排将极大提高维修厂零部件安装的利润。”有人传言说，Auto-Plus也为亚马逊供货，这样的经营方式将给零部件行业中一些知名企业，如AutoZone、Advance Auto以及其他零部件连锁机构带来真正的威胁。据伊坎汽车公司网站（http://icahnautomotive.com/about.html）介绍，他们在全美拥有2万名员工，1 200个服务机构、20个分销中心，可为客户“从开始到结束”提供“无缝隙”服务。伊坎公司的经营范围在美国汽车后市场中应该说是最大的。

以上这些非传统的经营模式改变了我们对传统汽车行业的理解和认知，并把我们带入了一个全新时代。

二、正在演变的中国汽车后市场

用语言来描述并总结中国汽车后市场是非常困难的。在我看来，目前中国汽车后市场还很年轻、尚未完全开发，近些年开始进入了快速发展阶段，正在实施一些现代化的经营模式。同时，已经在老旧经验以及传统市场的基础上创建了一些新的理念和模式。因此可以说，中国汽车后市场在某些方面，有能力超越年长而成熟的国外同行，从而跳跃式进入国际汽车后市场领域的大环境中。从另一方面来说，国际大市场的变化需要将中国现代车辆私有制及其所需产品和服务的新时代并入其中，这对于经历了数十年、甚至近百年长期发展、有着成熟市场经验的西方汽车市场来说，挑战更大。

古希腊哲学家——赫拉克利特曾说“万物终将消失，唯有变化永存”。这就是说，变化是永恒的。永无止境的变化需要新的思维和方法，并展现不断创新的能力。下面我们来看看正在变化中的中国汽车维修行业，以及该行业出现的新联盟及创新性成就。

七年前我到中国时，中国汽车市场的各种景象令我在好奇之余也颇感震惊：如此现代的车况路况、高大气派的4S店铺、汽车保险与零部件的销售方式、汽车厂商与保险公司的合作、供应商与维修厂（4S店及独立维修厂）的关系以及机修、事故车维修技师的技术水平和相关培训项目等。从那时候开始，中国汽车维修行业内的很多合作关系及联盟形式开始发生转变。下面谈谈事故车领域，我观察到的一些动态及变化。

1.4S 店与独立维修企业

2010年在中国我与维修领域的一些朋友交流时，他们说：中国高品质的维修市场已经被4S店所占领，很难想象，中国还会出现高品质的独立维修厂。但是，当时我很清楚，随着中国道路上车辆车龄的增加，保险行业的变革，后市场在数据采集、库存与物流管理等方面的技术整合，人们对二手车接受度提高，以及后市场及维修企业基础设施的改进等，中国4S店的辉煌终将暗淡褪色，而其他替代性的品牌维修最终将会加入到这个领域的竞争中来。

优质的客户服务、熟练的维修技术以及赢得客户信任是创立高品质独立维修品牌的基础。虽然具备以上条件并非易事，但是据我观察，中国已经出现了一些多店连锁经营（MSO）式独立维修厂的成功实例。由于市场需求的存在，我期待在不远的将来，高品质的独立维修厂与4S店同台竞技，甚至独立维修厂的数量一定会超过4S店，正如美国独立维修厂的发展状况一样。

2. 汽配城与现代化的零部件零售 / 仓储 / 分销模式

描述中国汽配城经常用到的一个词汇是“混乱”。曾经的很多年里汽配城是中国汽车后市场查找、搜索汽车配件及后市场产品的重要渠道。然而，随着现代化发展，个人乘用车数量不断增长，市场需求及管理工具也发生了很大改变。在21世纪初期，没有人能想到，零部件销售、库存管理和配送服务能够完全实现计算机化，而这一革命性的进程，正如CAAPA（中国汽车后市场零部件联盟，简称“凯配公司”）和CarZone（康众汽配，图6）所体现的那样，在中国大地方兴未艾地开展着。凯配公司成立于2014年，隶属于美国汽车后市场零部件联盟公司Alliance。凯配以“奥德伟Auto Value”为市场品牌，帮助会员进行市场营销活动。

图6 康众汽配标识

我猜测，中国式的汽配城或大卖场可能会继续存在下去，正如我认为路边店也会一直存在下去，除非它因违法而强制改变。在中国，低端独立维修市场完全消失是一件难以想象的事情。这一部分市场很可能会维持其销售总额，但在某种情况下，更为现代的分销模式将成为市场规范的引领者，尤其是针对超过质保期到车龄为七八年间的车辆。中国轻型汽车的平均车龄仅有5年，美国的平均车龄约11.6年，所以我们更有理由相信，在中国汽车后市场中，有独立品牌的维修配件及材料分销市场将继续成长并发展壮大。

3. 保险公司与维修厂的合作关系

中国的保险行业尚未发展成熟。据我观察，省级或市级保险公司代表们的做法和态度有时与企业集团总部的愿景和想法并不协调统一，来自核心总部的信息尚不能进行有效传达和执行。我相信这一状态必将改变，但是过度期可能会较为漫长。其中，电子商务会是促进保险行业产生变革的因素之一。

另一个促进保险行业发生变革的因素应该是收集与分析数据的能力，服务于保险行业的信息供应商应该具备这样的能力。自动化的电子评估能够轻松而便利地帮助保险公司总部密切追踪下游分支机构的行动与作为，另外事故车维修厂收集到的数据也将为保险公司提供更重要信息，保险公司必须授权维修厂收集这些数据。以上原因也是DRP（保险公司认证直修项目）成为必要手段的主要目的，只要维修厂愿意与保险公司签订附有DRP特殊要求的针对性合同，无论4S店还是独立维修厂，都可以成为保险公司认证的DRP认证直修企业。

通过DRP方式，保险公司发展了与维修厂的合同关系，即保险公司承诺为维修厂带来更多的维修车辆，而维修厂同意按照合同中的协议条例经营企业。例如，协议中可能要求维修厂使用“与OEM品质相当”的后市场部件、执行规定的管理方式或维修步骤、并保证一定程度的技术培训等。一定数量的维修工作量是维修厂盈利赚钱的保障，而车主在保险公司指定的维修厂修车，保险公司会通过保险条款为车主提供一定的好处或优惠。保险公司与车主及DRP维修厂签订的合同具有一定的奖励作用，因此它将为保险公司在降低费用的情况下，带来更高的收益。

2016年12月“大师钣喷”公司（图7）对外宣布，已有80多家事故车维修厂与其签约，成为其旗下的维修连锁企业。大师钣喷是加拿大Fix Auto全球公司在中国的分支机构，计划2017年在中国建立超过上百家维修连锁企业。大师钣喷的领军人物深刻理解国外DRP的概念，在公司起步初期，即运用了美国、加拿大连锁模式中的成功经验，与保险公司建立了很好的关系。

图7 大师钣喷

中国汽车保险、维修、零部件市场的成熟尚需时日。随着市场的日益成熟，DRP的概念也将广泛传播开来。在美国，很多消费者认为DRP简化了事故车维修过程，但是仍有一部分维修厂不喜欢DRP。据美国“车身业务”媒体平台对事故车维修厂所做的最新调查显示，仍有28%的事故车维修厂没有参加任何一家保险公司的DRP项目。没有参与DRP项目的维修厂认为，保险公司通过DRP合同收集了维修厂拥有的维修数据，并且要求维修厂按照规定程序维修，只有这样保险公司才愿意支付维修及部件费用。

4. 产业联盟通力合作，提高国产零部件品质

几年前，中国的汽车供应渠道一直是由OEM控制的，包括维修替换的零部件渠道。然而，在中国反垄断法颁布实施后，汽车后市场零部件领域也随之发生了变

革。新法规支持并鼓励在车辆维修中使用“与OEM品质相当”的零部件产品。从某种程度上来说，这一法规迎合了保险公司以及旧车车主不断增加的消费需求。当然，它也极大地推动了国内零部件制造企业的发展，减弱了OEM对汽车维修以及零部件供应渠道的控制，更为高端、非4S店的独立汽车维修业务开辟了市场发展机会。

反垄断法为汽车后市场带来的巨大挑战之一是，如何保证“后市场的替换件”与“OEM品质”相当。为了应对这一挑战，中国汽车维修行业协会成立了专业工作委员会，研究改进维修部件的品质问题。经过他们主动寻找，发现了两家美国零部件质量认证机构—NSF国际集团及CAPA零部件认证协会（图8）。这两家非盈利认证机构开发并管理的汽车后市场车身部件品质认证项目在零部件、维修、保险行业广受推崇。目前在中国这两家机构已与行业各方参与者开展广泛合作，共同提高中国汽车后市场的零部件品质。

图8 CAPA零部件认证协会标识

以上论述的做法和举措，就是独立认证机构（NSF及CAPA）与行业协会、保险公司、零部件制造商发展联盟合作的实例，其结果将最终打破OEM对维修及零部件的垄断，并进一步扩大独立维修市场的发展空间。

5. 数据供应商与保险公司的关系

国内外信息提供商，尤其是提供维修工时及零部件成本的信息提供商，他们希望立足于中国市场，并为此花费了很多时间进行尝试。然而，中国数据收集公司快速发展的创新技术以及美国CCCIS在中国的成功推动，慢慢地改变着保险公司获取数据的方式，并可以利用这些数据更好地分析行业趋势、了解合作伙伴业务运营情况。就目前来看，中国汽车维修数据收集市场正在走向饱和。维修数据信息收集企业的主要客户似乎是保险公司，但是从数据收集或信息提供企业的数据范围来看，他们收集的信息对OEM也同样有用。

6. 培训领域尚未联合

在中国汽车维修技术培训领域，我还没有看到一家合作伙伴联盟。我曾经写过一些文章，深入介绍了美国I-CAR创立和发展的经验及历程。I-CAR最初被称为“事故车行业内维修联盟”，由一群充满激情的热心人士共同创办。他们来自于保险公司、OEM汽车制造商以及行业内的供应商等。他们通力合作、共同开发了一些培训项目，由联盟内的志愿者向本地区内的维修技师传授指导。在我看来，中国需要这样的行业联盟组织，并应该让类似于I-CAR所提供的培训项目在中国汽车维修市场落地生根。

三、总结

汽车及汽车维修行业的重大变化在美国是比较缓慢的。西方汽车行业的第一个重大变化发生在20世纪70年代末期—汽车一体式承载车身进入市场。从那以后的几十年来，行业变化的速度似乎已经大大加快了。2006年企鹅图书出版《奇点将近》（Singularity is Near）一书，作者Ray Kurzweil写道：“技术超越了单纯的工具制造，它是一种使用上一轮创新工具创造更多、更强技术的过程”。换句话说就是，人们一旦掌握了更多信息，就会更快地发明出新的方法来取得同样或者更好的结果。这种状况在中国已经非常明显。

我希望，中国运用技术性手段开发现代化理赔解决方案的进程比这些手段在美国发展的速度快得多。这不仅由中国正在成熟的维修行业所激励，更受到了现代的创新技术、对数据采集的理解以及保险公司的变革所推动。理赔解决方案的改变将导致汽车维修行业的影响力和控制权由OEM转移到保险公司。保险公司将通过建立自己的DRP体系来影响汽车维修。OEM对喷漆、设备以及材料供应商等方面的控制也将进一步减弱，因为这些供应商也不再被OEM虚拟垄断的汽车后市场所迷惑。

然而，对于任何与汽车后市场相关的人士，无论所有者、管理者、技术人员或产品服务供应商，无论从哪个角度来看，教育和培训仍然是未来成功的重要基础。这一点在中国和美国都是一样的。建立在快速、先进信息技术基础上的新型伙伴关系，将为目前及未来的挑战创造更为创新的解决方案。十年之后，汽车后市场将是怎样景象？我们拭目以待！

Vehicle Diagnosis

AUTEL® 道通

智能诊断 选道通

新一代汽车诊断仪领导品牌

◉ 配置更高
无线蓝牙诊断

◉ 功能更强
大众在线编码

配置高

支持无线蓝牙诊断，操作方法比原厂设备更简单
六核32G内存,10000mA 锂电池，800万高清摄像头
支持WIFI上网，一键快速升级，一键远程协助
支持示波器、内窥镜等维修辅助设备
支持外接高清投影、U盘等教学设备

功能强

支持全球上万种车型全系统诊断及特殊功能
大众、奥迪刷隐藏，大众在线编码、引导功能
日产、本田、标致、丰田等众多车型电脑板更换匹配
奔驰、宝马钥匙禁用、悬挂匹配
通用节气门编程；福特、马自达电脑板更换匹配

一键复位功能：

保养灯归零

电子驻车制动

胎压检测系统

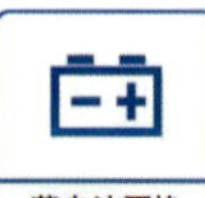
蓄电池更换

ABS制动排气

柴油过滤保养

喷油嘴编码

转向角学习

空气悬挂标定

节气门匹配

门窗匹配

座椅匹配

里程表

更改语言

大灯调节

胎压改装

齿讯学习

深圳市道通科技股份有限公司
地址：深圳市南山区西丽学苑大道智园B1栋6-10层
服务热线：400-009-3838 www.auteltech.cn

商用车综合诊断仪—车匠C80

PC 手机 平板 电脑、平板、手机均可支持

北京一雄信息科技有限公司推出的商用车综合诊断仪“车匠C80”系列，是用于检测所有重型车、轻型车、工程机械车、城市公交车及各种大巴车等车辆电控系统的专业综合诊断设备。其强大的测试功能和简洁友好的用户操作界面是您技术提升、事业发展的理想选择。

该产品集成了世界尖端技术，打破传统诊断仪的研制理念，采用人性化设计，充分集成互联网技术的优势与诊断技术的专精特长，率先打造出真正的智慧互联网诊断仪。该主机采用世界成熟的专业工业级平板电脑，诊断盒采用创新独立自主研发设计的系统，运行更稳定、检测更快捷、数据更精准。诊断仪外观精美，操作便捷，目前支持手机掌上诊断，平板专业操作，Windows系统Android系统自由选配的智慧互联网诊断仪。

原厂功能强大

车匠C80产品形态丰富，实现跨平台使用，安卓手机、安卓平板、windows电脑皆可兼容，让您随时随地轻松自如地检测车辆。

车匠C80不仅包括江淮专机、锡柴专机、一汽解放专机、新风专机、莱动专机、东风朝柴专机等原厂配套专机功能，同时还包括防盗匹配、里程调校等其他诊断仪不具备的一些特殊功能。

更多原厂机开发中……

一汽锡柴
中国一汽

JAC 江淮汽车 格尔发 重型卡车 GALLOP

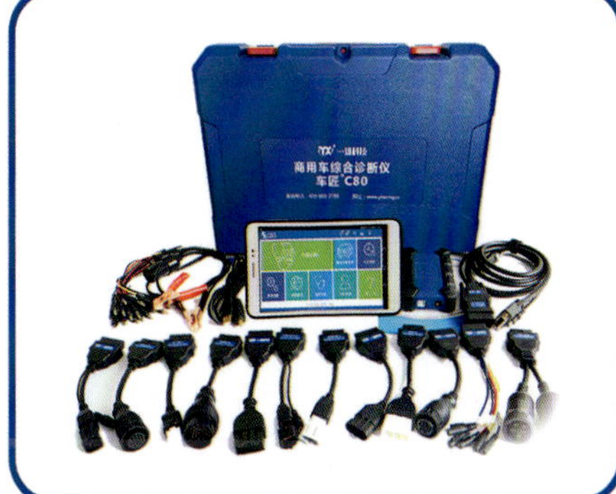

接头丰富、功能强大

布局严谨、方便使用

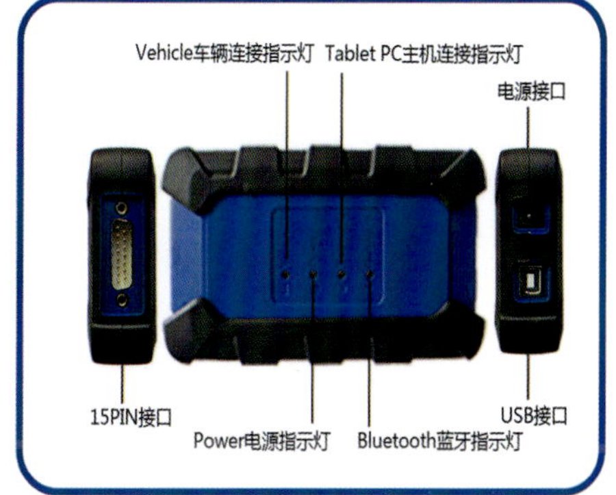

车匠C80 VDI

F7S 柴汽全球版 汽车智能诊断系统

产品简介

故障诊断：打破传统诊断模式，与配置的VCI盒通过蓝牙连接，可实现无线测车，使用便捷。

远程测车：创新的远程诊断技术，方便技术人员远程操作指导，通过爱夫卡云平台连接，实现诊断、维修指引等一系列系统的协助。

一键升级：可实现一键升级功能，对我们新发布的车型诊断软件、新的高级功能一键升级，不再按以往插拔SD卡升级车型软件。

维修资料：可通过F7S查阅汽车维修资料，电路图、原厂维修手册、故障码维修帮助等资料，可享受爱夫卡技术中心持续的维修技术资料更新服务。

产品功能

汽油车

支持全系列汽油车诊断，含中国车系、亚洲车系、欧洲车系、美国车系、标准OBD协议等，车型覆盖广，支持功能多。

柴油车

支持柴油车型、工程机械、农用机械、发动机系统、电控系统、天然气系统、尾气处理系统、ECU刷写、标定功能、柴油OBD诊断功能。

特殊功能

支持十七大汽油特殊功能，让您除了基本诊断外，还可以得到更多高级功能的服务。

ECU刷写、标定、尾气后处理

支持ECU电脑板刷写与标定，一键刷写、提示功率，降低油耗。

支持全系列尾气后处理系统诊断，适应目前市场对新国四、国五车型诊断发展的要求。

在线编程

可对宝马多款车型进行编程(无需配备J2534)，后续不断增加新车型，可直接使用VCI蓝牙盒子连接进行诊断，选用优质材料，设计牢固结实耐用。

尿素泵

车辆诊断和尿素泵测试，软件兼容在一起，又能实现商用车诊断也能实现尿素泵测试及氮氧传感器测试等功能。

维修指引

维修所需查阅的电路图、元件位置、维修帮助，造成该故障码可能原因、系统说明、相关故障解释、参数检测、维修指引等说明。

在线技术支持

为终端车主汽车维修商和设备生产商以及汽车制造商提供一个大数据共享的服务圈，让每一个终端都能承上启下的提供服务和收获效益。

特殊功能

保养灯归零

节气门匹配

电子刹车

胎压复位

齿讯学习

电子转向匹配

悬挂系统

车窗

电池匹配

ECU电脑编程

智能钥匙匹配

仪表里程调校

ABS自动排气

ECU复位

气囊复位

尾气后处理

大灯自适应

F6 PLUS 汽油版 汽车智能诊断系统

产品简介

工业级平板主机，防水、防摔、防油污，能在各种恶劣环境下使用，满足用户需求；

支持中国、亚洲、欧洲、美国车系车型诊断，12大常见特殊功能，无论是故障诊断还是保养维护，功能齐全；

支持一键升级，在连接到网络的状态下随时随地更新车型程序，保证完整、准确诊断功能；

支持维修资料查阅、在线故障码维修帮助引导，修车学习同步到位；

支持远程诊断，爱夫卡售后工程师可协助您进行车辆诊断、维修参考建议指导。

产品功能

保养灯归零

节气门匹配

智能钥匙匹配

仪表里程调校

电子刹车

电子转向匹配

胎压复位

ABS自动排气

气囊复位

齿讯学习

ECU电脑编程

电池匹配

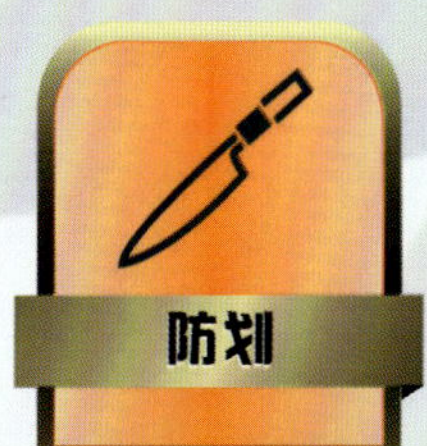

深圳市爱夫卡科技股份有限公司

电　　话：0755-82904729　　传　　真：0755-83147605

服务热线：400-0755-007（汽油）　服务热线：400-0755-377（柴油）

官方网址：www.szfcar.com

总部地址：深圳市南山区南海大道3025号创意大厦8楼

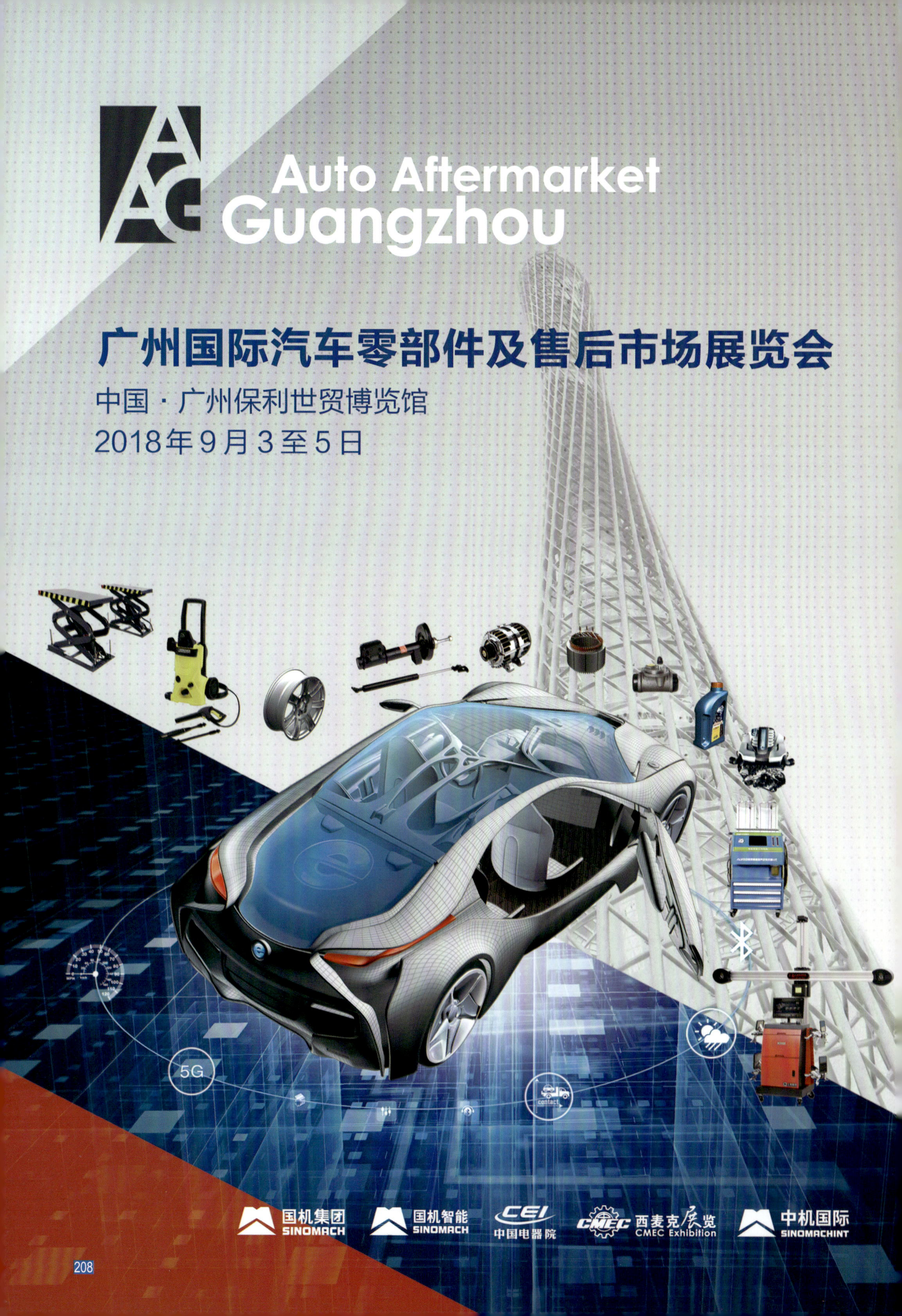
Auto Aftermarket
Guangzhou
广州国际汽车零部件及售后市场展览会
中国 · 广州保利世贸博览馆
2018年9月3至5日
5G
国机集团
SINOMACH
国机智能
SINOMACH
CEI
中国电器院
CMEC
西麦克展览
CMEC Exhibition
中机国际
SINOMACHINT

检测分析

Testers & Analyzers

公司简介

深圳市安车检测股份有限公司（股票代码：300572）是国内机动车检测行业整体解决方案提供者。安车检测立足汽车市场，面向智能交通，通过对机电一体化、互联网和多媒体技术的重新演绎，运用“物联网”“云计算”等全新技术，向动车检验机构提供机动车检测业务解决方案、向政府行业管理部门提供行业监管解决方案、向社会培训机构提供驾驶员考系统解决方案、向维修行业提供智能的维修行业服务与管理解决方案，为实现智能交通和绿色交通奠定坚实的基础。

安车检测基于对机动车检测行业的深刻理解和从业经验，针对每一个客户的特点与需求，开发了完备的工位控制方案成熟的数据库系统以及包含自动登录、智能调度、负载控制、场地管理等功能的智能化管理系统，极大提升了机动车检测统的智能化程度。同时，安车检测根据行业主管部门的管理需求开发了联网监管系统，实现对检验机构、维修企业的远程管，保证检测维修过程的公平、公正，并为在用机动车的科学管理提供可靠的手段和依据。

安车检测通过完善的服务体系、专业的服务人员和覆盖全国的服务网络，为用户提供持续的技术支持与服务，确保用的投资价值和回报。我们相信服务用户是我们生存的唯一价值，用户的需求是我们进步的源动力。成功源自品质服务，口来自用户体验。专业的团队，可靠的产品，周到的服务，创新的文化，是安车立检测足行业和服务用户的核心价值。

汽车维修竣工检测设备

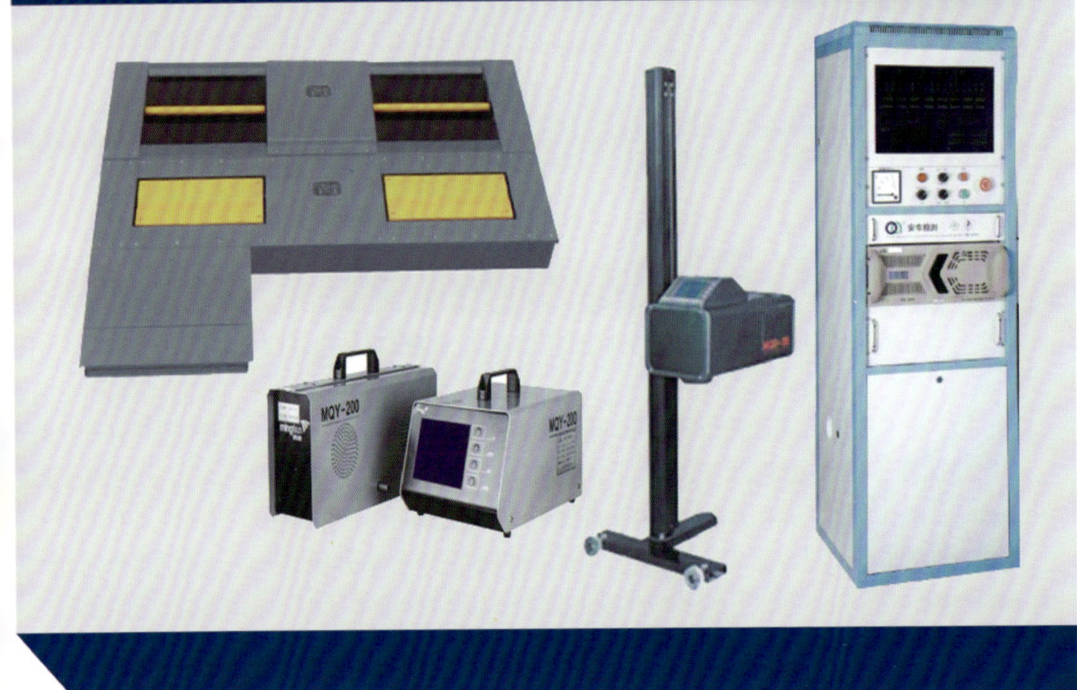

汽车侧滑检验台系列

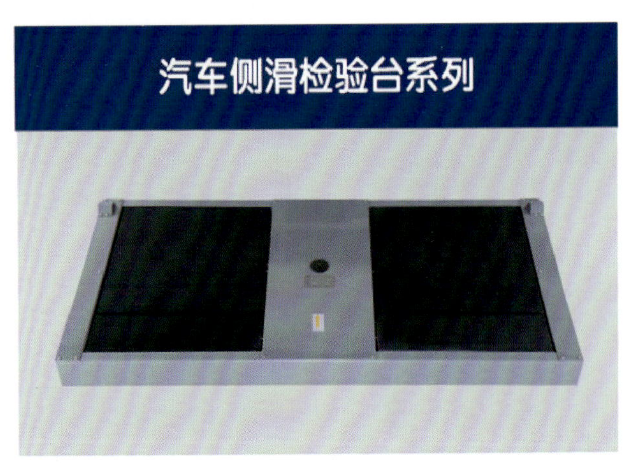

汽车悬架振动台系列

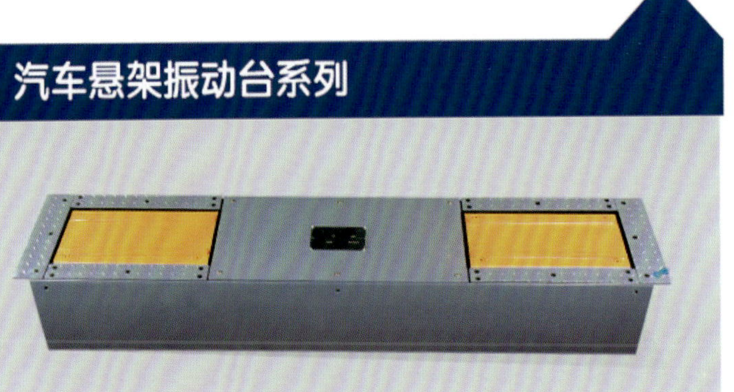

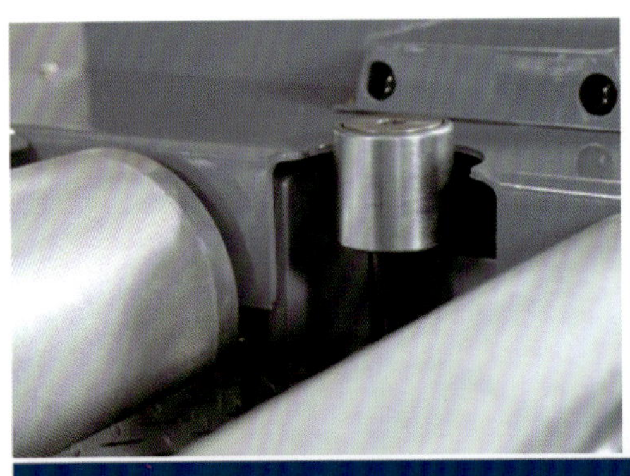

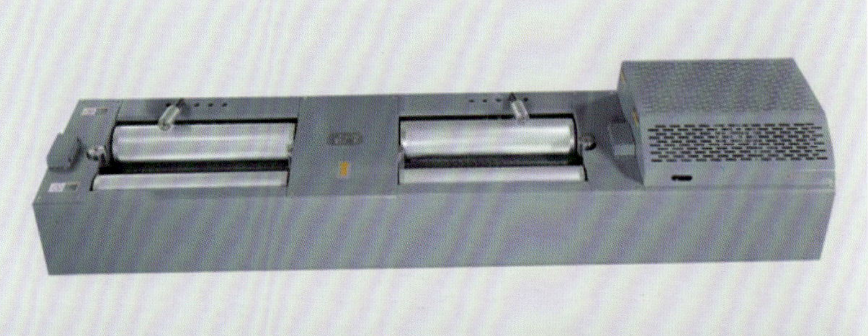

汽车底盘测功机（动力型检测）系列

深圳市安车检测股份有限公司

http://www.anche.cn

（0755）86182188

anche@anche.cn

地址：广东省深圳市南山区科技中二路深圳软件园二期九栋401

欢迎扫描关注微信

打造安全、节能、环保新经济平台
构建和谐、低碳、绿色汽车服务业

企业简介

技术三原 引领行程

Sysokean Technology Leading Industry

三原科技（集团）成立于1996年，是国家级高新技术企业。公司通过了ISO9001:2015国际标准质量管理体质论证,出口产品通过了CE、MA、CMMI、GS质量测试论证；牵头制订了中国汽车故障电脑诊断仪交通行业标准《JT/T632-2005》，参与了《（GBT 16739.1-2014）汽车维修业开业条件第1部分、第2部分》起草制定等。

国内创新 >>> Domestic Pioneer

三原以精湛技术和高品质产品为用户服务方针，以高新技术服务于军队装配、4S服务站、汽修厂、汽车职业学校等。至今，发明创新产品，实用新型产品、软件产品登记证书超过60多项。多项发明创新产品填补了国内外汽车保修设备行业的空白。开创汽车不解体检测诊断工作站Integrated Auto-diagnosis Workstation Seris，汽车云智慧故障诊断平台。

国际领先 >>> International Leader

自主研发的（IOT）设备嵌入式的汽车云智慧故障诊断平台和发明专利汽车不解体检测诊断工作站，产品优于国际先进水平率先突破云诊智慧平台高新技术，可嵌入式配套“汽车尾气节能减排系统” “便携式车载排放系统” “汽车健体检系统” “汽车综合性能二级维护系统” “二手车评估系统”等互联网产品系列，引领了汽车维修行业服务向科技、绿色、开放经营模式转型服务升级。

率先突破 >>> Breakthrough First

“三原汽车体检中心”项目，创新服务第三方设备+互联网应用，为服务汽车综检站、环检站、安检站的检测设备预留蓝牙（Bluetooth）RS-232、RS-485等技术通信接口。为连锁企业+互联网应用提供标准、智慧、环保、科学管理依据，该项目是授权汽修企业、汽修连锁企业品牌经营，是维修企业转型升级更省时、更省力、更高效、更赚钱的服务好帮手。

励精图治铸品牌　锐意进取续辉煌

Work Hard to Shape Brand　Forge Ahead to Make Glory

★ 中国汽车维修行业协会常务理事单位

★ 中国汽车保修设备行业协会常务理事单位

★ 中华人民共和国交通行业标准《汽车故障电脑诊断仪》起草单位

★ 中国科学技术部火炬计划项目依托单位之一

★ 湖北省道路运输协会常务理事单位和检测、救援维修分会副会长单位

★《汽车维修服务业发展战略与对策研究》课题组主任专家单位

★ 国家标准《汽车维修业开业条件》主要参与编制单位

★ 中国汽修行业团体标准《放心汽修认证评价规范》参与编制单位

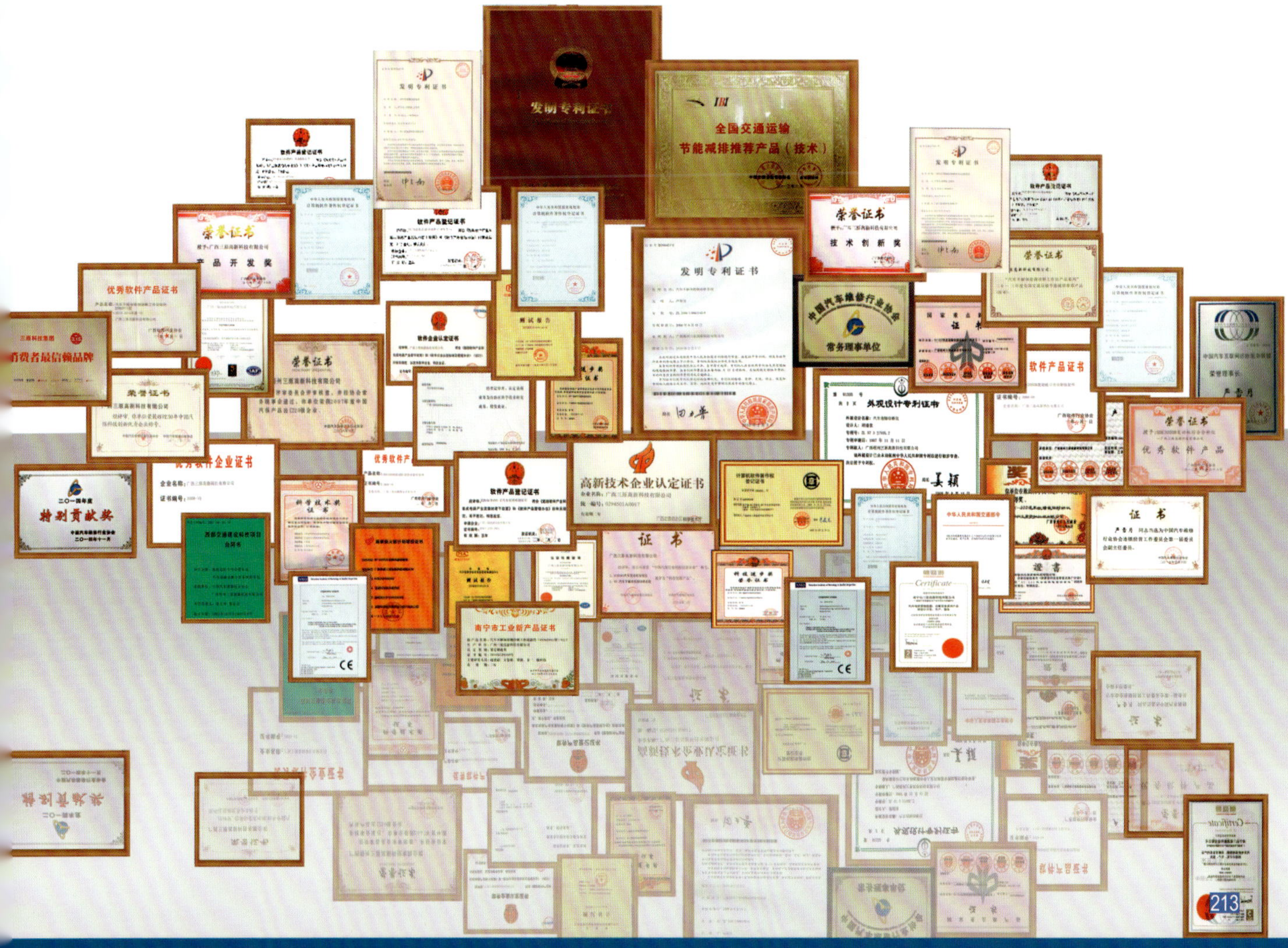

三原 智慧诊断 sysokea

汽车不解体检测诊断工作站介绍
SYND911型环保版

SYND911型环保版功能☞集合平台创新特点

◆汽车不解体检测诊断工作站SYND911型环保版设备是三原（集团）公司自主发明专利产品。该产品基础功能应用集成了16种检测与诊断产品及仪器仪表产品的功能，可对千种以上不同型号的发动机进行综合性能检测，检测数据通过本产品的云技术平台进行智慧系统故障诊断。同时还可以对汽缸压力、燃油空燃比和火花塞强度的数据等多种类型隐发车辆尾气故障的大数据进行故障诊断并提供汽车尾气故障治理智慧解决方案。该产品发明创新了不解体检测诊断（IOT）新制造集合平台，该集合平台构成了各类维修企业转型升级增设维修新项目的便利科学手段。

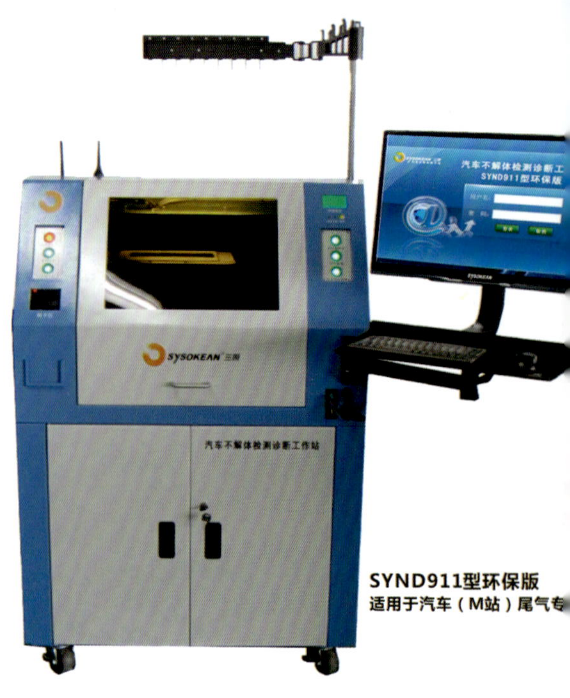

SYND911型环保版
适用于汽车（M站）尾气专

集合平台创新服务☞第三方设备+互联网应用

◆该集合平台为第三方汽车综检站、环检站、安检站的检测设备预留蓝牙（Bluetooth）通信接口，RS-232、RS-485、通用网络接口，可支持PSTN、ISDN以及LAN各种联网环境，具备USB2.0高速数据接口连接计算机对重要图像资料进行备份、打印等功能。

◆该集合平台为（M站）汽车尾气超标治理企业（店）专供，为连锁企业+互联网应用营运管理提供标准、智慧、环保、科学管理依据，是维修企业转型升级省时、省力、高效、赚钱的平台。

该集合平台为服务我国“汽车检测与维护（I/M）制度体系”打造一站式信息化解决方案。

(M站)专用☞SYND911型环保版技术创新特点

快速解决汽车尾气超标问题实现一站式信息化管理！！

◆精确检测数据　◆准确诊断车况　◆快速排除故障

◆爱车勤养护　◆省油少赔付　◆增值又给力

快

* 按国家车辆检测工况标准
* 判定车辆超标的排放物

精

* 按发动机燃烧理论
* 诊断出车辆超标的发动机工况

准

* 按汽车排放控制系统机理
* 诊断出车辆超标的故障点

教创一体化教学解决方案

汽车不解体检测诊断工作站
SYND911型教学版

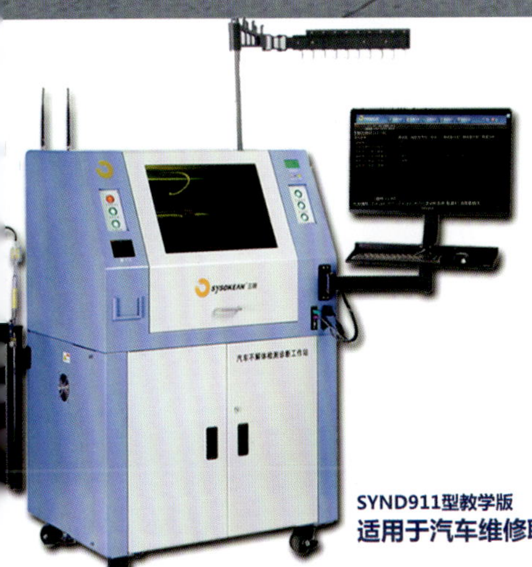
SYND911型教学版
适用于汽车维修职业院校

功能特点1 集成了16种汽车检测设备功能，学生可一步到位掌握16种常见检测设备操作和诊断方法。

功能特点2 电控数据流暖机参考值对比分析，为维修技师分析数据流值提供参考。

功能特点3 具备汽车维修工艺查询功能，可查询欧美、日韩、国产主流车型的维修手册、电控操作指南，扩充汽修知识。

互联网+汽修应用教学

应用特点

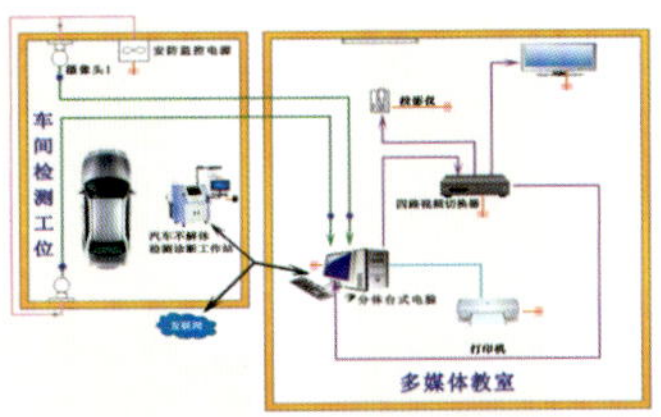

1.打造情景教学模式

产品涵盖汽车检测作业透视系统，由作业现场监控功能与远程桌面监控功能两大部分构成。教师在多媒体教室讲授理论课的同时，实训车间同步进行操作演示，学生在学习理论的同时看得见实际故障现象及排除操作过程。可选配的汽车综合维修连锁经营管理系统与企业实际运营吻合，教师在教学中能理论联系实际，让学生切身体验企业开展作业的每个环节，就业后能迅速掌握岗位技能。

2.引导式故障诊断，帮助培养汽车医生

具备引导式故障排除功能，能培养学生独立思考、分析、解决问题的能力。当教师和学生无法凭经验判断汽车故障时，系统将从故障现象出发，引导教师和学生一步一步排除可能存在的故障。

3.多领域应用教学,提升就业竞争力

使用产品中的“汽车综合性能技术等级评定系统”“汽车节能减排故障诊断系统”“二手车评估系统”等高级诊断系统进行教学，帮助学生在节能减排、二手车评估等就业领域上增加成功的砝码。

三原汽车体检中心

“三原汽车体检中心”品牌授权经营项目优势

零投资

零加盟费,授权后即可导入全套项目系统与专用设备，获免费“店中店”广告宣传，提供技术培训等服务。

无风险

店中店模式，只需一个专属工位，进退自如；全套专业运营模式导入，保障开一家赢一家。

稳回报

提升进厂台次约25%，提升单车产量约20%；营销活动定制，APP车主引流。

深圳大雷汽车检测股份有限公司
—打造更具公信力的第三方机动车检测服务品牌

深圳大雷汽车检测股份有限公司（以下简称“公司”）是中国较早从事机动车检测、维修设备的研制、开发、生产和销售的专业生产厂家，也是参与制定多项国家和行业标准的单位，设计并承建了国内大多数国家级和省级汽车检测中心站。

公司出品的检测、维修系列产品荣获几十项国家专利权和计算机软件著作权，是交通部和公安部推荐产品。公司是机动车检测维修设备、计算机控制系统及行业软件产品供应商，是国家高新技术企业，也是行业内率先获得国家科学技术进步奖的企业。

公司是中国汽车保修设备行业协会、中国汽车维修行业协会、中国道路交通安全协会、中国计量协会等多家行业组织的常务理事单位和理事单位，是中国汽车后市场联合会常务副会长单位、中国汽车互联网诊断服务联盟常务副理事长单位，以拥有大批高技术职称的专家学者而享有“学院派专家型企业”之美称。

公司自1995年注册成立至今，经历20多年的风风雨雨，依然茁壮健康发展。2016年初，公司改制为股份有限公司，开始走上资本+实业的发展道路，依托深圳强大完善的金融市场，以资本服务于实业，实业回馈资本，实现双赢。

未来，公司将以传统检测系统为基石，开展检测运营服务，服务市场从强制性检测向自愿性检测发展，打造“更具公信力的第三方机动车检测服务品牌”。与再用车交易市场合作，大力发展再用车交易检测和维修自愿检测；与高等院校和科研机构合作，运用互联网+、更新高科技实现不解体状态下全方位、个性化自动检测；运用金融资本的强大优势，整合机动车检测行业市场，打造“更具公信力的第三方机动车检测服务品牌”；充分运用平台和品牌优势，服务于汽车后市场，与汽车保险、汽车金融等合作，开展大数据、车联网业务，让品牌持续服务于安全、美好生活。

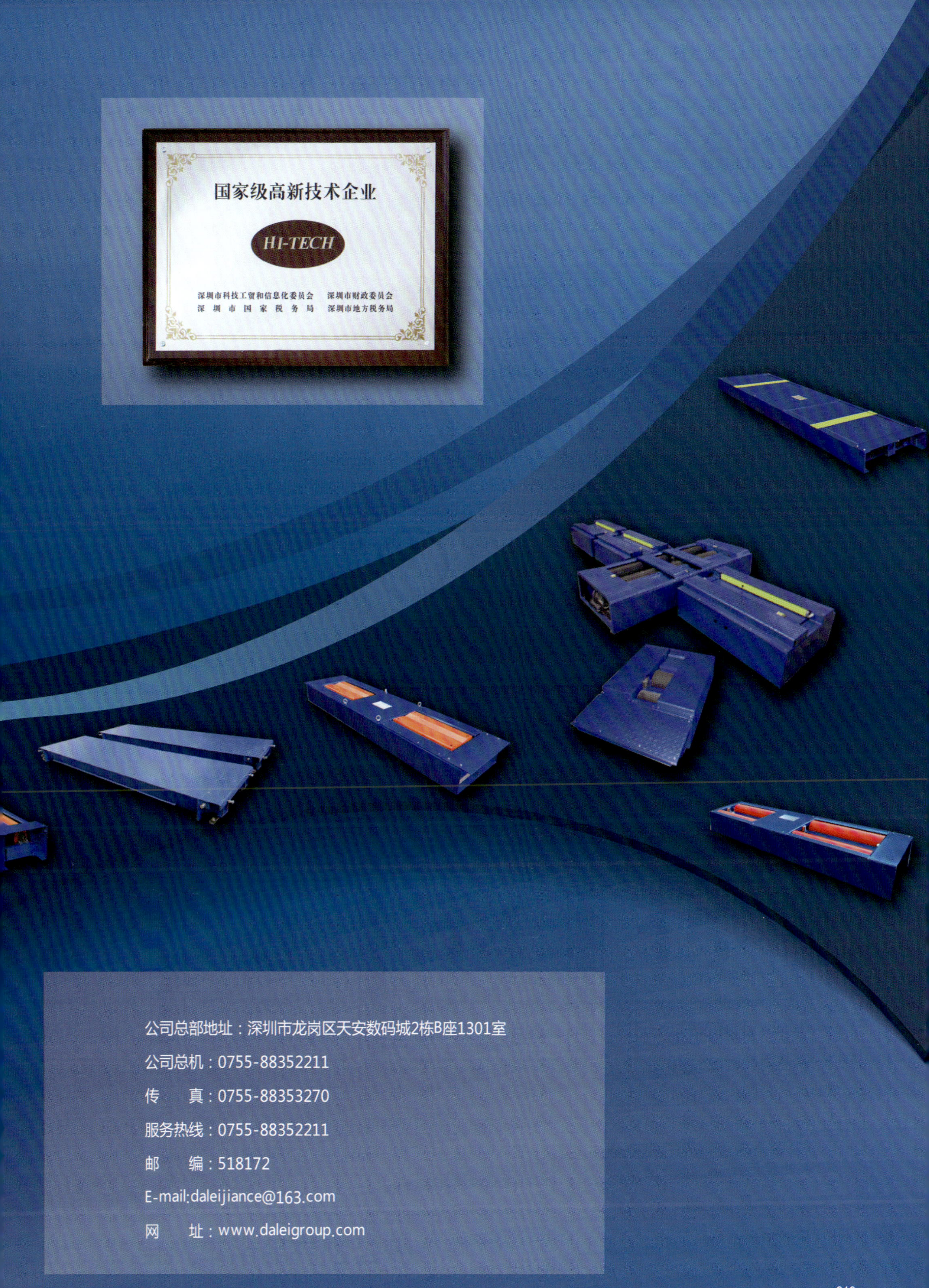
国家级高新技术企业
HI-TECH
深圳市科技工贸和信息化委员会 深圳市财政委员会
深 圳 市 国 家 税 务 局 深圳市地方税务局
公司总部地址：深圳市龙岗区天安数码城2栋B座1301室
公司总机：0755-88352211
传　　真：0755-88353270
服务热线：0755-88352211
邮　　编：518172
E-mail:daleijiance@163.com
网　　址：www.daleigroup.com

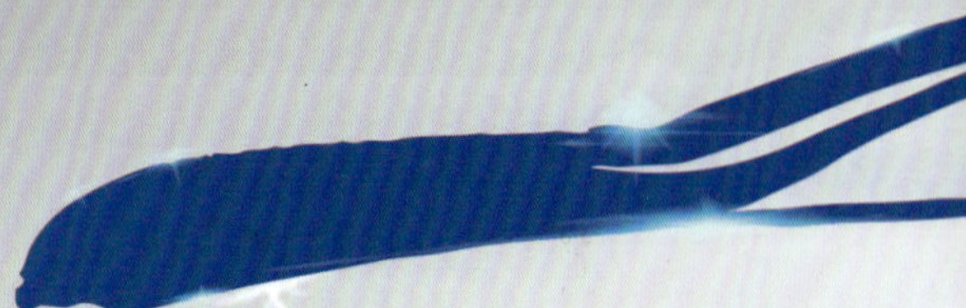

中山市新控车辆检测

一、公司简介

◆具有独立承建机动车综合性能检测站、安全性能检测站及汽车制造、摩托制造、汽车维修、汽车销售等企业的各种全自动机动车检测线的能力专业生产厂家。

◆公司技术力量雄厚，硬件设施先进，可独立完成检测设备生产、软件开发系统联网工程,是国内机动车检测行业最具研发科技实力的专业化企业。

◆具备检测控制管理系统研发及机动车检测设备生产的专业化实业公司。

◆产品遍布全国十多个省市（自治区），并出口至欧洲、东南亚部分国家。

◆拥有多项实用新型产品专利证书和软件著作专利证书。

◆拥有：“新控”“锐德”独立商标注册权和使用权。

二、公司理念优势

◆公司服务宗旨：用户的满意是我们的第一工作要务！

◆公司目标：为广大客户提供优质产品和满意的售后服务！

◆公司优势：具备独立、统筹、指导建设大型监测站的团队和产品供应能力。

◆台体设备特点：选用优质新钢，高硬度一体折弯，做工精致，外形美观。

◆控制系统特点：减少高冗余度，高稳定性，高灵活性，低系统故障率，实现零维护。

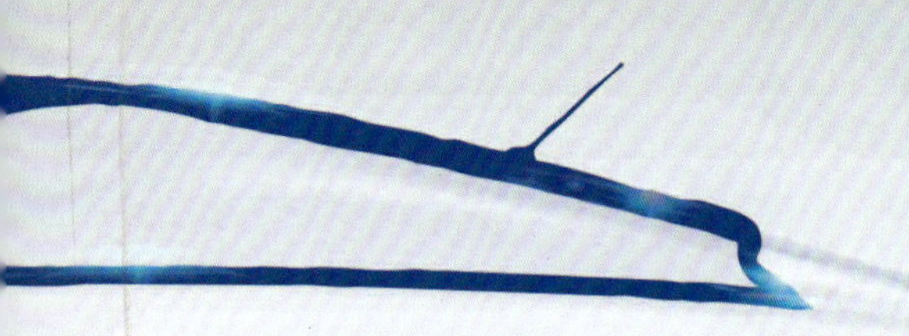

技术科技有限公司

三、公司主要产品

1. 汽车及摩托车混合安全性能检测线，汽车及摩托车混合综合性能检测线，汽车综合性能检测线、安全性能环保检测线、全车型摩托车检测线；

2. 移动式汽车检测线、摩托车检测线和全车型摩托车检测线；

3. 各类机动车修理企业，汽车4S销售企业，机动车制造企业所需的各类检测线；

4. 软件开发和设备联网，可根据客户要求，适时开发出功能强大，性能稳定，操作方便，便于联网、适应国内外多种检测设备的微机联网控制系统；并提供对客户原有设备和系统进行升级和改造业务。

地址：广东省中山市三乡镇新墟盛业路6号金湾工业园A6栋
联系方式：13902536159　18933329886
传真：0760-86681958　电话：0760-86681968
QQ：1831289124
邮箱：zsxinkong@163.com
公司主页：www.zs-xk.com

中山市卡特世检测设备科技有限公司

Cartesy Diagnosis Technology Co., Ltd.

关于卡特世–Cartesy on the world

中山市卡特世检测设备科技有限公司是研发、生产、销售机动车检测设备的专业制造商，工厂位于珠三角中山市坦洲镇，毗邻港澳和珠海经济特区，地理位置十分优越。公司与德国卡特世公司技术业务全方位合作，公司产品各项综合指标均处于欧洲同步、国内领先地位。公司已通过ISO9001:2015质量管理认证及出口认证。产品销售服务全国各地并远销欧洲、非洲、东南亚、俄罗斯、哈萨克斯坦、加那、埃及、南美等数十个国家和地区。出口量持续保持同行业前列。

卡特世公司一直致力于机动车检测设备及相关产品的研发和生产，已形成汽车检测设备、摩托（电动）车检测设备、检测控制管理系统、机动车检测线等四大系列数十种型号规格的产品。产品广泛应用于机动车检测服务机构,机动车维修保养生产企业,机动车技术教育培训以及汽车技术研究开发领域和军队系统。

Cartesy Diagnosis Technology Co., Ltd. is a professional manufacturer specialized in R&D, production and sales of vehicle safety test equipment. The factory is located in Tanzhou, Zhongshan of the Pearl River Delta, adjacent to Hong Kong, Macao and Zhuhai S.E.Z., which is endowed with an extremely advantageous geographical location. In all–round cooperation with Cartesy the German company, relying on scientific decisions, first–grade management and normative operation, the comprehensive targets of our products are the European synchronization and domestic leading position. Our company has passed ISO9001:2015 and certification of exportation, Our products and services have been supplied to both domestic and international clients from Europe, Africa, South east Asia, Russia, Kazakhstan Ghana, Egypt, South America, etc., maintaining a leading exporting volume in the same industry.

For years, Cartesy has been devoting itself to research and development of vehicle test equipment, supplying the best quality products for customers. Nowadays the product range includes more than ten models of four series: Automobile testing equipment, Motorcycle (EV) testing equipment, Testing Control Management System, and Test lines for motor vehicles, which are widely used in vehicle test stations, garages shops, vehicle technology training centers and auto technology R&D field and military system.

网址(Web)：www.carter-kj.com
总机(TEL)：+86-0760-85766681
传真(Fax)：+86-0760-85766683

Domestic trade（国内贸易）
手机/微信：13392955528梁先生　QQ：343328305（卡特世机动车检测线）
邮箱：Cartesy@carter-kj.com。

Export department（国外贸易）
Skype/Mobile：+86 13392917787　Wechat：liangminfang528226
Email：leona@carter-kj.com

微信二维码

卡特世（汽车、摩托车）检测设备

Cartesy automobile testing equipment & system

★ ★ 机动车综合性能检测线 机动车安全性能检测线

★ ★ 汽车整车实训教学检测线 机动车尾气环保检测线

滚筒四合一检测台 CTGT-3-4

CTGT-3-4 Quaternity Test Line

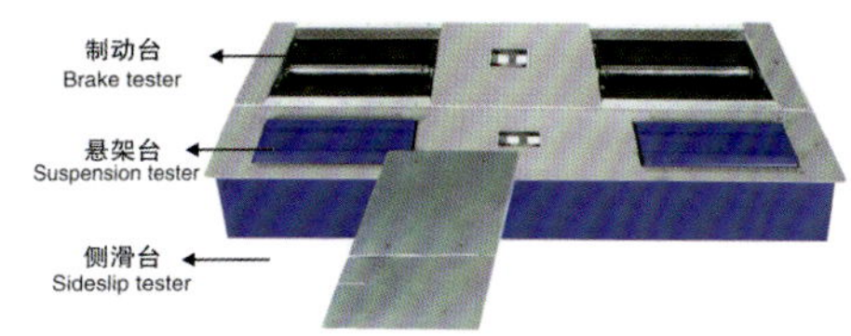

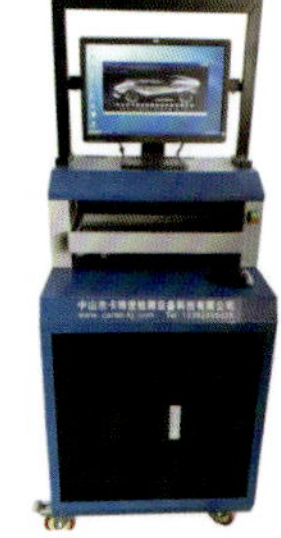

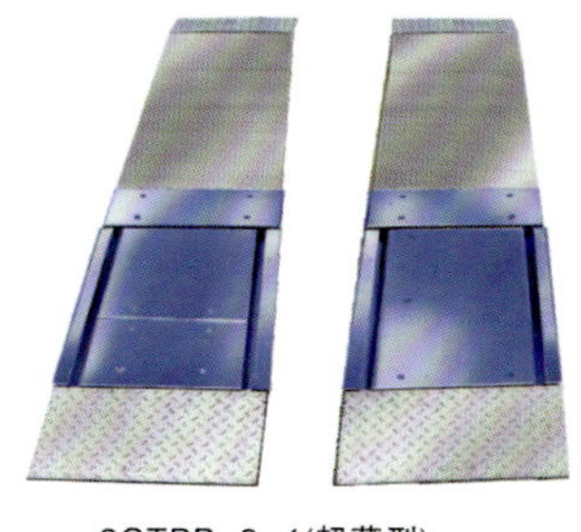

2CTPB-3-4(超薄型)

CTGT-3-3滚筒三合一检测线

CTGT-3-3 Roller Trinity Test Line

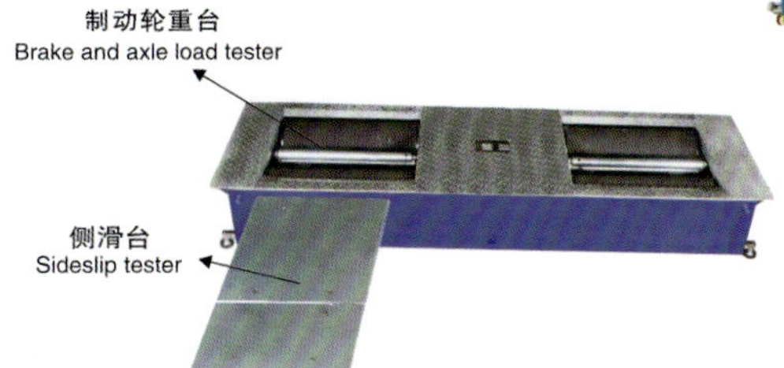

安检线

教学线

环保线

二级维护线

摩托车质保线

综检线

德国技术 欧洲品质

Http://www.carter-kj.com

www.carte.com.cn

全国客户服务热线：400-870-9293

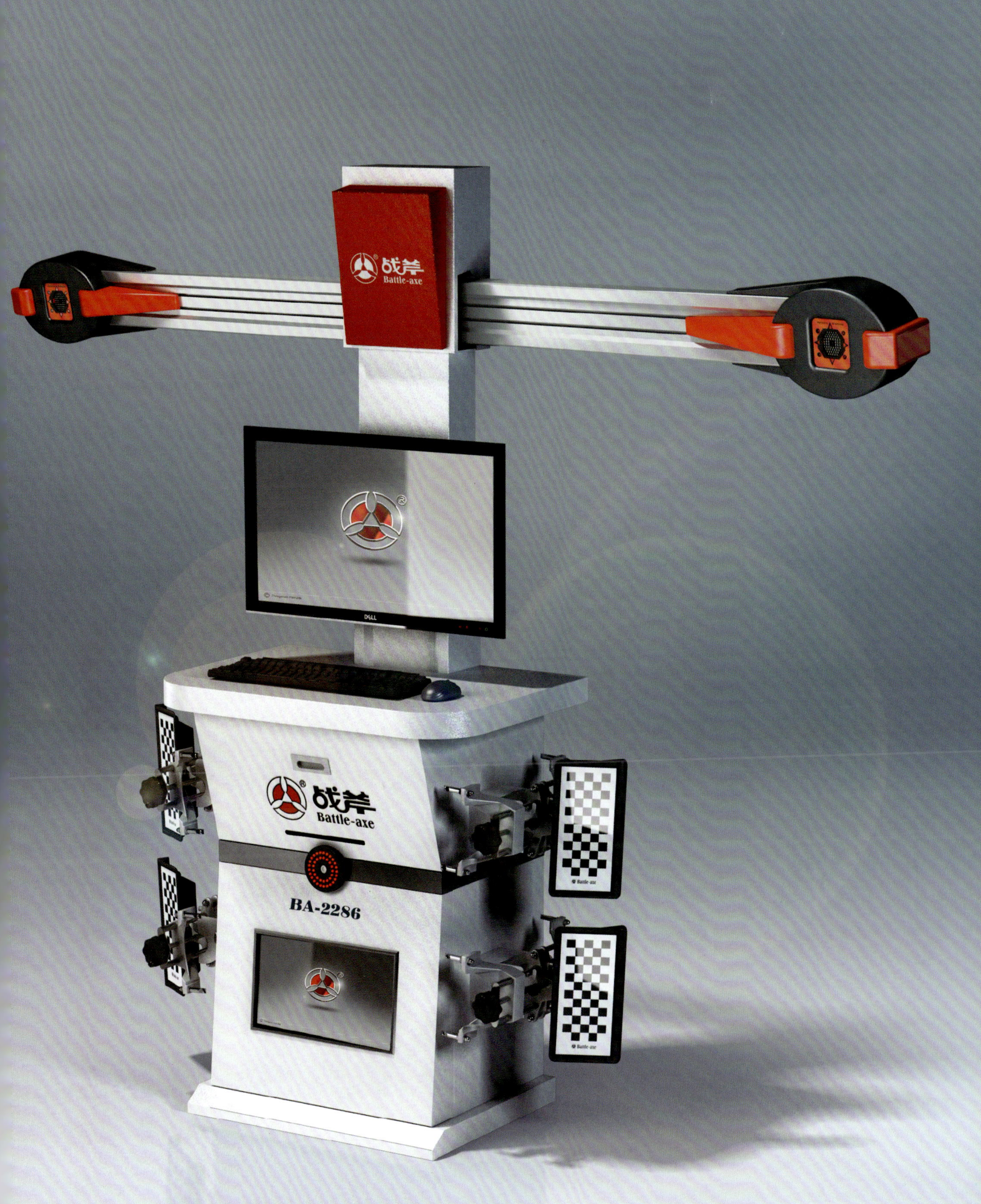
战斧
Battle-axe
战斧
Battle-axe
BA-2286

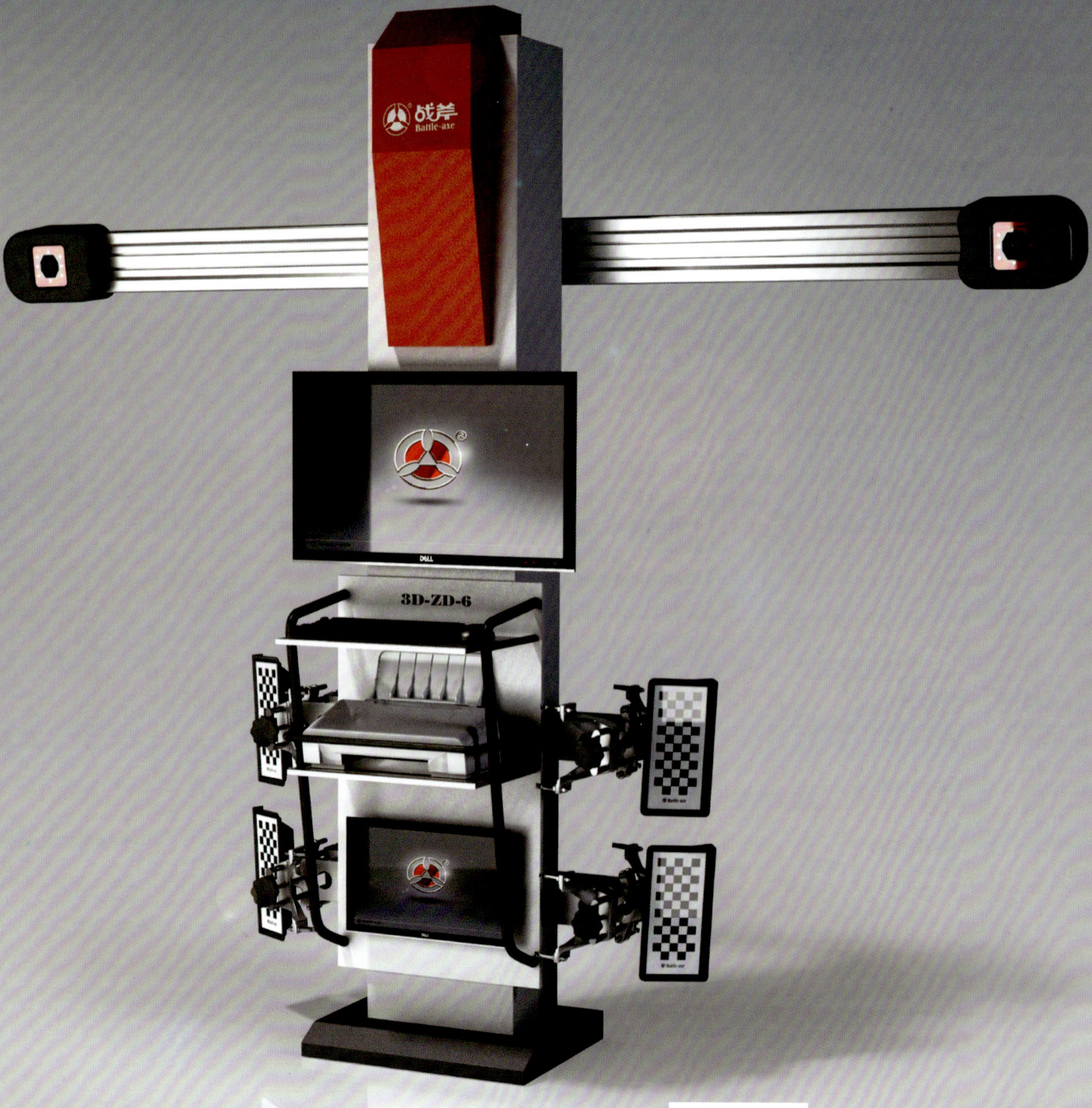

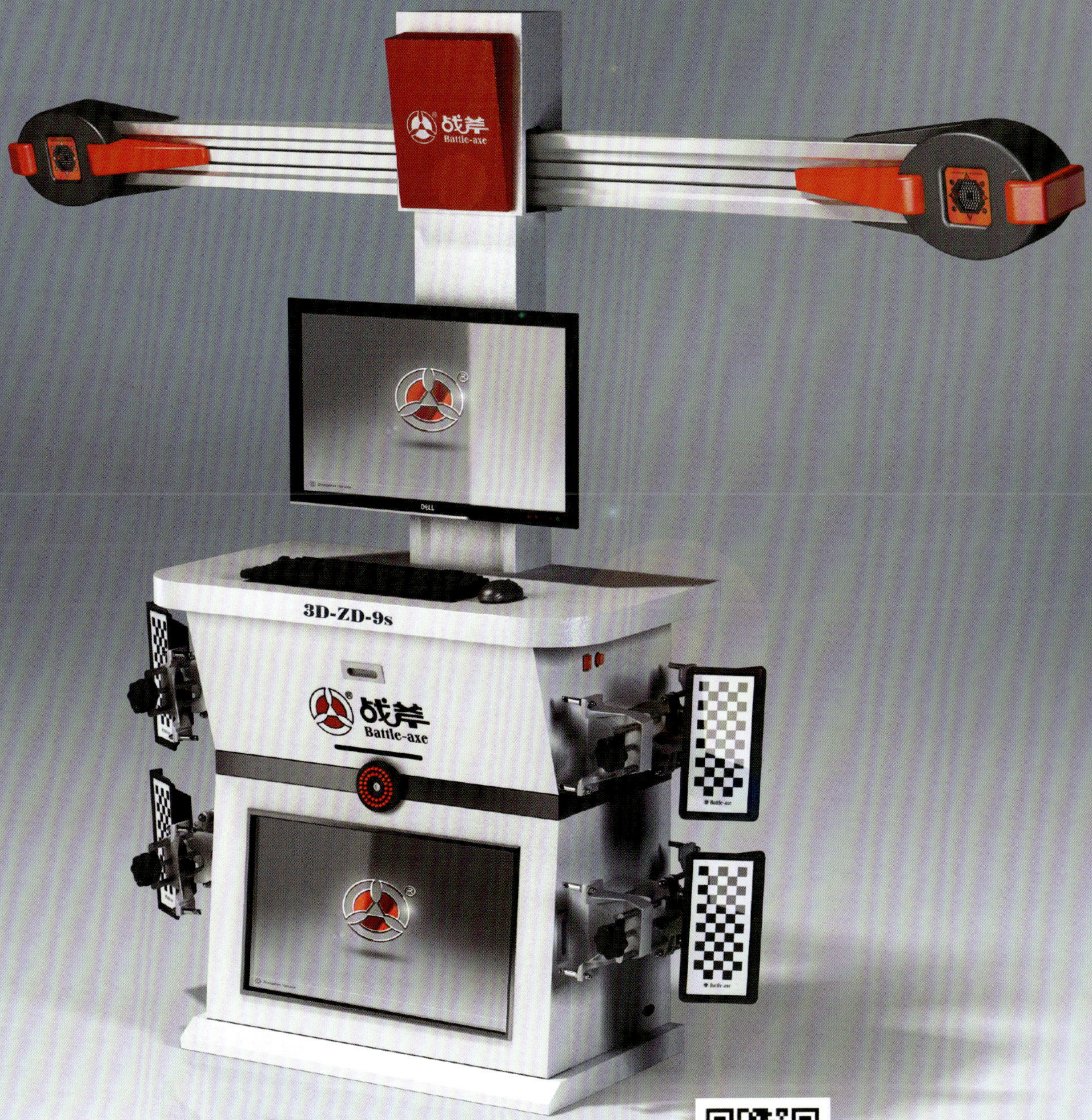

SUNSHINE三雄 四轮定位设备及服务引领者

20年专注定位技术
3D定位仪连续9年销量遥遥领先

20 Years Technology Accumulation
3D Wheel Alignment Sales for 9 Consecutive Years Far Ahead

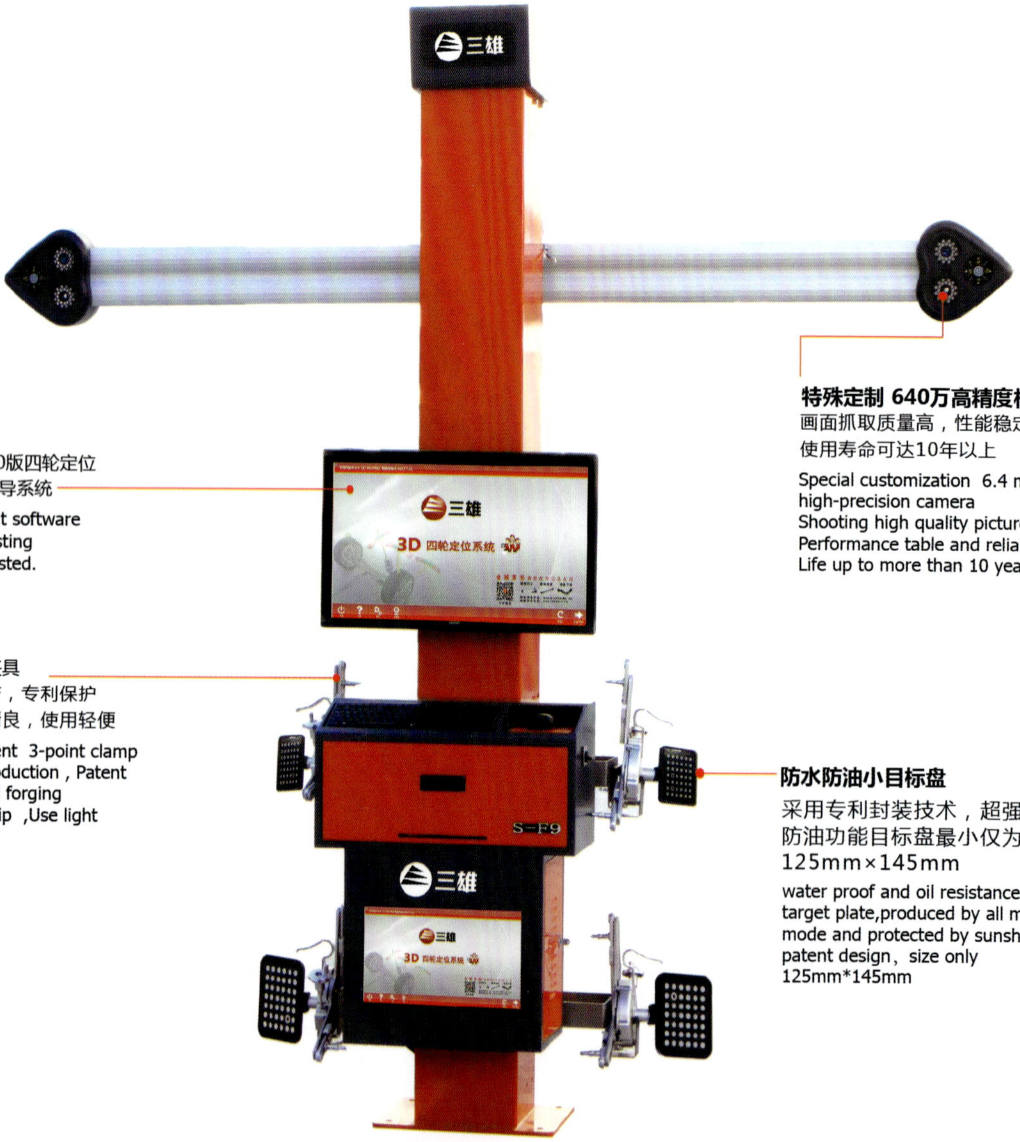

全球领先 新一代4.0版四轮定位调整件指导系统

The perfect alignment software with pioneering adjusting instruction function listed.

新一代 专利三爪夹具

自主研发，自主生产，专利保护

全模具打造，做工精良，使用轻便

New generation Patent 3-point clamp Self design, Self-production, Patent Protection, Full-mold forging Excellent workmanship ,Use light

特殊定制 640万高精度相机

画面抓取质量高，性能稳定可靠，使用寿命可达10年以上

Special customization 6.4 million high-precision camera Shooting high quality picture, Performance table and reliable Life up to more than 10 years

防水防油小目标盘

采用专利封装技术，超强防水防油功能目标盘最小仅为125mm×145mm

water proof and oil resistance smaller target plate,produced by all mould mode and protected by sunshine own patent design, size only 125mm*145mm

配套产品 Matching Products

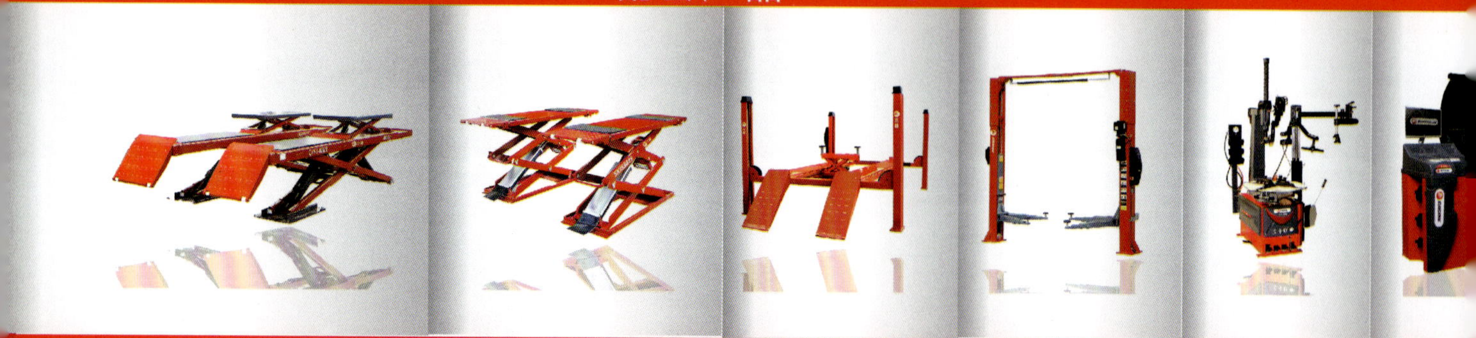

烟台开发区海德科技有限公司

Yantai haide science and technology co.,ltd

CE TÜV ISO

定位仪生产基地
Wheel aligner production base.

举升机生产基地
Lifting equipment production base

企业简介 Brief Introdution

烟台海德科技有限公司创建于1998年8月，是专业从事四轮检修设备的生产、研发、销售的高科技股份制企业。用专业化、系列化、配套化的职业理念打造国内四轮定位领先品牌。经过十年的发展，海德三雄已经发展成为年产定位仪2000余台，举升机6000台的现代化企业。公司现有员工360余人，其中研发人员30多人.海德三雄的产品不仅遍布全国各地，而且出口至美洲、欧洲、亚洲等100多个国家。海德未来的发展目标是成为领先品牌的汽保设备供应商、创建具有国际优势竞争力的国家高新技术企业。

Yantai haide science and technology Co., Ltd. is a joint-stock enterprise specializing in manufacturing and marketing wheel alignments, lifts, and other auto inspection instruments. Since its foundation in August 8th,1998, our company has built a reputation for innovation and visionary leadership in the application of the newest technologies to automotive car service equipment.

After a decade, Sanxiong has developed into a modern enterprise. It produces over 2000 aligners and 6000 lifts annually.The company has now over 360 personnel including more than 30 R&D personnel.The products of Sanxiong are not only in the country but also well sold in Britain, Sweden, USA, Russia, Ukraine, Cuba, etc.

Yantai Sanxiong Electronics Co., Ltd. is becoming a modern competitive company holding a leading position in car service equipment in the world.

企业资质 Company Qualification

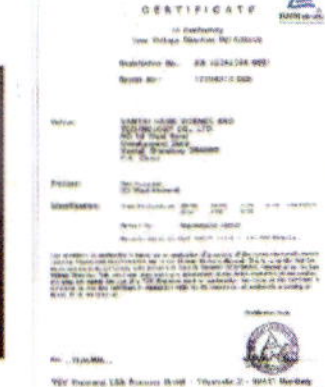

品牌信任 Cooperated Brand

微信公众号

手机网站

三雄商城

400-6535-578
地址：烟台开发区无锡路14号
企业邮箱：sanxiong@ythaide.cn
网址：www.ythaide.cn

全国统一服务热线：400 822 0062

服务为王

做中国更可靠的汽车四轮定位仪

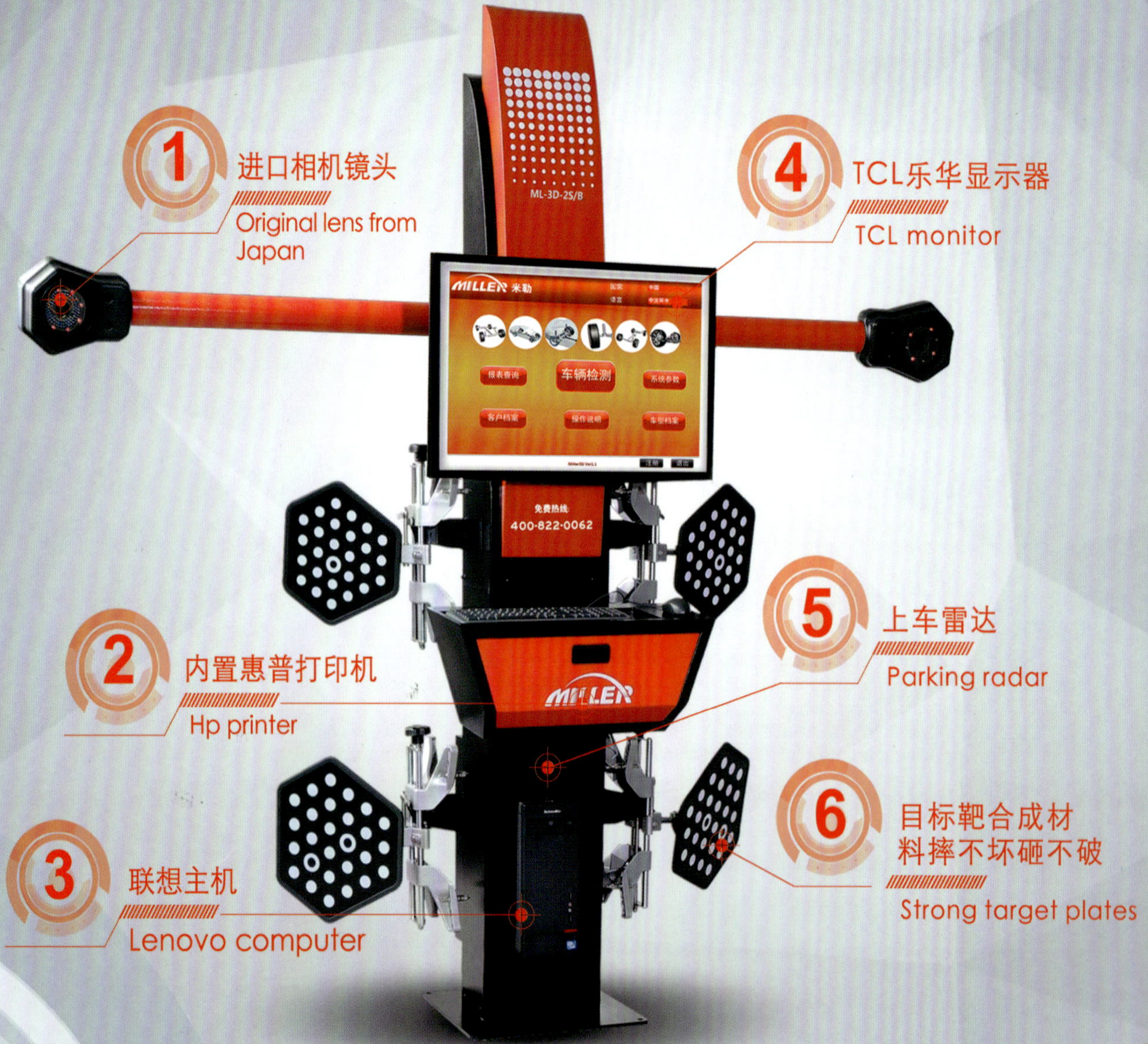

1 进口相机镜头
Original lens from Japan

4 TCL乐华显示器
TCL monitor

2 内置惠普打印机
Hp printer

5 上车雷达
Parking radar

3 联想主机
Lenovo computer

6 目标靶合成材料摔不坏砸不破
Strong target plates

ML-3D-2S/B 标准版

*免推车补偿 Skip runout *数据库自动升级 Auto update for vehicle database

*移动终端远程服务 Remote control system

*相机自动曝光 Camera auto exposure

*轴距轮距自动测量 Wheelbase automatic measurement

模糊识别系统
Fuzzy recognition system

智能LED闪光控制系统
Intelligent LED flash control system

方向盘快速调正专用程序及前束锁定调整功能
Steering wheel quick adjustment special program and Toe-in lock adjustment function

手鼠标智能系统
Hand mouse intelligent system

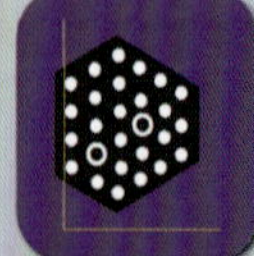

越位提醒警示系统
Offside remind system

可靠及完善的数据库
Reliable and comprehensive database

SMARTER

CROWN

CUBE

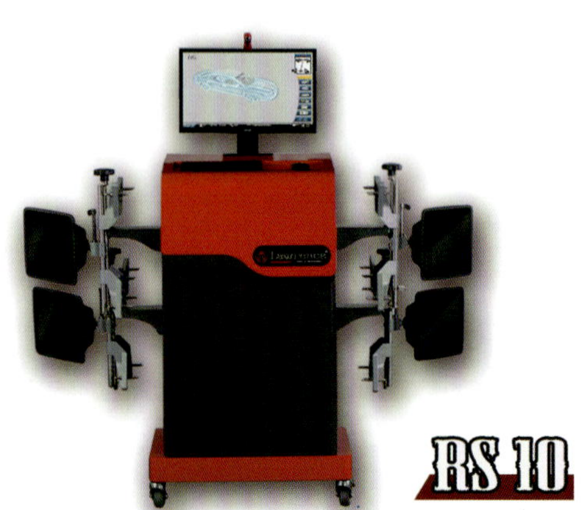

RS 10

I 9+

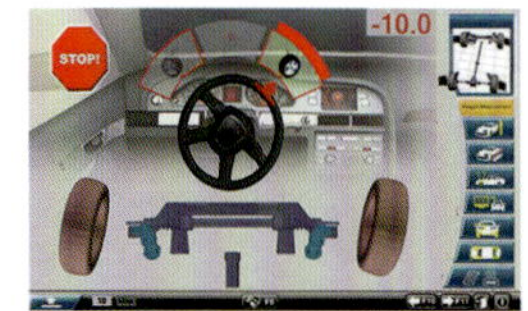

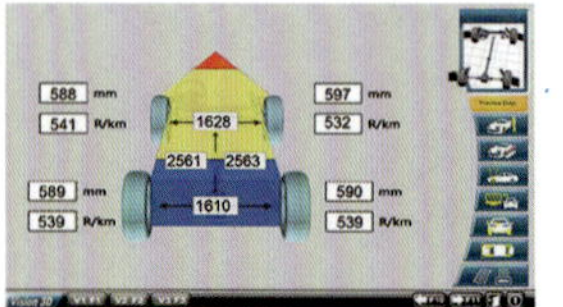

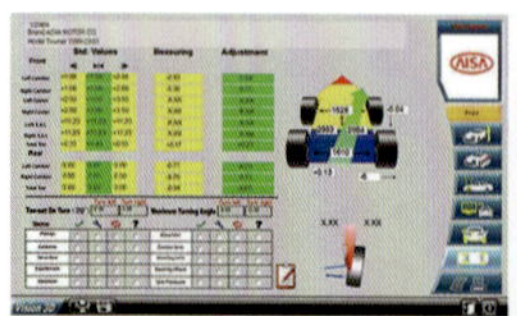

Xsuper

KAMEN EQUIPMENT CO., LIMITED

卡门设备有限公司

拆胎机X306GT

卡门设备有限公司致力于研发及生产汽车四轮定位仪、平衡机以及拆胎机。拥有领先全国甚至全球的研发团队。现已发布了业内领先的第四代3D四轮定位仪、激光平衡机、无盘拆胎机等，为全球用户提供不同场景、不同需求的差异化产品。卡门致力于研发生动形象的、智能的、优质体验的四轮定位仪以及拆平设备，并将丰富的技术和经验传导给全球用户。公司发展目标是成为汽车四轮定位仪以及拆平设备的领导者，引领汽车底盘及轮胎维修检测行业的发展方向。

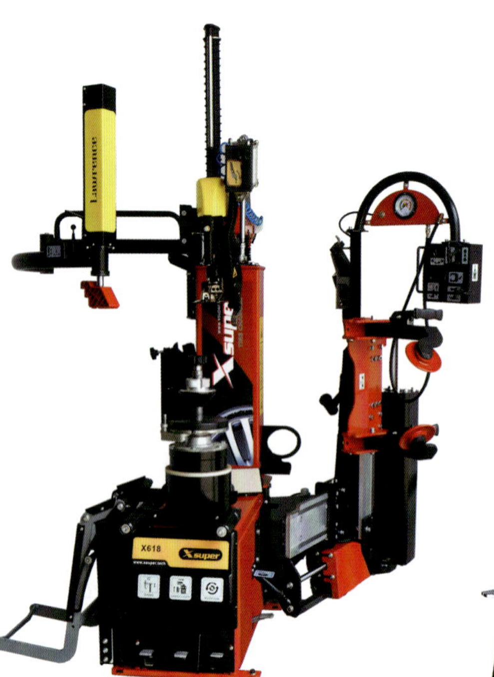

拆胎机 X618

拆胎机X203+PX8

Kamen Equipment Co., Limited specializes in developing and manufacturing automobile wheel alignment machines, wheel balancer and tire changer, with domestic leading and world-leading research and development teams. The fourth generation of 3D wheel aligner, laser wheel balancer and center lock tire changer have been launched. Kamen Equipment has supplied differentiated products for different circumstances and different requirements. Kamen focus on developing vivid, intelligent, and user-friendly wheel alignment machines and tire equipment, supplying sufficient technology and experience to international users. Company aims at becoming automobile wheel alignment and tire equipment leader and direct the automobile wheelbase and tire repair and diagnose industry.

平衡机 B605

平衡机 B805

English website

中文网站

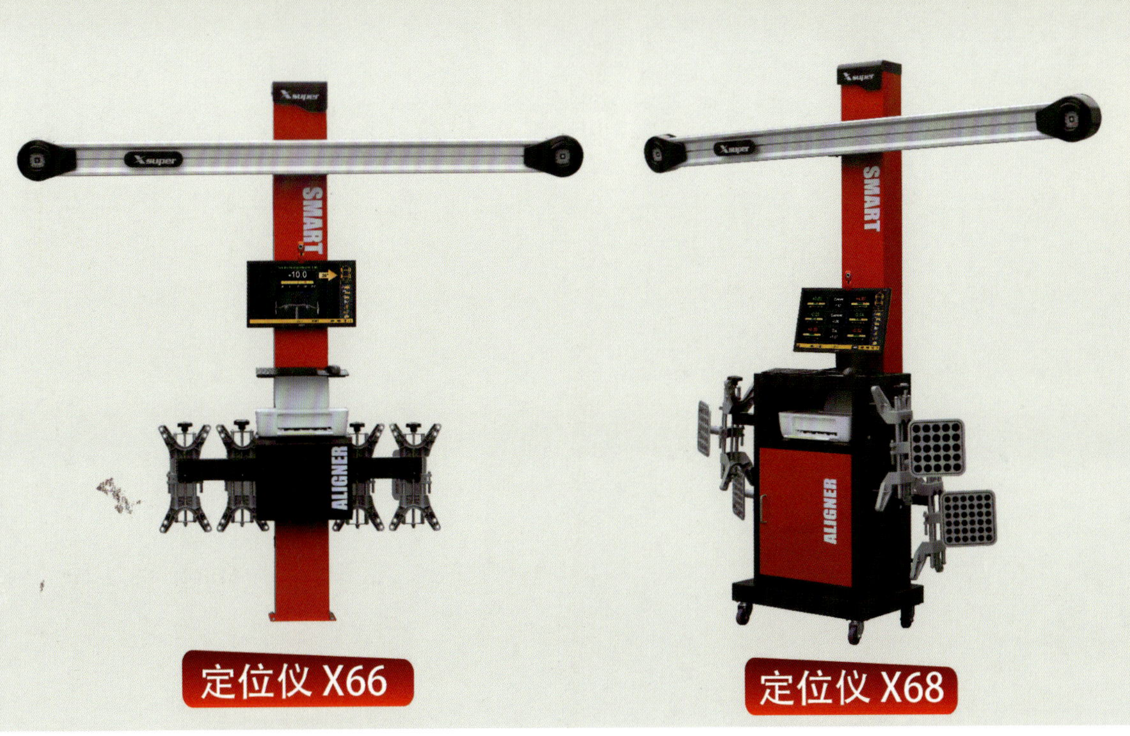

定位仪 X66

定位仪 X68

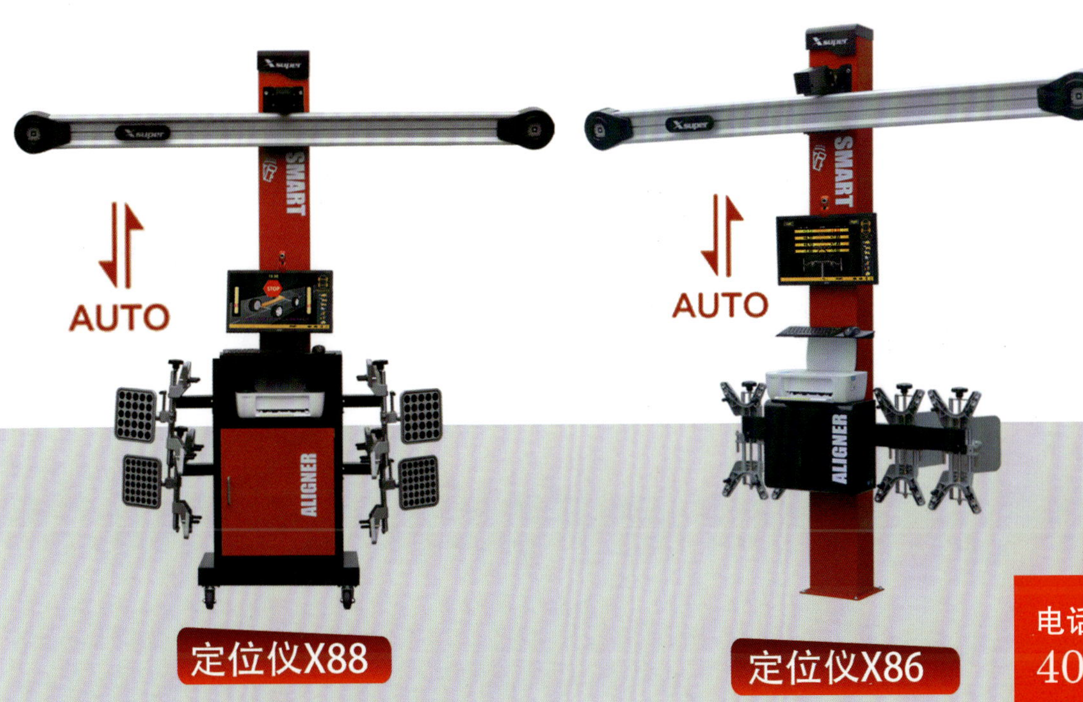

定位仪X88

定位仪X86

电话：
4000-388-229

Email：info@xsuper.tech
http://www.xsuper.tech
http://www.kamen.tech

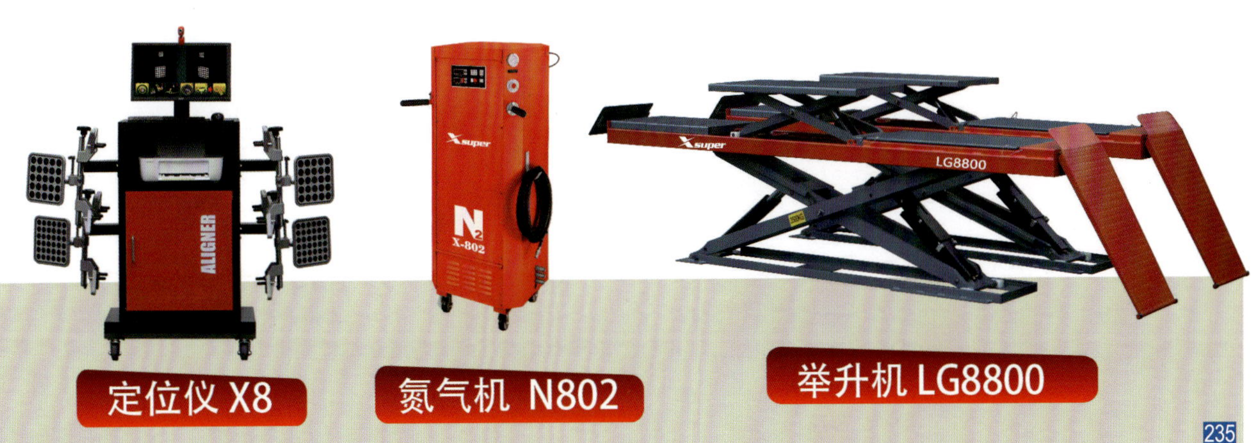

定位仪 X8

氮气机 N802

举升机 LG8800

云服务 零距离

全天候云服务
一键协助功能

首家推出睿恩云服务系统

- F6键一键远程协助功能。
- 据升级不再烦恼，只需点击F6求救功能键，数据可以数分钟内传到，无需电话，无需下载.
- 软件故障做到一小时内处理，无需工作人员到现场，无需等待，快速解决问题.
- 实时在客户调车状态，与客户在线同步解决疑难技术问题.
- 远程视频教学，线观察在线培训.
- 一键远程系统维护。设备远程实时跟进。
- 强大云服务后台，让你无后顾之忧.

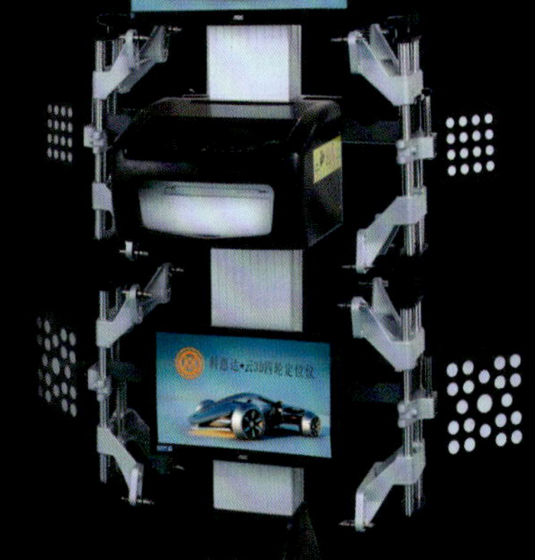

测量项目和精度

项目Tem	精度Accruacy	测量范围Range	总测量范围
外倾角 Camber	±0.01°	±8°	±8°
后倾角 Caster	±0.01°	±19°	±19°
内倾角 SAI	±0.01°	±19°	±19°
前束 TOE	±0.01°	±2°	±4°
推力角 Thrust Angle	±0.01°	±2°	±40°
转向差角 Steering angle	±0.01°	±2°	±4°
后轮轴偏摆 Rear axle deflection	±0.01°	±2°	±8°
轮距差 Track width difference	±0.01°	±2°	±4°
前退缩角 Front set-back	±0.01°	±2°	±4°
后退缩角 Rear set-back	±0.01°	±2°	±8°
轮距 Wheel tread	±0.25cm	<268cm	<268cm
轴距 Wheel base	±0.25cm	<546cm	<546cm
轮胎圆周 Wheel Circumference	±0.15cm	<156cm	<256cm

KED-V6+

▶ 颠覆传统轮胎测量模式	● 无需夹具	▶ 超高清摄像头定位
▶ 基于轮胎表面视觉测量	● 无需标靶	▶ 测量单元自动导引
▶ 重现轮胎表面三维形状	● 无需标签	▶ 精准捕捉轮胎位置
▶ 实时显示轮胎测量数据	● 无需推车	▶ 智能机器省心省力

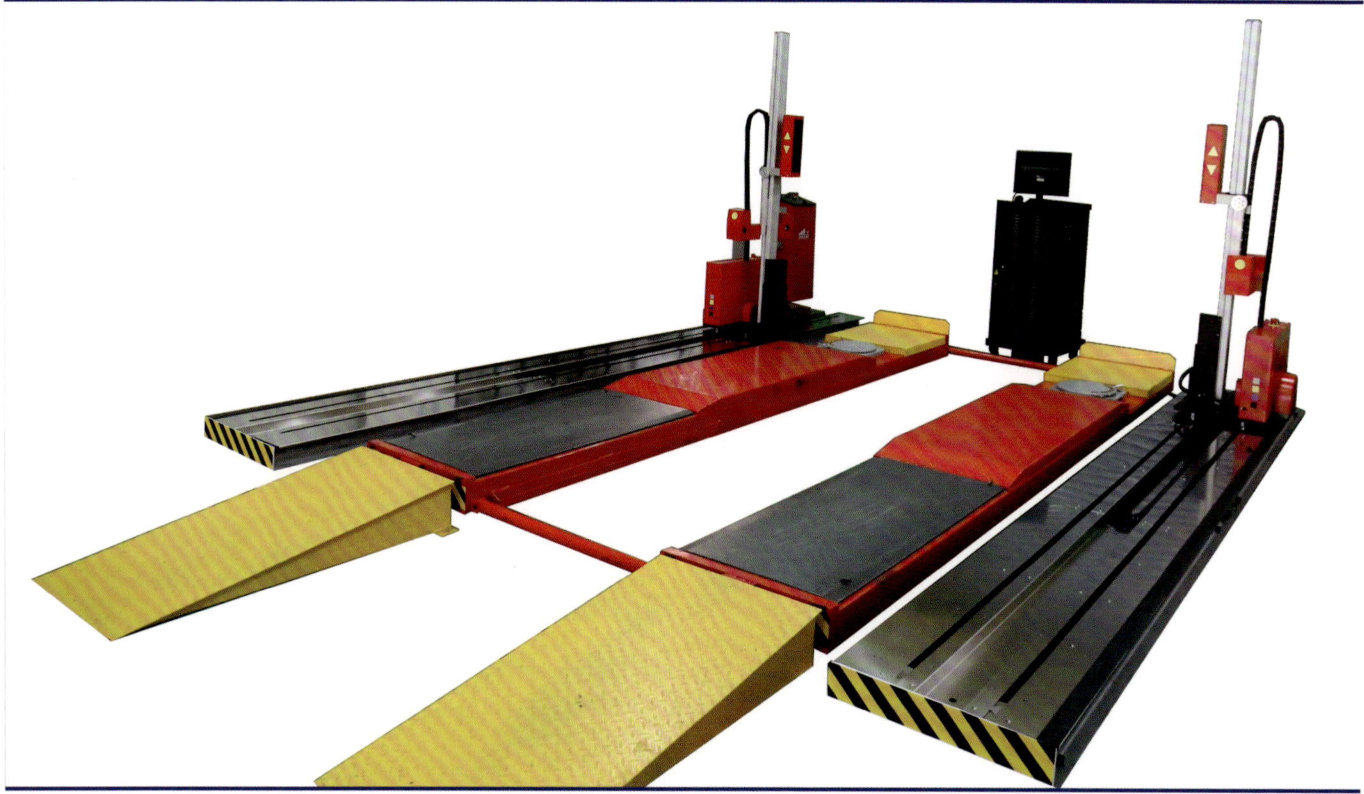

Independent intellectual property rights
The chief Non-Contact Wheel Alighment in China
Visual measurement based on tire surface
Reproduce the 3D shape of the tire
Accurate capture the position of the tire

About us

Guangzhou ZhiYi Engineering Company Ltd.
Since 1999 to now 18 years' focus on
Professional team and Craftsman spirit
For you ......All only for you

TEL:020-86297040/36013593
Mobile:18302045285 E-mail:tht6888@163.com

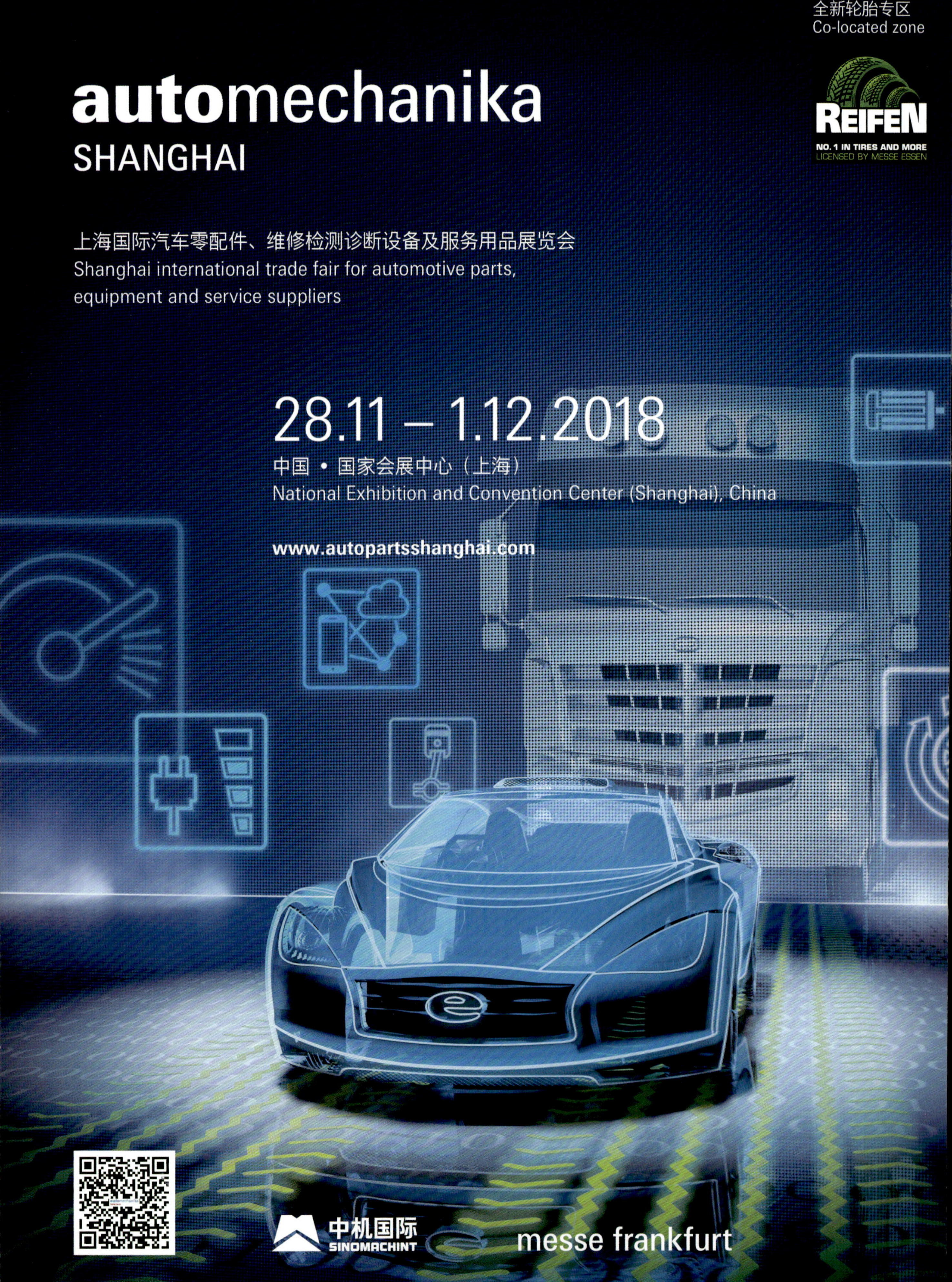
全新轮胎专区
Co-located zone
REIFEN
NO. 1 IN TIRES AND MORE
LICENSED BY MESSE ESSEN
automechanika
SHANGHAI
上海国际汽车零配件、维修检测诊断设备及服务用品展览会
Shanghai international trade fair for automotive parts, equipment and service suppliers
28.11 – 1.12.2018
中国 • 国家会展中心（上海）
National Exhibition and Convention Center (Shanghai), China
www.autopartsshanghai.com
中机国际
SINOMACHINT
messe frankfurt

钣金烤漆

Metal Sheet & Spray Booth

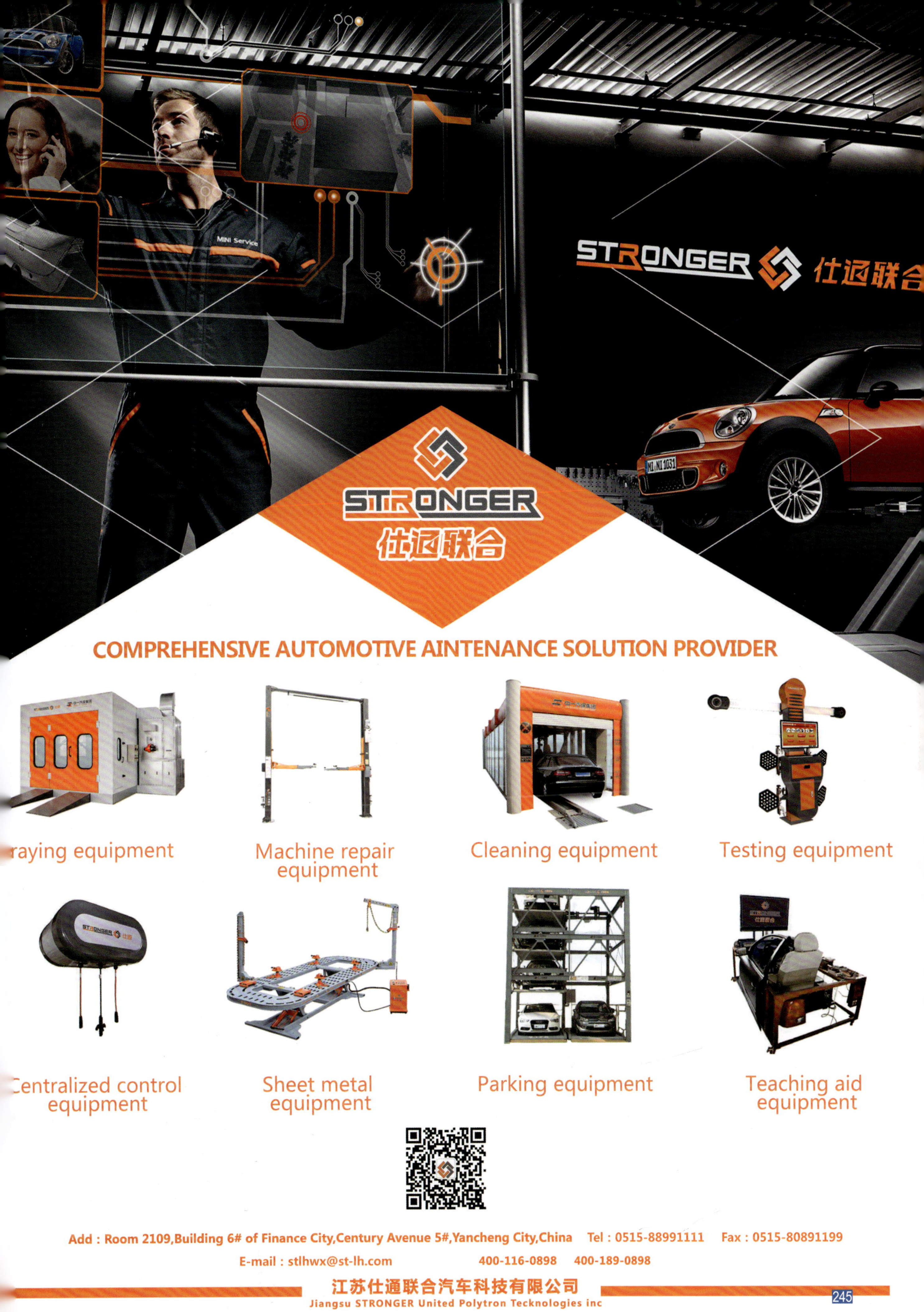

STRONGER 仕迈联合

STRONGER 仕迈联合

COMPREHENSIVE AUTOMOTIVE AINTENANCE SOLUTION PROVIDER

raying equipment

Machine repair equipment

Cleaning equipment

Testing equipment

Centralized control equipment

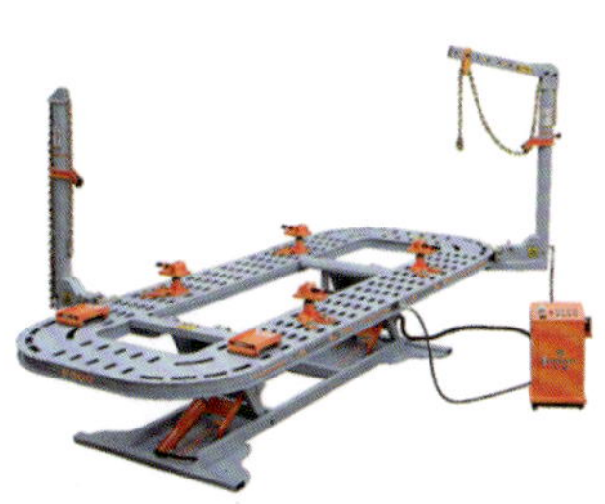

Sheet metal equipment

Parking equipment

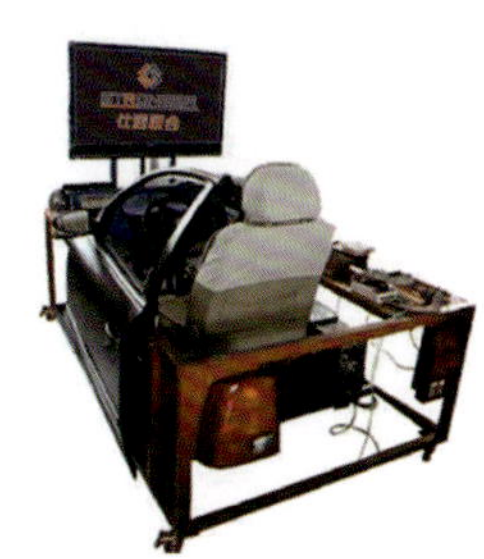

Teaching aid equipment

Add : Room 2109,Building 6# of Finance City,Century Avenue 5#,Yancheng City,China Tel : 0515-88991111 Fax : 0515-80891199

E-mail : stlhwx@st-lh.com 400-116-0898 400-189-0898

江苏仕通联合汽车科技有限公司

Jiangsu STRONGER United Polytron Tecknologies inc

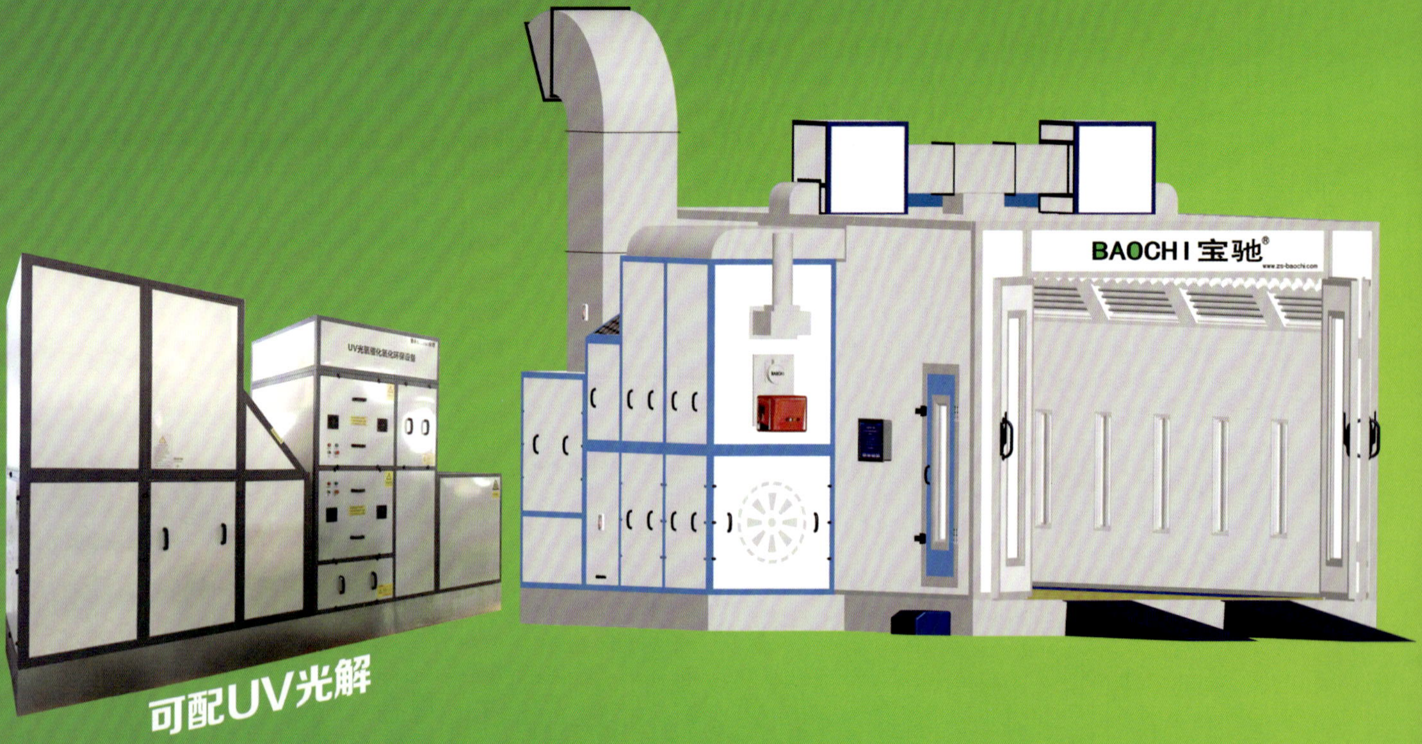

案例展示 Case Exhibition

产品认证 Product Certification

广州市广赛机电设备有限公司

GW-600S

配置

- 墙板采用50mm保温板，里外δ0.376mm彩钢板，内填EPS；墙板内壁颜色为白色，支架采用镀锌方管；配置2道5条10mm筋地格栅，3道花纹板，2件630×2000mm（W×L）上车坡台
- 送风机采用2台3 kW双进风离心风机，总风量达到22000m³/h
- 排风机采用1台5.5 kW双进风离心风机，总风量达到15500m³/h
- 顶灯采用佛山照明LED灯管，8组4支x16W共512W进风采用初效过滤，静压室采用型号为600G的亚高效过滤棉
- 采用带感应自动断电的红外线烤灯，10组内置3支1 kW灯管，共30 kW；升温时间5-8 min，设置房体内最高工作温度为60℃
- 设有左右照明、喷漆、烤漆、电源开关，故障指示灯。电控箱外接电源线要求为三相四线，单线16 mm²或以上配置地棉地网，活性炭环保柜

Configuration

- The Wall Panel uses 50mm heated board, the outside and inside is 0.376 mm painted steel plate, fill in EPS. the interior color of the wall panel is white, The holder uses galvanized square tube, 2 rows of 5pcs 10mm grills, 3 rows of diamond plate, 2pcs 630×2000mm（W×L）ramp.
- Intake Fan uses 2pcs 3 kW centrifugal fan, air capacity: 22000m³/h.
- Exhaust Fan uses 1pcs 5.5kWcentrifugal fan, air capacity: 15500m³/h.
- Ceiling Light is FSL LED Tube, 8Units*4PCS*16W=512W, side light:
- The intake air uses initial effect filter, static pressure chamber uses 600G Sub-high efficiency filtration cotton.
- 10 rows of 3pcs 1 kW LED Tube, total 30kW, 5-8 Minutes of heating up time, the Room inside highest working temperature is 60 ℃.
- With two Sides Lighting, Spray, painting, Power Switch, Fault Indicator Light, the requirement of electric cabinet external power line is three-phase four-wire, single line ≥16mm².
- With Activated carbon Environmental protection cabinet.

广州市广赛机电设备有限公司
地址：广州市花都区石塘工业区自编六号
电话：020-37717428　13302288933

GR-5000

配置

- 墙板采用50mm保温板，里外δ0.426mm彩钢板，内填岩棉；墙板内壁颜色为白色，支架采用镀锌方管；配置全地格栅，2件900×2000mm（W×L）上车坡台
- 送风机采用1台涡轮风机，功率：7.5kW, 送风量：23000 m³/h
- 排风机采用1台涡轮风机，功率：7.5kW, 排风量：23000 m³/h
- 顶灯采用佛山照明LED灯管，8组4支x16W共512W，腰灯照明：8组×4支=32支16W灯管
- 进风采用初效过滤，静压室采用型号为600G的亚高效过滤棉
- 采用利雅路牌G20燃烧机，不锈钢热交换器，气动风门执行喷烤漆循环
- 设有左右照明、常温/恒温喷漆、急停开关、电源开关，故障指示灯。电控箱外接电源线要求为三相四线，单线10mm²或以上；配置玻璃纤维棉过滤，活性碳环保柜

Configuration

- The Wall Panel uses 50mm heated board, the outside and inside is 0.376 mm painted steel plate, fill in EPS.the interior color of the wall panel is white, The holder uses galvanized square tube, 2 rows of 5pcs 10mm grills, 3 rows of diamond plate, 2pcs 630×2000mm（W×L）ramp.
- Intake Fan uses 2pcs 3kW centrifugal fan, air capacity: 22000m³/h.
- Exhaust Fan uses 1pcs 5.5kW centrifugal fan, air capacity: 15500m³/h.
- Ceiling Light is FSL LED Tube, 8Units*4PCS*16W=512W, side light:
- The intake air uses initial effect filter, static pressure chamber uses 600G Sub-high efficiency filtration cotton.
- 10 rows of 3pcs 1kW LED Tube, total 30kW, 5-8 Minutes of heating up time, the Room inside highest working temperature is 60 ℃.
- With two Sides Lighting, Spray, painting, Power Switch, Fault Indicator Light, the requirement of electric cabinet external power line is three-phase four-wire, single line≥16mm².
- With, Activated carbon Environmental protection cabinet.

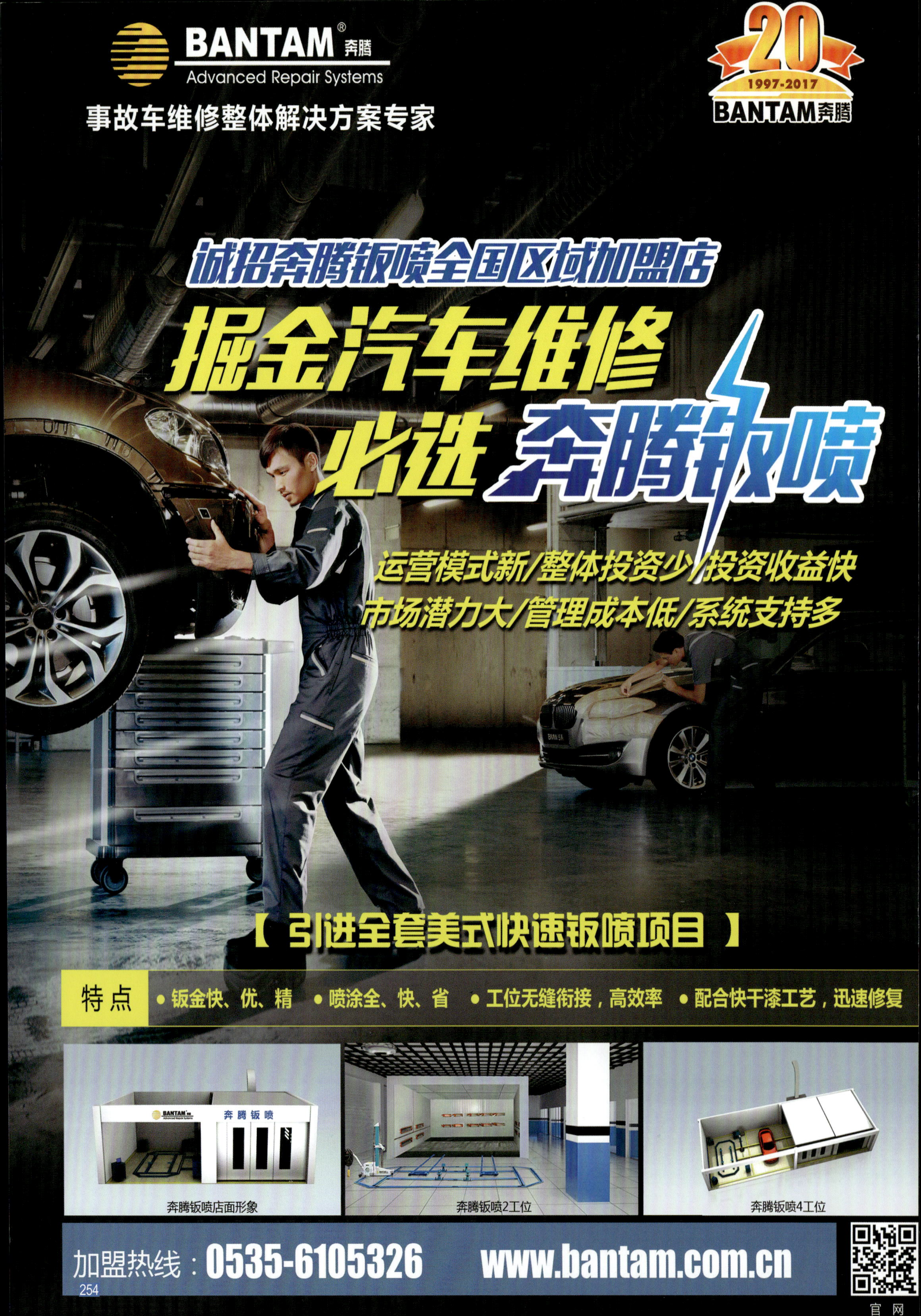

BANTAM® 奔腾
Advanced Repair Systems
事故车维修整体解决方案专家
20
1997-2017
BANTAM奔腾
诚招奔腾钣喷全国区域加盟店
掘金汽车维修
必选 奔腾钣喷
运营模式新/整体投资少/投资收益快
市场潜力大/管理成本低/系统支持多
【 引进全套美式快速钣喷项目 】
特点
• 钣金快、优、精 • 喷涂全、快、省 • 工位无缝衔接，高效率 • 配合快干漆工艺，迅速修复
奔腾钣喷店面形象
奔腾钣喷2工位
奔腾钣喷4工位
加盟热线：0535-6105326
www.bantam.com.cn
官网

威力狮® welion

汽车深化保养解决方案专家

源自美国 服务中国

掘金

汽车后市场 就选威力狮

中美2大研发中心和生产基地

16大车厂OEM品牌

汽车11大系统深化保养解决方案

共享汽车后市场20年品牌资源

200多家合作汽车经销商集团

5000多家合作4S站

通过CCPC交通产品认证

诚招威力狮汽车养护品全国部分区域经销商

招商热线：0535-6931578 18663877390

www.welion.net

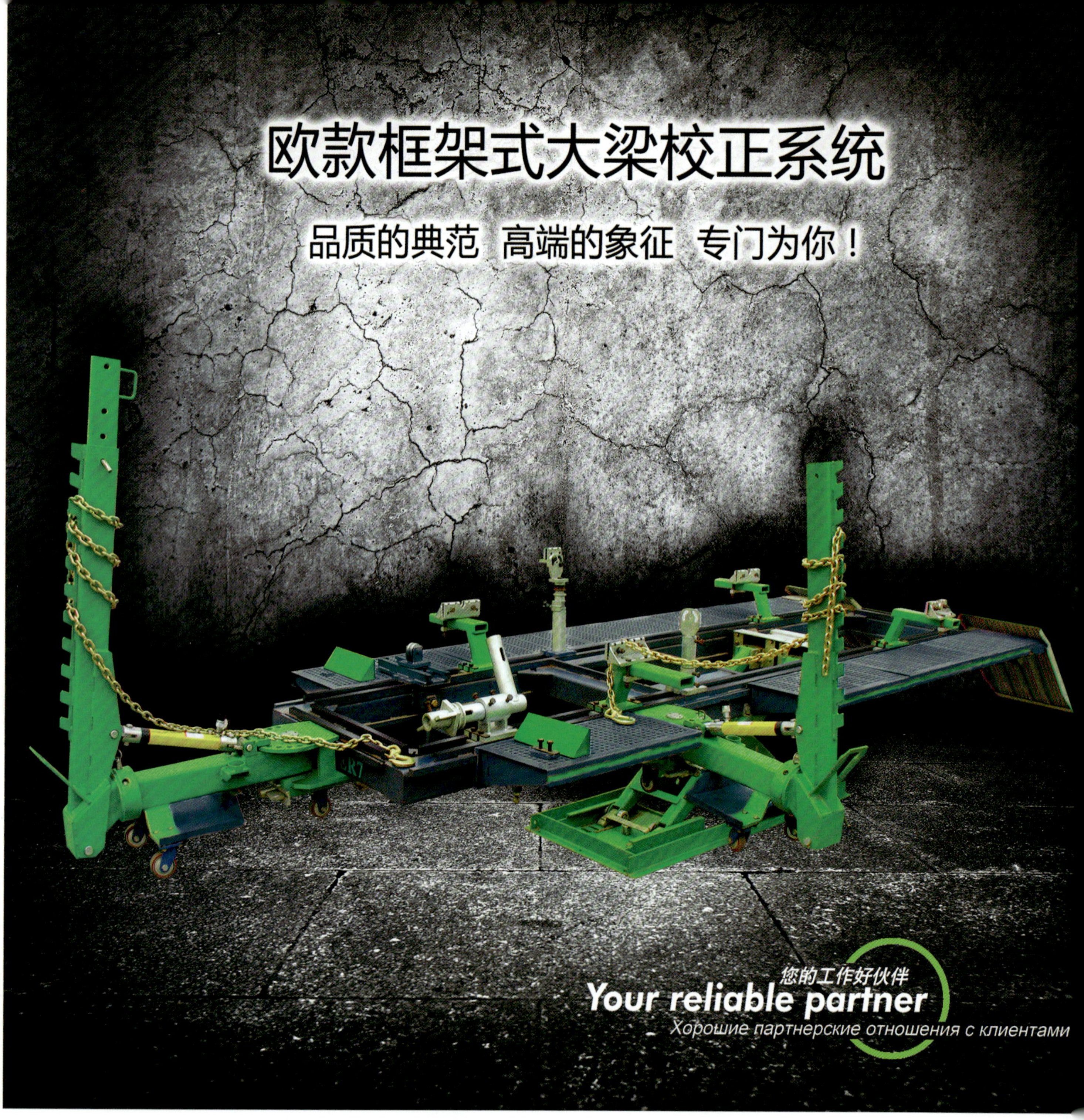

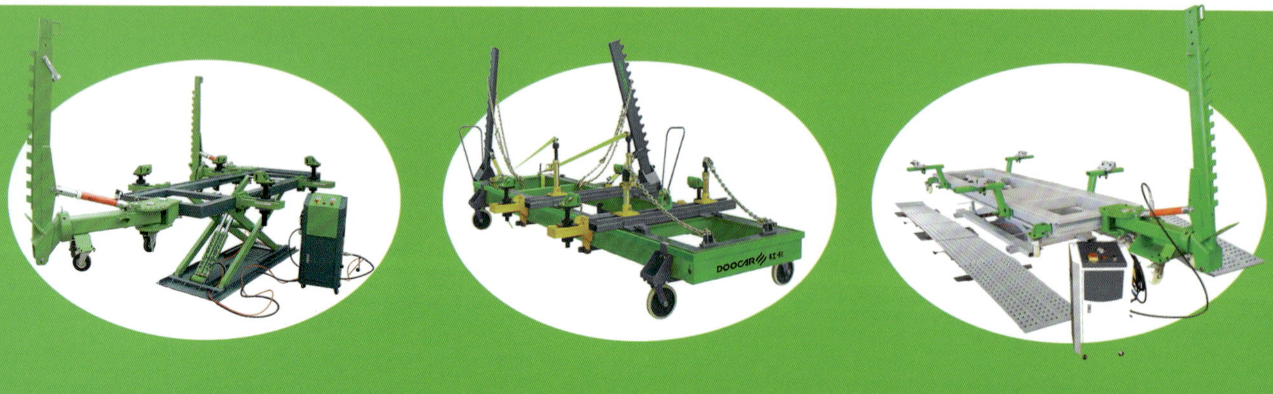

高效、绿色、更高盈利的现代钣喷车间

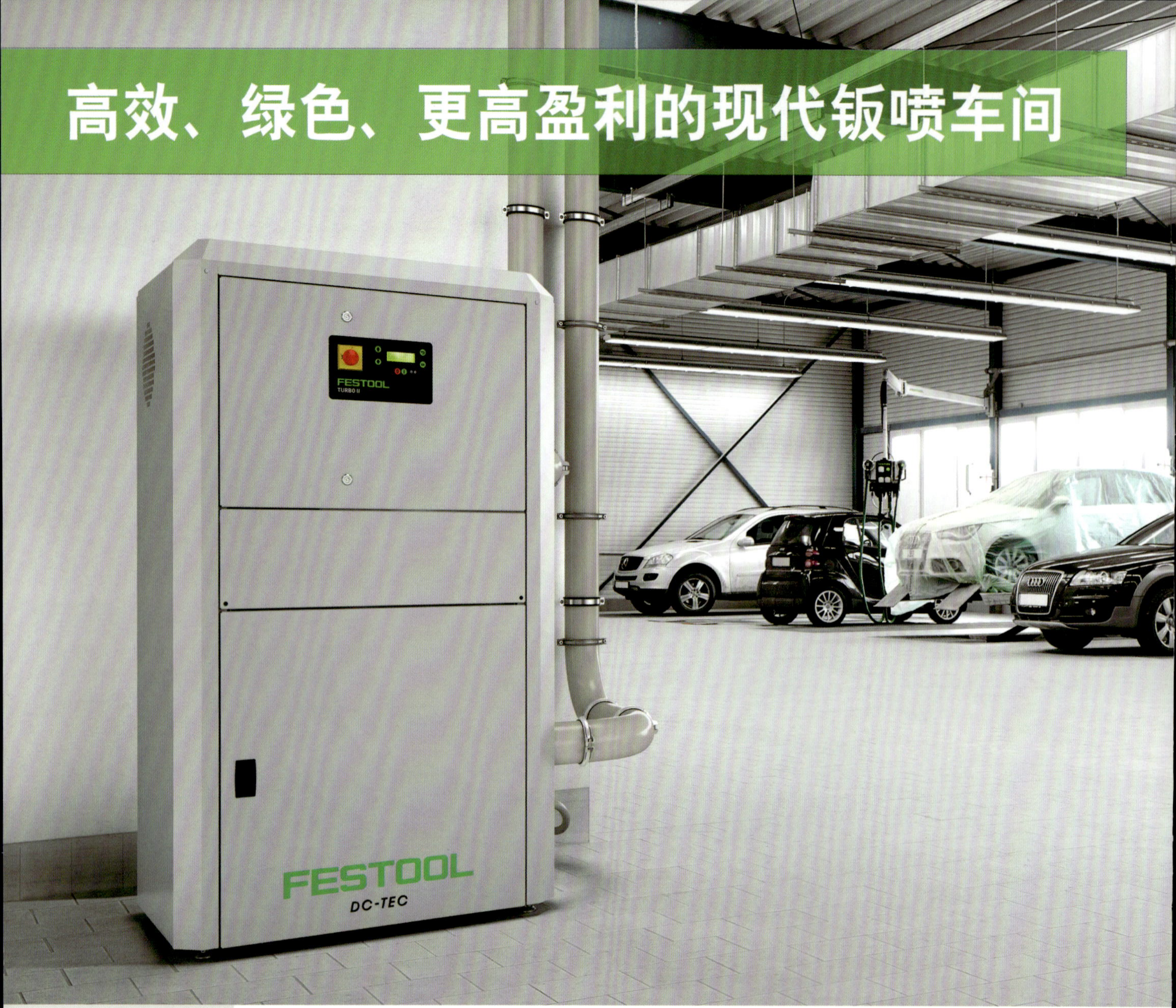

合作客户类型概览

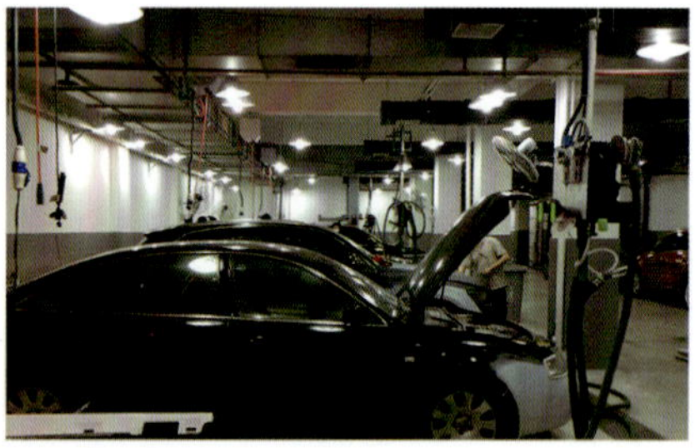

汽车 4S 站

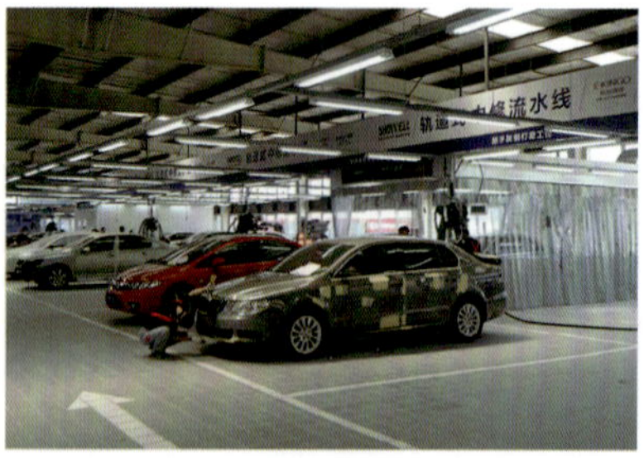

钣喷中心 / 流水线

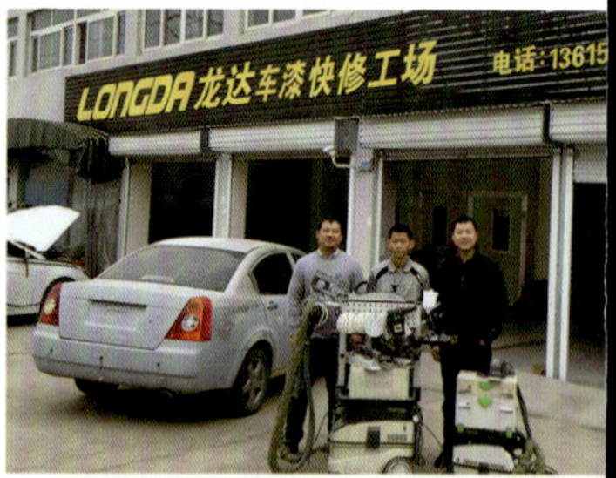

独立维修站

PROFIT
挖掘您的利润区 zone

德国费斯托工具是诞生于 1925 年的专业工具品牌，面向汽车喷涂行业，费斯托工具可以提供完整的解决方案，包含了无尘干磨、抛光、集尘系统和施工工艺，满足客户在表面处理上的严苛需求。

我们在 4S 站、钣喷中心、独立维修站、快修连锁集团、职业院校中都取得了很高的客户认可。

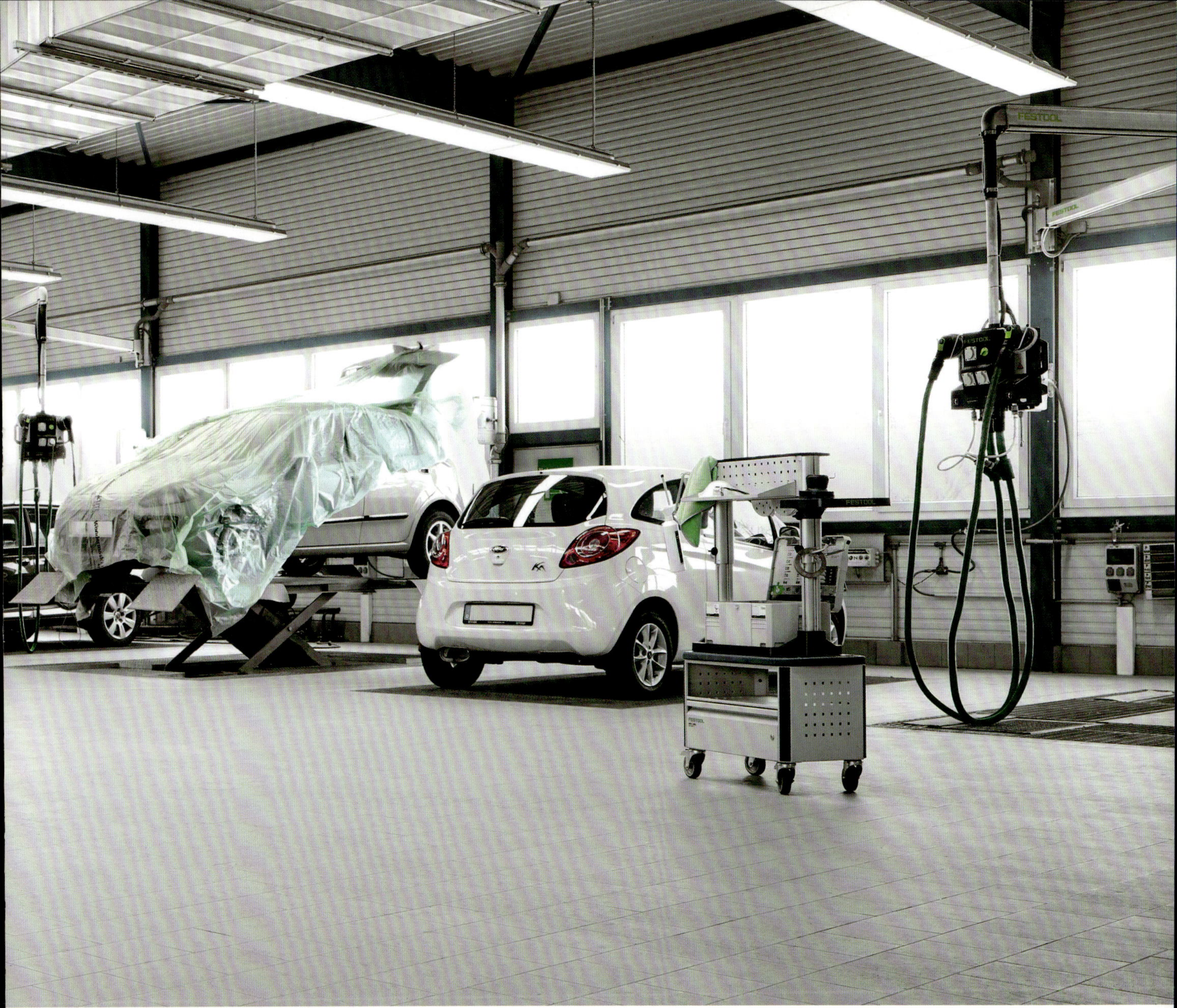

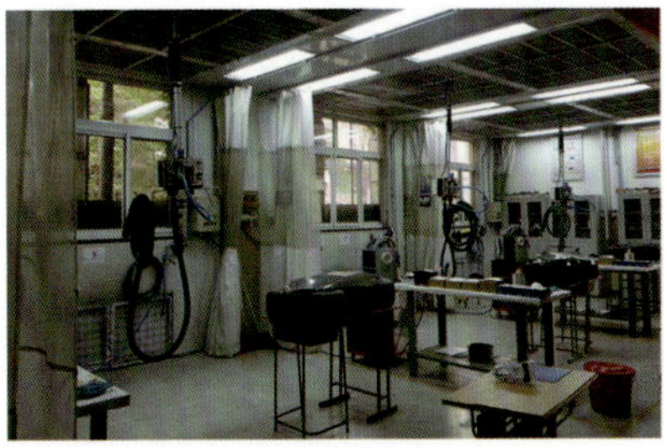

职业院校喷涂实训中心

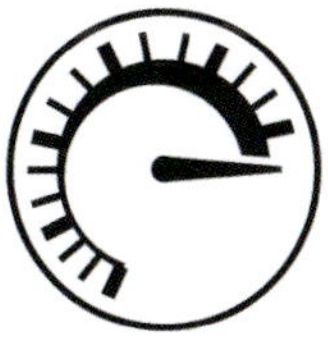

节约时间

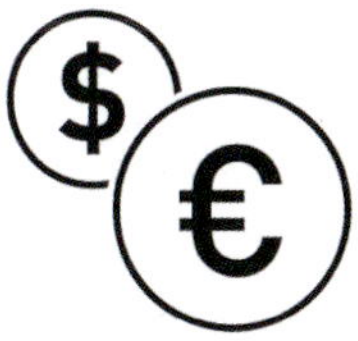

节省成本

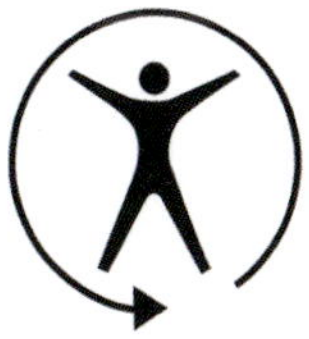

保护健康

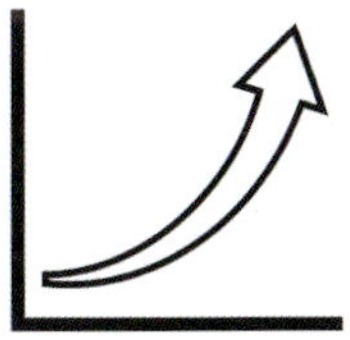

提高效率

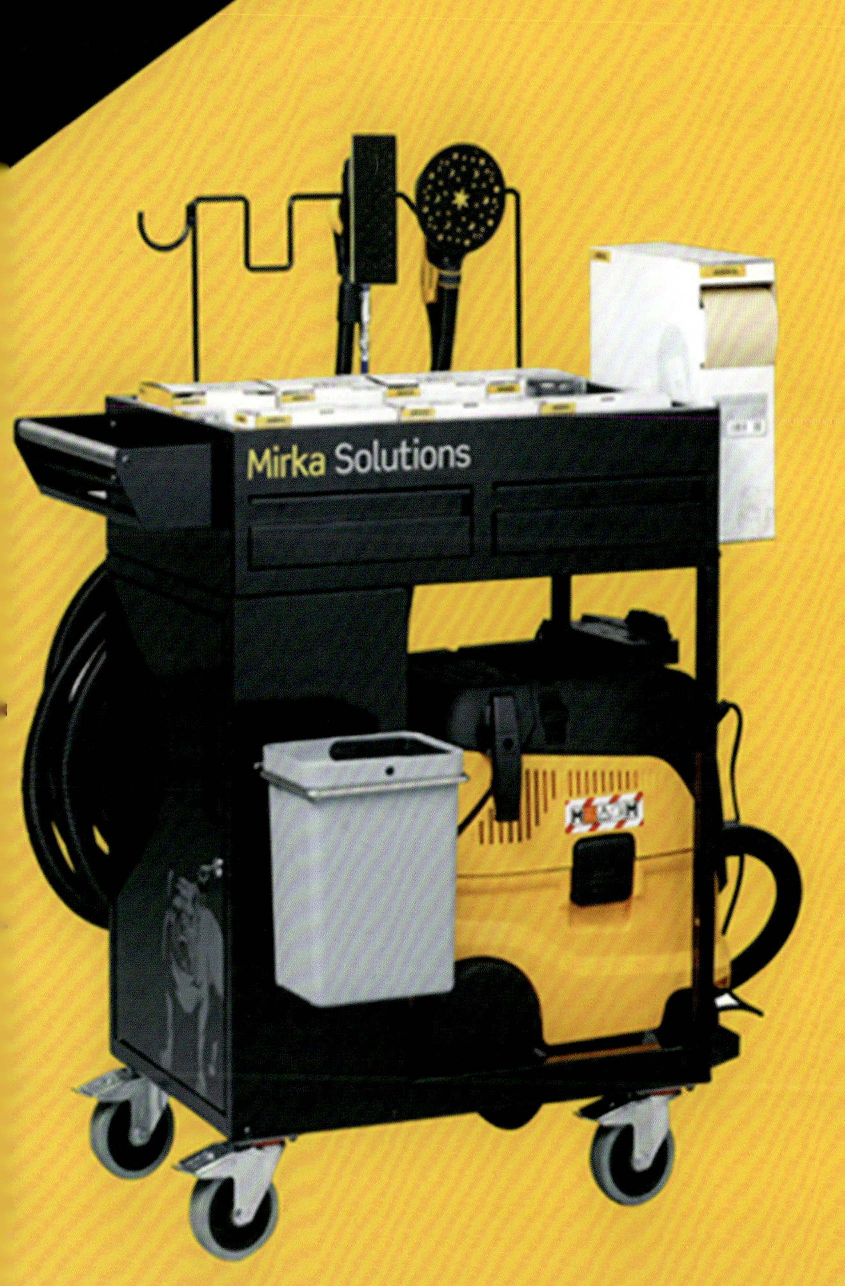
Mirka Solutions

MIRKA

POLION 广州宝隆研磨科技有限公司
POLION SANDING TECHNOLOGY CO.LTD

公司简介

广州宝隆研磨科技有限公司致力于无尘干磨系列产品的研发、生产及销售。业界内率先将教学培训系统融入到设备中，通过设备上的智能触摸屏，全方位展示打磨标准流程，涂装知识及多达 20 组的工艺培训视频。通过干磨流程分析并结合打磨视频介绍，让使用者全面掌握设备使用和工艺要求，帮助汽车维修企业成为汽车打磨及涂装专家提供全面的解决方案。

悬挂单元
drops

中央集尘器
centralized system

移动无尘干磨机
mobile dust extractor

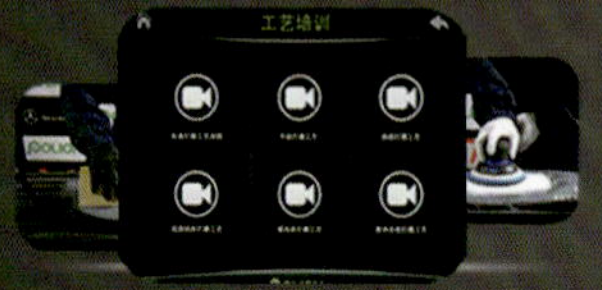

20年钣喷行业从业资历，国家级涂装技师为你量身打造15组宝隆标准无尘干磨工艺流程教学视频。

15 Polion unique training videos, made by a national certified spray-painting technician who has 20 years' experiences, telling you all about painting.

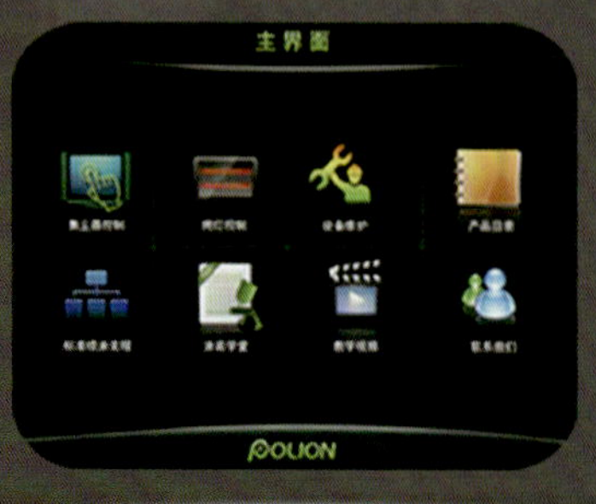

智能触摸屏
Smart touch screen

涂装知识培训教材，图文并茂，日常所需辅料信息以及相关喷涂常识，由浅至深。

Polion, prepares a nice training course with pictures and subtitles, providing common sense as well as professional knowledge in spray-painting.

干磨 系统解决方案专家

SANDING SOLUTION SPECIALIST

COMPANY PROFILE

Polion Technology Co. Ltd. is specialized in researching and developing, producing and selling dust-free extractors. We initiated extractors with training systems. There are around 20 training videos on all-around sanding procedure, which performances can be displayed on a touch screen. By learning these videos, the operators will have a full picture of this sanding equipment and master the sanding technique. We provide all-around solutions and we help the automobile service shops to be professional on polishing spray-painting.

微信公众号
wechat

官方网站
website

广州宝隆研磨科技有限公司

POLION SANDING TECHNOLOGY CO.LTD

广州市白云区夏茅友谊工业区A栋1楼
1st Floor, YouYi industrial Zone, XiaMao, BaiYun District, Guangzhou, China.

+86 (20) 86090482

info@poliontool.com

http://www.poliontool.com

FAX +86 (20) 86090213

1. VAC-RUSH CLEAN 专利清灰技术，比传统的压缩空气清灰更高效，滤芯使用寿命更长，保养维护费用更低
2. 7英寸触摸屏面板，PLC控制，可根据工况编程，更智能，更可靠
3. 标配变频技术，闭环负压反馈系统，在保证吸力的情况下更节能
4. 独特的防喘振设计，保证设备时刻高效工作
5. 多滤芯并联设计，有效提高过滤面积的同时，增强滤芯的使用寿命和清灰效果，使设备运行时间再长也能保证强大的真空吸力

1.VAC-RUSH CLEAN patent cleaning technology, which is more efficient than traditional compressed air, with a longer life expectancy and lower maintenance costs

2.7 inch touch screen panel, PLC control, can be programmed according to the condition, more intelligent, more reliable

3. Standard and variable frequency technology, closed-loop negative pressure feedback system, which is more energy efficient in the case of guaranteed suction

4. Unique anti-surge design, ensure that the equipment always works efficiently

Elephant艾乐风移动焊烟抽排单机采用先进的一体化机身设计，高可靠性的可编程电控系统，铸就了一台非凡的移动焊烟抽排单机

强大的风量与负压的完美匹配，配合世界领先的过滤系统，使设备可应用于各种烟尘场合，如：焊烟，食品加工，打磨，切割等

电控系统可根据工况进行编程设置清灰强度，合理节约能源，提高机器效率和滤芯使用寿命，维护成本极低

智能滤芯保养提示，免去用户的后顾之忧

The machine adopts advanced integrated fuselage design and high reliability programmable electronic control system, which makes a single machine for mobile welding

Strong wind and negative pressure perfect match, cooperate with the world first-class filtration system, make the equipment can be used in various smoke and smoke occasions, such as: welding smoke, food processing, grinding, cutting, etc

The electric control system can be programmed to set up the ash intensity according to the working condition, reasonably save energy, improve machine efficiency and filter core service life, and maintain extremely low cost

Smart filter core maintenance tips, avoid the user's worries

风量 Flow：1200m³/h

功率 Power：1.5kW

电源 Power Supply: 380V，50Hz，3P

过滤效率 Filtration efficiency: 99%

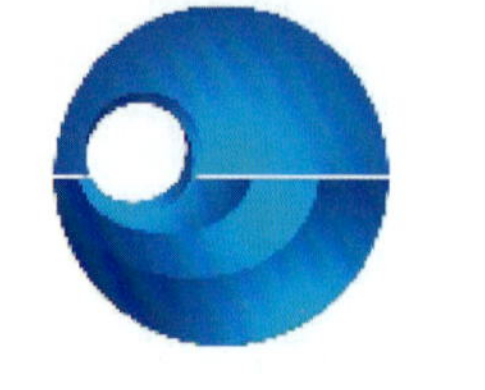

ELEPHANT-SUCTION

THIS IS ELEPHANT-SUCTION

1. 中央除尘干磨系统功率大、负压高、吸力强（功率大的同时智能控制，有效节省能量，自动变频及自动待机）
2. 吸力强直接影响到打磨效率（吸力越强，磨头吸附的越干净，砂纸使用效率越高）
3. 打磨效率依据打磨头的销切速度（销切力好的同时，砂纸耐用了，打磨速度快了）
4. 节省砂纸，节省时间，节约人工成本，更有效保护粉尘对使用者的伤害，提高产能

1. High power, negative pressure and strong suction power of central dust-removing dry grinding system (power large while intelligent control, effective save energy, automatic frequency conversion and automatic standby)

2. The suction force directly affects the grinding efficiency (the stronger the suction, the cleaner the grinding head and the higher the use of sandpaper)

3. The grinding efficiency is based on the cutting speed of the grinding head (the abrasive paper is durable and the polishing speed is fast)

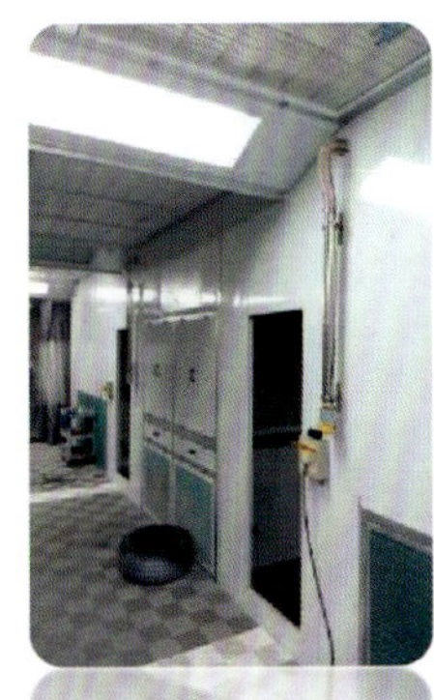

如果您选择此系统，相比传统移动干磨机：

- 节省了50%设备保养费用
- 减少了3%耗材消耗
- 提高了20%的打磨效率

If you choose this system, compared to the traditional mobile dry mill:

- can save 50% of the equipment maintenance cost
- 30% reduction in material consumption
- Grinding efficiency increased by 20%

功率：1.5kW，380V，三相
最大风量：1200-1400 m^3/h
清灰方式：手动/选配自动
过滤面积：10 m^2 / 20 m^2
过滤效率：99.99%（0.3 μm）
故障报警：标配
滤芯保养提示：标配
工作时间累计显示和复位：标配
体积：700mm*900mm*1350mm
重量：145kg
噪音：68db
活动臂：直径160mm，长度3m
活动臂类型：360°旋转，3D自由定位式

Power: 1.5kW , 380V, three-phase
Maximum air volume: 1200-1400 m^3/h
Clean grey mode: manual/optional automatic
Filter area: 10 m^2/20 m^2
Filtration efficiency: 99.99% (0.3 μm)
Failure alarm: standard match
Filter core maintenance tip: standard
Work time cumulative display and reset: standard
Size: 700 mm * 900 mm * 1350 mm
Weight: 145 kg
noise: 68 db
Movable arm: 160mm in diameter, 3m in length
Movable arm type: 360 degree rotation, 3D free positioning

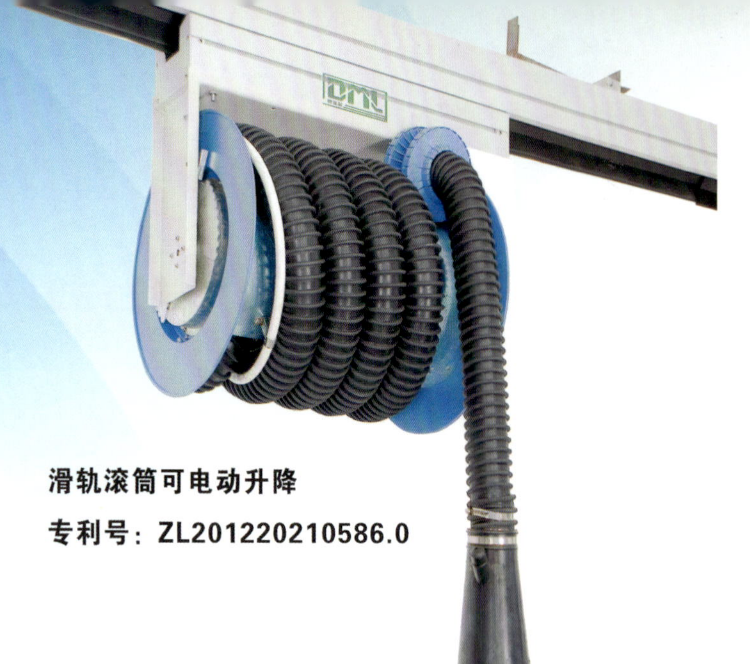

滑轨滚筒可电动升降

专利号：ZL201220210586.0

滑轨式焊烟抽吸系统

Slide welding smoke suction system

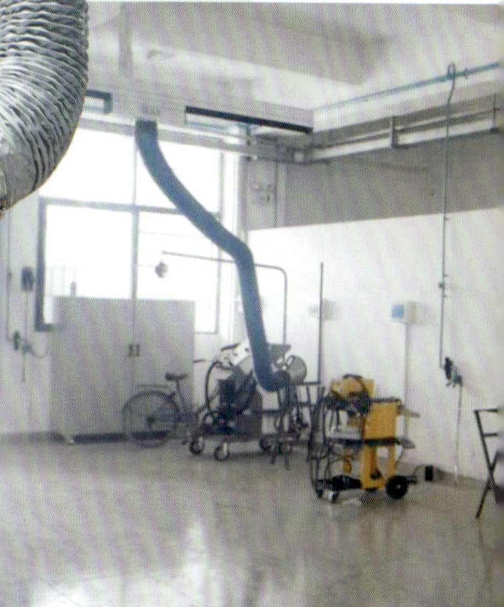

特别设计用于含烟气、蒸汽或非爆炸性粉尘的工作环境。典型的工作场所是金属制造业或其他需要抽排的工业。可以应用在焊接、打磨或者其他需要易定位活动臂的工业加工场合。标准产品的吸风罩内含风门。

Applications purex offers an extensive range of fume extraction solutions. These range from machines to protect a single person to powerful centralised systems to cater for multiple users or high volume continuous automated processes (e.g. a PCB production line, fume and unexplosive dust).

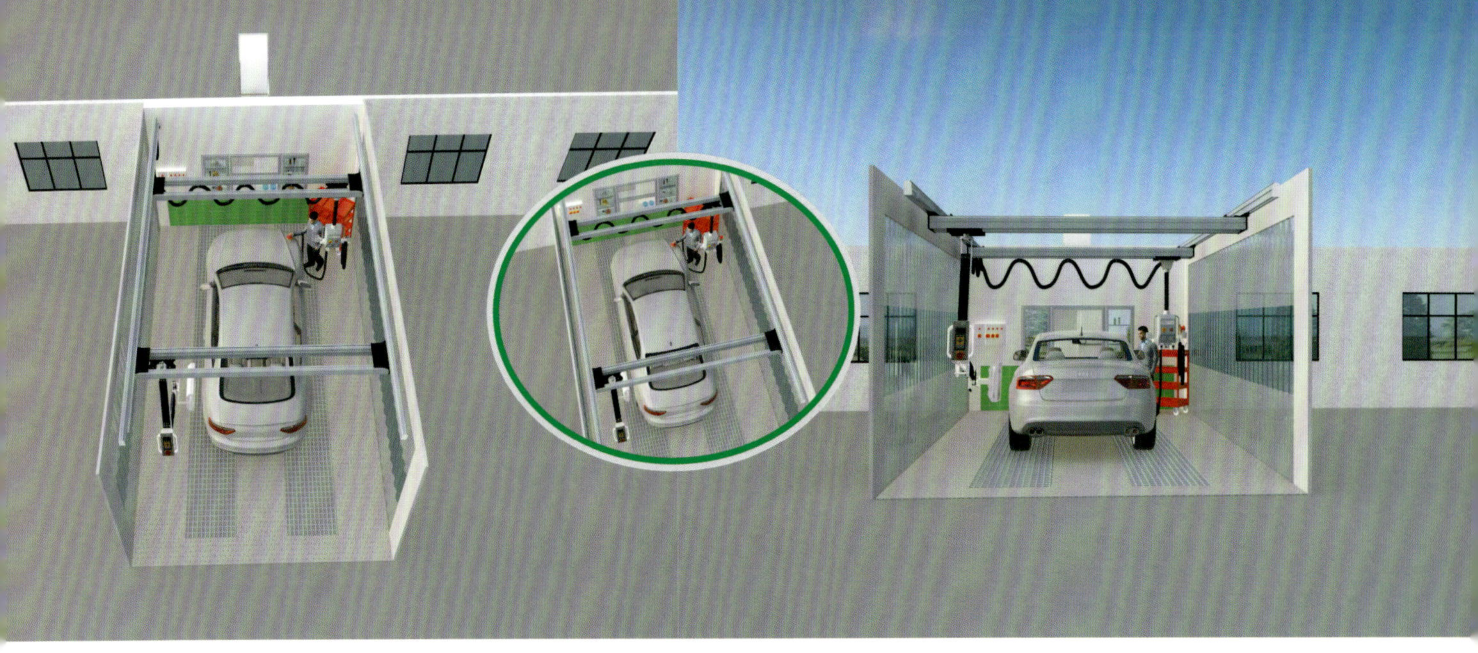

滑轨式烤灯
Slideway type baking lamp

环保道上的领导者！
ne leader on the green line

移动式焊烟抽吸系统
Weld fume purifier(single arm/arms)

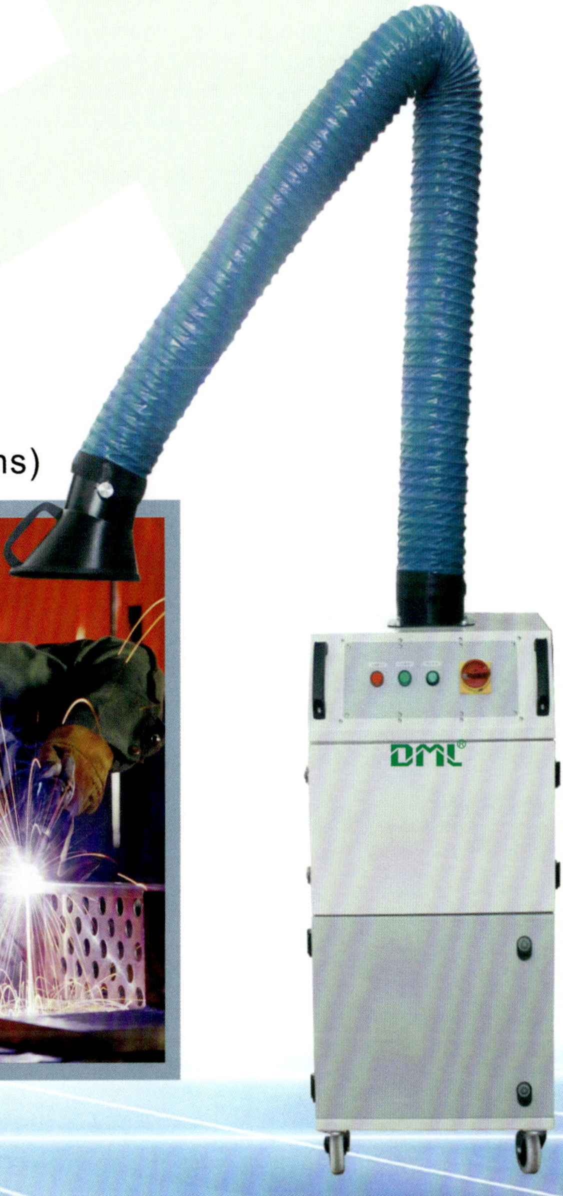

公司简介 introduction

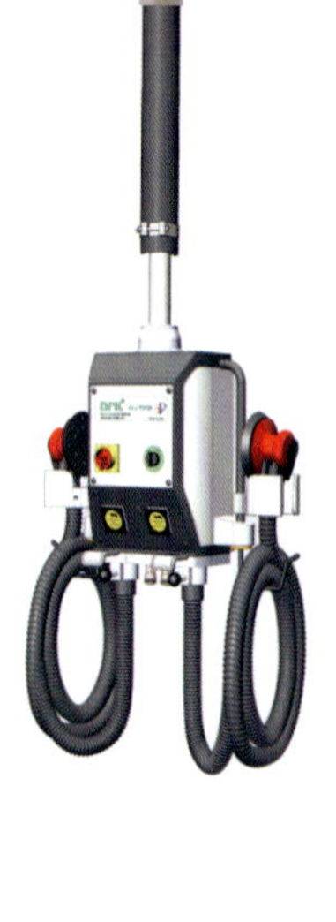

迪米尔——中国一家专业打磨吸尘环保设备供应商。公司专注于中央集尘打磨、无尘打磨系列产品、打磨吸尘、废气抽排等相关环保产品研发、生产、销售与服务。公司积极学习国外先进的汽保设备生产技术，用科学、环保、人性化的产品设计理念及成熟的技术和先进的生产工艺，自主创新研制出“中央集尘打磨系列”“中央集尘”“汽车尾气抽排”“移动式干磨系统”等系列环保产品。

作为环境健康领域的先行者，我们牢记企业的历史使命和社会责任：致力于改善人文环境，保护劳动者身心健康，创造美好洁净未来。与社会各界同仁为推进人类社会的文明、幸福与进步做出贡献。

公司产品曾多次荣获汽保行业产品推荐，多次参加国内外汽保展会，授权代理国外品牌产品，并申请了实用新型、外观设计等多项专利及CE认证证书。

因为专注，所以专业。

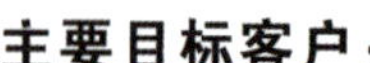

主要目标客户：

汽车、火车、轮船等制造、维修企业、工业制造行业、汽车4S、大型综合维修、钣喷美容维修企业。

经营宗旨：已所不欲　勿施于人

服务态度：专注　专业　专心

Dimur is a professional supplier of environmental equipment. The company focused on its related environmental product development, production, sales and service, with all-around service conceptas of the central dust sanding, dust-free sanding products, sanding dust, exhaust gas extraction etc. The company active to learn the advanced auto maintenance equipment production technology.

The design philosophy of the company's product is innovation with scientific, environmental, humane and the company developed a “central dust grinding series”, “central dust collection”, “automobile exhaust extraction”, “mobile dry grinding system” and other series of environmentally products, for the mature technology and advanced production technology.

Our products are applied for utility models, designs and other patents CE certificate.

我们的成绩 OUR RESULTS

V5HONOR荣耀

IGBT逆变气体保护焊机
IGBT Invert Gas
Protection Welding Machine

V320荣耀

IGBT分体高效逆变气体保护焊机
IGBT High-efficiency Invert Gas
Protection Welding Machine with Modularity

V360荣耀

IGBT分体高效逆变气体保护焊机
IGBT High-efficiency Invert Gas
Protection Welding Machine with Modularity

DeVilbiss作为空气雾化技术的发明者，100多年来致力于研发和生产各式喷枪与附件，一直站在高性能雾化技术的前沿。

在汽车后修补市场，DeVilbiss获得了各大主机厂的认证（例如宝马、奔驰、奥迪、通用、丰田等）并配合各大钣喷比赛与推广活动。与此同时，和世界知名涂料公司在华全面合作（例如艾仕得、阿克苏诺贝尔、巴斯夫、PPG、立邦、高飞等）。新开发的DeVelopeR VR虚拟喷涂教室与职业院校接轨，以“理、虚、实”相结合的教育方式培养喷涂技师各项专业能力。

上海特威喷涂技术有限公司作为DeVilbiss喷枪与设备在中国大陆、香港、澳门独家授权的运营机构，以“专心、专注、专业”的企业精神为客户带来更好的产品与更完善的服务。

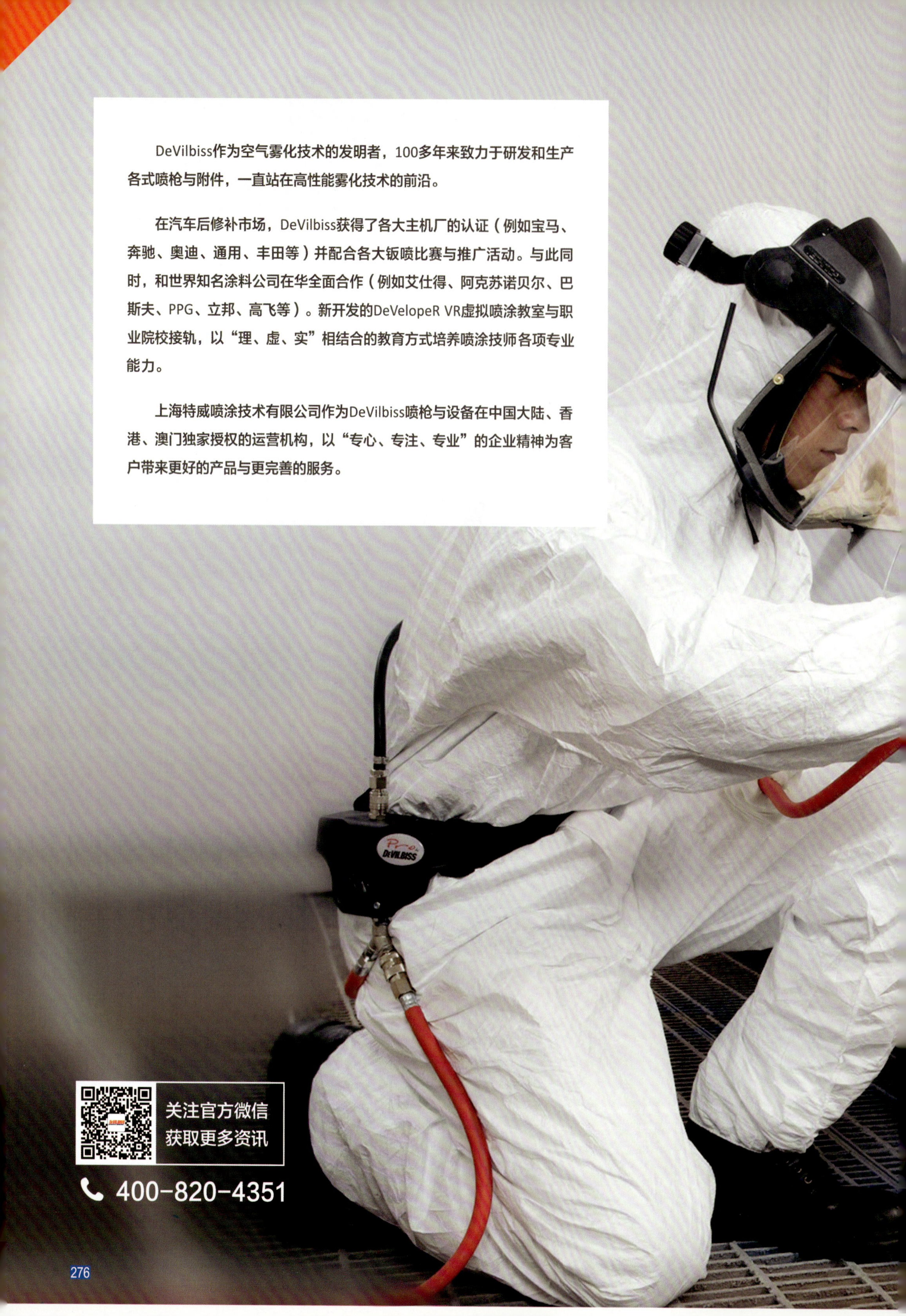

关注官方微信
获取更多资讯

400-820-4351

汽车修补喷枪
PROLT 环保水性喷枪
PROGTI 环保面漆喷枪
SRIPROL 小修补喷枪
PRILT 底漆喷枪
ADV 环保喷枪
ADV 传统喷枪
DEVILBISS®

汽车修补周边设备

全面式呼吸面罩

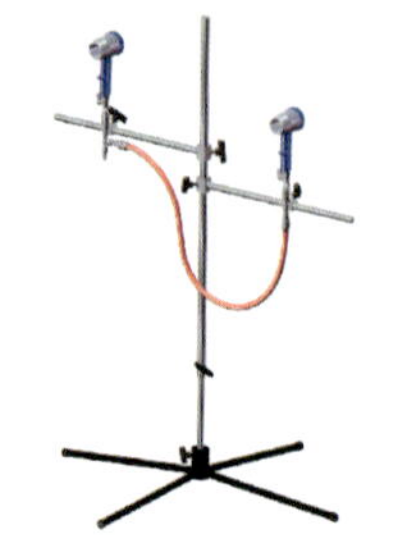
DMG 吹风枪

油水分离器

RAPTOR 红外修补烤灯

PROCLEAN2 洗枪机

VR模拟喷涂教室

珠海市龙神有限公司1990年在香港创建，1994年开始进入中国市场,是一家专业汽车维修、钣金喷漆及美容产品供应商。主要进口欧美、台湾等国家和地区产品，多年来，公司凭着“专业&信誉”的经营理念，在全国汽修市场得到了广大客户的鼎力支持和真诚合作，已形成一定规模的销售网络，在全国各大省市均有经销商和业务代表，在北京、上海、广州、成都等地区设有办事处，在武汉、西安、沈阳、济南、南宁、东莞等地区设有驻点。

公司的资深工程师及技术人员，具有产品、技术的开发、售后服务及技术培训，具有新厂配备、旧厂改造，从设计到安装为客户提供一条龙服务。

我们的经营宗旨是：守承诺、重信誉、保证客户的最大利益，诚信相待，重视与客户的长期合作关系。

我们的经营原则是：为客户提供更好服务，努力做到“产品质量好，价格体系好，售前售后服务好”。

不锈钢管道

Stainless Steel Pipe System
304 stainless steel　Environment-friendly
Corrosion resistance　Safety
Long life to use & easy to install

优质304不锈钢、环保美观、耐腐蚀、安全
使用寿命长、安装便 利

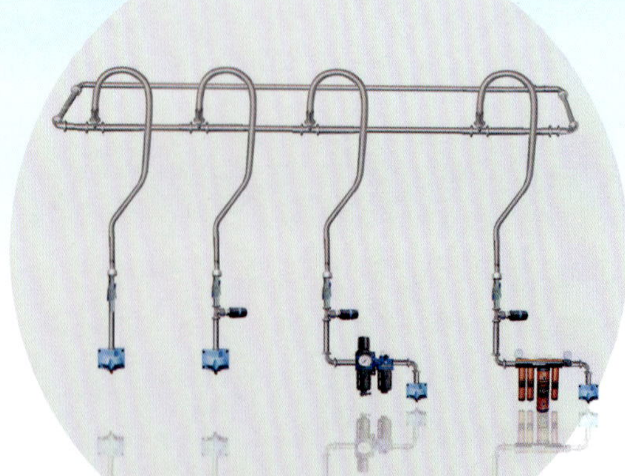

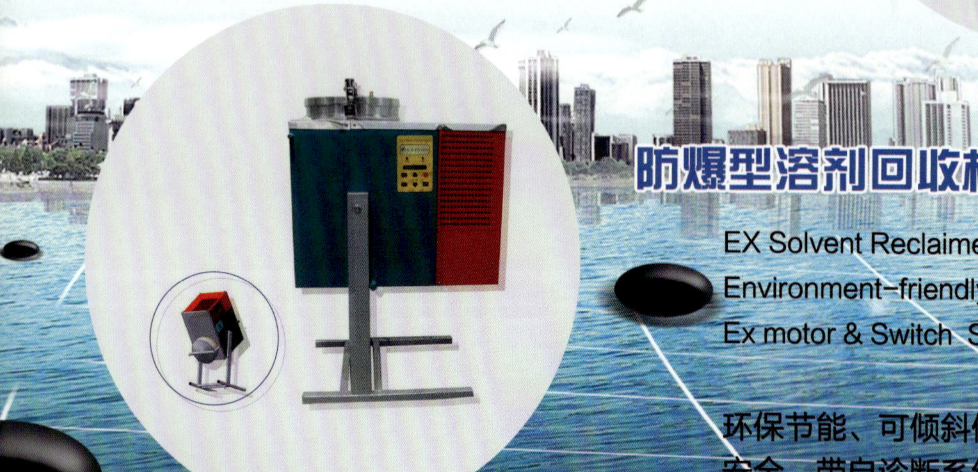

防爆型溶剂回收机

EX Solvent Reclaimer
Environment-friendly　Dumping design
Ex motor & Switch　Safety with diagnosis system

环保节能、可倾斜倒渣\防爆马达及防爆开关
安全、带自诊断系统

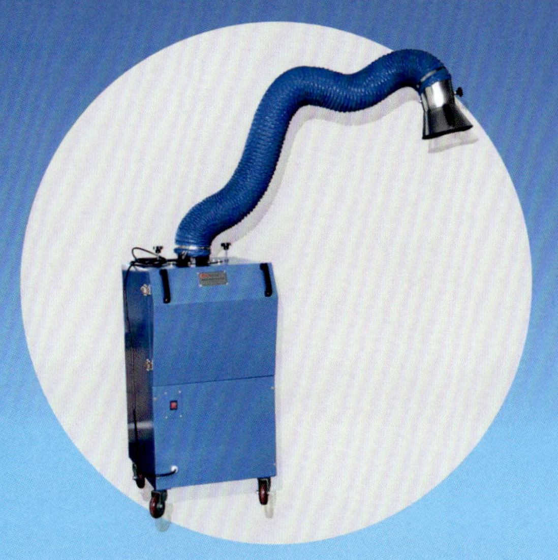

移动式焊接烟尘净化器

Movable Welding Smoke Purifier
Flexible adjustment　Easy to move
Purify the harmful substances

可任意伸缩，移动轻便
高效滤筒、环保安全
净化空气中的有毒物质

恒温油漆色样烘烤箱

Constant-temperature Paint Oven
Small size　Quick heating　Long life to use
Automatic temperature control　Stable operation
Easy to observe from the visible window with light

体积小、升温快、寿命长、能耗低，环保
自动温控、控温精准、运行稳定
可视化视窗及内部照明，方便观察

调漆台

Paint Mixing Workbench
Environment-friendly
Improve the working environment & mixing paint quality
Humanized design
With illumination、exhaust system & storage function

环保、改善工作环境，提高调漆产品质量
人性化设计，结构合理
自带照明、抽风及储存摆放功能
方便调整漆、工具与油漆存放
节省空间，减小室内污染

珠海市龙神有限公司（LONG INITIATIVES(ZH)CO.LTD）
地址：广东省珠海市前山梅华西路2372号，16栋4楼
TEL:86-(0)756-8509651　8509652　8509653
FAX:86-(0)756-8509650　Web:http://www.longco.com.cn

标准喷烤漆房 Spray Booth

标准打磨房 Prep Station

大型喷烤漆房 Truck And Bus Spray Booth

喷漆房 Industrial Painting Booth

24小时公司热线
18675888929
13826126185
13808861956
13902210582

北京办事处**孙先生:** 18620224950
(北京、天津、河北、山西、内蒙古、辽宁、吉林、黑龙江、山东、青海、陕西、甘肃、宁夏)

武汉办事处**董先生:** 18520095639
(湖北、湖南、河南、江西、安徽)

杭州办事处**周先生:** 18620685065
(江苏、浙江、福建、上海)

成都办事处**陈先生:** 18620054056
(四川、云南、贵州、西藏、重庆)

广州办事处**刘先生:** 13826187317
(广东、广西、海南)

电话：020-87468668，020-87463788　邮箱：market@yokistar.com.cn
网址：www.yokistar.com.cn，www.yozo-ys.com

钣喷流水线 Bodyshop Paint Repair Fixline

Vocs喷漆废气治理设备 Vocs Waste Air Treatment Equipment

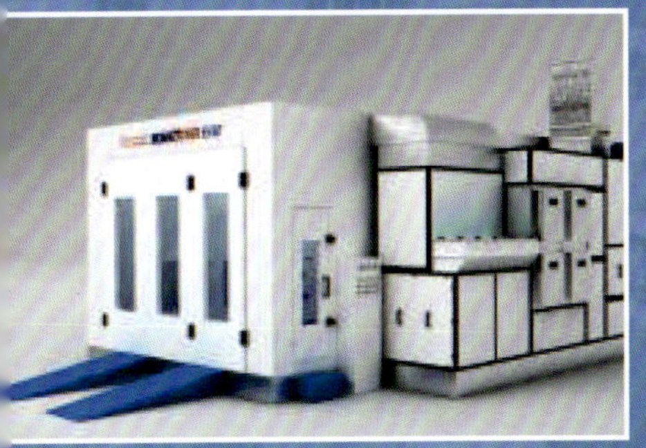

移动无尘干磨 Moveable Dust-Free Dry Sanding Set

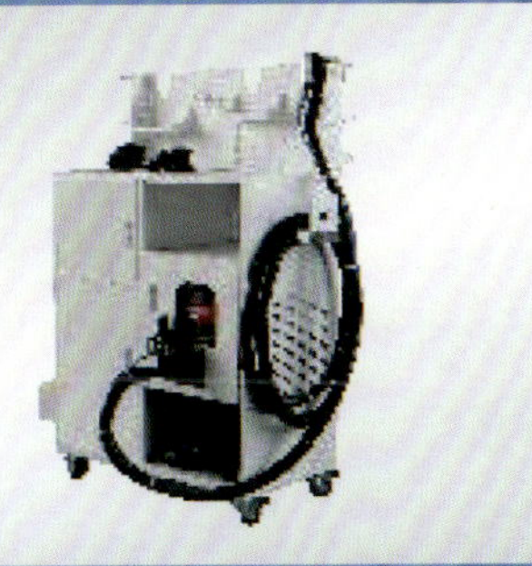

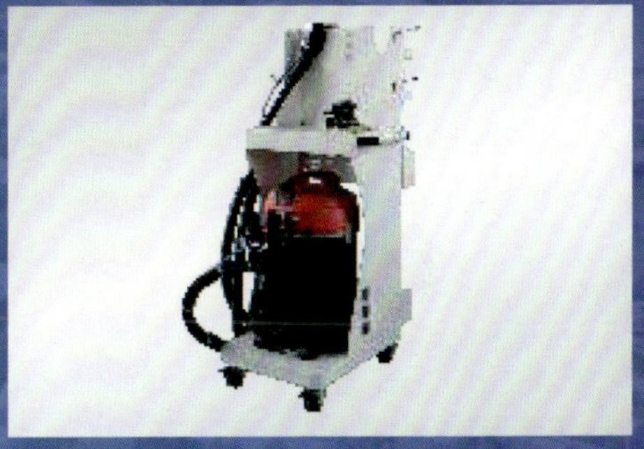

移动式短波红外线烤灯 Floor Type Infrared Paint Curing Lamp

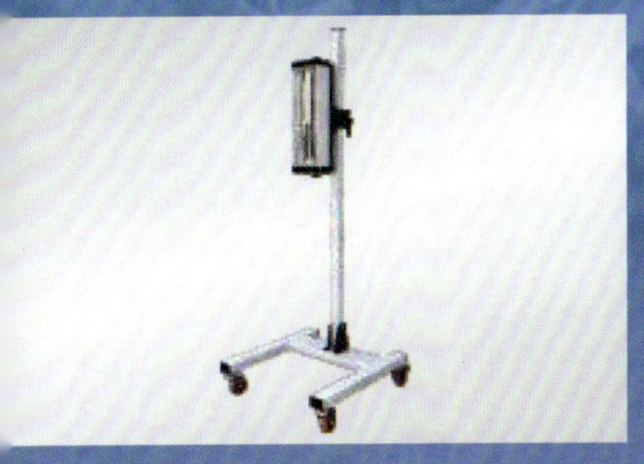
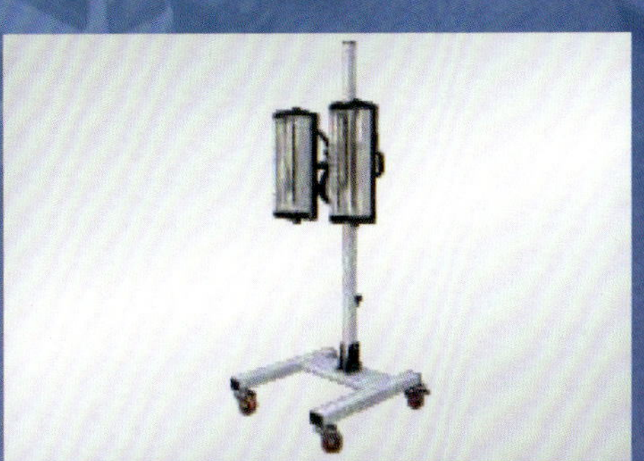

广州钰铂机械进出口有限公司专业从事汽车喷烤漆设备、工业涂装设备、高温烘干设备的设计、制造、销售与服务。钰铂是个专业的设计制造商，以“不求更大、只求更精”为企业目标，依托继承国际先进的设计标准、制造技术，整个生产过程都严格地遵循国际质量管理控制体系，制造世界领先的专业产品，与世界共享。

钰铂产品广泛适用于汽车维修、汽车制造、机械制造和客车、火车、飞机、家具等生产行业，产品遍及世界各地，在欧盟、北美、南美、澳洲、中东、东南亚、非洲等地区建立起完善的市场销售体系，钰铂发展目标是成为国际领先品牌的喷烤漆设备制造供应商，成为具有国际竞争力优势的现代化企业。

钰铂是值得您信赖的合作伙伴。

Guangzhou YOKI Machinery Import & Export Co., Ltd (YOKI STAR for short) is specialized in spray booths, prep stations, equipments for industrial painting, high temperature drying which can supply design as well as manufacturing service.

Located in BaiYun district of GuangZhou city, YOKI STAR occupies 15000 square meters area, owns around 150 employees which is convenient to the new Baiyun airport (20 minutes by car) and the railway station (30 minutes).

As a professional designer and manufacturer with target in **“To be the best, but not to be the biggest”**, YOKI star succeeds to international advanced design standards and manufacturing technologies, follows international quality management and control system, produces first-class professional products of the world and shares with friends all over the world.

The products of YOKI STAR can be used widely for automobile maintenance, vehicles manufacturing, machinery manufacturing as well as trains, planes and furniture industries. With popular products in European Union, North America, South America, Australia, Middle East, East and South Asia, Africa, YOKI STAR has established perfect marketing system. YOKI STAR aims to be the spraying and baking equipments manufacturer with leading brand in the world, and to become modernized enterprise with international competitive advantage.

YOKI STAR is an ideal cooperator who deserves your reliance.

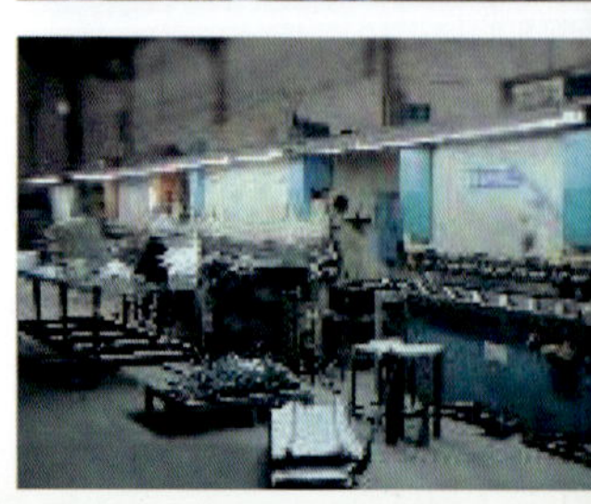

轮胎设备

Tire Equipment

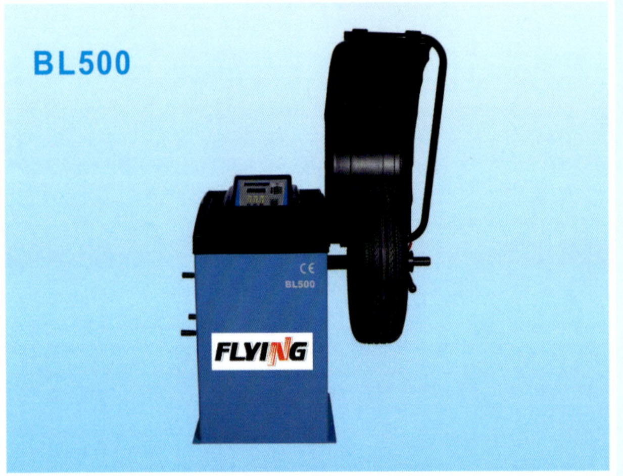

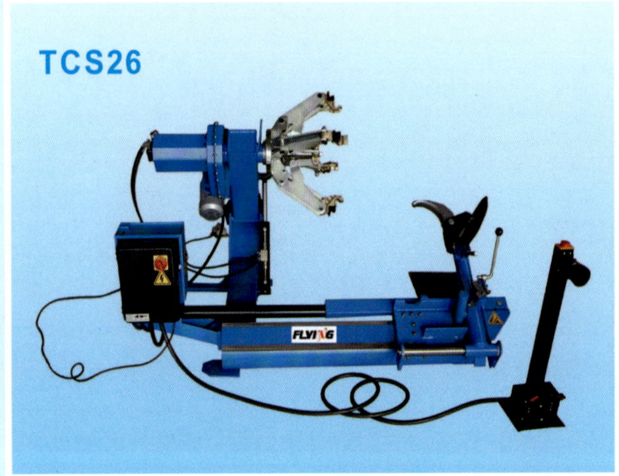

上 海 福 姆 雷 汽 车 设 备 有 限 公 司

SHANGHAI FLYING AUTOMOTIVE EQUIPMENT CO.,LTD.

电话: 13321858737　传真: (8621) 61458269

邮箱: export@sh-flying.com　网址: www.sh-flying.com

BL513

BL555IT

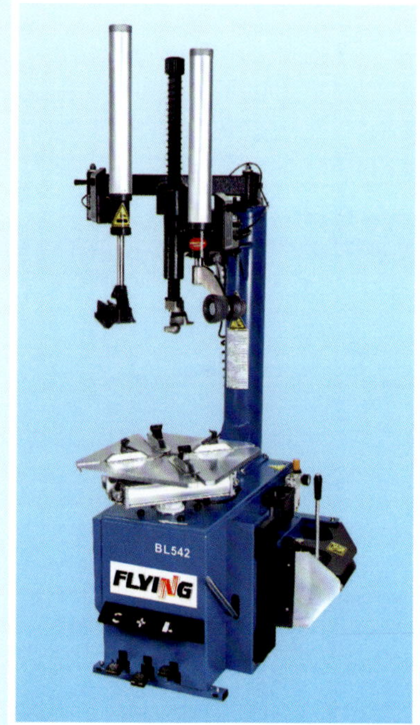

BL542

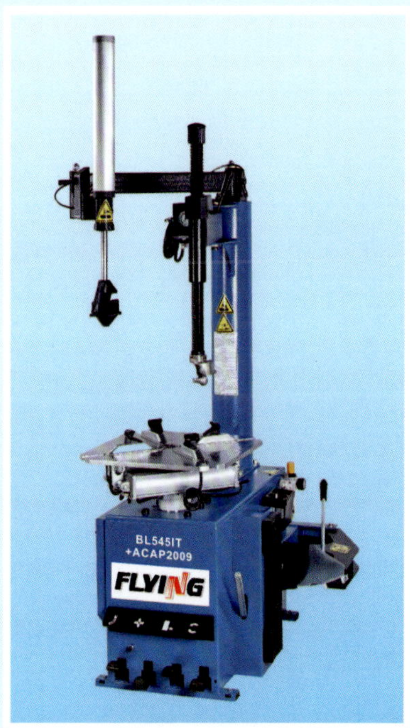

BL545IT
+ACAP2009

BL545

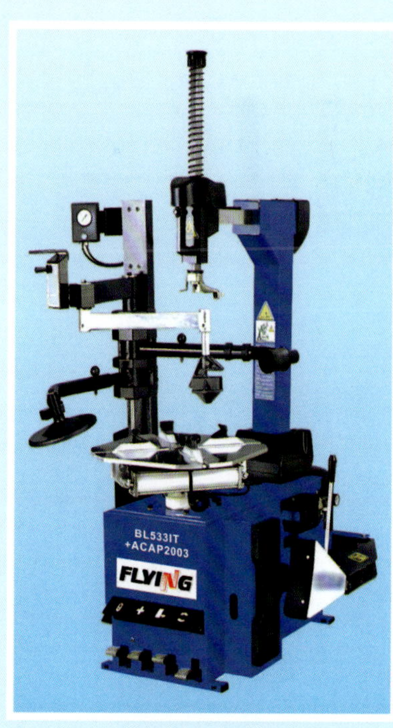

BL533IT
+ACAP2003

上 海 福 姆 雷 汽 车 设 备 有 限 公 司
SHANGHAI FLYING AUTOMOTIVE EQUIPMENT CO.,LTD.
电话: 13321858737　传真: (8621) 61458269
邮箱: export@sh-flying.com　网址: www.sh-flying.com

油类设备 LUBRICATION EQUIPMENT

冷媒回收加注机
A/C RECOVERY & RECHARGE MACHINE

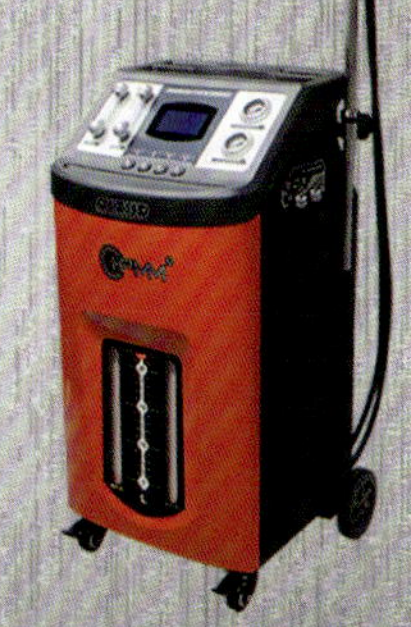

变速箱油更换机
Transmission fluid oil exchanger

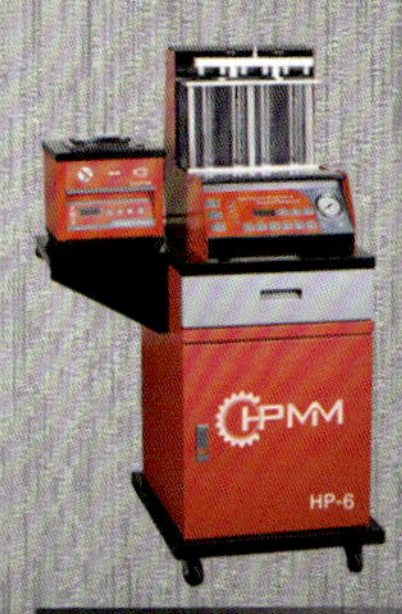

清洗养护设备
FUEL INJECTOR TESTER & CLEANER

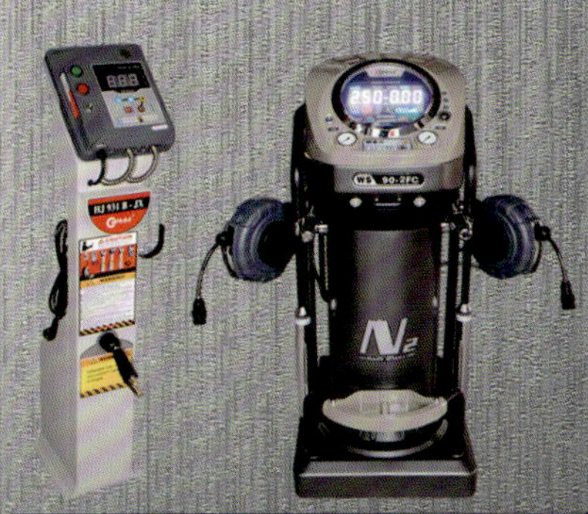

轮胎充气设备
TYRE INFLATION EQUIPMENT

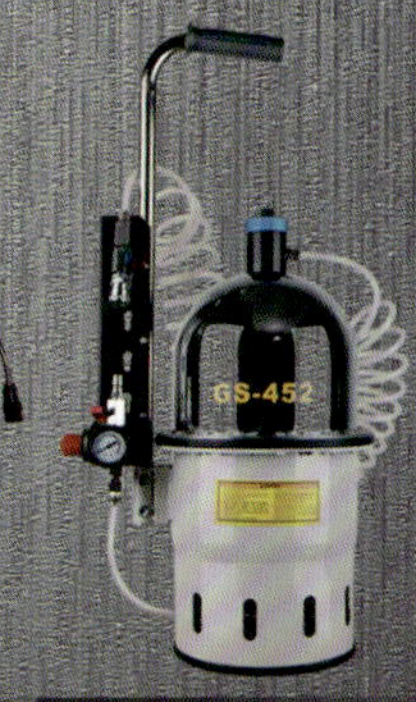

刹车油更换机
Brake bleeding

汽车举升机 VEHICLE LIFT

轮胎拆装机 TYRE CHANGER

轮胎平衡机 WHEEL BALANCER

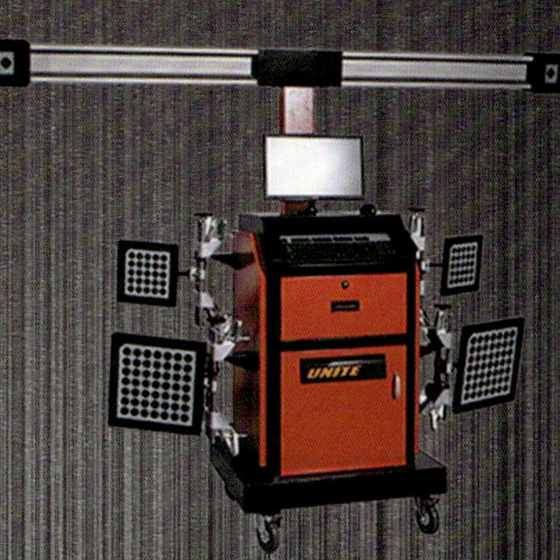

四轮定位仪 WHEEL ALIGNMENT

中山市华洋机械设备有限公司

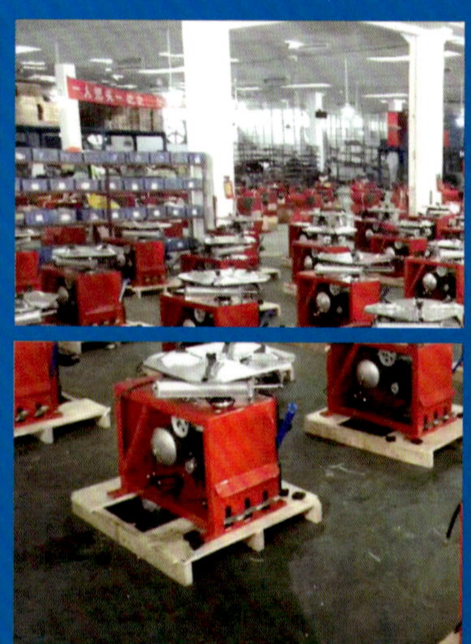

中山市华洋机械设备有限公司是一家专业生产和制造汽车轮胎保修保养设备的生产厂家。本公司以高品质生产出来自有品牌“SunRise”已经销往欧洲、美洲、非洲、东南亚、中东等地区，其产品已得到广大客户的好评。

中山市华洋机械设备有限公司以诚信为本，注重信誉，视产品的质量为企业的第一生命，为符合广大客户的需要，严格按欧洲标准和CE标准来制造机器，这也是公司在行业内得到好评的根本。

迎接变化，勇于创新
互利共赢，共创未来

产品 product

中山市华洋机械设备有限公司

B- 083轮胎平衡机

B- 085 轮胎平衡机

SBM99A轮胎平衡机

SR 308 轮胎平衡机

中山市华洋机械设备有限公司欢迎各位尊敬的客户对我公司提出宝贵的意见和建议，我公司愿竭诚为您服务。

C- 094A 免撬杠型轮胎拆装机（可选有盘）

C- 093H 带立柱后仰轮胎拆装机

C- 095H汽动摇臂式双辅助臂轮胎拆装机

C- 092 侧摆臂式轮胎拆装机

中山市福士得汽车设备有限公司

中山市福士得汽车设备有限公司汽车维修设备销售始于 1996 年，目前是一家集产品研发、生产、销售汽车维修设备的专业化公司，公司坐落在工业制造业发达和配套完善的秀丽小镇－中山三乡镇，接邻香港、澳门特别行政区，物流便利；公司生产面积近 10000 平方米，拥有先进的加工、生产设备，产品实行规模化、标准化生产。

公司目前拥有专业生产技术人员 180 多人，90% 以上的配件自行生产；公司凭借多年的市场经验，着重发展高质量的汽车轮胎维护设备，产品主要销往欧洲、中东、东南亚等区域，同时也是上海通用、一汽大众、东风日产等汽车知名品牌服务店的供应商，以及众多轮胎品牌、机油品牌的优质供应商；良好的公司管理模式已通过 ISO9001 认证，优质的产品也取得了 CE 认证。

公司将继续以“专业铸就品质、服务创造品牌”的经营理念，为汽车后市场提供更优质、更专业的汽车轮胎维护、保养设备。

地 址：中山市三乡镇新圩盛业路6号金湾工业区C区2栋
电 话：0760-8636 7288
传 真：0760-8636 1623
网 址：www.flyspeed-cn.com
E-mail：fly-speed@163.com

产品特性

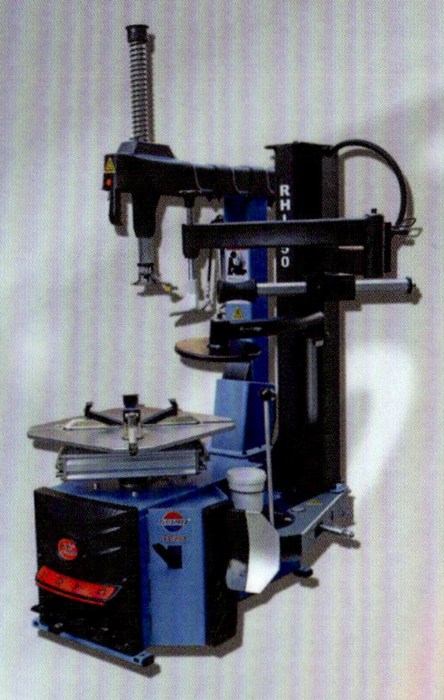

FS-850+RH750

◆气动控制立柱后倾，自动定位，气动锁紧功能。
◆右辅助臂系统，增大了工作的覆盖面，气动控制机械手可自由升降定位锁定于任意位置。
◆气动托胎装置可平衡升降于任意位置，使拆装轮胎更加省力便捷。
◆精密加工制造的减速器、特殊合金制造的进口拆装头和卡爪，使设备更经久耐用。
◆缸径为 Φ75的小汽缸，硬质氧化，优质密封件，镀铬活塞杆，使其运行阻力小，夹紧力更强。
◆大汽缸采用铝质缸筒，杜绝缸筒内壁生锈现象的发生，确保大汽缸的使用寿命。

FS-988+FS901

◆针对目前较大、较重轮胎进行生产。
◆具有测量精度高，重复测量精度精准的特性。
◆具有3种铝合金轮辋选择模式和静平衡模式。
◆采用高强度加大箱体，确保测量精度的稳定性。
◆具有5国文字(中、英、法、意、西)操作界面。
◆具有隐藏和分解平衡块功能。
◆具有轮辋直径和距离自动测量功能。
◆平衡机主轴采用高品质 ϕ40,保证了测量精度和满足大型轮胎测量的需求。
◆弥补目前大多数平衡机对大型轮胎平衡精度不足的缺陷。
◆采用6级大扭矩电机,保证大型轮胎的启动和制动的稳定性和操作的安全性。
◆具有自动检测功能和恢复测量精度的自校准功能。
◆标配17吋高清液晶显示器,和3D动画界面，且屏幕下方有提示,方便操作。
◆可选配901轮胎升降机，便于大型和较重轮胎在平衡机上装卸。

FS-4000L

◆一机两用，可选择充氮气或选择充普通气体。
◆采用BF-200#高能碳分子筛,核心零配件采用进口配件。
◆按设定压力可自动抽真空、充注氮气和检测压力。
◆高精度的美国NOVASENSOR压力传感器。
◆无需另配抽真空设备，一键完成抽真空、充氮气。

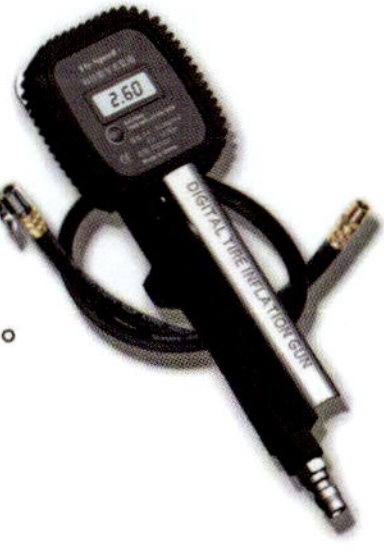

FSD-201

◆充气、放气、压力检测。
◆舒适、独特的塑胶握柄，采用人体结构设计。
◆LCD数字读数、显示直观。
◆自动开关。
◆采用高精度的美国Novasensor压力传感器。

FS-HD3

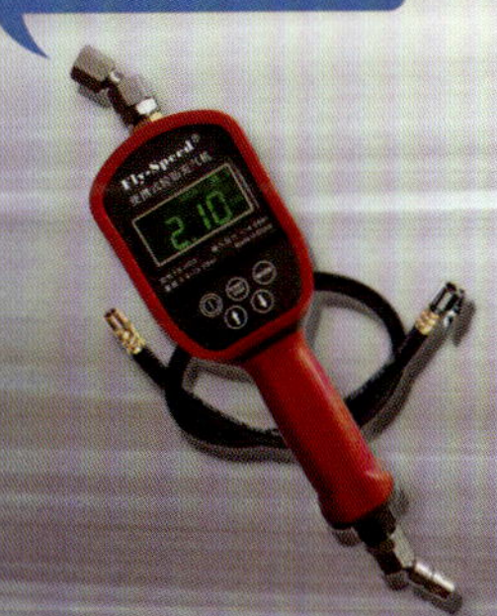

◆适用于各类型卡、客、轿车。
◆采用高精度陶瓷压力传感器，具有性能稳定、测量精度高的特性。
◆具有全自动充气、放气、压力检测的功能。
◆具有工作完成自动报警、低电量自动报警、工作异常自动报警的独有特性。
◆采用高能量充电锂电池，电力强劲，充满电后可连续工作24小时，机身配置安卓通用ICRO USB充电接口。
◆具有舒适、及适合人体操作的塑胶手柄。
◆LCD数字读数、显示直观。
◆具有设备待机15秒无操作，自动关机的特性。
◆进气接口采用万向接头，确保使用时的便捷。

COSENG®

Advanced Technology

科星汽车设备(珠海)有限公司

Coseng Automotive Equipment(Zhuhai) Ltd.

公司简介

科星汽车设备有限公司成立于1998年，总部设在香港，是国内较早从事汽保设备生产的企业之一。

本公司集研发、生产、销售为一体的高新技术企业，主要生产轮胎拆装机、轮胎平衡机、充气装置 、氮气机 、四轮定位系列 、轮毂修复系列6个系列，40多种型号远销全球60多个国家和地区，能不同程度地满足各地区汽车轮胎销售和维修保养的各种特殊专业的要求。

百年科星　世界品牌

是所有科星人最终要实现的目标，公司早在2002和2006年就通过了ISO9000.ISO9001.2008质量管理体系认证，并引进了日本、德国先进的生产设备、生产工艺，同时还吸纳了行业内杰出技术人才和管理人才。“百年科星，世界品牌”，为了达到这一目标，科星采用“精益管理思想”这一理念，逐步向世界工业4.0及中国制造2025靠近。我们牢牢把握“一个中心，两个基本点”：即以客户为中心，不断提高产品质量和服务质量为关键点作为我们的企业文化，坚定不移地坚持企业管理内部“标准化”的原则，不断持续改进。

- 中国大陆
- 科星汽车设备 （珠海） 有限公司
  COSENG AUTOMOTIVE EQUIPMENT（ZHU HAI）LTD.
- 地址：珠海市金湾区红旗镇双林东路6号
- Tel：+86-0756-6318618
- Fax：+86-0756-6318618

- 中国香港
- 科星汽车设备有限公司
  COSENG AUTOMOTIVE EQUIPMENT LTD.
- 地址:香港干诺道西118号2001
- http://www.coseng.com.cn
- E-mail:cos@coseng.com.cn

COSENG®
Advanced Technology
新思维 · 新技术
COSENG
C233 PRO
COSENG
COSENG
COSENG
C301GN
COSENG
SP711N
COSENG
SP733N
SP766
COSENG
SP766N

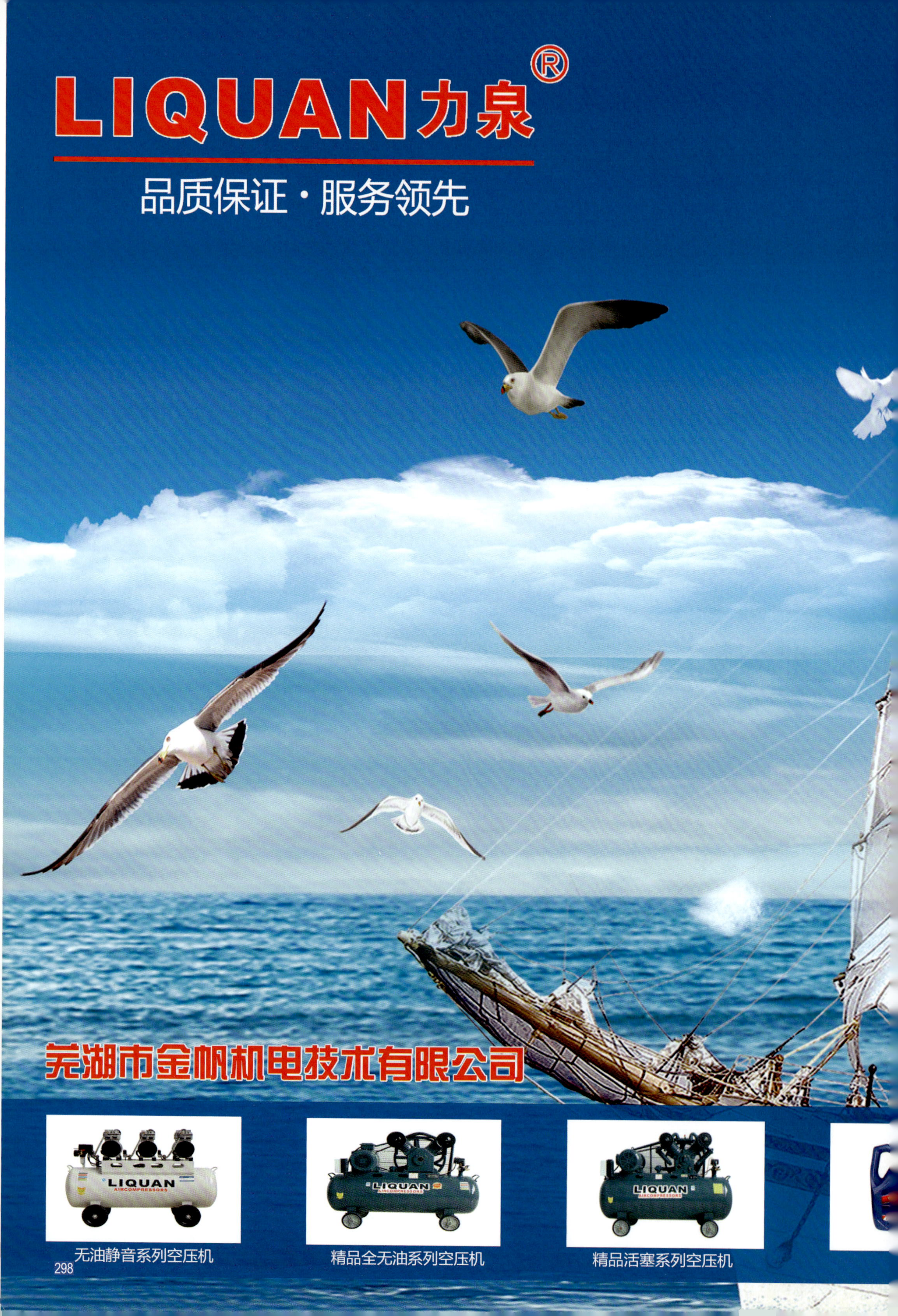
LIQUAN力泉®
品质保证·服务领先
芜湖市金帆机电技术有限公司
LIQUAN AIRCOMPRESSORS
无油静音系列空压机
LIQUAN AIRCOMPRESSORS
精品全无油系列空压机
LIQUAN AIRCOMPRESSORS
精品活塞系列空压机

2018年春季汽保展展位号W2A28

金帆

器

流动活塞系列空压机

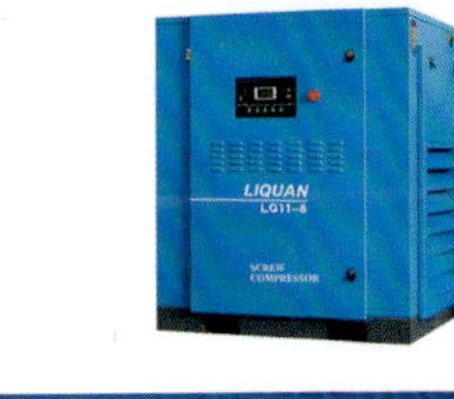

精品螺杆系列空压机

冷冻干燥机系列

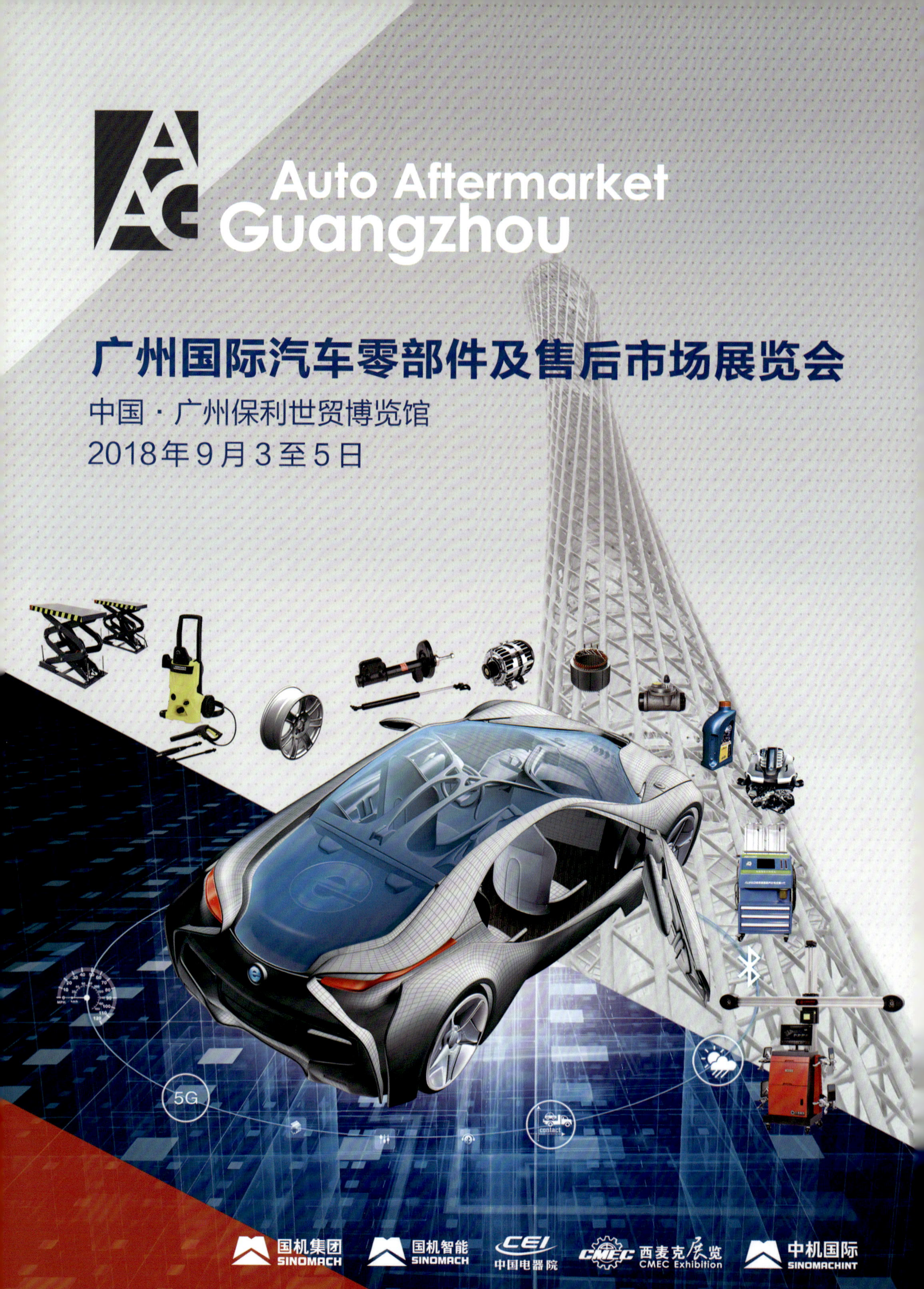

AAG
Auto Aftermarket
Guangzhou
广州国际汽车零部件及售后市场展览会
中国·广州保利世贸博览馆
2018年9月3至5日
5G
国机集团
SINOMACH
国机智能
SINOMACH
CEI
中国电器院
CMEC
西麦克展览
CMEC Exhibition
中机国际
SINOMACHINT

举升设备

Lifting Equipment

祥鸿汽保国际集团

祥鸿汽保国际集团（简称祥鸿集团）——由上海祥鸿汽车维修检测设备有限公司、上海祥鸿贸易有限公司、上海祥福汽车工具厂、上海福姆雷汽车设备有限公司、上海科裕汽车维修设备有限公司、珠海千育机械有限公司、绍兴鼎高机械有限公司、美国千基耐尔国际有限公司、美商独资：力神（海门）液压设备有限公司、华林液压（南通）有限公司等组成，总投资4000万美元。

集团宗旨：创新发展，共赢未来！

最早美国企业：
美国千基耐尔国际有限公司。（1982年）

最早中国企业：
上海祥鸿汽车维修检测设备有限公司。（1993年）

最自傲的产品：
自由女神品牌系列举升机、联合液压品牌油缸、液压站、祥鸿品牌汽修液压设备、千基耐尔大梁校正……

上海祥鸿汽車維修检测设备有限公司
SHANGHAI XIANGHONG AUTO MAINTENANCE AND TEST EQUIPMENT CO.,LTD

电话：0086-21-57885050 57886060 传真：0086-21-57800912
网址：www.chinaxianghong.com.cn
www.sh-xianghong.com
邮箱：xianghong@chinaxianghong.com.cn

XIANGHONG International Auto Maintenance and Repair Group:

Xianghong International Auto Maintenance and Repair Group(Xiangong Group) ,which consists of Shanghai Xianghong Auto Maintenance and Test Equipment Co.,Ltd、Shanghai Xianghong Trading Co.,lTD、 Shanghai XiangFu Auto Tools Factory、 Shanghai Flying Automotive Equipment Co.,Ltd、 Shanghai Kernel Auto Maintenance Equipment Co.,Ltd、 ZhuHai QianYu Machinery Co.,Ltd ,ShaoXing DingGao Machinery Co.,Ltd, America ChssisLiner International Co.,Ltd、 American-owned enterprise: Lishen(Haimen) Hydraulic equipment Co.,Ltd、 Hualin hydraulics(NanTong) Co.,Ltd , the total investment is up to US$40,000,000 .

The aims、teams、brands、productions、services of Xianghong Group:

The aims: Innovative development and make the future together! .
The Headquarters: Research center 、purchase center and showroom .
The state of Texas in America: occupy the land area of 60mu,the area of buildings is up to 8800 square meters.
Shanghai ,China :occupy the land area of 18mu, the area of buildings is up to 6800 square meters.
Manufacturing Location:
Haimen ,China :occupy the land area of 100mu,the area of buildings is up to 30000 square meters.
ZhuHai ,China :occupy the land area of 20mu,the area of buildings is up to 20000 square meters.
ShaoXing ,China :occupy the land area of 10mu,the area of buildgs is up to 6000 square meters.

The earliest American enterprise: America ChssisLiner International Co.,Ltd, established in 1982 .

The earliest Chinese enterprise: Shanghai Xianghong Auto Maintenance and Test Equipment Co.,Ltd , established in 1993 .

The popular products: serials of LIBERTY lifts , Hydraulic cylinders & Power units with Hydraulics Unit brand , Hydraulic tools ,Chissliner .

The Famous brand: ChssisLiner (Since 1982), XIANGHONG(Since 1993), LIBERTY(Since 2001),HYDRAULIC UNIT(Since 2005).

Varieties of Products: ChssisLiber(Bench)、Vehicle lifts、Hydraulic tools、tire maintenance and repair equipments、exhaust system、multifunction exhaust syemtem(for testing、diagnosis、maintenance、repair).

The sales area: spread all over the world ,for example China、America、Australia、Europe、Africa、Mid-East、Southeast Asia etc.

上海祥鸿汽車維修检测设备有限公司 SHANGHAI XIANGHONG AUTO MAINTENANCE AND TEST EQUIPMENT CO.,LTD
电话：0086-21-57885050 57886060 传真：0086-21-57800912 网址：www.chinaxianghong.com.cn www.sh-xianghong.com 邮箱：xianghong@chinaxianghong.com.cn

PRO-9SE PRO - 10SE 4.0/4.5Ton Two-post Gantry Hydraulic Lift Double **S** Style (Standard Aluminium Power Unit)

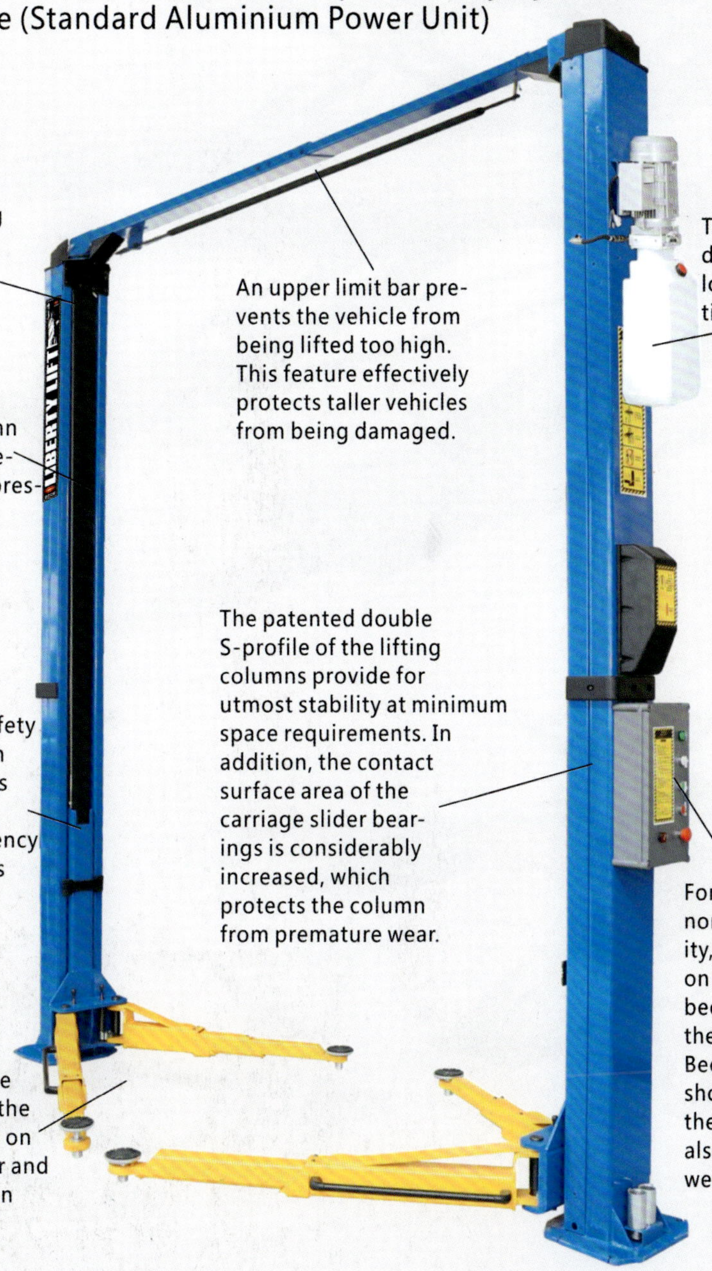

Non load bearing cables ensure even lifting and lowering.

An upper limit bar prevents the vehicle from being lifted too high. This feature effectively protects taller vehicles from being damaged.

The electro-hydraulic design provides for low noise and effective work.

Each lifting column features a maintenance-free high pressure cylinder.

The patented double S-profile of the lifting columns provide for utmost stability at minimum space requirements. In addition, the contact surface area of the carriage slider bearings is considerably increased, which protects the column from premature wear.

The mechanical safety latch integrated on both columns locks the lift carriage in position in emergency situations and thus ensuresmaximum safety.

PRO - 10SS STYLE

For increased ergonomics and productivity, each lifting column on E-models have been equipped with their own control unit. Because of the workshop environment, the pushbuttons can also be pressed when wearing gloves.

The base frame free design eliminates the risk of trip hazards on the workshop floor and reduces installation cost.

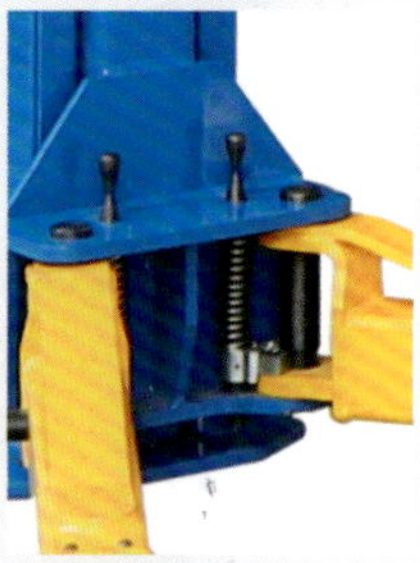

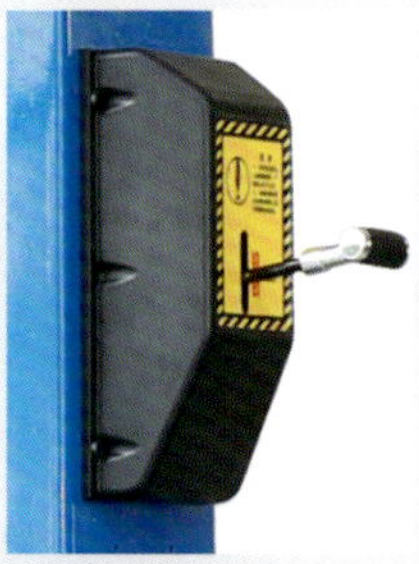

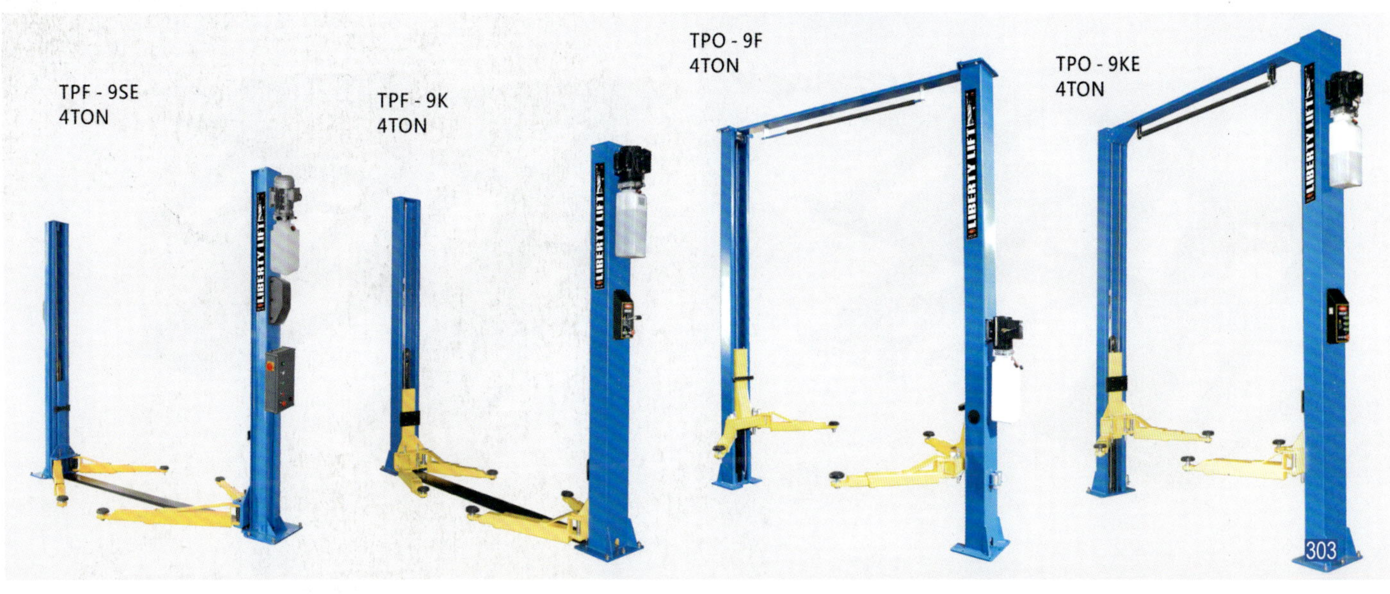

上海祥鸿汽車維修检测设备有限公司 SHANGHAI XIANGHONG AUTO MAINTENANCE AND TEST EQUIPMENT CO.,LTD

电话：0086-21-57885050 57886060 传真：0086-21-57800912 网址：www.chinaxianghong.com.cn www.sh-xianghong.com 邮箱：xianghong@chinaxianghong.com.cn

L-6108BD 4.0Ton
(SUPER-THIN)

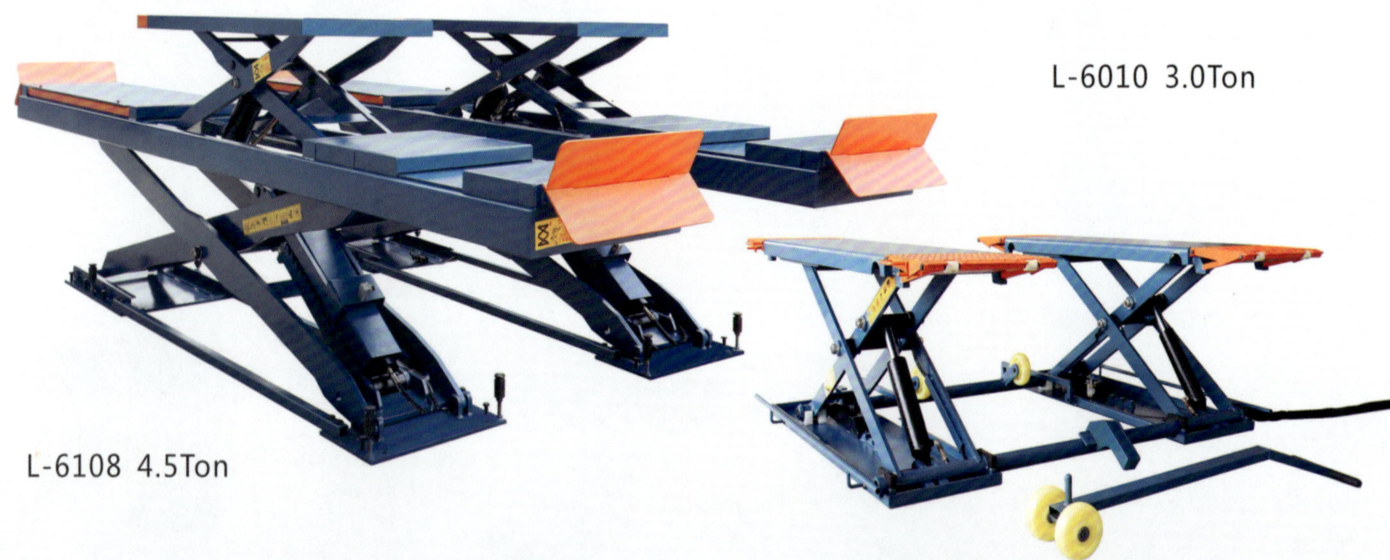

L-6010 3.0Ton

L-6108 4.5Ton

L-6106A 3.0Ton

L-6105A 3.0Ton

上海祥鸿汽车维修检测设备有限公司 SHANGHAI XIANGHONG AUTO MAINTENANCE AND TEST EQUIPMENT CO.,LTD
电话：0086-21-57885050 57886060 传真：0086-21-57800912 网址：www.chinaxianghong.com.cn www.sh-xianghong.com 邮箱：xianghong@chinaxianghong.com.cn

NH4D-9A NH4D-10AWL 4/4.5吨四柱举升机
NH4D-9A NH4D-10AWL 4/4.5Ton Four-post Hydraulic Lift

Slip Plate

Turntable

Rolling Jack

PB-8H 3.5吨四柱高位停车库举升机
PB-8H 3.5Ton Four-post Hydraulic Lift

PP-9 4吨四柱停车库举升机
PP-9 4.0Ton Four-post Hydraulic Lift

PP-8S 3.5吨四柱停车库举升机
PP-8S 3.5Ton Four-post Hydraulic Lift

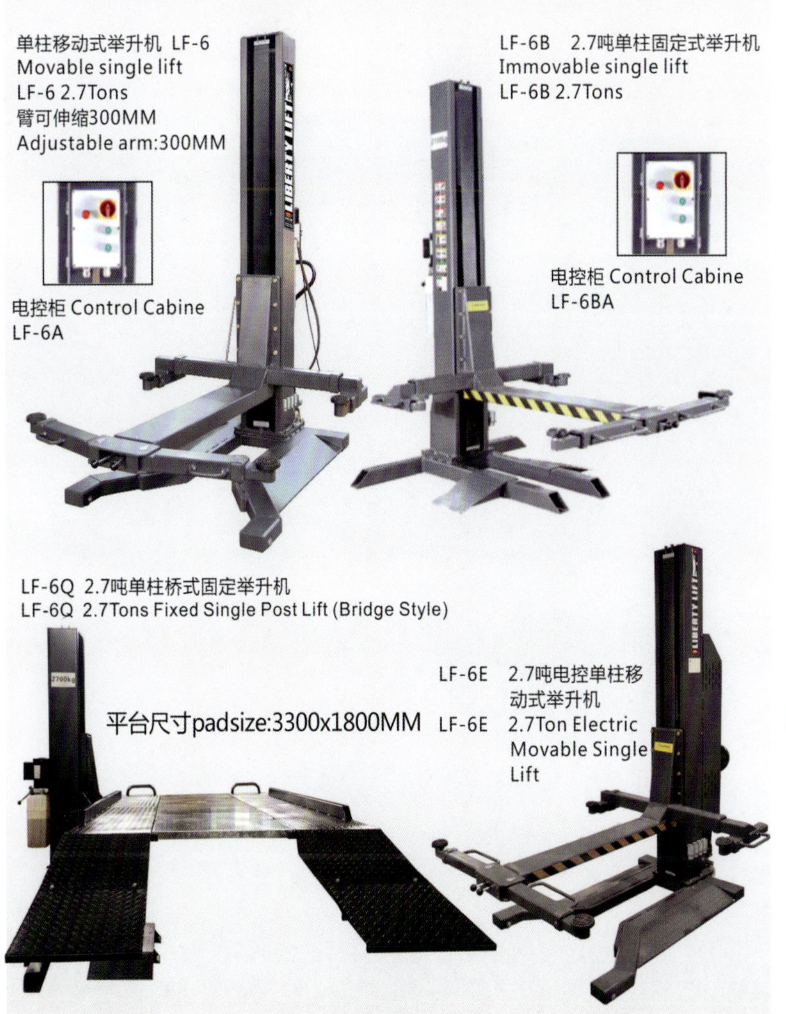

EAE
www.eae-ae.com
艾沃意特举升机 人车都安全
Designed for the effective and practical automotive technicians
免费服务热线：400 9911 109
www.eae-ae.com
扫描二维码了解更多信息
YOUKU
优酷

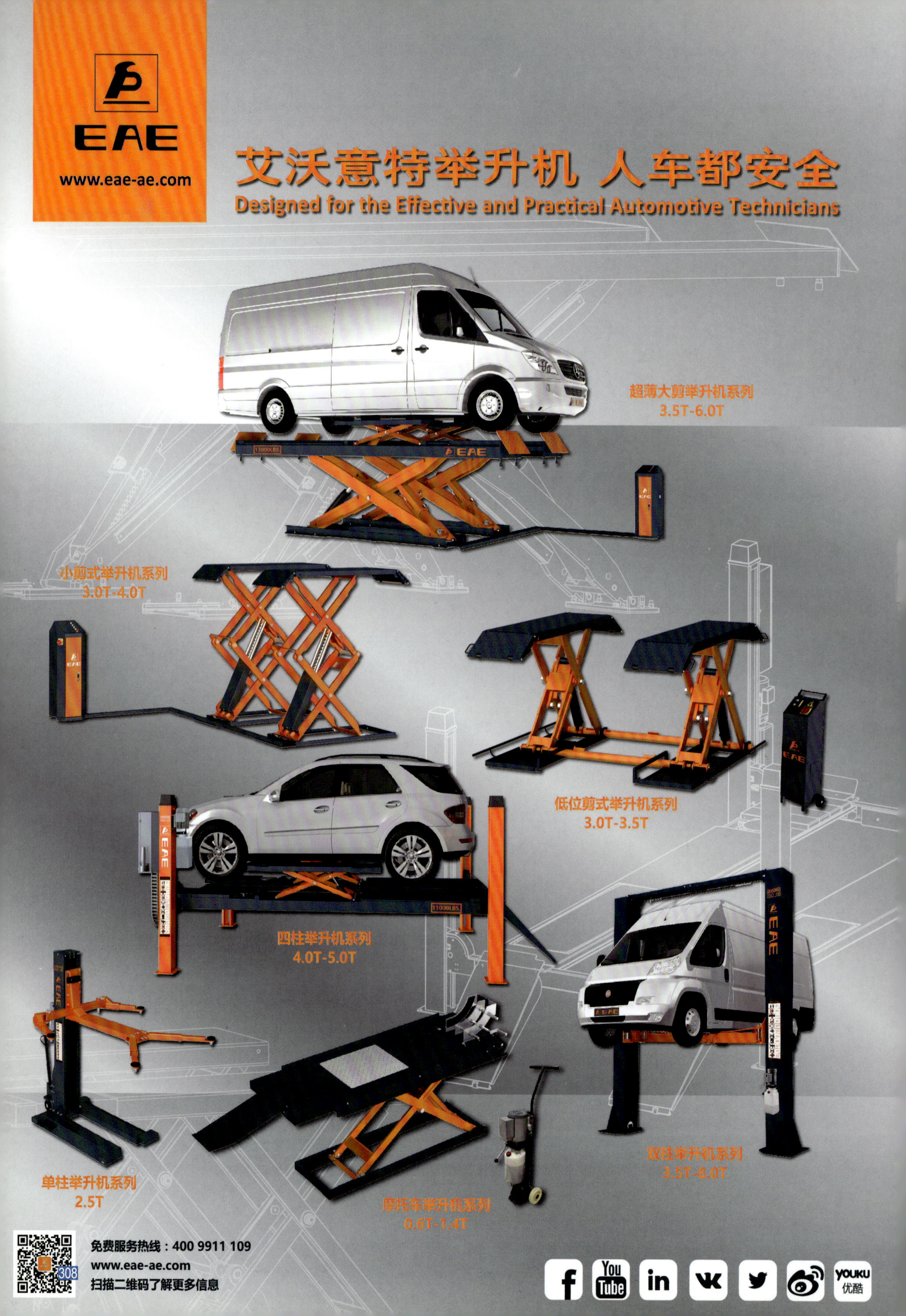
EAE
www.eae-ae.com
艾沃意特举升机 人车都安全
Designed for the Effective and Practical Automotive Technicians
超薄大剪举升机系列
3.5T-6.0T
小剪式举升机系列
3.0T-4.0T
低位剪式举升机系列
3.0T-3.5T
四柱举升机系列
4.0T-5.0T
单柱举升机系列
2.5T
摩托车举升机系列
0.6T-1.4T
双柱举升机系列
3.5T-8.0T
免费服务热线：400 9911 109
www.eae-ae.com
扫描二维码了解更多信息
YOUKU
优酷
308

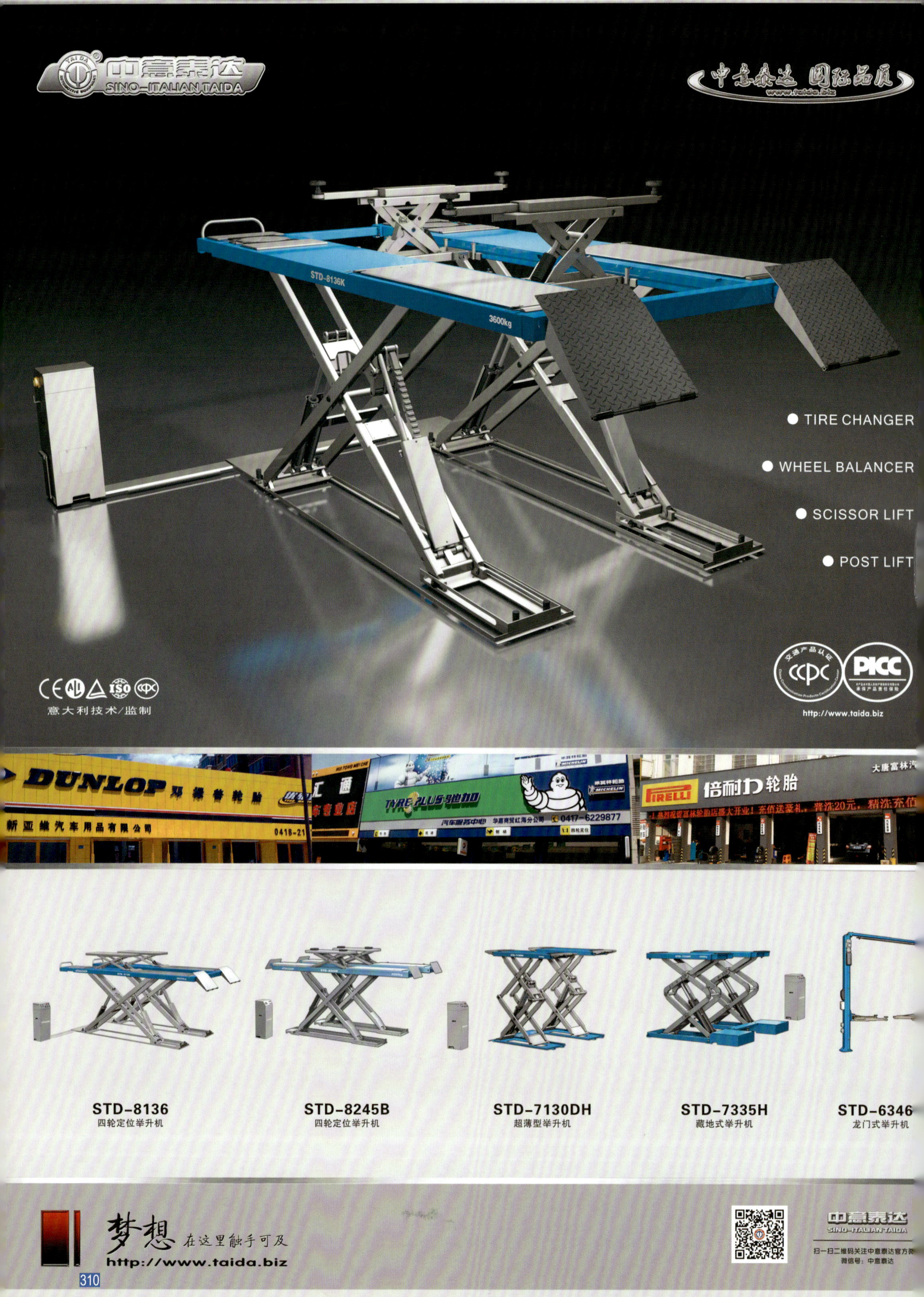

中意泰达
SINO-ITALIAN TAIDA
中意泰达 国际品质
www.taida.biz
STD-8136K
3600kg
TIRE CHANGER
WHEEL BALANCER
SCISSOR LIFT
POST LIFT
意大利技术/监制
http://www.taida.biz
DUNLOP
TYRE PLUS 驰加
0417-6229877
PIRELLI
倍耐力轮胎
STD-8136
四轮定位举升机
STD-8245B
四轮定位举升机
STD-7130DH
超薄型举升机
STD-7335H
藏地式举升机
STD-6346
龙门式举升机
梦想 在这里触手可及
http://www.taida.biz
中意泰达
SINO-ITALIAN TAIDA
扫一扫二维码关注中意泰达官方微信
微信号：中意泰达
Sino-ItaLian TaiDa(Yingkou)Garage Equipment Co.,Ltd. Add:East of Lunan Government Yingkou City,Liaoning,China Sales dept.:+86-417-3803699 Fax:+86-417-3802669 E-mail:sales@taida.biz

公司简介

公司位于安徽省合肥市经济技术开发区蓬莱路2558号，占地36000多平方米，建筑面积51915多平方米，地理位置优越、交通便利。公司专业从事汽车举机、拆胎机、平衡机、四轮定位、升降平台设备的研发、生产、销售以及服务工作，是一家集科、工、贸一体的现代化高科技股份制企业。

其中“一航”品牌举升设备是一汽大众、上汽、通用、长安福特、东风雪铁龙、江淮等主机厂指定品牌举升设备。

公司拥有现代化的厂房、先进的生产线与精良的设备，同时还拥有完整的设计、营销服务人才队伍和高效的管理团队，为产品质量和服务质量提供强有力的保障。公司秉承欧美国家的先进技术，结合20多年举升设备的研发和生产经验，以全新的设计理念精心研发出“一航”品牌系列举升设备，拥有多项专利技术，主营产品均已通过欧盟CE认证，并以优良品质、卓越的技术、健全的服务赢得了广大客户的青睐与好评，产品已行销全国各省、市、自治区，并且积极开拓国市场。

企业资质

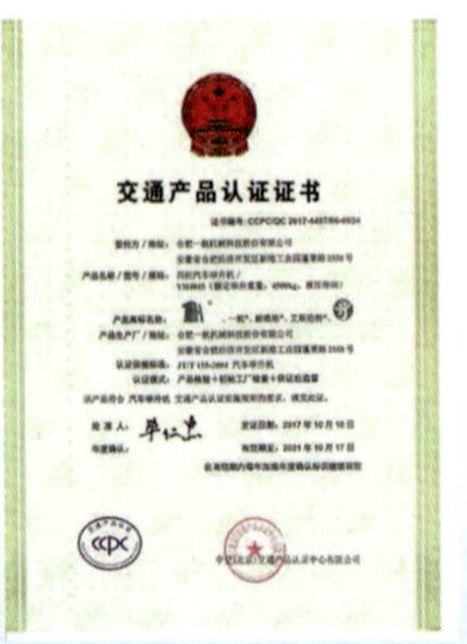

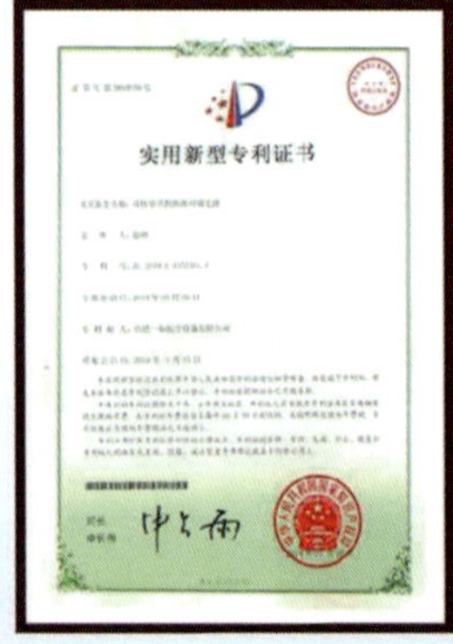

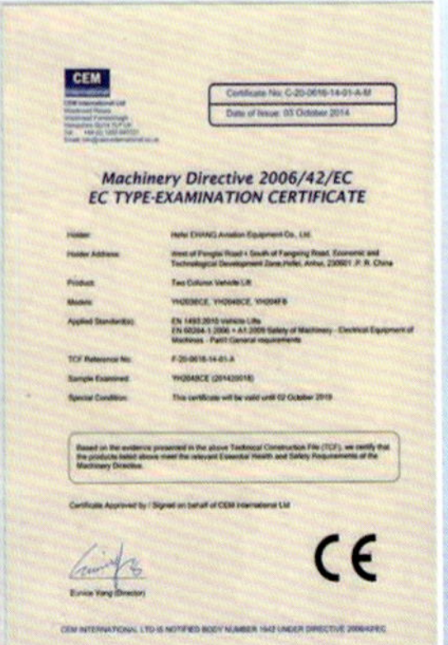

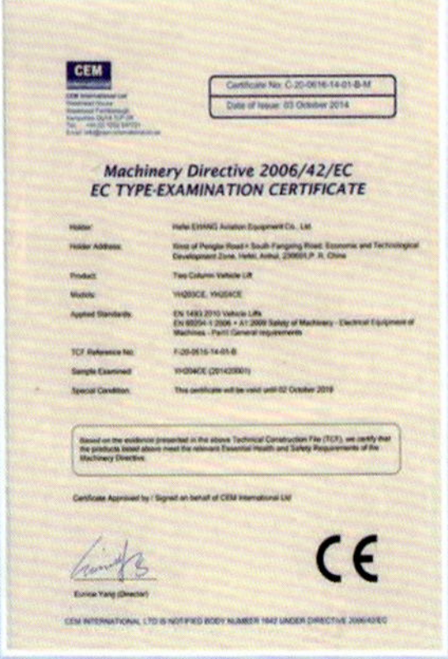

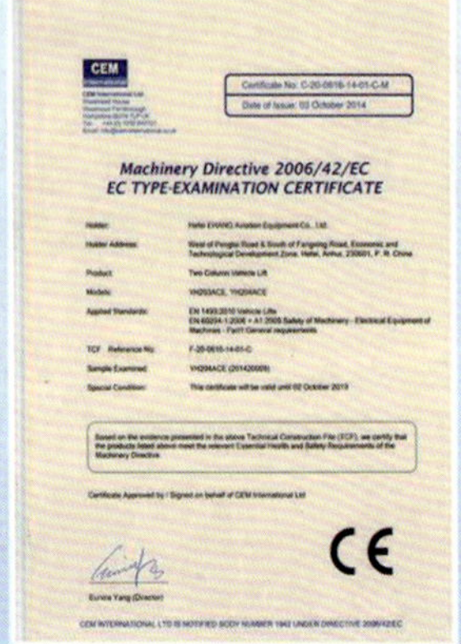

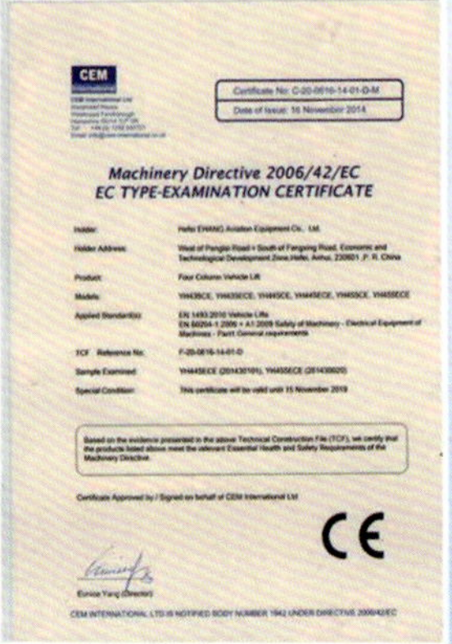

Company profile

Located in NO.2558, Penglai Road, ETDZ, Hefei, Anhui Province，Hefei Ehang Machinery Science&Technology Co., Ltd covers ove 36,000 square meters, with a construction area of 51,915 square meters, which has a strategic location and convenient transportation.Specialized in R & D, production, sales and service of automobile lift, tire changer, balancer, wheel aligner and lifting platform equipment, Ehang is a modern hi-tech joint-stock enterprise integrating science, production and sales.

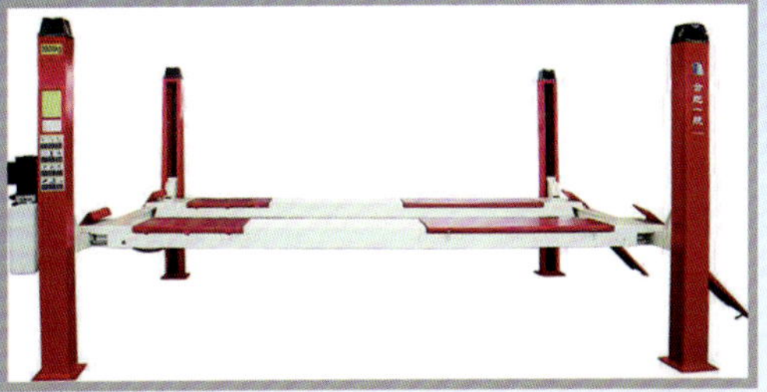

Cooperative brand

公司地址：合肥市经济技术开发区蓬莱路2558号（方兴大道与蓬莱路交口）

销售电话：0551-66101111　　售后电话：0551-66105186/66105179

邮箱：66101111@hfehang.com(销售)　　66105176@hfehang.com（售后）

网址：www.hfehang.com

新能源汽车电瓶拆装举升机

小剪式举升机

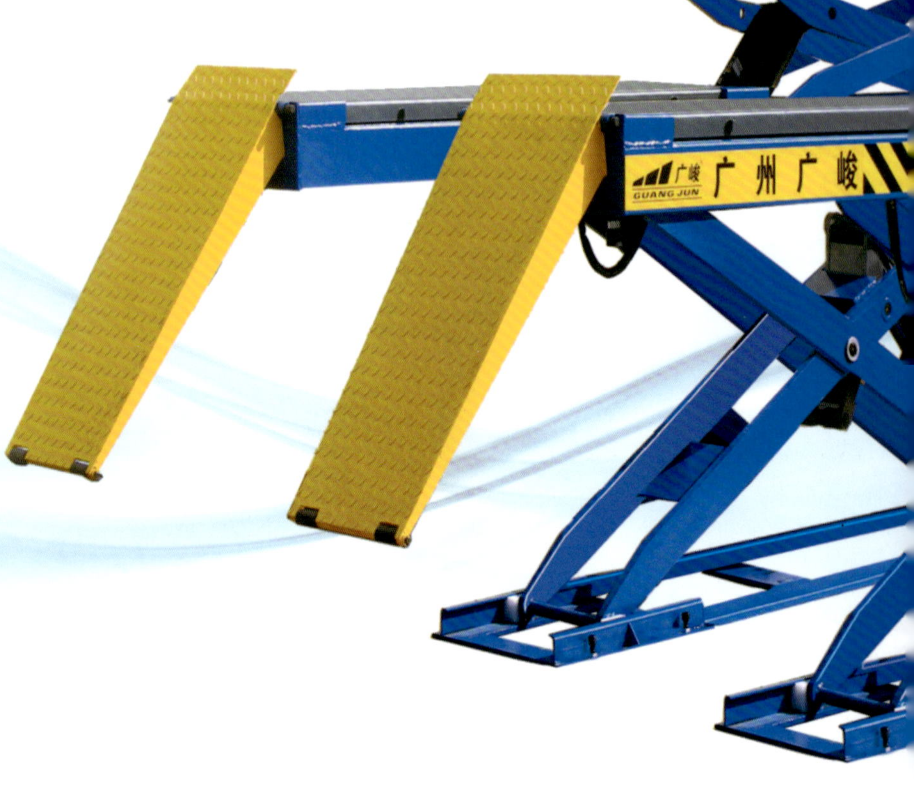

超薄子

双柱液压举升机

龙门式双柱举升机

四柱四轮定位举升机

专业制造

汽车举升设备

The Professional Manufacturer
for Car Lift Equipment

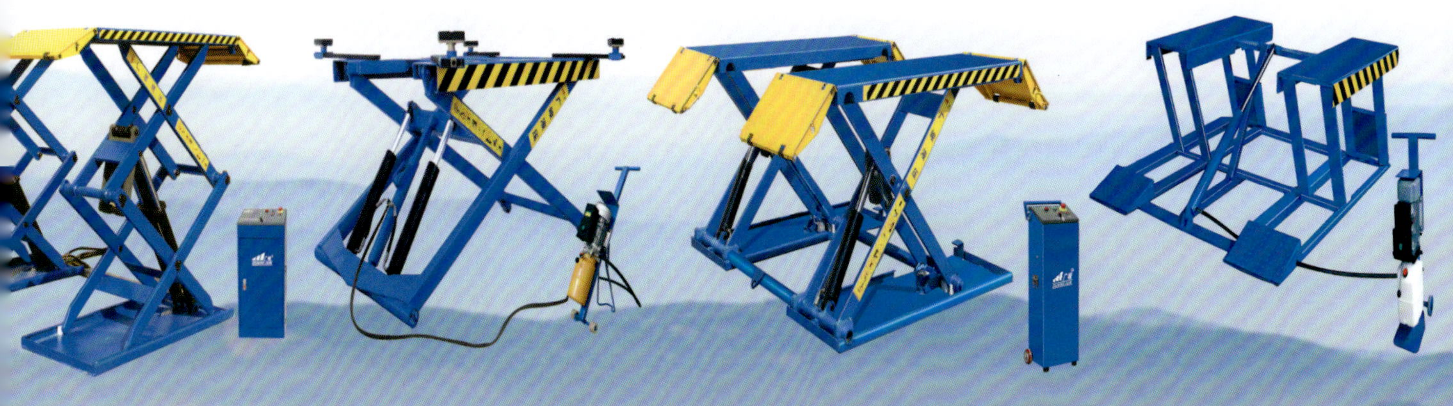

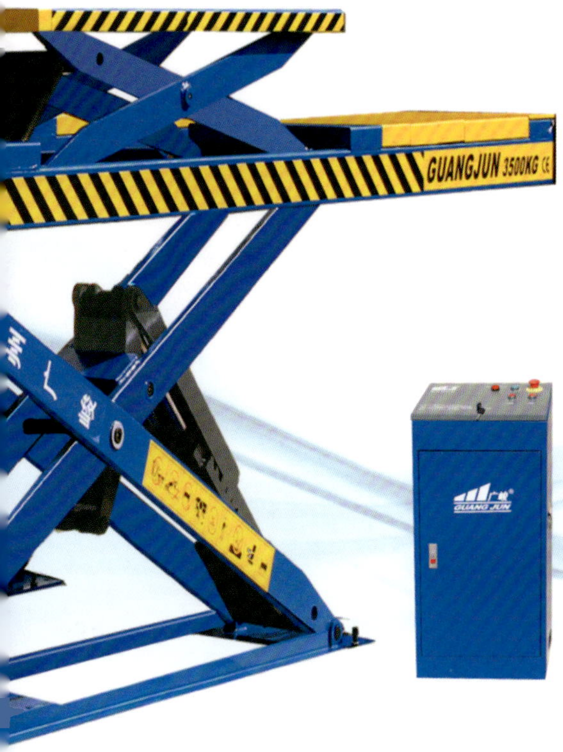

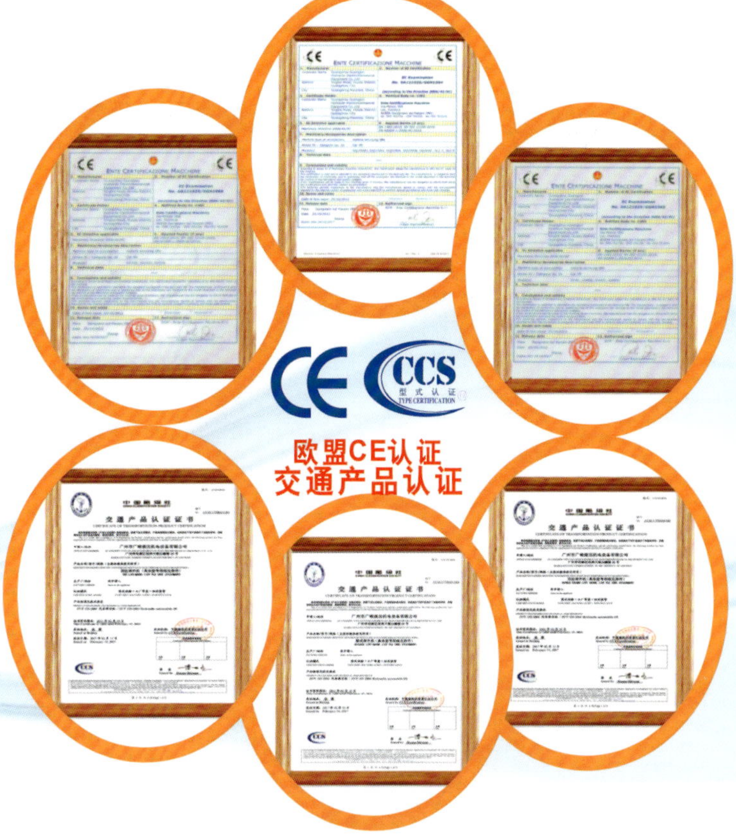

剪

广州市广峻液压机电设备有限公司

GUANGZHOU CITY GUANGJUN HYDRAULIC ELECTROMECHANICAL EQUIPMENT CO., LTD.

地址：广州市花都区迎宾大道白蟮塘路段

电话：020-36902908　36828538　网址：www.gjyysb.com

超薄小剪　低位移动剪式举升机　低位移动剪式举升机　低位剪式举升机

合肥佳航机电设备有限公司

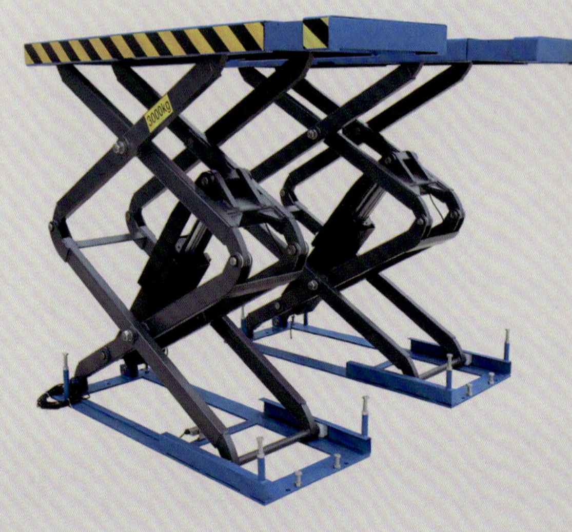

地址：安徽省合肥市经济技术开发区
蓬莱路与云谷路交口
电话：0551-62555808

合肥佳航机电设备有限公司成立于2014年9月份，位于安徽省合肥市经济技术开发区云谷路与蓬莱路交口新港工业园，占地面积60亩，注册资本1600万元，已新建5#现代化标准厂房、库房及办公楼已正式投入运营。

本公司专业从事汽车剪式举升设备的研发、生产、销售以及服务工作。自公司成立以来，始终坚持推进开展产品的研发和生产，秉承国际先进技术，结合多年举升设备的生产经验，以全新的设计理念精心研发出“佳航”品牌系列举升设备，核心产品拥有多项创新技术，均取得相关授权证书，主营产品均已通过ISO9000系列认证，并以优良品质、卓越的技术、健全的服务赢得了广大客户的青睐与好评。公司自成立起，就得到多个大中型企业的通力合作，产品销往全国各大型品牌汽车制造厂和其代理的4S经销商，外贸产品更是远销东南亚、欧美、南美洲等海外市场。

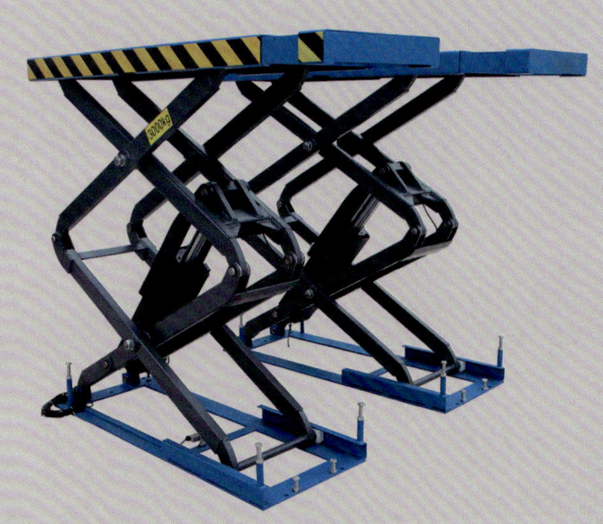

在操作中接受定位仪指令自动进车退车，语音提醒，省人省力，分析故障自动打印液压油浸式动力静音，环保凸显智能科技。

Positioned in the operation instructions to accept automatic car into the car, voice reminder, provincial effort, automatic fault analysis of hydraulic oil immersion power mute, environmental protection highlights intelligent technology.

技术参数 Parameters:

型号 Model	跑道长 Runway Length	跑道宽 Runway Width	最低高度 Min.Height	最高高度 Max.Height	上升时间 Rising Time	举升重量 Lifting Weight	净重 Net Weight	输入电压 Input Voltage	气压 Air Supply	剪臂厚度 Arm Thickness
CB-8940T	4550mm	600mm	330mm	2000mm	50-60s	3500kg	2200kg	380V/220V 3kW	0.4-0.6MPa	40mm

升降定位一体式

Lift positioning integrated

产品特性:

1.采用隐藏剪式结构，占用空间小。
2.采用独立控制箱，PLC电路触摸屏操作，可选自动、手动操作，24V低压控制，安全性能好，简单方便。
3.液压容积同步油缸，平台运行同步、平稳。
4.具有液压锁和机械双齿保险爪双重安全保险装置，下降自行开启，通过锁定操作可以使保险爪实现反靠定位，安全可靠。
5.具有液压失败和超载安全阀保护。
6.具有油路节流装置，油管爆裂时机器不会快速下落。
7.采用免加油超耐磨材料滑动块。
8.采用意大利、德国、日本等优质液压、电气元器件。
9.采用分体式的底座，使水平调节能力强，水平精度精确可调，尤其适合四轮定位检测。
10.具有停电时应急手动下降装置。
11.经过115%的动态和150%的静态测试。
12.符合欧盟CE标准。

Product Features:

1. Using hidden scissor structure, small footprint.
2. The use of independent control box, PLC circuit touch screen operation, optional automatic, manual operation, 24V low voltage control, safety performance is good, simple and convenient.
3. Hydraulic volume synchronization cylinder, platform synchronization, smooth.
4. With hydraulic lock and mechanical double-tooth safety claws double safety devices, down to open their own, through the locking operation can make the safety claws against positioning, safe and reliable.
5. With hydraulic failure and overload safety valve protection.
6. With oil throttling device, the pipe will not fall quickly when the pipe burst.
7. Adopting oil-free super wear-resistant material sliding block.
8 using Italy, Germany, Japan and other high-quality hydraulic, electrical components.
9. The use of split base, so that the ability to adjust the level of precision and adjust the level of accuracy, especially for four-wheel positioning test.
10. With emergency manual power down device.
11. After 115% of the dynamic and 150% of the static test.
12. In line with EU CE standards.

中山市骁龙汽车设备科技有限公司

地址：中山市三乡镇鸦岗三洲工业大街一巷 10 号

电话：0760-86980113　　传真：0760-86980112

邮箱：3267393574@qq.com

广州市新精钢

广州市新精钢机械有限公司是一家集设计、研发、生产、销售汽车剪式举升机的专业生产厂家，工厂座落于风景秀丽的广州从化，厂区占地面积 6000 多平米，是一家拥有举升专业技术的现代化规模企业。公司生产的举升机自投放市场以来，凭着其稳固可靠的质量，深受用户信赖。公司在全国各地设有完整的销售网络和售后服务中心，以保障公司产品之维修保养服务，免去客户的后顾之忧。我们始终秉承“客户优先，质量优先，服务优先”的经营理念，一如既往的服务于新老客户。

公司主要是以生产举升机产品配套为主。公司注重产品质量和信誉，拥有领先的机械设备和电脑化生产管理体系，拥有一大批经验丰富、技术全面的专业人员，发扬“团结拼搏、开拓创新”的创业精神。能按照客户提供的图纸及样板生产各类产品，为顾客提供物优价廉的产品，赢得了广大客户的好评。

公司拥有先进的制造设备，坚持以“技术、质量、服务”为核心的工作方针。实行标准化、程序化、规范化的管理。

维修工具

Tools for Repair

完美的汽保工具解决方案

Perfect Solution of Auto Tools

深圳市百思泰科技有限公司（以下简称百思泰）成立于2010年，总部设在深圳，拥有3000平方米高科技写字楼的办公场所。百思泰成立以来，组建了一支素养高、专业强、经验丰富的核心团队，用心培养品牌的成长，以打造“百思泰BESITA”国际化品牌为已任，为汽车后市场做出积极的贡献。

百思泰以工匠精神要求自己，产品开发参照德国DIN标准（超出中国国家标准的50%以上），严格执行ISO9001-2008国际质量体系认证与欧盟CE认证标准，保证上市的每个新产品满足“高、精、专”的要求；自成立以来，上市产品超过2000余种，覆盖了汽车维修领域的手动工具、电动工具、气动工具以及新能源工具。

产品不仅覆盖了所有国产车型，而且还涵盖了保时捷、路虎/捷豹、奔驰、宝马、奥迪、大众、特斯拉等豪华车型，在专用工具领域方面亦颇有建树，以汽保工具先锋姿态开辟了新的领域。

Shenzhen **BESITA** Tech Co., Ltd. (hereinafter referred to “**BESITA**”), was established in 2010 and headquartered in Shenzhen, with the office of 3,000 square meters in high-tech office zone. Since its establishment, **BESITA** has set up a core team with high quality, strong professional and experienced team to cultivate the growth of brand, in order to create the international brand of “**BESITA**" and make a positive contribution to the automotive aftermarket.

BESITA requires itself as a craftsman. All products are developed in accordance with the German DIN standard (exceeding 50% of Chinese national standard) and strictly enforce the ISO9001-2008 international quality system certification and EU CE certification standards. Each new product listed on the market guarantees "high quality, High precision and Professional "requirements. Since its establishment, it has more than 2,000 listed products and covers hand tools, power tools, pneumatic tools and new energy tools in the field of vehicle maintenance.

The products cover not only all Chinese domestic models, but also luxury models such as Porsche, Land Rover, Jaguar, Mercedes Benz, BMW, Audi, Volkswagen and Tesla, etc. **BESITA** also made great achievements in the field of special tools and explored the New area as the pioneering trend of auto maintenance tools.

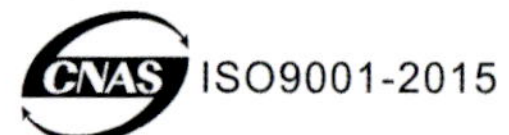

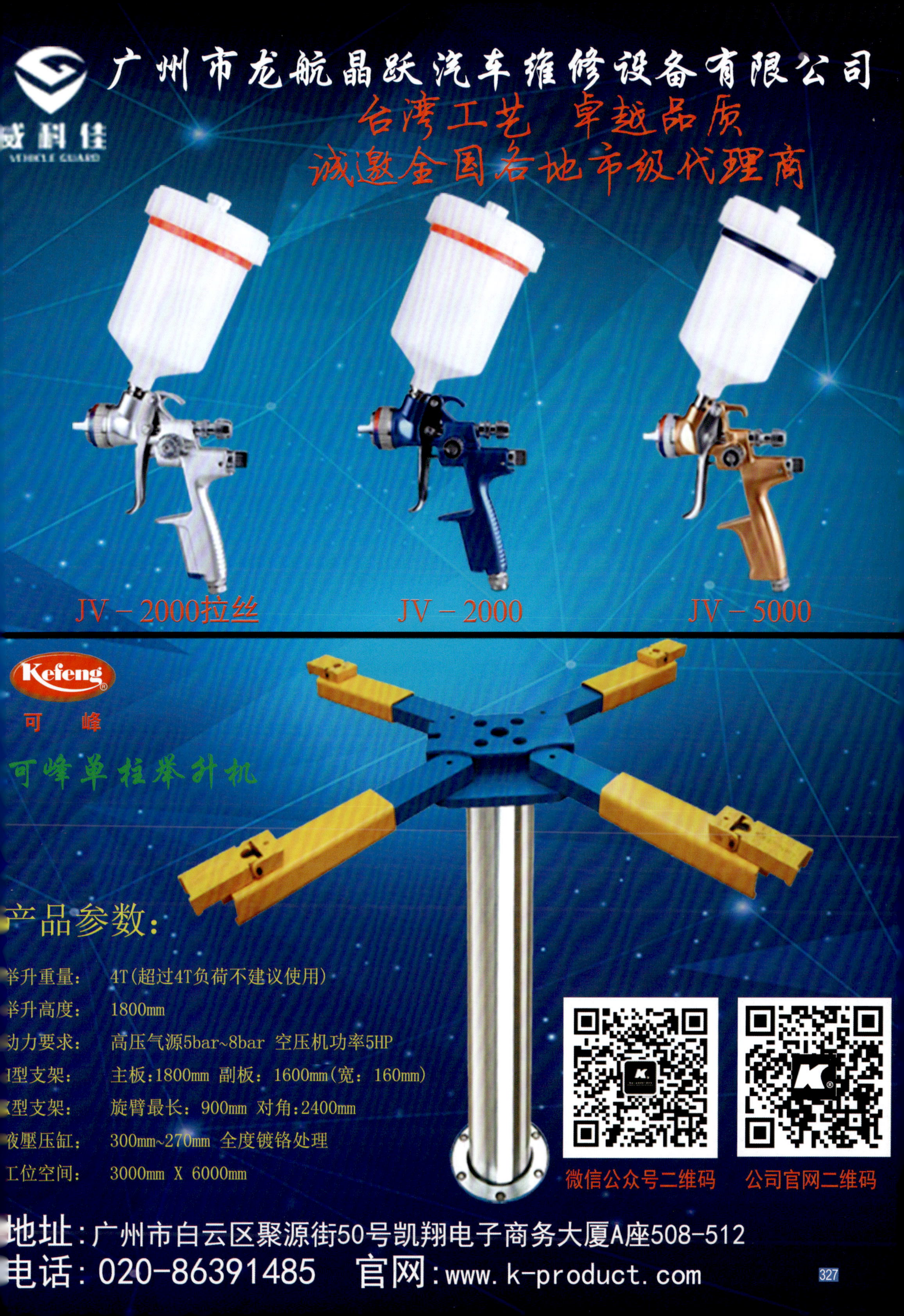
广州市龙航晶跃汽车维修设备有限公司
台湾工艺 卓越品质
诚邀全国各地市级代理商
JV－2000拉丝
JV－2000
JV－5000
Kefeng
可 峰
可峰单柱举升机
产品参数：
举升重量： 4T(超过4T负荷不建议使用)
举升高度： 1800mm
动力要求： 高压气源5bar~8bar 空压机功率5HP
I型支架： 主板：1800mm 副板：1600mm(宽：160mm)
X型支架： 旋臂最长：900mm 对角：2400mm
液壓压缸： 300mm~270mm 全度镀铬处理
工位空间： 3000mm X 6000mm
微信公众号二维码
公司官网二维码
地址：广州市白云区聚源街50号凯翔电子商务大厦A座508-512
电话：020-86391485 官网：www.k-product.com

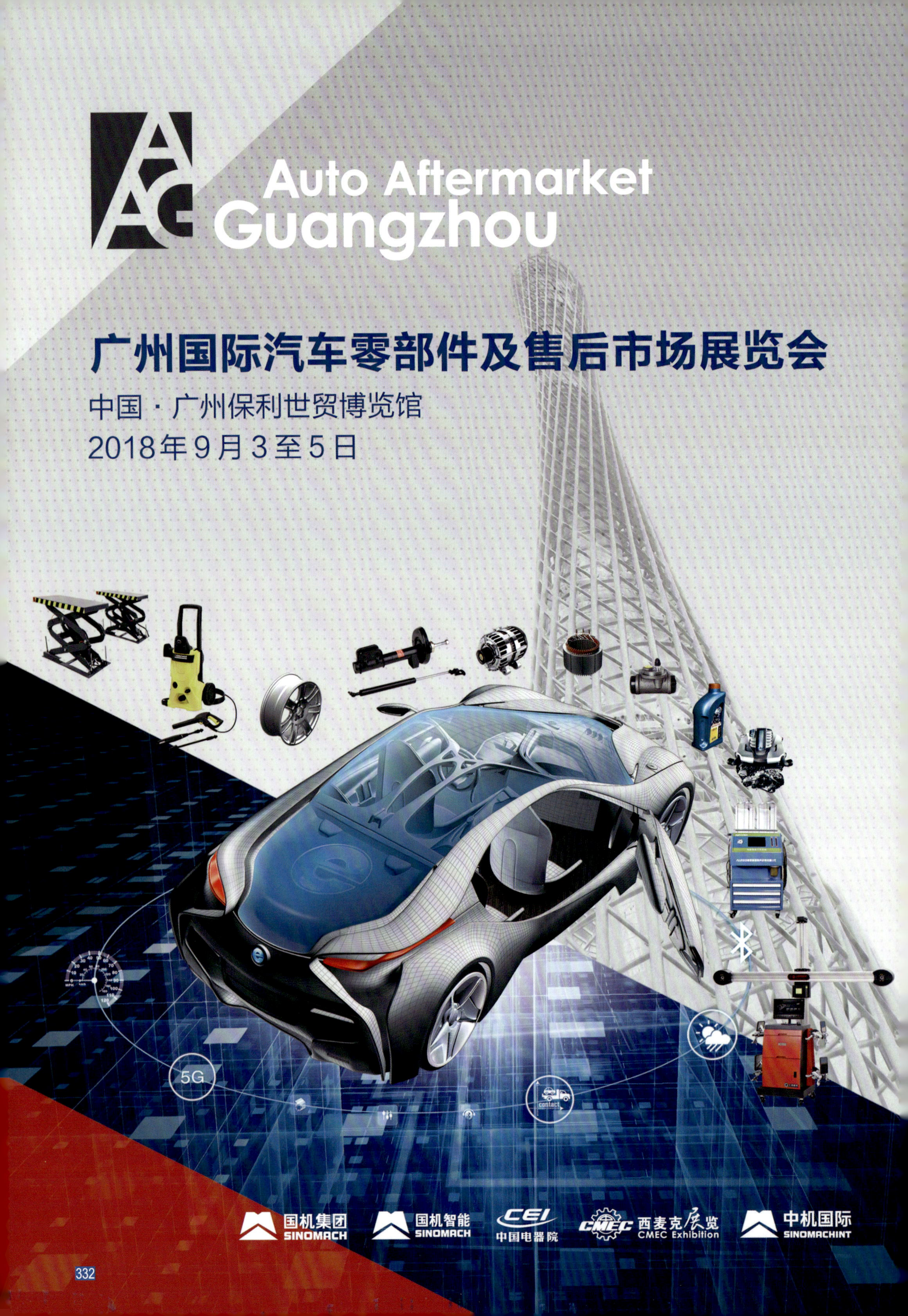

Auto Aftermarket
Guangzhou
广州国际汽车零部件及售后市场展览会
中国 · 广州保利世贸博览馆
2018年9月3至5日
5G
国机集团 SINOMACH
国机智能 SINOMACH
CEI 中国电器院
CMEC 西麦克展览 CMEC Exhibition
中机国际 SINOMACHINT

养护清洗

Maintenance & Cleaning

FABIT® 深圳市法比特机电有限公司

Shenzhen FABIT M&E Equipment Co.,Ltd

废油收集装置

因为专注，所以专业。

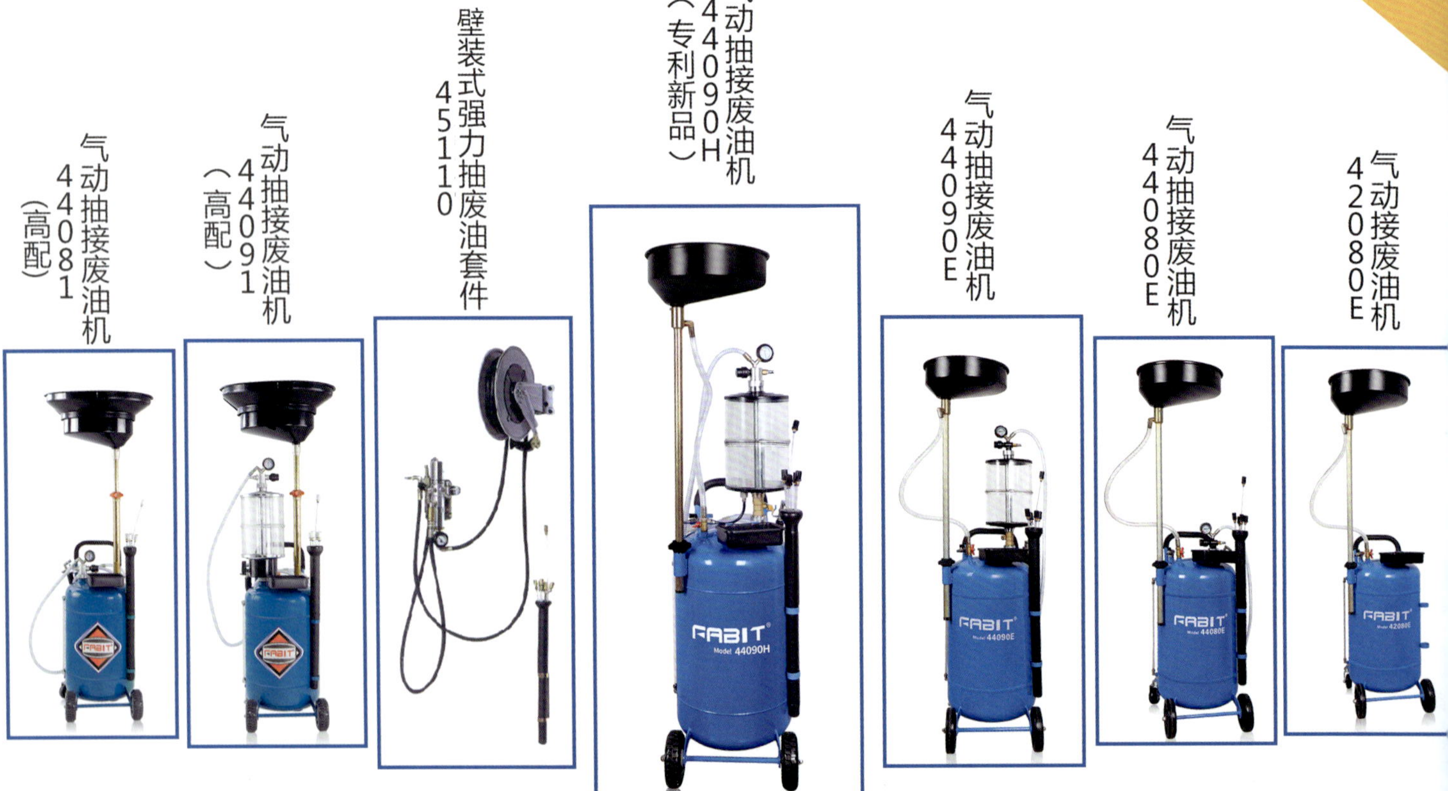

地址：深圳市光明新区公明新围第四工业区互利工业园C1栋5楼

电话：0755-61136561　61136562　61136563　　传真：0755-27125016

网址：http://www.fabit.cn　E-mail:fabit@163.com　szfabit@163.com

FABIT®

深圳市法比特机电有限公司

Shenzhen FABIT M&E Equipment Co.,Ltd

集中供油系统

因为专注，所以专业。

控制三联件

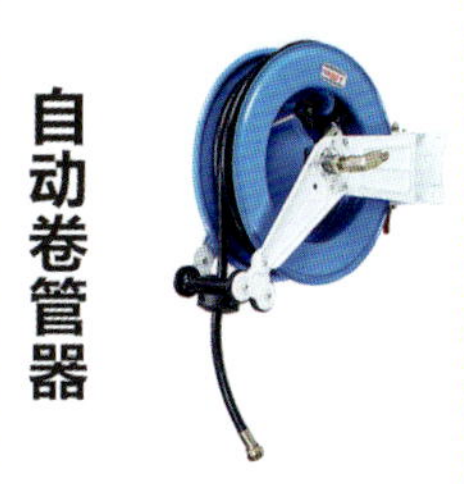

自动卷管器

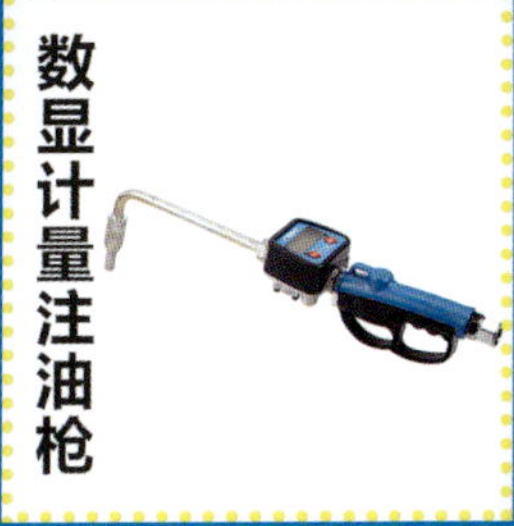

数显计量注油枪

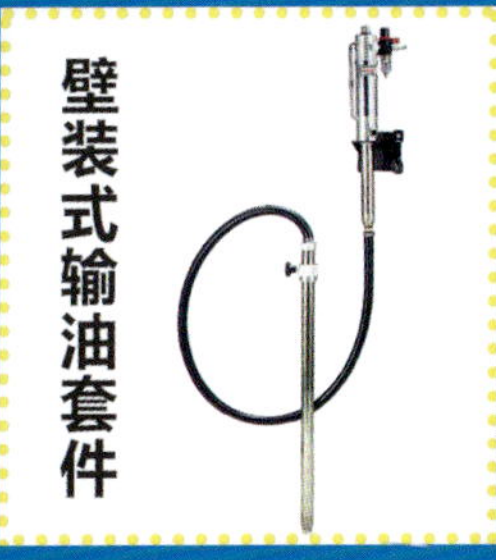

壁装式输油套件

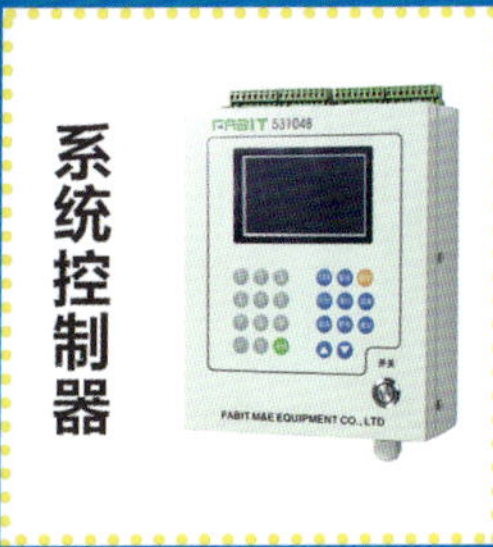

系统控制器

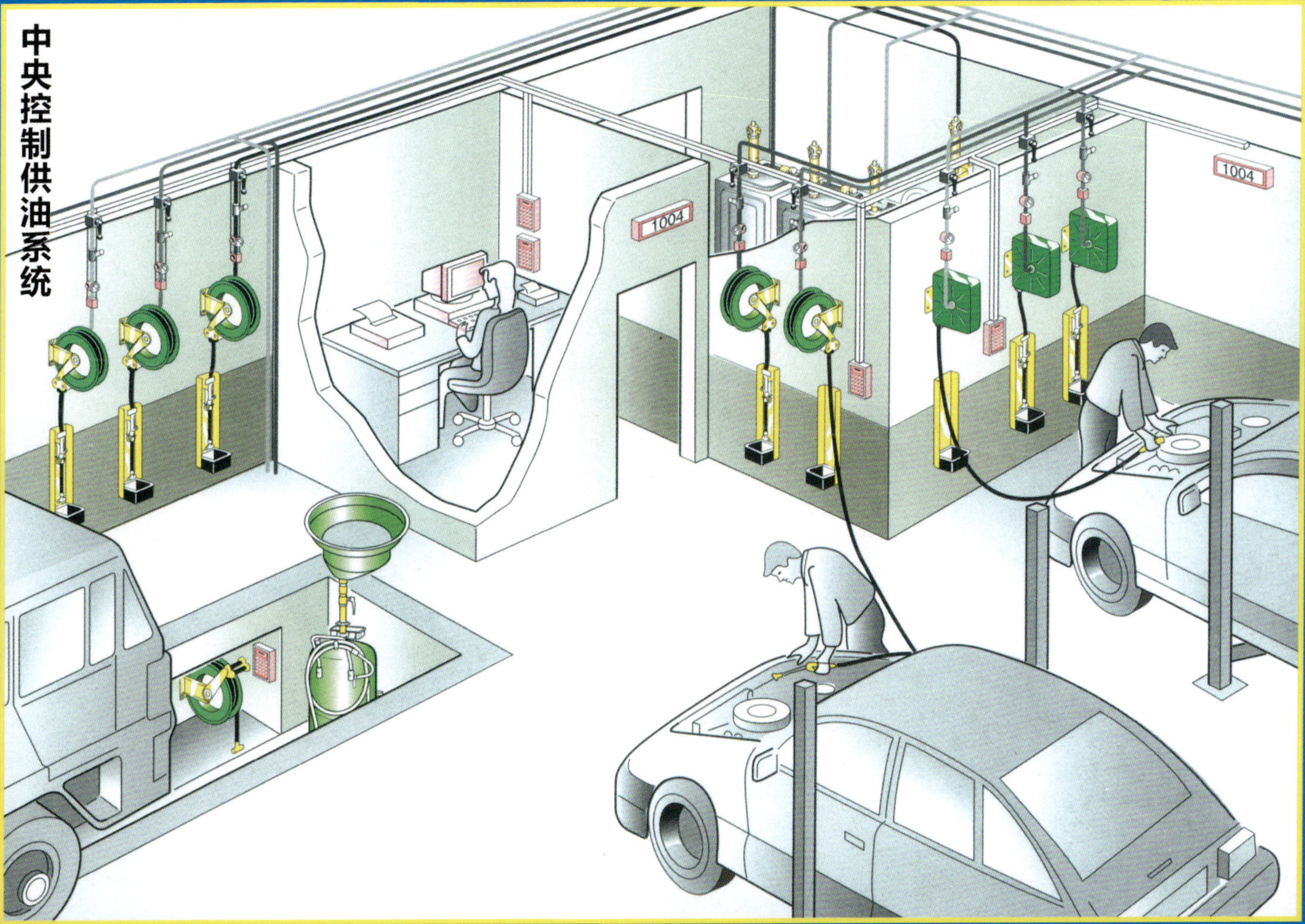

中央控制供油系统

地址：深圳市光明新区公明新围第四工业区互利工业园C1栋5楼
电话：0755-61136561 61136562 61136563 传真：0755-27125016
网址：http://www.fabit.cn E-mail:fabit@163.com szfabit@163.com

商用车精品维修设备服务商

上海天实机电设备有限公司因业务需要，于2017年成立上海迪观机电科技有限公司致力于中国商用车先进维修设备的资源整合，产品90%以上定位选择欧美市场知名品牌。公司产品应用立足于国内商用车维修现状，在维修便捷性、维修安全性和维修客观性方面的提高和发展做出不懈的努力。上海迪观科技同时联合各合作商在上海建立产品演示培训中心，用于客户产品选择初期的真实体验。

我们在产品的定位、品牌的选择不敢怠慢；我们深知“厚积而薄发”，所以，我们宁愿花更多的时间做市场调查，做用户体验，最终才决定是否能适合我们迪观科技的产品体系。迪观机电是一个商用车先进维修设备的贸易平台，期待更多优秀企业的加入，期待更多用户对我们的选择。

重型举升机

卡/客四轮定位

洗地机

轮胎拆转机

制动盘加工机

合作中的品牌

名称	品牌	产地
商用车四轮定位	HUNTER（亨特）	美国；始于1946年
重型举升机	Rotary（路特利）	美国；始于1925年
轮胎拆装机	CORCHI（科吉）	意大利；始于1954年
轮胎动平衡	CORCHI（科吉）	意大利；始于1954年
刹车盘加工机	COMEC（卡美科）	意大利；始于1961年
冷水高压清洗机	Kranzie（大力神）	德国；始于1974年
热水高压清洗机	FRANK（福兰克）	德国；始于1607年

www.deekone.com

上海迪观机电科技有限公司

东之杰
BEST OF EAST

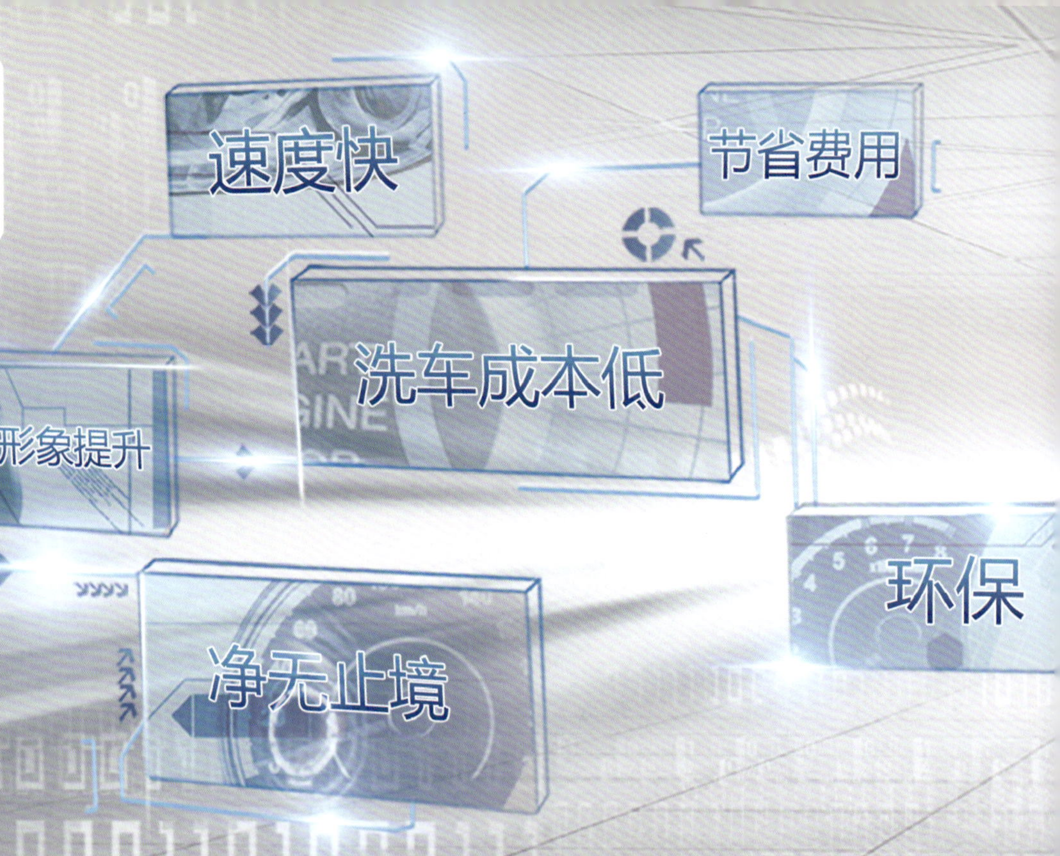

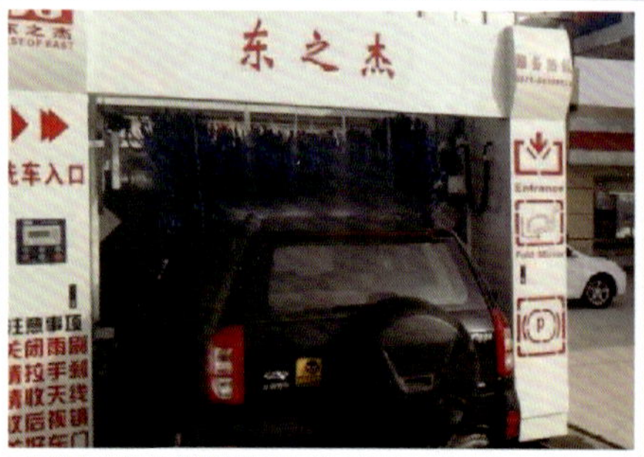

速度快
节省费用
洗车成本低
服务形象提升
环保
净无止境

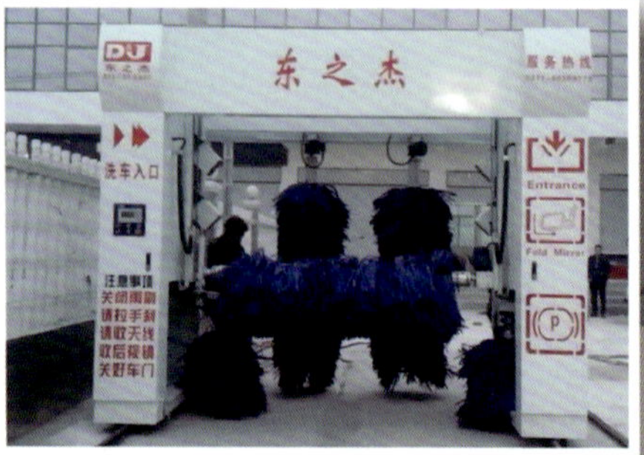

功能特点

※ 机器内置远程控制监控系统

人机界面真彩触屏操作系统	故障全自动检测报警系统	车身自动识别系统
故障排除方法显示系统	洗车计数系统	滚刷洗车压力电子精确调节系统
内置自动配比泡沫系统	内置自动配比水蜡系统	车辆安全防撞配置
光电定位系统	高压泵站组	全电脑综合控制系统
电阀系统	钢板镀锌烤漆（喷塑）	清洗各种轿车和面包车

FEATURES OF FUNCTION

※ Remote Control Monitoring System

- Electric valve system
- Optical positioning system
- High-pressure pump station
- Automatic fault detection and alarm system
- Car-washing counting system
- Troubleshooting display system
- Human-machine interface operating system with touch screen
- Automatic vehicle identification system
- Full computer integrated control system
- Built-in automatic foam proportioning system
- Galvanized steel paint (spray)
- Built-in automatic water wax proportioning system
- Washing brush pressure electronically regulating system
- Four sets of strong standard fixed bag type drying system
- Cleaning all kinds of cars and vans
- Vehicle safety anti-collision device

基本配置 BASIC CONFIGURATION

机架	钢板一次冲压成型外饰板	APPEARANCE	A metal forming the outer steel plaque
外形	机件防锈防腐处理、电气元件选用高防水等级	WATERPROOF	Mechanical processing anti-rust and anti-corrosion of electrical components with high water proof standard.
防水	热镀锌矩管机架	FRAME	Hot galvanized plate and rectangular tube frame
操作面板	按钮+黑白液晶显示屏 可加装遥控装置	OPERATION PANEL	Button + black and white lcd screen; remote control device can be installed by option

技术参数 TECHNICAL PARAMETERS

机器尺寸(mm)	1900(长)X 3500(宽)X 2900(高)	MACHINE SIZE (MM)	1900 (L) * 3500 (Width) * 2900 (Height)
安装尺寸(mm)	9000(长)X 4000(宽)X 3200(高)	WORKING SPACE (MM)	9000 (L) * 4000 (Width) * 3200 (Height)
电源/功率	三相四线380V/11kW	POWER / RATE OF WORK	Three-Phase Four-Wire 380V/ 11kW
耗水量	约80L/辆(选配节水设备15L/辆)	WATER CONSUMPTION	80l / Vehicle (Optional Water-Saving Equipment 15L / Vehicle)
风干结构	强力固定风干系统	DRYING SYSTEM	Strong Fixed Structure Drying System
滚刷结构	顶刷一组 / 大立刷二组 / 小力刷二组	BRUSH STRUCTURE	One Roof Brush Two Large Side Brushes And Two Small Side Brushe
洗车速度	清洗+风干=300 s /辆	WASHING SPEED	Cleaning + Air-Dry = 300 s / Vehicle

东之杰
BEST OF EAST
东之杰
Entrance
东之杰
洗车入口
Entrance

隧道式电脑全自动洗车机

功能特点

※ 机器内置远程控制监控系统

高压水刀系统	自动底喷系统	自动喷洒泡沫系统	自动计数
自动喷洒水蜡系统	自动仿形三风口风干系统	自动输送机系统	洗车方式自动选择
PLC电子控制系统	故障自动监测	元器件自动监测	最大车辆轮胎宽度不超过30cm

最大洗车标准为2.00m（宽）X 2.00m（高）

适应7座以下面包车及各种小轿车

FEATURES OF FUNCTION

※ Remote Control Monitoring System

- High pressure water-jet systems
- Automatic conveyor system
- Automatic profiling three air drying system
- Automatic bottom spray system
- Plc electronic control system
- Automatic counting
- Automatic fault monitoring
- Automatic foam sprinkling systems
- Automatic water wax sprinkling system
- Component automatic monitoring device
- Car wash mode automatic selection
- Ideal for vans which is less than 7 seats and all kinds of cars
- Maximum washing criteria 2.00m (width) × 2.00m (height)
- Maximum vehicle tire width not exceeding 30cm

基本配置 BASIC CONFIGURATION

外形	钢板一次冲压成型外饰板（红黄绿白蓝）	APPEARANCE	A metal forming the outer steel plaque (red, yellow, green, white and blue)
防水	机件防锈处理电器元件选用高防水等级	WATERPROOF	Anti-rust treatment mechanical electrical component selection of high waterproof rating
操作面板	按钮双路操控+8寸真彩色电子触摸屏	OPERATION PANEL	Dual control buttons +8 inch true color touch screen

技术参数 TECHNICAL PARAMETERS

机器尺寸(mm)	9400（长）X 3800（宽）X 3000（高）	MACHINE SIZE (mm)	9400 (length) × 3800 (width) × 3000 (height)
轨道长度(mm)	11400（长）	TRACK LENGTH (mm)	11400 (length)
机器总重	重约4t	MACHINE TOTAL WEIGHT	about 4 tons
电源/功率	380V三相动力电/32kW	POWER / RATE OF WORK	380V three-phase electric power / 32KW
耗水量	正常约90L/辆（选配节水设备20L/辆）	WATER CONSUMPTION	Normally around 90L per vehicle(water-saving equipment 20L per vehicle)
耗电量	0.5度/辆	POWER CONSUMPTION	0.5 degrees / vehicle
滚刷结构	1顶刷 / 4大立刷 / 4小立刷	BRUSH STRUCTURE	One Roof Brush; Four large Side Brushes and four small Side brushes
洗车速度	45辆/小时	WASHING SPEED	45 Vehicles / hour
风干结构	强力固定风干系统	DRYING SYSTEM	Strong fixed air-drying system
水刀结构	预洗一组 冲洗一组	WATER JET STRUCTURE	One set of prewash ; One set of rinsing

Aui自动变速器智能养护项目

专业·智能·领先

专业的研发团队

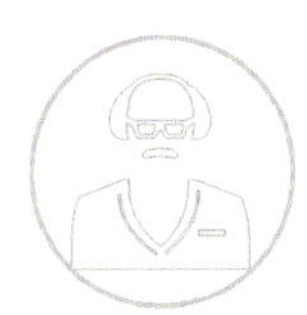
国内权威的专家资源

全球领先供应商体系

业界知名管理团队

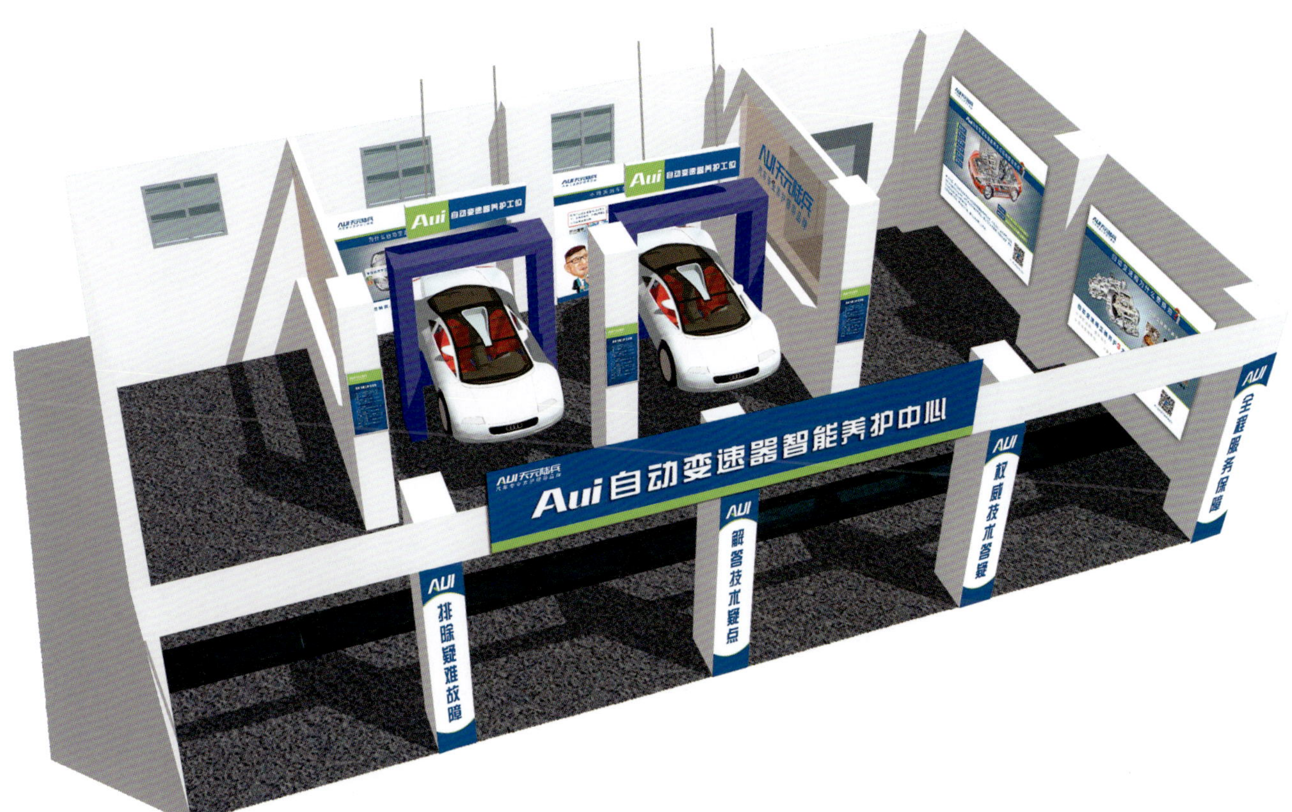

❶ 企业形象包装　❷ 技术支持　❸ 业务营销支持

❹ 运营管理支持　❺ 在线支持　❻ 专家团队支持

给你提供新机遇，不做行业淘汰者！

Give you new opportunities, not industry Elimination!

保 养 用 品

Car Care Products

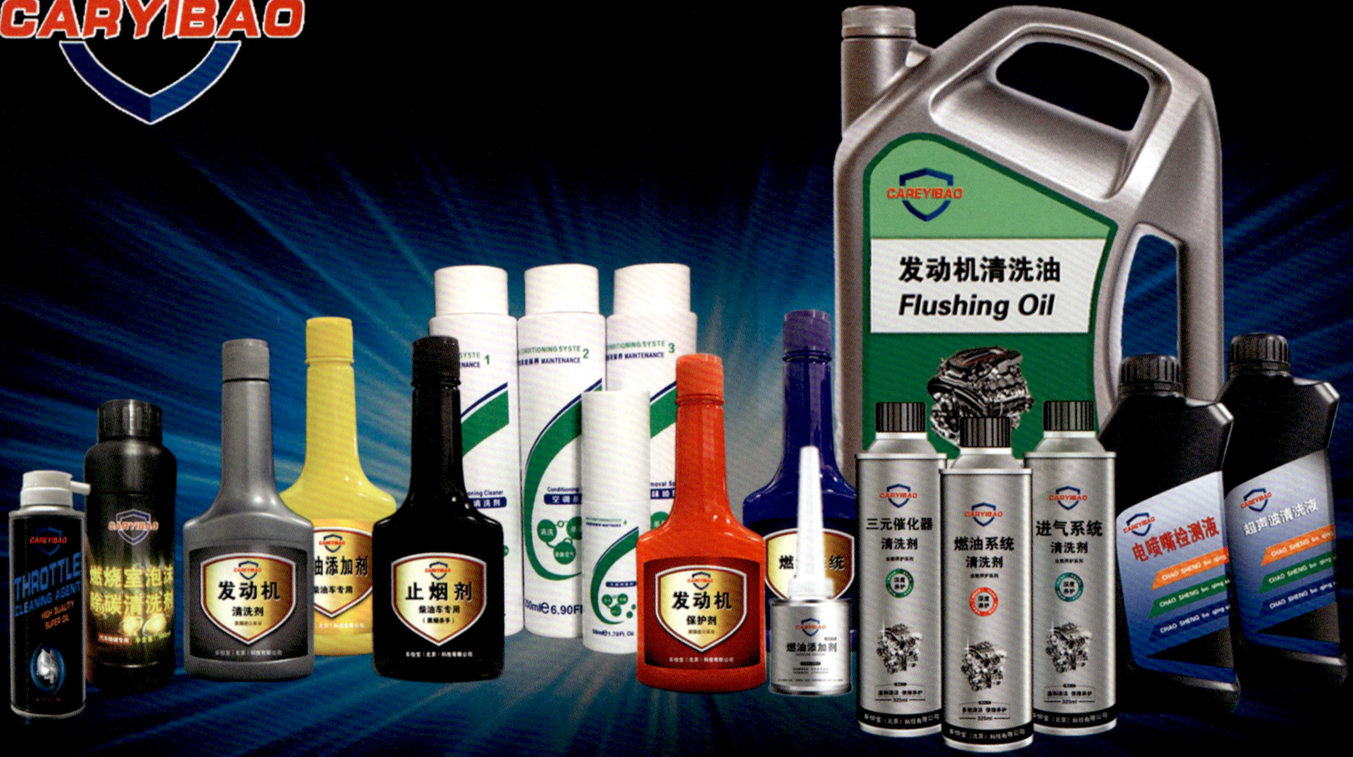

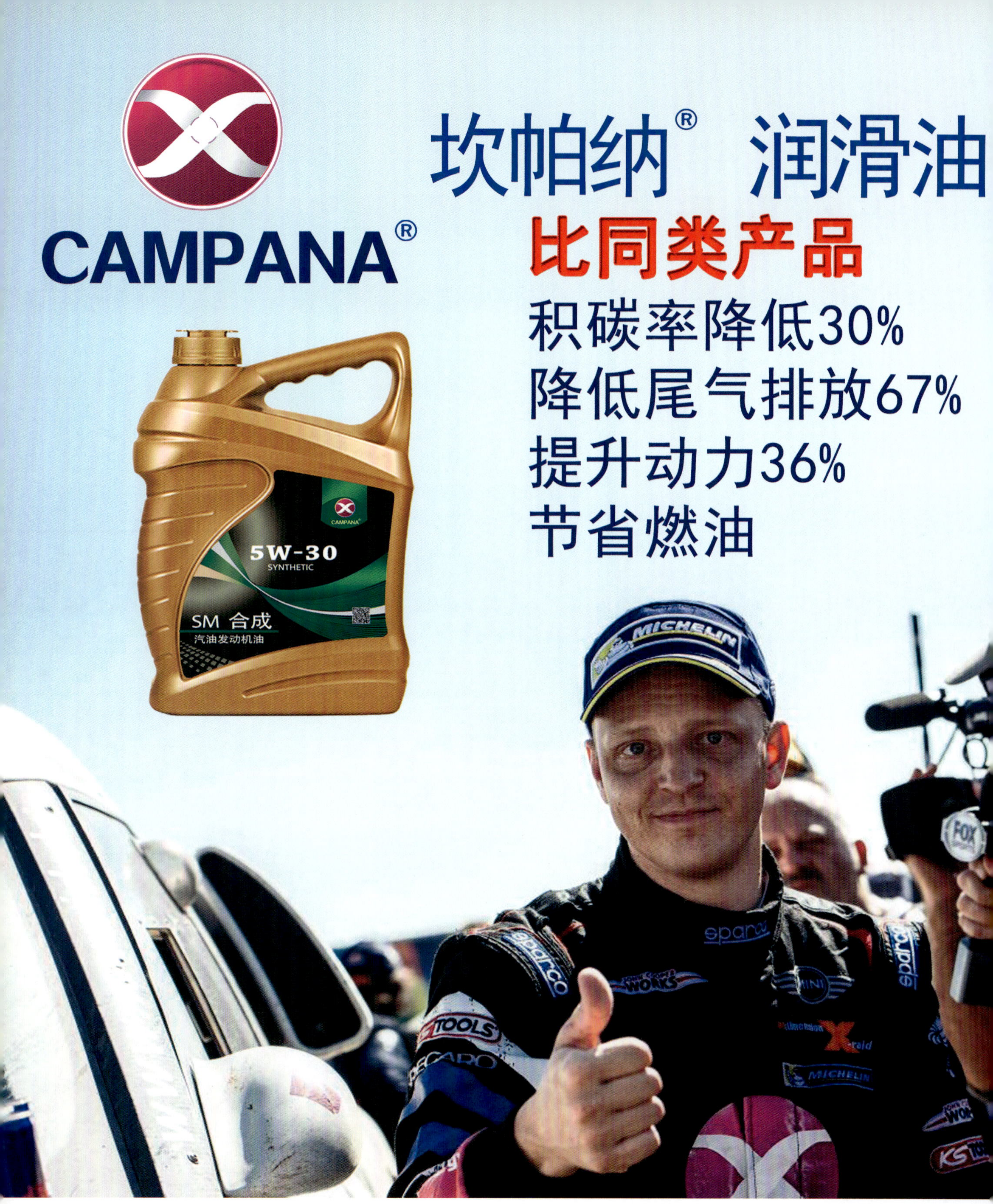
CAMPANA®
坎帕纳® 润滑油
比同类产品
积碳率降低30%
降低尾气排放67%
提升动力36%
节省燃油
5W-30
SYNTHETIC
SM 合成
汽油发动机油

CAMPANA AUTO TRANSMISSION OIL

坎帕纳自动变速箱油

虚位以待

坎帕纳自动变速箱油
能满足全球95%车型需求

公司简介

坎帕纳炼油厂始建于1900年、原属埃克森美孚下属企业、年生产560万立方米航空燃油和航天、航空润滑油、12亿立方米航运、工业车用燃油及润滑油、日处理石油120000桶。

坎帕纳为维修企业提供：
项目运营管理　　营销培训支持
技术培训指导　　设备工具使用
数据在线查询　　手机在线学习
企业形象支持等系列服务，
为维修企业提供更专业的自动变速箱养护方案，帮助维修企业迅速提升盈利能力！

用心让您更安心

www.axionenergy.cn　　www.campana.cn.com

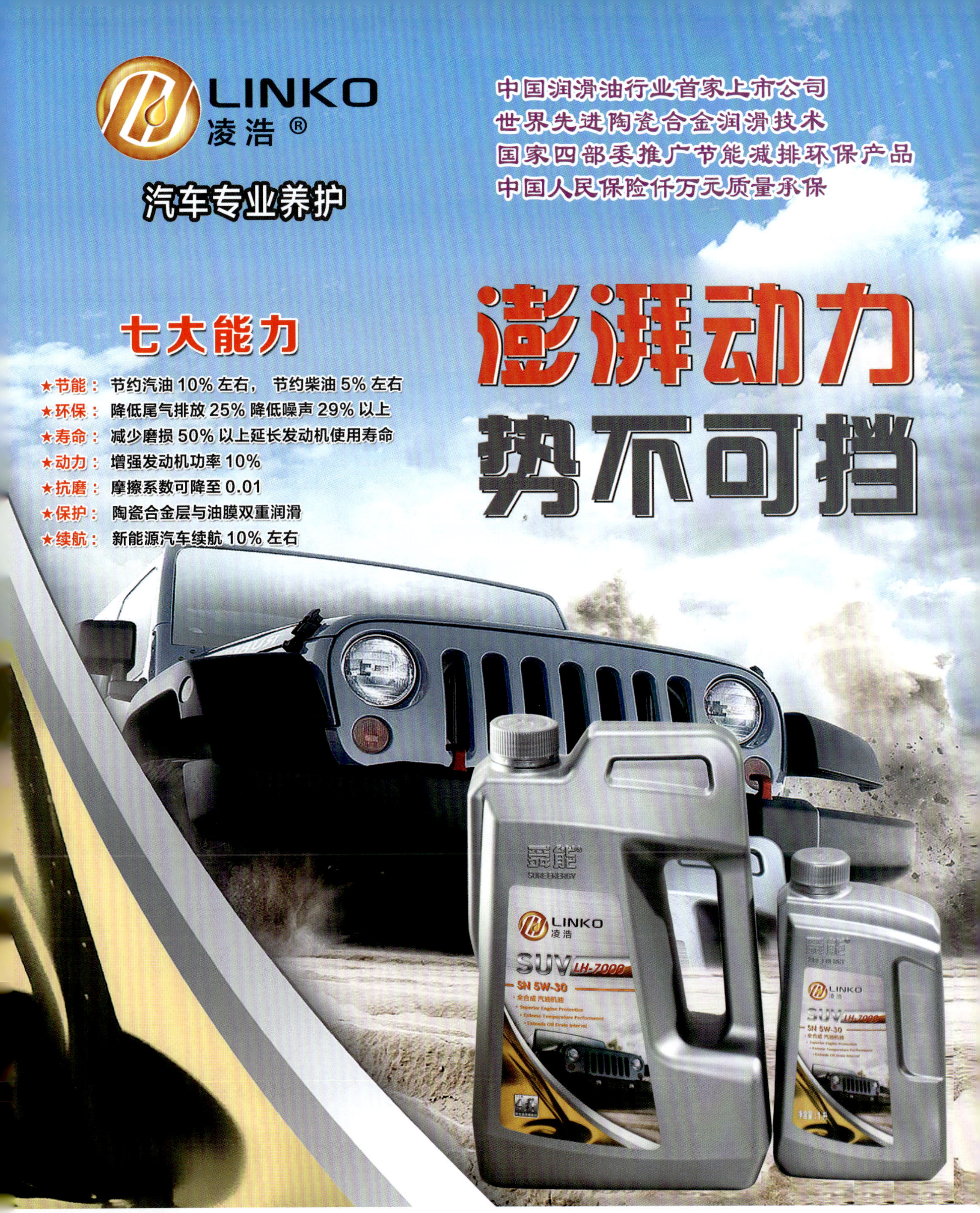

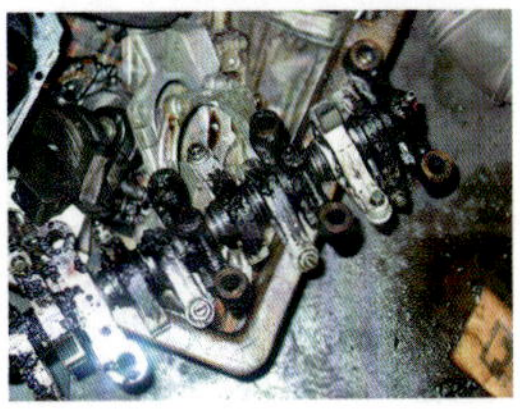
使用传统润滑油的发动机

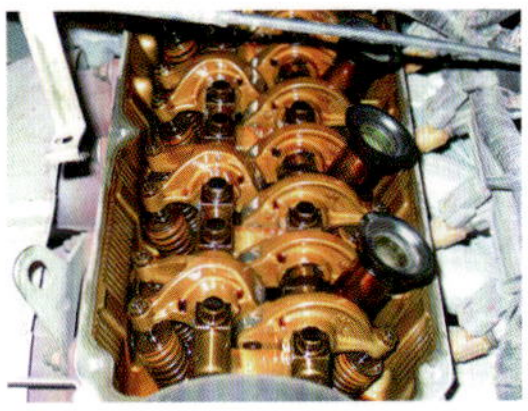
使用凌浩陶瓷合金润滑油的发动机

MADE IN GERMANY

SONAX-德国原厂，品质保障

SONAX拥有自己独立的产品研发实验室，数百年来，精益求精的德国技术征服了数以亿计的汽车用户！

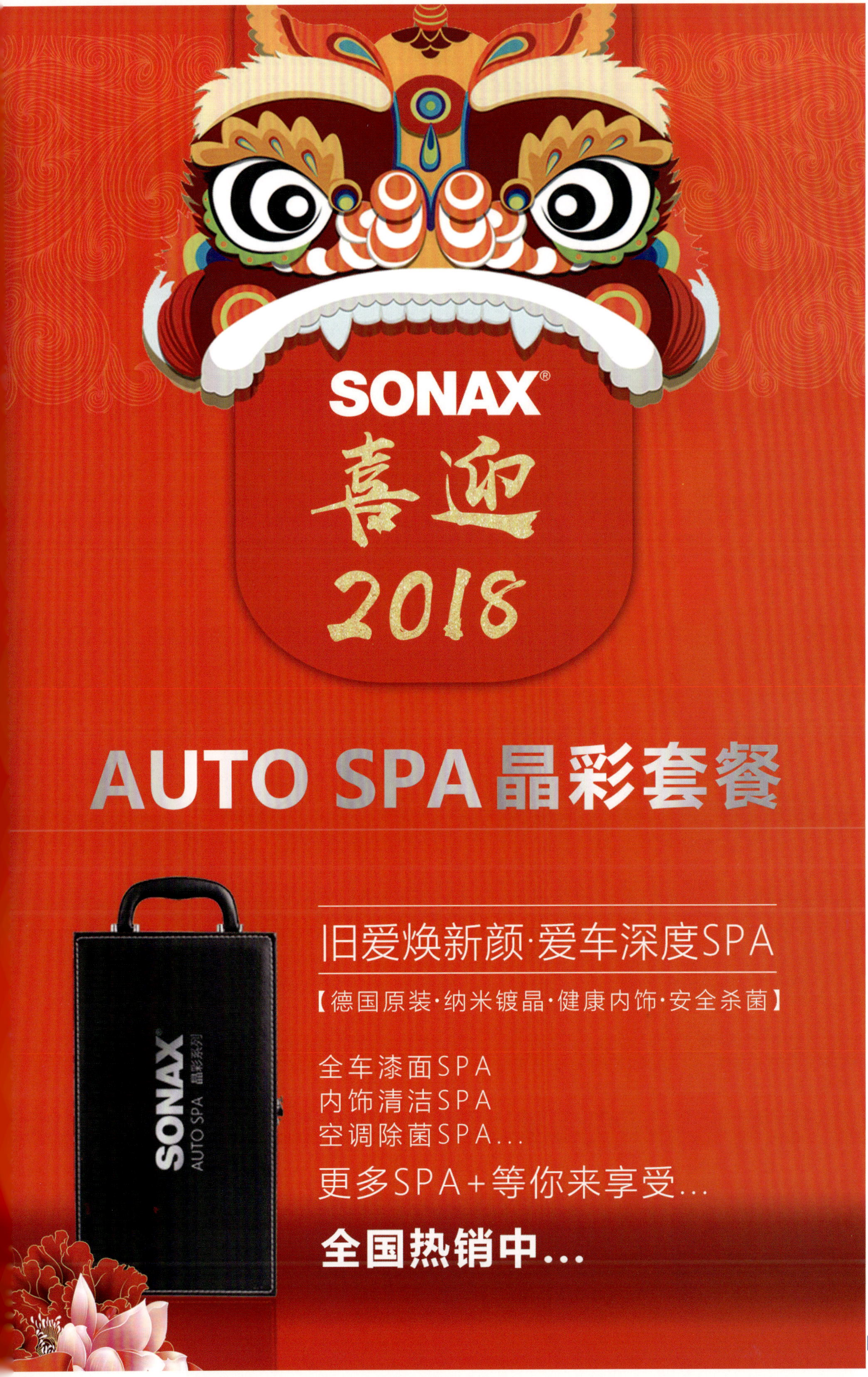

SONAX®
喜迎
2018
AUTO SPA晶彩套餐
SONAX AUTO SPA 晶彩系列
旧爱焕新颜·爱车深度SPA
【德国原装·纳米镀晶·健康内饰·安全杀菌】
全车漆面SPA
内饰清洁SPA
空调除菌SPA...
更多SPA+等你来享受...
全国热销中...

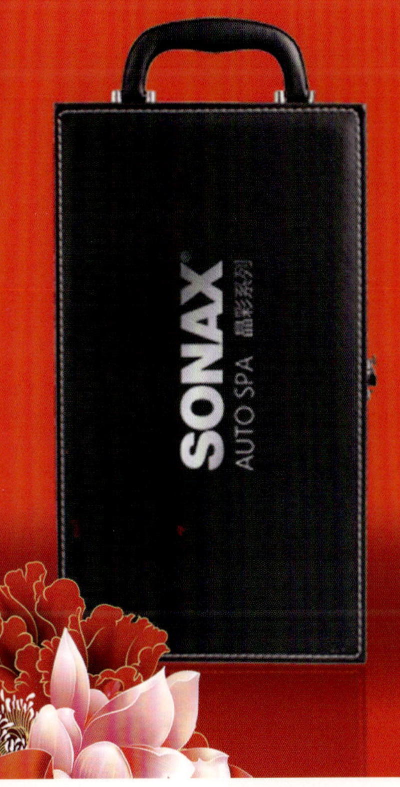

车仆形象大使 国际巨星 古天乐
我信赖车仆
我为车仆代言

CHIEF 車仆®

永远的汽车养护专家

车仆控股集团

车仆控股集团有限公司是国内较早集研发、生产与销售为一体的汽车用品供应商。1993年成立至今拥有10多个下属公司、七大汽车用品生产基地，车仆产品多年国内销量领先。集团业务涉及汽车养护、汽车美容、汽车装饰、汽车饰品、汽车电子及新能源汽车销售和租赁等多个方面。

车仆以“永远的汽车养护专家”为理念，研发出十余系列1000多个单品，是国家汽车养护产品标准起草单位。车仆南昌汽车用品产业园占地面积多达260亩，是当前国内先进 的现代化汽车用品生产基地。

车仆是国内渠道全覆盖的汽车用品品牌，车仆产品在全国所有省市均有销售，传统批发渠道金牌经销商1000多家，沃尔玛、大润发、华润万家、人人乐、家乐福等商超专柜3600余家，美容连锁加盟店500多家，畅销天猫、京东等网络平台，与众多主机厂及庞大、广汇等汽车4S集团合作4S店4000多家，服务几十万家维修美容店，数千万车主正在使用车仆产品。车仆正成为汽车养护用品行业领军品牌，是消费者信赖的品牌。

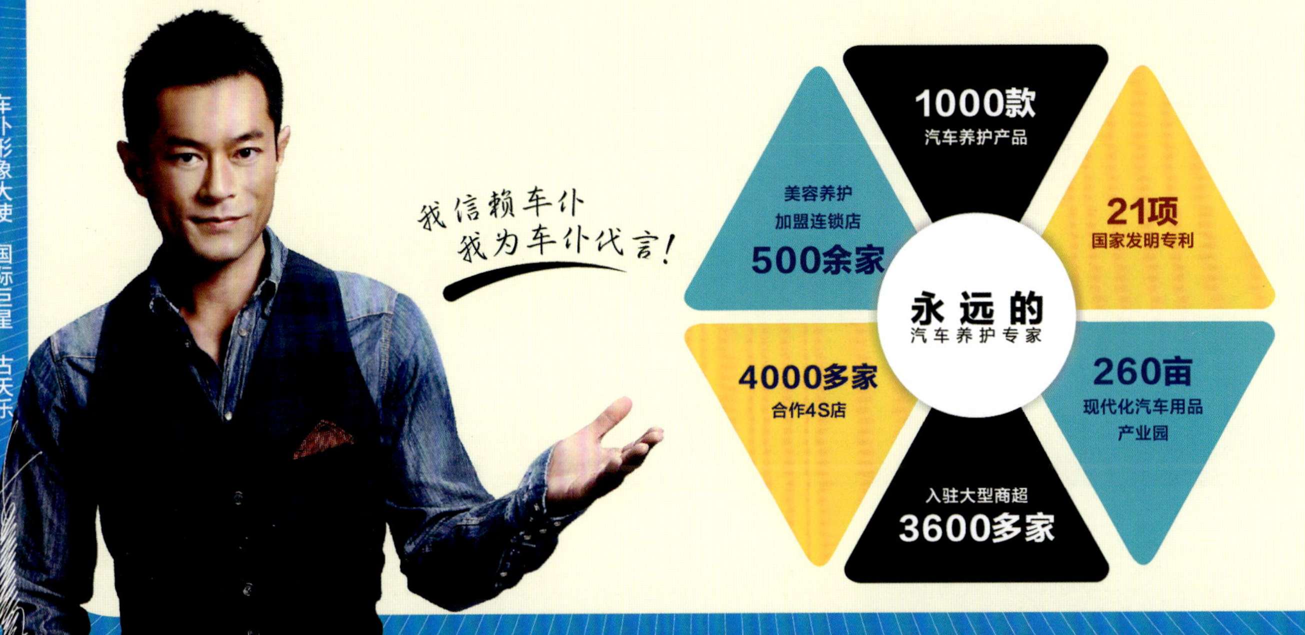

ABOUT DELIAN
关于我们

德联集团(股票代码:002666)是中国汽车精细化学品领军企业，为汽车行业全产业链提供优质服务。

上海德联车护网络发展有限公司，是德联集团旗下全资子公司，通过创新型MB2B2C平台，为广大车主提供原厂配套、高品质、高性价比的汽车化学品及其他汽车维护产品，并通过“德联2S”全新模式，致力推动中国汽车后市场专业服务连锁业态的发展，打造中国汽车后市场服务领域的优秀民族品牌，传播“品质、专业、责任”的品牌价值观。

K-POLISH
GLARE
1
一间洗车车间
扫一扫关注Glare更多信息

美式洗车
AMERICAN CAR WASH

让洗车回归洗车
让洗车也能赚钱

省钱

传统洗车用水10m³/天
美式洗车用水4.5m³/天

省时

传统洗车30多分钟
美式洗车15分钟

省力

传统洗车3人以上
美式洗车2人

省料

传统洗车7-8元 /辆
美式洗车0.95元 /辆

2	3	14	15
二位洗车员工	三件专项产品	14步洗车流程	15分钟洗车时间

上海乾宝汽车用品有限公司
Shanghai Kingpolish Auto Proucts Co.,Ltd.

▲网　　址：www.glarechina.cn
▲客服电话：021-61918070

menzerna
polishing compounds

Perfection in polishing.
Made in Germany. Since 1888.

德国曼泽纳（menzerna）创立于1888年，是世界率先做抛光磨料的公司之一。公司专注于抛光研磨剂的研发与生产。公司产品用于漆面、塑料、金属、珠宝等材料的表面抛光处理，广泛地服务于汽车、家具、乐器、五金等工业领域。

曼泽纳抛光磨料(青岛)有限公司

联系电话：(0532) 8232 1888
邮　　箱：info@menzerna.com.cn
网　　址：www.menzerna.com.cn

menzerna
polishing compounds

洗车美容增值服务商

品牌介绍

早在1962年，凭着对汽车护理的热爱，Mr. Gianfranco Mattioli在自己家的浴缸里研制出了世界领先的速干型洗车液，这一发明促生了一个世界知名的护理品牌。他用自己的名字将这个品牌命名为MAFRA。MAFRA开创性地将化妆品概念融入了汽车美容产品，提出了“cosmetics for your car”这一品牌口号，决意将极致护理的概念贯彻产品研发、生产始终。

 7 条现代化全自动生产线

 160 吨日生产力

 35 个原料仓

 36,000 平方米现代化工厂

产品线覆盖全面
8个产品领域
11个产品线
410种源研配方
2500种产品

行业领先的科研能力
5位行业顶级专家
研发到量产仅4个月
每年24种新品上线

曼芙丽中国
全国超过40家
运营培训中心

国际认证

质量认证

环保认证

职业健康

德国汽车工业联合会认证

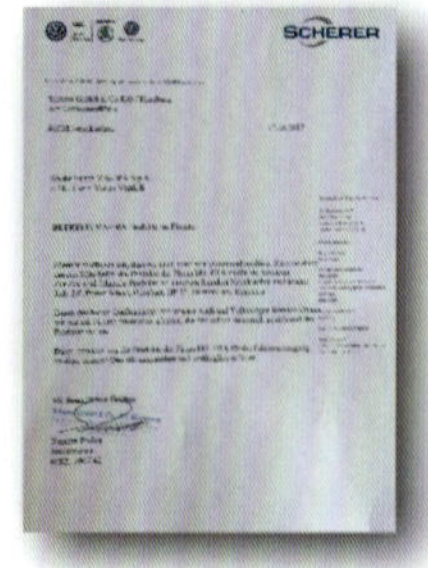

德国大众推荐信

赛事赞助

合作模式

1. 盈利项目合作店

   30多个项目，2500种产品选择，50多年的技术积累，一站解决洗车美容领域的所有问题

2. 品牌加盟(区域服务商)

   曼芙丽核心合作伙伴，背靠总部，将为您带来多渠道盈

3. 分子公司

   曼芙丽倡导厂商一体化战略，您不但可享受当地市场利润，更能分享集团总部快速发展的巨大红利

愿景：成为领先的洗车美容增值服务商
使命：助推中国洗车美容产业科学健康发展
理念：为合作伙伴创造价值(员工、股东、客户)

全自动智能换油系统
AUTO TRANSMISSION FLUID EXCHANGE
ATF
HAOSHUN TRANSMISSION OIL
HAOSHUN
PRODUCED BY ODIS
USED
NEW

DUAL CLUTCH TRANSMISSION FLUID
HS-7DM
DUAL CLUTCH TRANSMISSION FLUID
HS-7DG
TRANSFER CASE FLUID
TF-0870
AUTOMATIC TRANSMISSION FLUID
HS-6HD
POWER STEERING FLUID
PSF-202
HYDRAULIC VALVE BODY OIL
HS-0AM
CONTINUOUSLY VARIABLE TRANSMISSION FLUID
HS-JNH
CONTINUOUSLY VARIABLE TRANSMISSION FLUID
HS-JNL
净含量: 1L
HAOSHUN

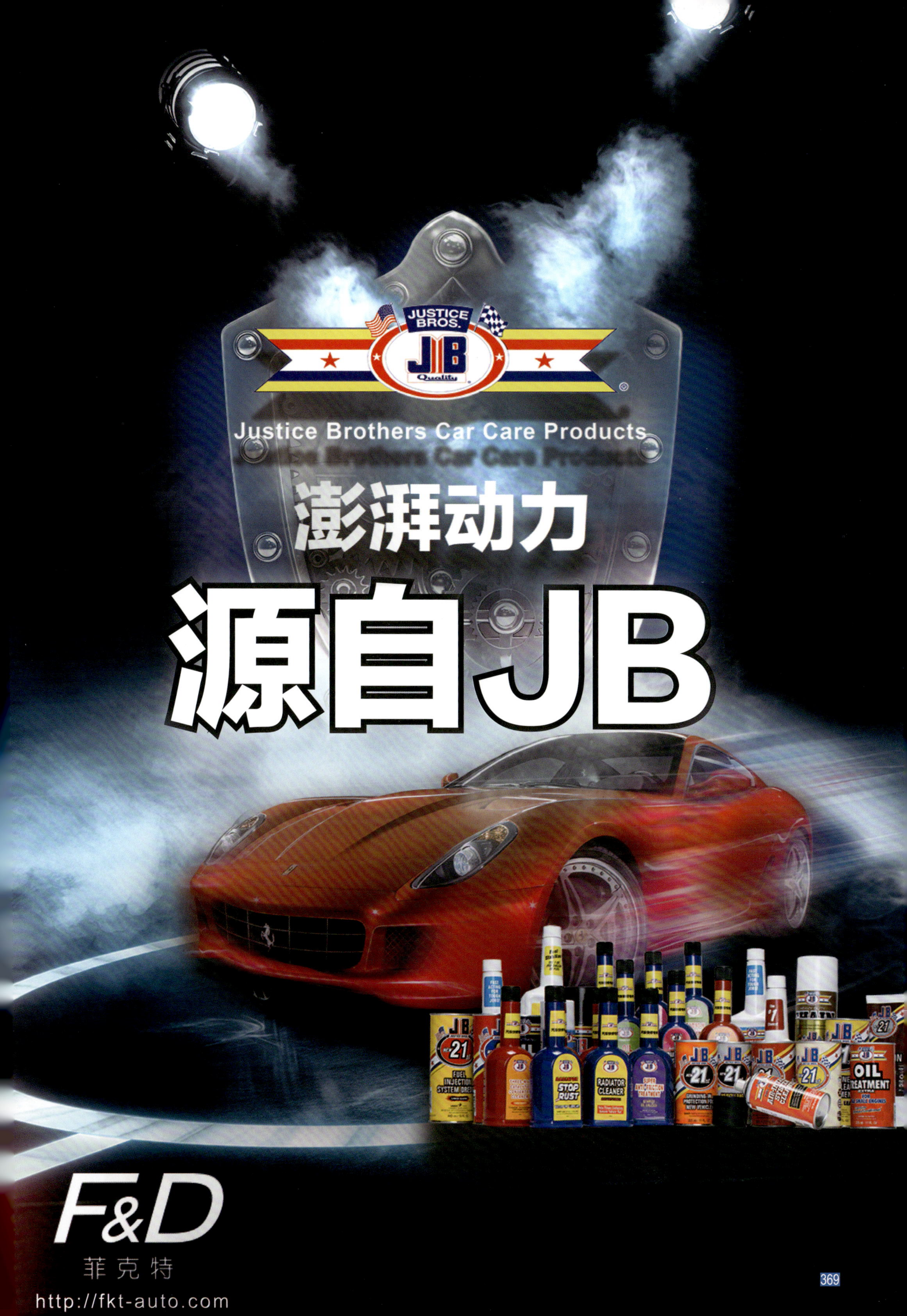
JUSTICE BROS.
JB
Justice Brothers Car Care Products
澎湃动力
源自JB
F&D
菲克特
http://fkt-auto.com

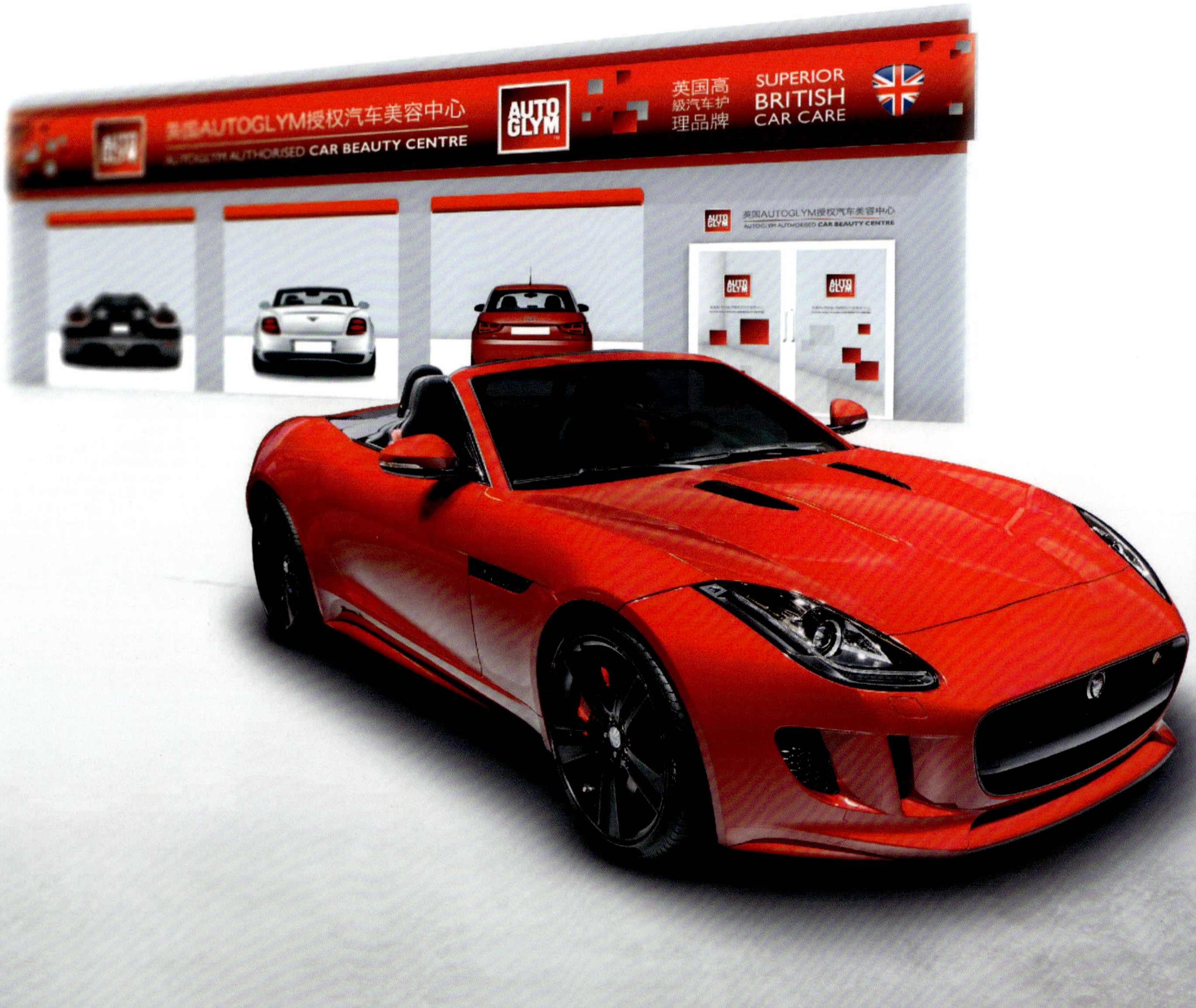

澳德巴克斯集团介绍

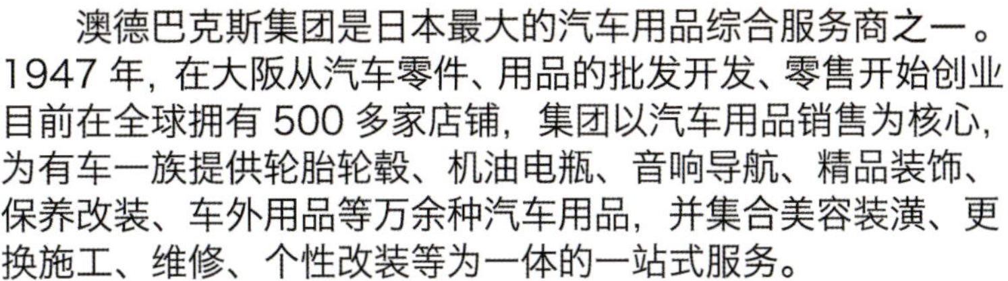

澳德巴克斯集团是日本最大的汽车用品综合服务商之一。1947 年，在大阪从汽车零件、用品的批发开发、零售开始创业，目前在全球拥有 500 多家店铺，集团以汽车用品销售为核心，为有车一族提供轮胎轮毂、机油电瓶、音响导航、精品装饰、保养改装、车外用品等万余种汽车用品，并集合美容装潢、更换施工、维修、个性改装等为一体的一站式服务。

目前集团除了传统的一站式综合购物专门店“AUTOBACS”外，还积极开展更加注重娱乐性能的“SUPER AUTOBACS”，此外还有经营二手和低价汽车用品的“AUTOBACS 二手汽车用品交易市场”以及自助式加油站为主并出售汽车用品的“AUTOBACS EXPRESS”等各种业态的店铺。

集团以汽车用品销售为核心，积极推进“年检整备事业”和“整车销售事业”。集团目前已经超越了汽车用品零售店的范围，为丰富而充实的汽车生活提供综合性的服务。

中国业务简介—进口商品批发业务

以日本为中心，从海外各个采购点向中国，或由中国向世界各地，最大限度的运用好澳德巴克斯的强大关系网，及时抓住汽车用品的动向，以丰富的产品渠道及强大有力的采购渠道来进口全新的产品。From JAPAN to CHINA !! 我们的理念是以推广澳德巴克斯店铺为中心，并且引进更新、更好的汽车用品，介绍给中国的爱车人士们。

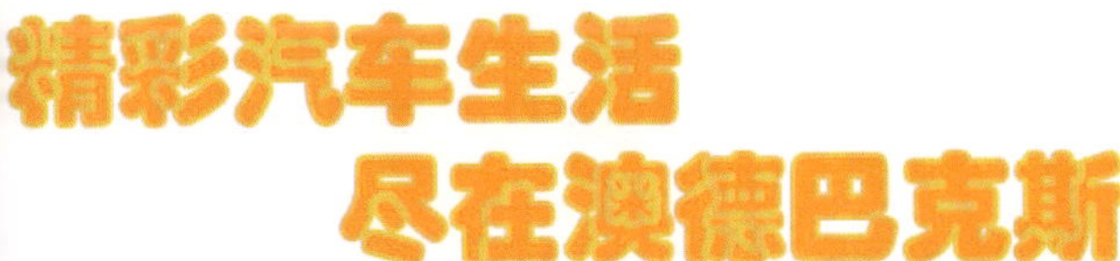

根据顾客的需求，介绍顾客所感兴趣的商品。除了我司所经营的汽车用品之外，如果您有任何预购的汽车用品商品，我司都可接受您的依赖委托，寻找到预购的商品并安排进口。

其　他

Others

微信公众号

一路同行 感谢有你

Thank you for your long time for our support and attention

1992-2017

广达科技得益于25年来中国汽车产业和职业教育的迅速发展，承蒙国内中高职业院校、重点企、事业单位、部队等千余家合作伙伴的大力支持。今天的广达科技，在汽车保修设备、职业院校汽车及轨道相关专业、大型成套设备应用培训、综合服务保障等专业领域，为客户提供规划、建设、软硬件设备供应、安装调试、运营等全生命周期的一站式系统服务。针对行业内高新技术的特点，如汽车领域的电动车（含插电式）、燃料电池、混合动力、改装车，轨道交通方面的地铁、高铁等新技术需求。广达科技通过和有关高校、科研院所的联合互动，并结合多年的客户需求经验，已经形成系统的职业教育培训解决方案，必将助力中国的职业教育的长期发展！

Beijing guangda established in 1992, has benefited from the rapid development of Chinese automobile industry and vocational education in the past 25 years, and the strong support from around one thousand partners including domestic middle and higher vocational institutions, significant companies and public institutions, military units. Nowadays, Cyber Technologies provides a one-stop systematic service of planning, construction, hardware and software supplies, installation and testing, and operations for customers in the fields of automobile warranty equipment, vocational institution automobile and track relevant professions, large complete equipment application training and comprehensive service support, etc. According to the high technology characteristic of the industry, like electric power vehicle in automobile field (including plug-in type), fuel cells, hybrid power, refitted vehicle, and new technology demands in subway in the rail transport, and high speed train, Cyber Technologies have kept united communications with relevant universities and research institutions, connected customer demand from years of experiences, and established systematic vocational education and training solution plans, which will definitely support the automobile after-market maintenance field and long-time development of vocational education.

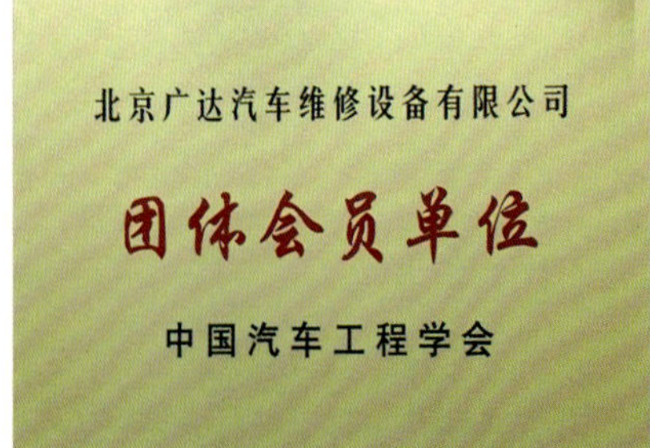

北京广达汽车维修设备有限公司

Beijing Guangda Automotive Service Equipment Co.,Ltd

广东澳森环保科技有限责任公司

We lead , c

开发出中国
真正的环保

科技创新 · 注重环保 ·

INTRODUCTION
企业简介

广东澳森环保科技有限责任公司是一家有着二十多年设计生产汽车喷烤漆房、废气治理设备、工业涂装设备、环保设备等经验的专业公司。多年来专注研究废气治理的工艺及设备，现有多项发明创新和实用新型产品，公司建立有研发实验室1000平方米，生产车间6000平方米，展厅900平方米。我公司一直坚持以技术求发展，以质量赢客户的经营理念和十年磨一剑的工匠精神，重研发，重品质。

Guangdong Airoasis Environmental Sci-Tech Co., Ltd. established in 2006, our company is a professional manufacturer engaged in the research, development, production, sale and service of pollution abatement equipment. Our company covers an area of 7000 m^2 , our company established a research and development laboratory 1000 m^2 ,production workshop 6000 m^2 and the exhibition hall is 900 m^2 . Our products are widely recognized and trusted by users and can meet continuously changing economic and social needs. We welcome new and old customers from all walks of life to contacs us for future business relationships and mutual success!

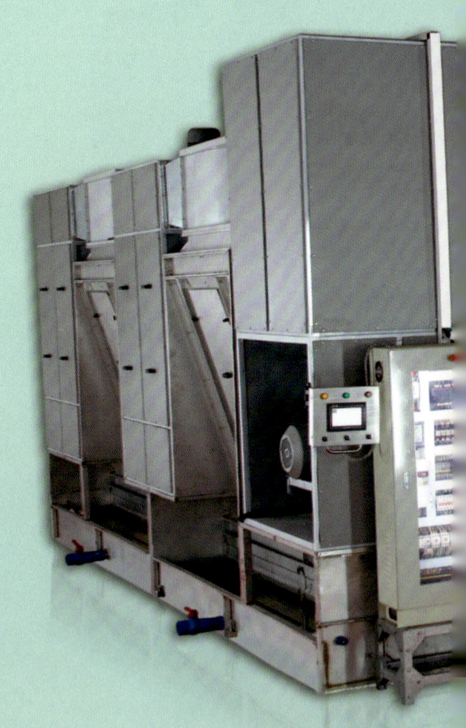

销售热线：
020-36784022
15915813090

大风量低浓度含VOCs废气 高效吸收工艺及成套设备

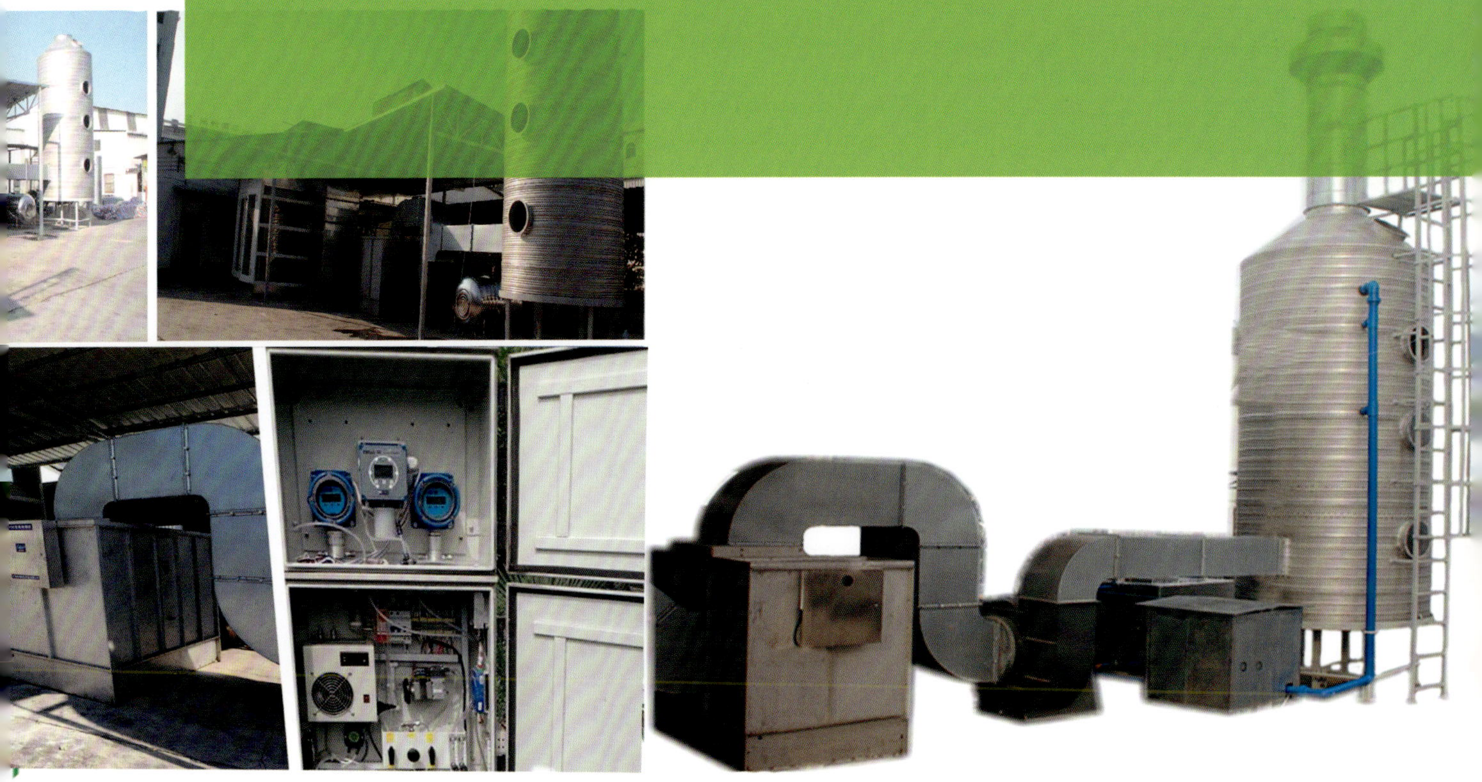

工艺流程

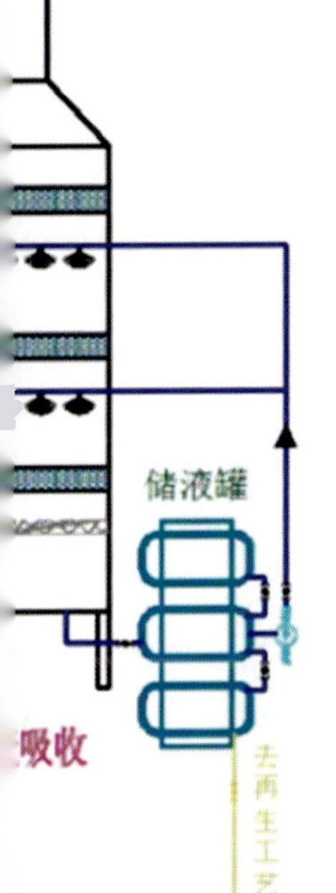

喷漆废气经过一级吸收后过滤去除98%的漆雾、粉尘，收集的漆泥由干燥设备干化处理。二级吸收塔采用了本公司的发明专利产品“高效复合液相吸收剂”通过喷淋吸收处理，经两级处理后，排放浓度远低于国家及地方排放标准。吸收饱和后的液相吸收剂经过流动再生设备进行再生脱附，吸收剂恢复功能，回收的VOCs溶剂可交给生产厂家调配后继续使用。

长春威尔特机电设备有限公司

地址：吉林省长春市汽车产业开发区高力汽贸城D区8栋116号
电话：0431-81273216
传真：0431-81273217

汽车尾气抽排系统——固定卷毂式

1.弹簧式可任意伸缩，卷管中的棘轮止回机械会自动将软管固定在所选择的位置，当尾气软管不使用时可自动返回。

2.超高温软管，易弯曲伸缩，外部结构为支撑式螺旋状，内部镶入加强筋作保护，可抗震，抗腐蚀等良好的抗化学性。

3.超高温橡胶吸嘴，自带夹紧装置，捕获尾气不泄露。

尾气抽排系统现场实例

汽车尾气抽排系统主要用于燃用汽油及柴油的发动机所放出的尾气由该设备过滤排放在维修车间外，是汽车修理行业、汽车养护、汽车研究及教学培训部门的必选设备。

适应标准：QB/JW-2009尾排安装标准

工作条件：连续工作温度：+150℃，能耐柴油和汽油尾气中的所有物质。

适用范围：汽车制造厂，大中小型汽车维修车间，各级4S店，汽车检测部门，汽车研究院及教学培训部门。

长春威尔特机电设备有限公司位于长春市汽车产业开发区，是一家集研发，生产，销售和服务为一体的企业。

威尔特机电坚持科技为先的原则，发挥技术优势结合丰富的市场经验，不断为行业带来性能全面，节省资源，绿色环保的产品。通过先进的管理，规范的运作，公司各项产品综合指标均处于国内领先地位。

威尔特公司致力于尾气抽排系统，工位组合桁架系统，压缩空气管路等产品的研发和生产，向汽车制造厂，大中小型汽车维修车间，汽车4S店等提供高品质的设备与服务。坚持持续改进产品品质，诚信高效的人性化服务，是威尔特成功的基础。

2014年，公司通过了ISO9001:2008质量管理体系认证并获得外观设计专利。达成了产品质量求生存的管理理念，建立了一套完整，合理，先进，有效的管理体制。

未来，威尔特公司必将与时俱进，科学发展，针对新型市场，公司提出质量为先，信誉为重，管理为本，服务为诚的十六字方针，不断创造新的辉煌！

汽车尾气抽排系统——地面移动式

1.可以移动和调节高度升降台，底座带有方向轮移动到需要的工作位置上，废气净化装置活性炭能改善有毒气体排放。

2.超高温软管，易弯曲伸缩。

3.适合于4S店新车交车区及小型维修车间，不占用空间，使用起来很方便，快捷。

PPG
绿未来
Click For Green PPG

AUTOCOLOR
Aquabase
ENVIROBASE

吉林省信达机械工具有限公司

Jilin Province Xinde Machinery Implement Co.,LTD.

企业简介

吉林省信达机械工具有限公司（1997年）是一家专注于为汽车制造业、汽车维修企业、汽车维修类专业学院提供汽车维修、保养及实训整体解决方案的供应商。

公司主体团队充分见证了中国汽车后市场的迅猛发展历程，拥有近20年的行业销售和服务经验，以领先的公司管理理念组建了行业内优秀的销售培训服务队伍。公司代理销售的汽车检测维修设备、教学装备、汽车用品、专业维修工具和耗材等是国际、国内知名品牌，建立了从装备方案优化设计、质量保障、产品销售、安装培训、技术支持、上门服务等各方面的体系支持，确保为客户提供性价比更优的产品销售、培训服务整体解决方案。

企业荣誉

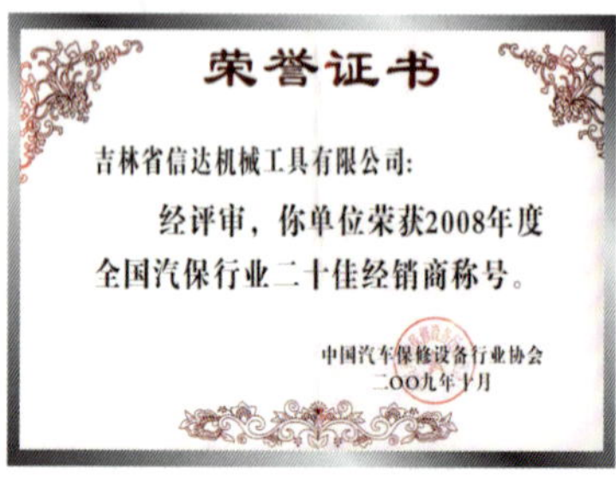

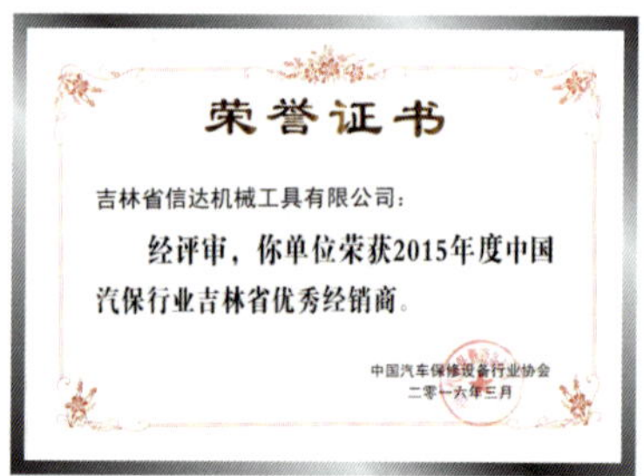

企业合作主机厂

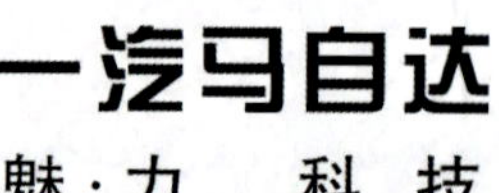

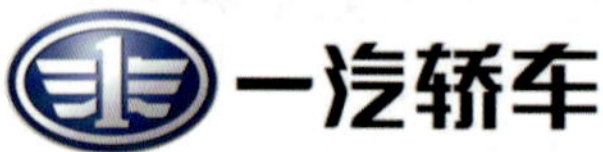

信达服务在您身边，每时每刻都在

为创造您的满意而不懈努力！

诚心与行动从未懈怠，永不停止……

吉林省信达机械工具有限公司
Jilin Province Xinde Machinery Implement Co.,LTD.
长春市景阳大路3260号 高力汽贸城A1-107
业务电话：0431-85126902 13756990000
服务电话：0431-85126934
E-mail：changping9944@126.com

企业产品供应体系

为行业用户量身定制　满足各类业务需求

信达
诚实做人　守信经营

车拉夫 CHERAF
中汽公益联盟 zhongqigongyilianmeng
WD-40
SATA German Engineering
FESTOOL 费斯托工具
FY-TECH
中意泰达 SINO-ITALIAN TAIDA
SMITHDE 史密得
SPX
Nanhua 南华仪器
中一汽保集团 ZONYI AUTO EQUIPMENT
MAHA
GUANGLI
宝中宝 BAO ZHONG BAO
CAR-O-LINER
新戴卡 NEW DACA
HONOW 汽车空调专家 Auto A/C Expert
VSG VEHICLE SERVICE GROUP
SYEN
EAE
JBT 金奔腾科技 JINBENTENG S&T
BANTAM Advanced Repair Systems
metabo PROFESSIONAL POWER TOOL SOLUTIONS
Ingersoll Rand Industrial Technologies
SAMOA
BESITA
CHIEQ YONG
UNITE
FLY-SPEED 风速
SATA世达
龍神
3M
汽车维修与保养
DML
高昌 GAOCHANG
Autek ENGINEERING COMPANY
Snap-on

★汽车机修 ★钣金★ 喷漆 ★美容支架系列

统一车间管理　提高维修绩效

BAOZHONGBAO SPRAY BOOTH
AUTOMOTIVE SPRAY BOOTH

优汽
UQIAUTO

汽车后市场全供应链闭环解决方案行业领导者

公司介绍

优汽，汽后全供应链闭环解决方案（S2B2b），行业领导者。在“自电商+智物流+快营销”战略指引下，不断升级产品体系，率先推出覆盖S（汽配厂家/总部）到B（经销商联盟/连锁），再到b（4S店、修理厂联盟/连锁）的全供应链闭环体系，帮助汽配厂家、经销商联盟、汽修连锁、4S店集团，构建自身真正闭环交易系统，完成互联网化升级，提高运营效率，降低综合成本，应对各行业挑战。

经过近3年的发展，全国已有数百家中大型汽配厂家、汽配联盟、汽修连锁、4S店集团，成为优汽的客户，并且仍在快速增长。优汽，也因此成为汽配全供应链闭环解决方案的绝对领导者，行业伙伴的第一选择。

体系架构

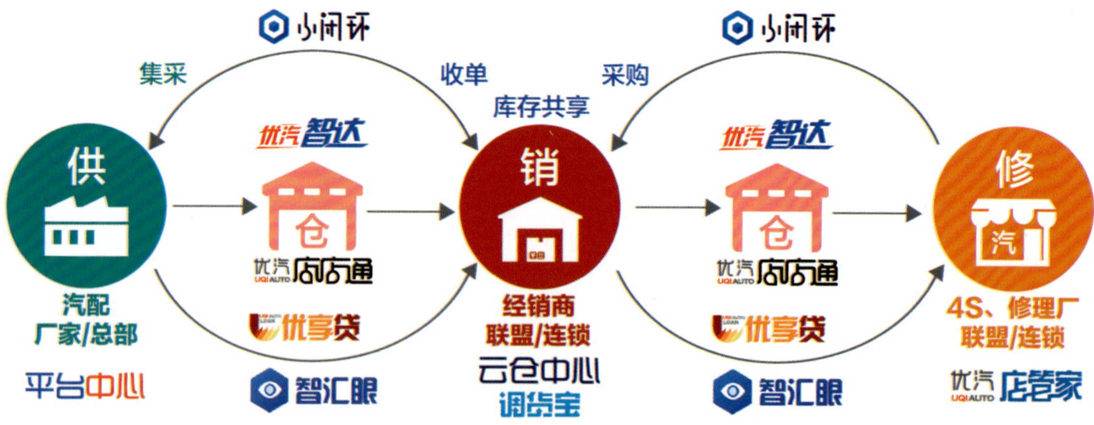

优汽为汽配行业提供S2B2b的全供应链闭环解决方案。S指的是汽配厂家或总部，B指的是汽配经销商联盟和连锁，b是指4S店、修理厂联盟或连锁。针对汽配经销商和修理厂，优汽除了提供进销存和门店ERP之外，更在于在S、B、b三类角色中间构建一套完整的供应链闭环交易体系。对于全车件，修理厂可以通过PC和APP向上游经销商发布询报价，经销商回复报价，修理厂多家比价，选择品质来源。完成交易后，通过优汽智达运力平台，完成物流配送与状态跟踪。经销商之间除了可以共享库存，调货，处理积压件，还可向上游厂家进行集采，完成交易，形成完整的供应链体系。此外，优汽还提供供应链金融服务优享贷和营销工具智汇眼。

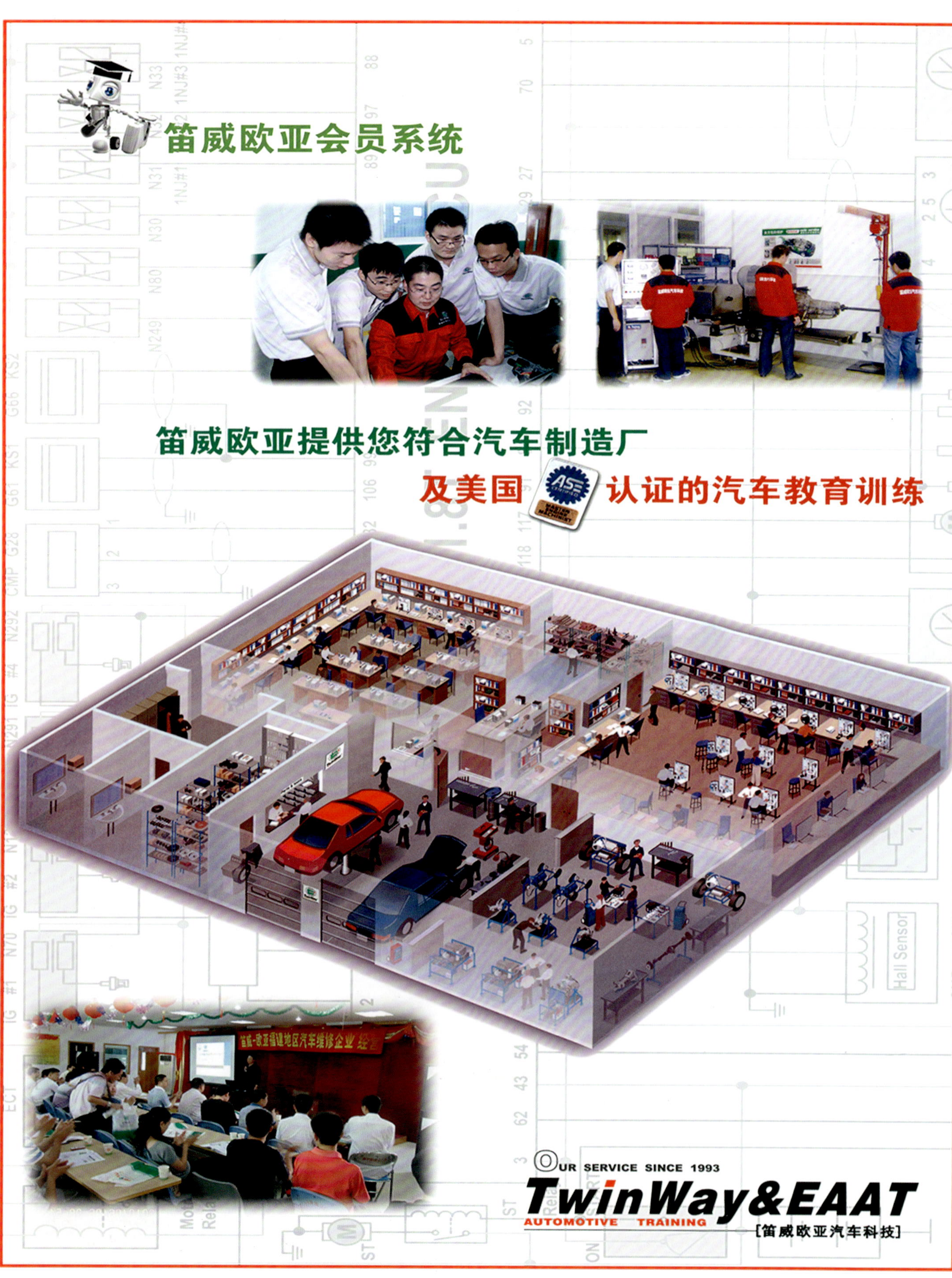

笛威欧亚会员系统
笛威欧亚提供您符合汽车制造厂
及美国 ASE 认证的汽车教育训练
OUR SERVICE SINCE 1993
TwinWay&EAAT
AUTOMOTIVE TRAINING
[笛威欧亚汽车科技]

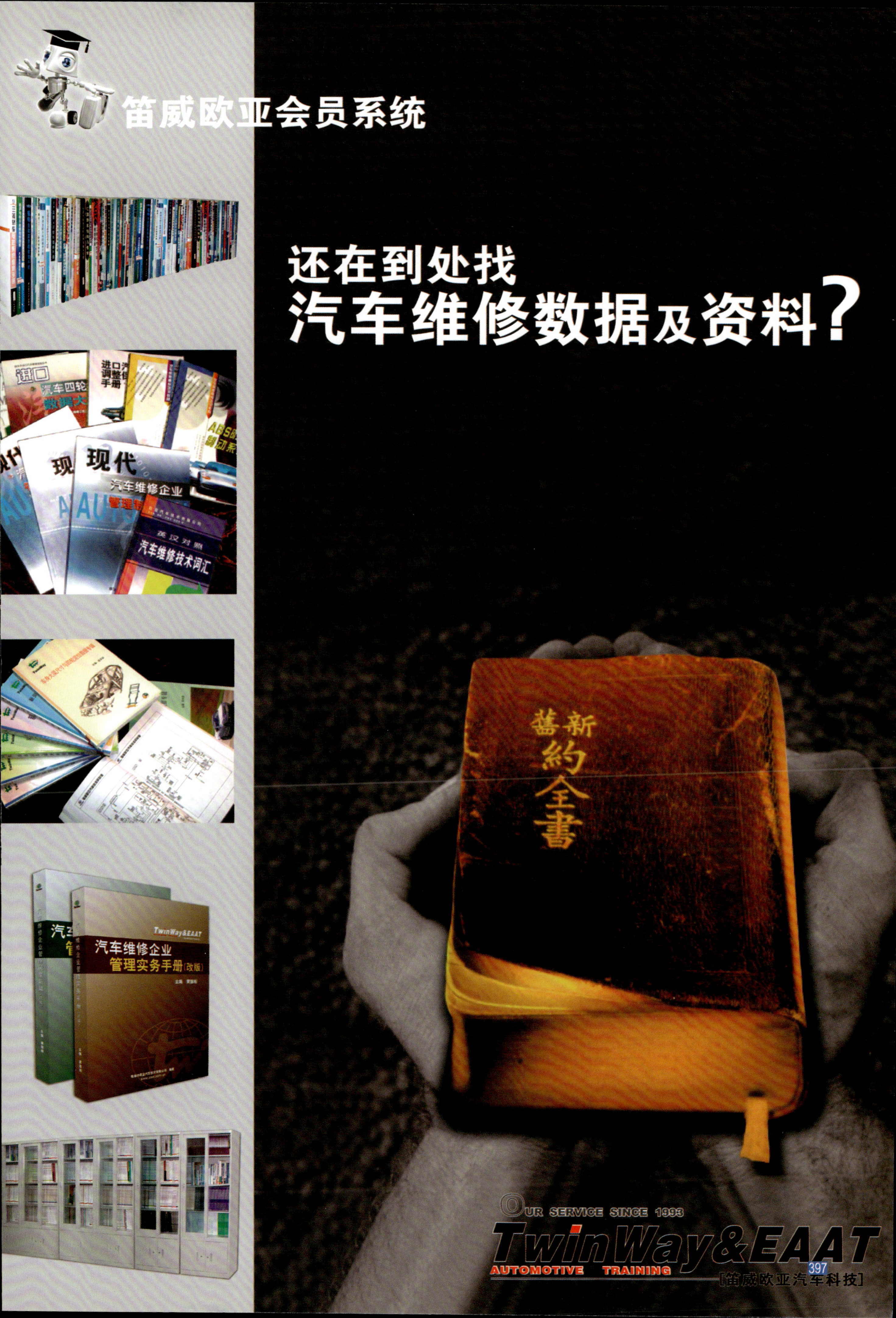

笛威欧亚会员系统

还在到处找
汽车维修数据及资料？

中国知名汽保品牌索引（按照英文字母排序）/ INDEX OF NOTED TOOL BRANDS OF CHINA（IN ALPHABETICAL ORDER）

举升设备 Lifting Equipment 301

维修工具 Tools for Repair 323

养护清洗 Maintenance & Cleaning 333

保养用品 Car Care Products 347

供应商分类索引/ INDEX OF SELECT SUPPLIERS BY PRODUCT CATEGORY

行业产品与品牌供应商
Suppliers & Brand Products

产品分类/ PRODUCT CATEGORIES

中国汽保设备采购年鉴（2017）

China Supplies for Auto Service 2017

汽车维修与保养

编　　者：《汽车维修与保养》杂志社

人民交通出版社股份有限公司
China Communications Press Co.,Ltd.

出版发行：人民交通出版社股份有限公司

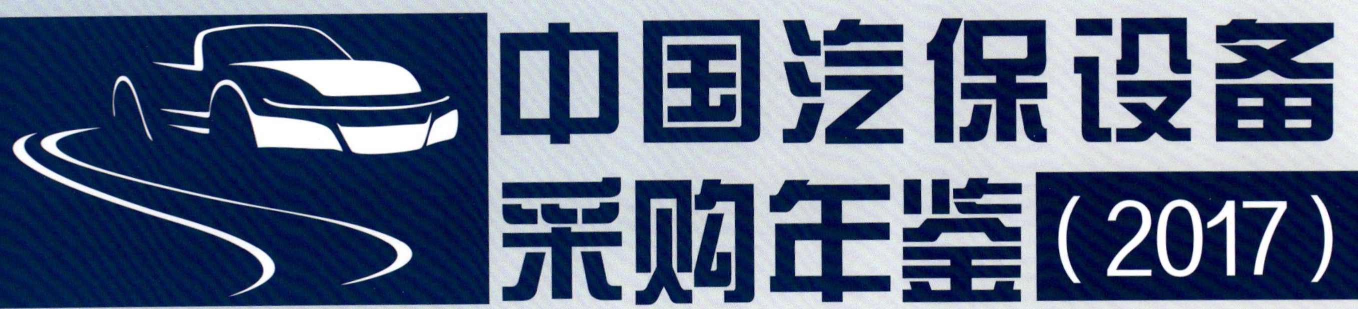

《汽车维修与保养》杂志社　编

China Supplies for Auto Service 2017

汽车诊断
Vehicle Diagnosis
检测分析
Testers & Analyzers
钣金烤漆
Metal Sheet & Spray Booth
轮胎设备
Tire Equipment
举升设备
Lifting Equipment
维修工具
Tools for Repair
养护清洗
Maintenance & Cleaning
保养用品
Car Care Products

元 征 LAUNCH

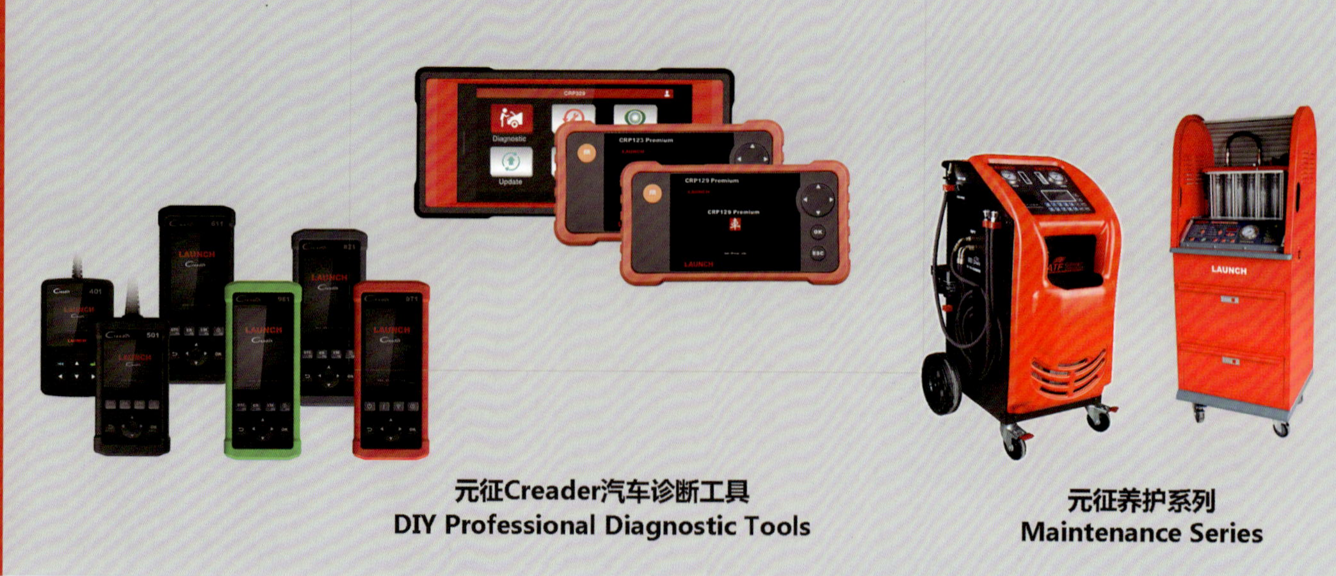

元征Creader汽车诊断工具
DIY Professional Diagnostic Tools

元征养护系列
Maintenance Series

元征市场 Market

在中国市场，公司拥有八家分公司和数十家办事处，发展了数百家经销商、近百家授权培训中心，以及数十家行业合作企业群。

LAUNCH has 8 branches, dozens of offices, hundreds of distributors and authorized training centers, and dozens of industry partner groups in China.

在海外市场，公司拥有德国子公司，并在欧洲、美洲、澳洲、亚洲发展了百余家经销商。

In overseas market, LAUNCH has a German subsidiary and hundreds of dealers in Europe, America, Australia and Asia.

元征之强

- 中国领先的汽车诊断设备研发企业
- 率先提出汽车后市场概念
- X-431是全球领先的带操作系统、平台化的设备
- 广东省率先在香港发行股票的民营企业
- 中国率先研发3D四轮定位仪
- 全球最大单一举升机生产基地之一
- 中国率先研发发动机分析仪
- 全球率先研发汽车维修技师随身携带的综合汽车诊断工具—golo技师盒子
- 全球率先研发人工智能检测终端X-431 AIT
- 率先研发汽车诊断数据应用平台

了解元征更多 请关注官方微信

www.cnlaunch.com

元征举升机系列
Lifts

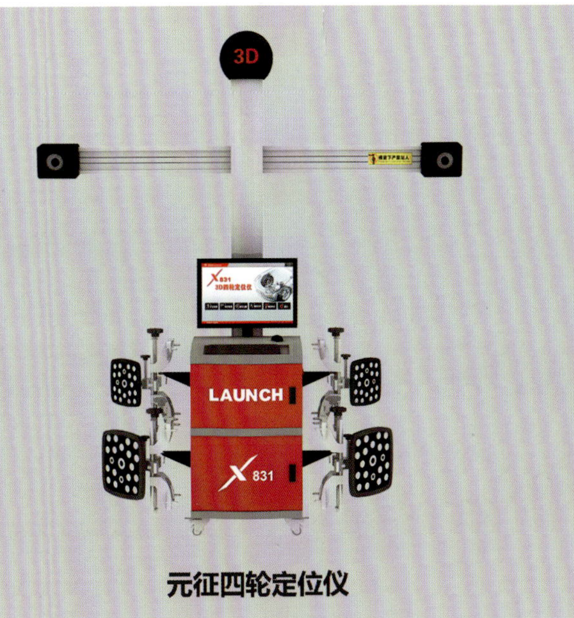

元征四轮定位仪

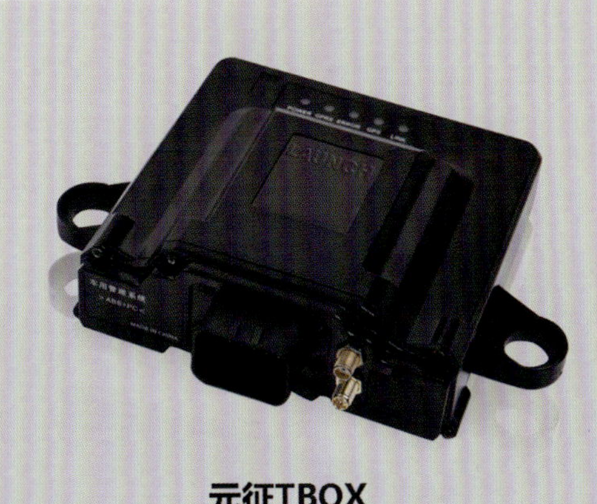

元征TBOX

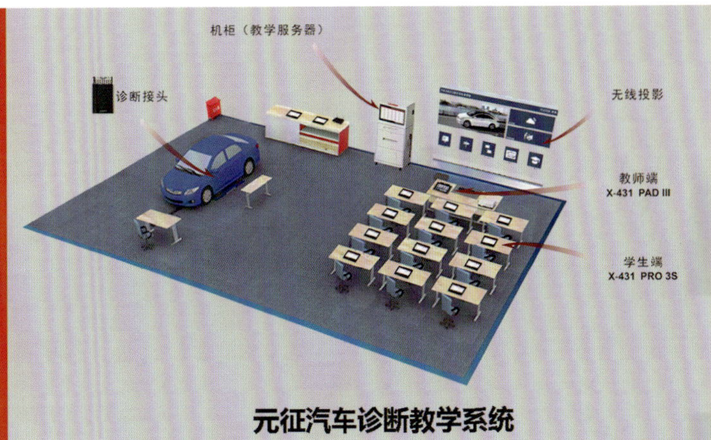

元征汽车诊断教学系统

Achievement

- One of China's earliest auto diagnostic equipment R&D enterprise.
- China's key enterprise to introduce the auto aftermarket concept.
- X-431 is the chief global equipment with operating system and platform.
- The chief private enterprise of Guangdong province who issued shares in Hong Kong.
- China's top 3D four-wheel aligner.
- One of the largest single auto lift manufacturing base in the world.
- China's top engine analyzer.
- The chief global integrated auto diagnostic tool-golo technician box.
- The chief global artificial intelligence inspection terminal X-430 AIT.
- The chief global auto diagnostic data application platform.